"一带一路"民间文化探源工程

邱运华　总主编

渔舟唱晚

——海丝文化与美丽渔村建设调研文集

郑蓉　郑辉　主编

學苑出版社

图书在版编目（CIP）数据

渔舟唱晚：海丝文化与美丽渔村建设调研文集 / 郑蓉，郑辉主编．-- 北京：学苑出版社，2021.4

ISBN 978-7-5077-6164-1

Ⅰ．①渔… Ⅱ．①郑… ②郑… Ⅲ．①农村文化—文化事业—建设—中国—文集 Ⅳ．① G127-53

中国版本图书馆 CIP 数据核字（2021）第 075752 号

责任编辑： 杨　雷　张敏娜
出版发行： 学苑出版社
社　　址： 北京市丰台区南方庄 2 号院 1 号楼
邮政编码： 100079
网　　址： www.book001.com
电子信箱： xueyuanpress@163.com
联系电话： 010-67601101（销售部）、010-67603091（总编室）
印 刷 厂： 北京建宏印刷有限公司
开本尺寸： 880 × 1230　1/32
印　　张： 15.5
字　　数： 335 千字
版　　次： 2021 年 5 月第 1 版
印　　次： 2021 年 5 月第 1 次印刷
定　　价： 60.00 元

总　序

开通大道，走向世界

“一带一路”这个新鲜词汇在新世纪最初几年开始发出耀眼的光芒，成了中国式发展道路“世界不同民族和不同国家文明互通互鉴”理念的代名词。“丝绸之路”——德国地理学家李希霍芬在地理学著作里提出的术语，获得了从未有过的崇高荣誉。尽管中国学术界对李希霍芬本人并不太在意这个术语感到失望，不过，在我看来，李希霍芬的关注重点无疑更有历史意义和学术价值。李希霍芬是自然地理学家，他总体来说不太注重人文和社会地理因素而偏重于自然地理，但这一学术倾向并不妨碍他在《中国》（1877年第一卷）一书中叙述大量的人文和社会元素与自然地理之间的关系。他把《汉书》、马里努斯、托勒密简要点及的中亚大道，把贯穿中国新疆、中亚、西亚阿拉伯世界腹地的道路，用“丝绸之路”这一术语表达出来。尽管他更多地使用“交通”“道路”这样的术语，而不是诗意性的“丝绸”，甚至“丝绸贸易”这样的术语。现在想来，李希霍芬看重的“交通”“道路”，未必离开得了人与社会。我以为，“交通”和“道路”更为精确地表达出地理学家李希霍芬的真实意图。

“丝绸之路”在本质上是古代中国走向世界的一条通衢大道。当然，这样性质的大道不仅仅只此一条。

古代中国走向世界的道路有很多条，每一条都充满艰难与神秘。但是，中华民族祖先血液里留存着探险冒险的基因，他们走向国外未知领域的勇气巨大无边。在西部的戈壁、沙漠阻挡不了他们向外的雄心，北部的无边草原、沙漠和森林也不能阻挡他们。张库大道从张家口经由包头可以直达乌兰巴托（旧称“库伦”），有人认为：张库大道作为贸易之途，大约在汉代已经开始，出现茶的贸易，大约不晚于宋元时代。东北部从辽宁省和吉林省之交的腹地——开原往东，明代设有辽东镇25卫，皆设置有交通驿站，沿着驿路，每15～30千米建有一座驿站或递运所、铺、亭、路台等，形成交通传递系统。东北亚所谓“丝绸之路”，并不像通往西域的丝绸之路那样，沿途扬起阵阵烟尘，来来往往的中西商贾带着满载货物的驼队、马帮，构成一幅十分壮观的瀚海行旅图，而是通过设关互市、贡赏等形式，把明朝内地的彩缎等物运往东北边陲，与各民族进行交易。在古代，正是靠这条交通要道，把内地的丝绸、茶叶等商品运往东北亚地区，把古老的长江、黄河流域文化与东北亚文化联系起来，使这一地区在明代显得生机盎然。2017年，中国民间文艺家协会组织了一批专家沿着这条道路一直走到黑龙江与乌苏里江交汇口，进行了一次系统的民间文艺考察调研活动。

西北和东北的道路仅仅是古代中国走向世界各地的一部分，在西南部和南部还有多条通向域外的交通道路。例如商业化程度很高的“茶马古道”。有若干条“茶马古道”从中国西南各地通向东南亚和南亚，而在西藏边陲的阿里地区，原古格王朝所在地，就发现了用丝绸绘就的古代唐卡。中国民间文艺家协会唐卡调查组在阿里地区山里的科迦寺发现两幅传统唐卡，一幅背面边沿有“浙江杭州织局益昌”的字样，另有一幅唐卡有中国内地吉祥童子图案。可以想见，自古以来，中国内地商贸、文化与西部边陲之地的长久交往。

在通往世界的道路中，特别应该提到的是海上“丝绸之路”。当然，海上“丝绸之路”更是一个比喻。著名历史文化专家常任侠先生把先秦时期徐福的故事视为海上丝绸之路的最早起源之一，他在《海上丝路与文化交流》里，叙述了中国通过海上丝路与古日本、古印度、东南亚诸国的物产、宗教、文学、艺术等方面的相互交流；郑和七下西洋更是海上丝绸之路谈论的重点内容。2017年11月，中国学者与来自亚洲、非洲、欧洲等地的学者一起会集科伦坡城，召开了“国际儒学论坛：科伦坡国际学术讨论会”，主题是“海上丝绸之路的历史交往与亚非欧文明互学互鉴”。会议上，埃塞俄比亚学者把中国与非洲的交往追溯到公元前2世纪的西汉时期。斯里兰卡卡凯拉尼亚大学学者阿玛勒赛格尔（Amarasakara）通过总结斯里兰卡境内有关中国的考古发现情况，如古都博隆纳鲁瓦山寺中国晋代高僧法显故居遗址、古代中国钱币、古代中国陶瓷瓷片等，证实了中国古代与斯里兰卡地区存在着经贸、文化、宗教的交流情况。澳门大学学者汤开建则就耶稣会士传入澳门的欧洲图书，结合16世纪末中国境内的第一座西式图书馆——圣保禄学院图书馆藏书的相关史料，详细考证了明清之际欧洲图书传入澳门的情况，认为中国大陆的西学东渐在很大程度上与此相关。

2017年是中国民间文学的“丝路文化年”。中国民间文艺家协会主持的“一带一路”民间文化探源工程，针对“一带一路”沿线民间文化资源进行系统梳理和选点研究，先后开展了福建海上丝绸之路重要节点代表性民间文化考察活动；以冼夫人传说为核心议题对南海（广东茂名博贺）开渔节以及海上丝绸之路与岭南文化进行了调查研讨；围绕“阿凡提类型故事”主题展开了新疆民间民族文化调研；“重拾黑水魂——黑龙江丝绸之路”沿着明朝亦失哈将军走过的水路梳理了“鹰路”文化历史脉络；召开了探索“丝绸之源”的嫘祖文化调研座谈会；展开了贵州“南方丝绸之路与夜郎古国”民间文化生态考察调研等活动。这个系列民间文化探源，力求立足当代、观照历史、面向未来，致力于通过新经验、新启示、新方法、新途径来提振民族文化、地域文化的精气神，得到专家学者以及所在地民间文艺工作者的高度认同与积极配合。上述调研成果及今后开展的系列考察活动成果，都将以调研文集形式陆续出版。

鲁迅先生有句名言：“世上本无路，走的人多了，便成了路。”这句话反过来说更具当下价值：世上原有的路，若是没有人走，便无所谓路了。中国古人踏出了迈向世界各地的通衢大道，在上下几千年的历史长河中，通过中外商贾、政治家和平民百姓的来往，成为政治、经济、文化、宗教等交换、交流、交往的大道。古人常把“道路”“大道”哲学式理解为通向真理的路径。而我们当代人自谓“世界公民”，切莫冷落了这些“大道”，使之荒漠了；自中国通往世界各地的大道，中国人要继续走下去，也欢迎世界各地的人们继续走进来。在这个意义上，重拾“一带一路”上的民间文艺，重温“一带一路”上世界各地民间文化交流交往历史，具有重大的现实意义。

是为序。

邱运华

2018年4月13日于北京万芳园

目　录

滨海文化

渔民信仰

象山渔俗

渔村文化空间

海丝遗产

滨海文化

“鲒”为海镜考

张如安*

清代鄞县（今宁波鄞州区）人忻灏有《鲒埼亭》诗云：“小鲒依埼一寸长，亭名终古说吾乡。当时地属明州旧，厥贡人传汉使忙。曲岸迷离浮蟹舍，前村指点认渔庄。海邦自昔饶珍错，佳味真堪配酒觞。”此诗所咏的鲒埼亭大有来历。清代著名学者全祖望对此极为看重，甚至自署鲒埼亭长，又以鲒埼亭名其诗文集。但很少有人会想到，此一小小的“鲒”，却引发了很多的争论。

班固《汉书》卷二十八《地理志上》记载“鄞：有镇亭，有鲒埼亭。”由此可见，鲒埼亭是汉代鄞县的基层行政单位，[1]因其地多产鲒而命名。颜师古注云：“鲒音结，蚌也，长一寸，广二分，有一小蟹在其腹中。埼，曲岸也，其中多

* 张如安，宁波大学人文与传媒学院教授。

[1] 后世常将鲒埼亭之“亭”错解为亭子。如（清）李翼鲲《鲒埼亭赋》云：“窃谓兰江、蕙江以及其南濒海之区，至今并不产蚌，当时何以筑亭乎？”见天一阁博物馆藏《砌街李氏宗谱》卷26。

鲒，故以名亭。”许慎《说文解字》卷十一“鲒”云：“蚌也。从鱼，吉声。《汉律》：‘会稽郡献鲒酱二斗。’”段玉裁注云：“二斗，二字依《广韵》补，《广韵》斗误升。小徐本作三斗。”《汉律》原文究竟是二斗、二升抑或三升，不过是数量问题，无关宏旨。倒是“鲒”究竟是什么样的海生动物，学界多有分歧。

一、关于“鲒”的四种说法

全祖望说：“吾乡贡物之最古者，莫如鲒酱。”[1]汉代产于鄞地用于作酱的“鲒”究为何物，目前学界主要有四种说法，分列如下：

一是蚌说。最早诠释“鲒”字的是东汉学者许慎，他释为蚌类动物。许慎以汉代的文字学家的身份解释《汉律》中的事物，其权威性是毋庸置疑的。唐人颜师古在注释《汉书·地理志》时亦主张鲒为蚌类，并进一步描述其形态，指出有小蟹寄生在其腹中。生物学中的“共栖”是指两种都能独立生存的生物以一定的关系生活在一起的现象。由颜师古的解释引出了六朝文献中的“瑮蛣”，这个“蛣”乃“鲒”的异体字。东晋葛洪《江赋》中有“瑮蛣腹蟹”之语，《文选》李善注引南朝宋沈怀远《南越志》云：“瑮蛣，长寸余，大者长二三寸，腹中有蟹子，如榆荚合体共生，俱为蛣取食。”这一记述表明瑮

[1] （清）全祖望《鲒埼亭集》卷3《鲒酱赋》，《全祖望集汇校集注》（上册），第82页，上海古籍出版社，2000年。

蛣与蟹具有“共生”的行为方式。后世学者多将瑮蛣解为海镜，如李时珍《本草纲目》卷四十六“海镜”条云：“郭璞赋云‘琐蛣腹蟹，水母目鰕’即此。”明方以智在《通雅》卷四十七中更是明确指出：“瑮蛣即海镜也。”瑮蛣还有不少异名，如蒯、筋等。晋张华《博物志》：“南海有水虫名蒯，蛤之类也。其中有小蟹，大如榆荚。蒯开甲食，则蟹亦出食；蒯合甲，蟹亦还，人为蒯。取以归，始终不相离。”《述异记》云：“南海有小虫曰筋。”这些文献对于“鲒”的形态特征的描绘是非常接近的，而且是在六朝至唐代时为广大地域的人们所认识。北宋鄞县人舒亶有诗云：“鲒埼千蚌熟。”[1]也是将“鲒”视作海洋中的蚌类生物。

二是蛤说。这一说法起自宋人。旧题北宋司马光撰的字书《类篇》云：“鲒，大蛤。”南宋鄞县籍学者高似孙也认为：“鲒，蜯蜃之属，今大蛤（音姑）也。”[2]虽然高似孙另外提出了鲒为大蛤之说，但这与上一条的海镜说非常接近。现代学界将海镜归为珍珠贝目海月蛤科的动物。从形态上看，蛤与蚌皆由两扇贝壳构成，古人视蛤、蚌为同类。《国语·晋九》云：“雉之入于淮为蜃。”注云：“小曰蛤，大曰蜃。皆介物，蚌类。”故蛤说实际上可以归并到第一类中。

三是寄生瓦螺（寄居蟹，俗称爬瓦螺）说。这种说法出于宋人之后。宋人罗愿《尔雅翼》卷三十一“蛣”条即引用

[1] （宋）舒亶《和马粹老四明杂诗聊纪里俗耳》十首之七，见（元）袁桷《延祐四明志》卷20，影印文渊阁《四库全书》本。

[2] （宋）高似孙《纬略》卷11“鲒酱”条，影印文渊阁《四库全书》本。

了段成式《酉阳杂俎》的记载：“寄居虫，壳似蜗，一头小蟹，一头螺蛤也。寄在壳间，常候螺开出食，螺欲合，遽入壳中。”罗愿据此指出“小蟹又有附螺者”。明清四明学者多持鲒为螺属说，如明代奉化人孙能传在《剡溪漫笔》中说：“余询之土人，鲒实螺属，中有小蟹，时出求食，有大小二种，土人谓之寄生。”[1]清代鄞县人徐时栋于同治十一年（1872）《鲒说》更有详细的考证，他说：“《汉志》所谓鄞有鲒埼亭者，今其地属奉化县，而鲒埼村在焉。余属村人使以生者来，则其身螺也，其首虾上而蟹下，须钳螯跪皆绝肖，一似虾居螺壳中，而捕蟹者沃之以沸汤而出之，首以下略似蟹肉，又其下环曲而渐锐，与螺肉无少别。于是知一物具三形，而其实则螺也。”以现代蟹类学审视之，徐时栋所观察的寄居蟹，其外形介于虾和蟹之间，现代定为歪尾类动物。徐时栋的观察确实是很细致的，他由此对颜师古等人的记载进行质疑：“以为蚌蛤者，皆未见而妄意之者也。……蚌蛤与螺绝不类，凡螺圆而浑，蚌蛤圆而扁；凡螺之壳上巨而末锐，层累而旋之，以至于末，故螺之字从累，蚌蛤之壳皆两扇以自为开合，故蛤之字从合；凡螺之肉恒多坚，蚌蛤之肉恒多脆，土人之为酱也多螺而少蚌蛤（傍海居民亦偶有以蚌蛤为酱者，然不能致远）。鲗酱法不传，若鲒酱今犹汉矣。李氏谓长寸余，颜氏谓长一寸，广八分，夫螺之圆浑犹卵也，量之以圆径则可，若长广无可度者。”[2]徐时栋的观察固然精细，但他却不知道蟹还能寄居于

[1] （明）孙能传《剡溪漫笔》卷2《鲒埼》，北京市中国书店，1987年影印本。

[2] （清）徐时栋《烟屿楼文集》卷31，《续修四库全书》本。

蚌蛤等物体之上，因此他的质疑事实上是经不起推敲的。孙能传询之奉化土人，徐时栋则得到了奉化鲒埼村人捕获的实物标本，皆得出鲒实螺属的结论。今人亦多持此说，如季续《〈鲒埼亭集〉书名考释》（载《华东师范大学学报》1988年第5期）、龚烈沸《全祖望诗赋中的宁波土物释读》（载《全祖望与浙东学术文化研讨会论文集》，中国社会科学院出版社，2010年）皆其例。但问题并没有因此得到解决。笔者从小生活在海边，捉到过不少寄居蟹，有一次还将寄居蟹养在脸盆中，供小伙伴们参观，但海滨之人从来不吃此物。记得我曾问过大人，大人说这东西是不能吃的，但没有告诉我为什么。奉化渔民因其味苦，传说吃了要耳聋。[1]清代学者全祖望《鲒酱赋》中早就指出："深藏高蹈，绝类离群，在山之麓，在水之漘，斯其风味，固宜深醇。若其余子，尚难殚论，或依蛎房，或寄螺门，方兹稍劣，未敢弟昆。"[2]全祖望夸赞蟹的风味深醇，但又指出其同类"或依蛎房，或寄螺门"，其味稍劣。他所谓的"寄螺门"就是寄生瓦螺。同时他还知道蟹还可以寄于蛎房中，后跋中称："蟹之寄于蛎者，予在海上亲见之"，[3]但事实上，全祖望并没有搞清楚鲒酱究竟是什么，他写道："于是东部都尉，乃命渊客，乃底江村，取而醢之。蚌白擘裂，蟹黄涟沦，酿之汩汩，流之沄沄，参以紫蚢之属，投以淡菜之伦，

[1] 林崇成《鲒酱辨》，《奉化日报》2011年3月18日。

[2] （清）全祖望《鲒埼亭集》卷3《鲒酱赋》，《全祖望集汇校集注》（上册），第83页，上海古籍出版社，2000年。

[3] （清）全祖望《鲒埼亭集》卷3《鲒酱赋》，《全祖望集汇校集注》（上册），第84页，上海古籍出版社，2000年。

胥爱其滑，糁取其匀，彼天然之五味，不假和齐斟酌而适均，遂贡大庖来最远，莫之与京。”有学者认为：“自汉代起，古人已经认识了寄居蟹类，并且开始捕食，据说其味如虾，是很鲜美的。”[1]这里“据说”两字纯属推测，表明作者只是“耳食”，根本没有亲口品尝过。汉人对于饮食美味的判断能力很高，以不堪食的寄生瓦螺为美味，实在令人难以置信。何况寄居瓦螺的大名鼎鼎的行为是常常吃掉螺内的软体动物，把人家的壳占为己有，这与宋代以前的文献皆指璅蛣与蟹共生的行为方式互为矛盾。

四是缢蛏说。这是当代人的说法。如周科勤、杨和福主编《宁波水产志》第五章第一节《缢蛏》云：“秦汉时代，鄞县鲒埼村（今属奉化市鲒埼乡），因多鲒而得名。《汉书·地理志上》记‘鄞有鲒埼亭’。颜师古注：鲒，音洁，蚌也，长一寸，广二分，有小蟹在其腹中。可见鲒即蛏。”[2]此处对文献并无论证，就贸然得出鲒即蛏结论，实不可取。故本文于此说不予考虑。

二、“鲒”实为古代浙东海区常见生物海镜

东汉许慎、唐代颜师古的“蚌”属之说，认为鲒乃蚌属与蟹的共生（寄生）体，这是很有趣的生物现象。查找历史文

---

[1] 钱仓水《说蟹·〈汉律〉里的“蛣酱”与〈江赋〉里的璅蛣》，第19页，上海文化出版社，2007年。

[2] 周科勤、杨和福主编《宁波水产志》，第186页，海洋出版社，2006年。

献，我们发现于越国人最早观察到了两种海洋生物以一定的关系生活在一起的现象。唐代刘恂《岭表录异》卷上引《越绝书》云："海镜蟹为腹，水母即虾为目也。"此后，宋代李昉等《太平广记》卷四百六十五、施宿等《嘉泰会稽志》卷十七、明代杨慎《异鱼图赞笺》卷四、陈耀文《天中记》卷五十七、陈禹谟《骈志》卷十八等皆转引之。但这几句话皆不见于今本《越绝书》，当为《越绝书》之佚文。[1]《越绝书》所记载的内容主要是春秋末年至战国初期吴越争霸的历史事实，因此上引《越绝书》的佚文虽然难以看出其语境，但其反映了这一时期于越人民对海洋生物的认识，当是无可怀疑的。《中国科学技术史·年表卷》于东晋明帝太宁二年（324）条下称："是年前，郭璞（东晋）在《江赋》中记载'璅蛣腹蟹，水母目虾'的共生现象。"[2]现在看来，这一说法是并不准确的。

《越绝书》所说的"蟹"即豆蟹，豆蟹常栖息于海镜、牡蛎（即所谓"蛎奴"）、贻贝等双壳类中。先秦时期于越国人民就已经对海镜与豆蟹的关系有了较为仔细的观察，长期以来，我国的古籍文献都把这两种生物的关系看作是共栖关系，如刘恂《岭表录异》卷上记载："海镜，广人呼为膏叶盘。两片合以成形，壳圆，中甚莹滑。日照如云母光。内有少肉，如蚌胎。腹中有小蟹子，其小如黄豆，而螯足具备。海镜饥则蟹

[1]　参阅李步嘉《〈越绝书〉研究》第三章《〈越绝书〉的佚文》，第170—171页，上海古籍出版社，2003年。

[2]　（梁）萧统《文选》卷12，科学出版社，2006年，第226页。

出拾食，蟹饱归腹，海镜亦饱。余曾市得数个，验之，或迫之以火，即蟹子走出，离肠腹立毙。或生剖之，有蟹子活在腹中，逡巡亦毙。”古人以为贝类为豆蟹提供栖息场所，豆蟹为贝类捕捉食物，但现在看来，事实并非如此。据软体动物学和潮间带生态学专家、现任中国科学院海洋研究所研究员齐钟彦的研究，“豆蟹在海月或其他双壳类体内寄居，基本上是寄生性的。豆蟹不仅是寄居在海月的外套腔中，而且还依靠海月从海水中过滤出的浮游生物作饵料，亦即摄食海月的一部分食料，有时甚至还食用海月的鳃，对海月是有害的。所以凡是有豆蟹栖息的海月、牡蛎、贻贝等双壳类，其肉体都很消瘦。因此，古人说蟹子出为蛤取食，是不正确的”[1]。可见寄居于贝类中的豆蟹已经失去自行外出摄食的能力，靠夺取寄居动物滤得的食物为生。

《越绝书》所说的“海镜”又名海月。齐钟彦先生在研究了中国古代的贝类后明确指出：“海月，属海月科（Flacunidae）。古代有海镜、筋、蠊蛣、蛎镜等名称。”[2]同时他又指出古代对海月的记载有些混乱，“《本草纲目》的‘海月’条中有些是指江珧，有些是指海月。附录中的海镜才是真正的海月。《古今图书集成》海月部所绘的图是江珧，可是，所引用的文

[1] 齐钟彦《我国古代贝类的记载和初步分析》，《科技史文集（四）·生物学史专辑》，第72页，上海科学技术出版社，1980年。

[2] 齐钟彦《我国古代贝类的记载和初步分析》，《科技史文集（四）·生物学史专辑》，第72页，上海科学技术出版社，1980年。

献却多是指海月”[1]。这确实是鉴别古代“海月”文献时需要特别注意的。

清人赵学敏《本草纲目拾遗》曾反驳李时珍的观点云：“濒海以海镜附在海月条下，注引郭璞《江赋》‘璅蛣腹蟹’，以为即此物，则又大误。不知琐蛣又非海镜也。……在琐蛣腹者则白蟹子，在海镜腹者则红蟹子，又各不同。予曾寓明州奉化，其鲒埼亭出琐蛣，亲见形状，迥与海镜别，何能强合耶？”[2]赵学敏仅根据所谓“白蟹子”与“红蟹子”的区别，断言琐蛣又非海镜，未免过于武断。且他自谓亲见奉化鲒埼亭出产琐蛣形状，但并没有说出其形状究竟与海镜有所区别。因此，赵学敏的看法并不足据。

当代学者王颋的看法则不同，认为海月与海镜有所区别。他说：“在贝类中过着‘寄居’，‘寄居’或‘共栖’，‘共栖’生活者，乃节肢动物门甲壳纲（Crustacea）十足目（Decapoda）豆蟹科（Pinnotheridae）的生物。”堵南山《甲壳动物学》第一四节《十足目》：“豆蟹科栖憩在蚌类的外套腔中，雌体终生共栖，而雄体小，平时自由生活，在交配期间方才进入蚌内。一种豆蟹往往只憩息在一种或几种固定的蚌类内。如中华豆蟹（Pinnotheressinesis）常栖憩在一种牡蛎（Ostreaplicatula）或染色蛤（Tapesvariegatus）的外套腔中；圆豆蟹（Pinnotherescyclinus）只栖息在青蛤（Cyclinasinensis）

[1] 齐钟彦《我国古代贝类的记载和初步分析》，《科技史文集（四）·生物学史专辑》，第71页，上海科学技术出版社，1980年。

[2] （清）赵学敏《本草纲目拾遗》卷首《正误》，同治十年吉心堂刻本。

的外套腔中等；格氏角鼓虾（Athanasgrimaldi）栖憩在江珧属体内”。也有一种生活在与“海月”外形很相似的贝类，亦扇贝（Pectinidea）科的长肋日月贝（AmUssiumpleuronectes）的生物外套腔中，那就是拟豆蟹（Fabia）属的钝颚拟豆蟹（Fabiaobtusidentata）。戴爱云、宋玉枝、杨思谅、陈国孝《中国海洋蟹类·种类记述》：“钝颚拟豆蟹，与日月贝共栖。”由此看来，所谓“海镜”，有可能就是这种既是美食，也是工艺品原料的“日月贝”。《中国动物志·软件动物门·双壳纲》：“长肋日月贝，味鲜美，营养丰富，可鲜食或干制，其干制品称带子。”“它的贝壳左为红色，右为白色，光彩美丽，可供观赏或作装饰品，贝肉还可提取药用原料。”[1]

根据现有的资料，海镜最初的文献记载为《越绝书》，故海镜应为浙江沿海的常见生物。元代奉化人任士林《和徐明府遇鲒埼见寄》诗云：“赤岩雨余生碧蟹，金波天外洗银盘。”[2]任士林在此将“蟹”与“银盘”分开来咏，将这两者合在一起就是“鲒”。从“银盘”的描述看，任氏笔下的“鲒”显然就是海镜，而作诗的地点为任氏的故乡——浙江奉化的鲒埼，那里正以产“鲒”闻名。任士林以当地人描述当地物，应该是可以相信的。东海海域至今仍是海镜的主要分布区。而从分布区系看，扇贝科的长肋日月贝的主产区在南海，浙东地区从来不是长肋日月贝的产区，因此，王颋将历史文献

[1] 王颋《西域南海史地考论·名同蛎镜——海月与澳门的别称壕镜》，第475—476页，上海人民出版社，2008年。

[2] （明）解缙、姚广孝等主编《永乐大典》。

中的“海镜”视作长肋日月贝的观点，是难以令人接受的。

豆蟹形体太小，并无食用的价值，倒是海镜肉本身可食，古人视为美味。三国沈莹《临海水土异物志》中称海月“其柱如搔头大，中食”，这说明当时浙东沿海居民有食用海镜的习惯。晋宋之际，谢灵运《游赤石进帆海》诗曾有“扬帆采石华，挂席拾海月”的吟咏，石华即琼枝，在食界与海月齐名。有人认为此所谓海月，很有可能是指海月水母，此物浮于水中，圆盘状月像，酷似“海中之月”，但海月水母可以观赏，却不堪食。唐代刘恂《岭表录异》卷上云：“海镜，广人呼为膏叶盘。”可见唐代广州人以海镜为美食。宋代黄庭坚《又借前韵》诗云：“招潮瘦恶无永味，海镜纤毫只强颜。”[1]李商老《食蟹》云：“大嚼故知羞海镜，嗜甘易误食蟛蜞。”[2]虽然他们贬低招潮蟹、海镜、蟛蜞的食用价值以突出螃蟹的美味，但同时也说明他们确实是吃过这几种海产品的，而且海镜的食用品位并不低。明杨慎《异鱼图赞笺》卷四“海镜”条引《鱼书》云：“海镜肉似蚝。”古人除了食用海镜的柱之外，还用其肉作酱。《广东通志》卷五十二“海镜”条云：“按此即郭璞所谓璅蛣腹蟹者也，又名蚝光，其肉为蛎黄，可为酱。”大概这就是所谓的鲒酱了。清徐珂《清稗类钞·动物类》云：“海镜为软体动物，一名璅蛣，郭璞赋谓之‘璅蛣腹蟹’。其肉可为酱，是为蛣酱。”大体得其实。唐宋人烹食海月，使用了很多的烹饪技法，如唐人陈藏器《本草拾遗》提

[1]（宋）黄庭坚撰，任渊注《山谷内集诗注》卷17，影印文渊阁《四库全书》本。
[2]（宋）高似孙《蟹略》卷4，影印文渊阁《四库全书》本。

到了煮法，孟诜《食疗本草》认为用生椒和酱，将海月“调和食之”，口感最佳。宋人唐慎微《证类本草》认为食用海月，最好使用生姜和酱为调料。海月到明代时仍是甬上食客追捧的对象。万历二十三年（1595）南湖沈氏的沈一中在山东参政任上，曾盛称自己家乡“海错之美，如海月、江瑶柱，可敌三吴百味”。冯时可《雨航杂录》同时还谈到“乐清（海月）甚盛”。[1]到清朝时，海月起初仍受到食客的珍视，如清纳兰常安《受宜堂宦游笔记》卷二八云：“大如小镜，白色，正圆，其柱如搔头者，曰海月，与江瑶柱等，其味甚美。”但随着时间的推移，人们开始对海味珍品有新的侧重，蚶、蛏、蚬、螺等海产品渐有取代海月的势头。原先遍及东南沿海的海月食区，也只保留下几处据点。如浙江温州地区的平阳海域，广南的崖州海域，仍为食界提供优质海月，这种活跃了千年之久的蛤类美食，最终只在少数地区延续其珍馔光泽。清代张綦田写下了《船屯渔唱》组诗，专门咏述乐清海产，其中用重要篇幅歌咏当地出产的蛤类珍味，并发出“海月江瑶味最清”的赞叹，把海月与江瑶柱并列为上乘美食。根据以上的梳理，鲒应该是海镜和豆蟹的共生物，因海镜常被豆蟹寄生，故海镜亦被称为鲒，鲒酱当是以海镜肉做酱，而非以寄生的豆蟹做酱。

我们再看《汉律》的记载，《汉律》只规定了献鲒酱的数量，并没有说明鲒酱的用途。宋董逌《广川书跋》卷十《李后主蚌帖》云：“观此帖下属州责蚌酱，犹有古义，知以宗庙为

[1] （明）冯时可《雨航杂录》卷下，影印文渊阁《四库全书》本。

重，恐滋味蠹僪，其下惶遽供命不敢宁，固知礼有贵于行事者也。《汉律》会稽岁献鲒酱二升，以《说文》求之，鲒为蚌，知此为宗庙祭久矣。然谓汉有旧仪，岂以此耶？”董逌由李后主为宗庙责属州供蚌酱一事，推论写入《汉律》的鲒酱当亦为宗庙的祭品，此说颇有创见性，可备一说。

宁波海洋文化资源保护与利用

周静书*

宁波地处中国南北海岸线的中间区域，海域面积达1.1万平方千米。宁波有漫长的海岸线，长达1562千米，港湾曲折，岛屿星罗棋布。明州港是我国最早开放对外贸易的五口通商之一，是古代海上丝绸之路重要的始发港，又是东海岸古老的历史文化名城。现今的宁波舟山港已居世界大港之列。

宁波海洋文化，种类丰富，传播兴盛。是宁波优秀传统文化的典型代表，是宁波城市文化的基本元素，也是宁波城市灵魂和宁波精神的表征之一。在当前实施市委、市政府建设文化强市和发展海洋经济重大战略中具有十分突出的地位。建设文化强市必须发展海洋文化，发展海洋经济必须繁荣海洋文化。只有这样，才能更好地贯彻落实党的十九届二中、三中、四中全会精神，实现文化强国战略目标，大力推进社会主义文化的大发展大繁荣。

---

* 周静书，宁波市民间文艺家协会名誉主席，宁波大学兼职教授。

一、宁波海洋文化资源类型

宁波海洋文化产生历史悠久，源远流长，最早可以上溯到七千年前河姆渡文化时期。就其区域范围而言，历史上可以涵盖现今宁波市行政区域外的舟山群岛等地。宁波海洋文化就其类型来说，大致可以分为海洋民间文化、海洋生物文化、海洋渔业文化、海洋名人文化、海洋水利文化、海防文化、航海文化、港口文化等。现举其中主要四类简述如下：

（一）海洋民间文化

1.龙文化

宁波地处东南沿海，海岸线绵长，是古越文明的发祥地之一。原始时代先民就有崇拜龙的信仰，祭祀龙的习俗。古越人“断发文身”，就是表示自己部族是龙的传人。宁波人崇拜东海龙，认为它是执掌司水权力的神，因此，宁波大多数地区有祭龙求雨的习俗，如迎龙王、拜龙王、烤龙王等风俗。至今宁波仍在沿用的许多古老的地名与“龙”图腾密切相关，如云龙、龙观、龙山、龙泉山、跃龙山、五龙潭、九龙湖、九龙墟、龙王堂等。宁波人直至现在仍喜欢给自己的孩子取名带“龙”字，以龙子龙孙为荣。

在民间文学方面，宁波民间有数以百计的丰富的龙的传说。如象山的《龙女嫁鱼郎》《谷龙的传说》，鄞州的《小天龙的传说》《龙王招婿》《老龙王和百丈街》，奉化的《白龙潭传说》《九龙闹雷山》《货郎挑龙王》，镇海的《九龙山的传说》，北仑的《望娘龙》，余姚的《龙泉山传说》，慈溪的《伏龙山传说》《龙眼井》，海曙的《五龙潭传说》，宁海的《白龙救主》《长工阿龙》《书生与龙王》等。

表现在民间文艺方面，一是龙舟竞渡，这是源于对龙图腾的崇拜。宁波是中国“龙舟竞渡”的发祥地之一，河姆渡遗址和田螺山遗址的史前文化证明，早在5000年至7000年前，就有了独木舟和木桨。而中国龙舟最初原形是单木舟上雕刻龙形的独木舟，后来发展为木板制作的龙形船。“羽人竞渡”发源于宁波一带。至今专家公认的中国最早的“龙舟竞渡”的图形，发现于鄞州区云龙镇甲村，1976年出土了国家一级文物斧形铜钺，器物上雕刻着“羽人竞渡”的画面，图案生动清晰。这一器物是古代部族权力的象征，是目前发现的全国最早的“龙舟竞渡”证明。曾被作为中国申办奥运会的竞技体育历史悠久的理由之一，并在北京亚运会、奥运会期间专调北京展示。云龙的龙舟是浙江省冠军队，并多次代表浙江参加全国比赛。

二是龙舞民间艺术。如余姚的民间舞蹈“犴舞”，源自对龙的原始崇拜，“龙生九子，犴为第九子”，在秦代以前已经产生。“龙舞”是宁波民间兴盛不衰的传统表演项目之一。其中奉化布龙是国家级非物质文化遗产项目，至少有800多年历史，20世纪50年代初曾进中南海为国家领导人表演。鄞州龙舞在首届全国舞龙大赛上获金、银奖，获得国家级大奖中国民间文艺“山花奖”。象山的舞龙队伍已发展到几十支。

三是近年创作发展的龙的民间舞蹈。如《镇海龙鼓》《九龙柱》，分别获全国山花奖和群星奖。

2.妈祖文化

妈祖文化发源于福建，它在全国甚至世界范围内影响很大。全球有妈祖庙近5000座，涉及30多个国家和地区。宁波历史上有妈祖庙40余处，其中象山现存还有14处。比较闻名的是宁波江东庆安会馆的“甬东天后宫”，是我国“八大天后宫”之一，也是浙江省现存规模最大的天后宫。2001年6月被国务院公布为第五批全国重点文化保护单位。妈祖文化始于北宋，而宁波在同一时期已经传播。据载，宋绍熙二年（1191），明州已建立了第一座天妃宫，并通过海上丝绸之路传播到了高丽古国。妈祖文化以“顺济”为中心，祈保渔民和航海平安、吉祥、风顺，这与地名中“宁波”“定海（镇海前名）”“宁海”等宁波民众信仰一致。妈祖文化对宁波海洋文化有很大的影响，渔民出海、开船都要祭妈祖，至今象山“中国开渔节”仍有很频繁的妈祖文化活动。象山“如意民间信仰”，与我国台湾交流融合，被列入非物质文化遗产名录。

3.渔文化

渔文化在宁波象山半岛尤为繁荣，门类丰富，艺术多彩。象山目前是全国渔文化生态保护区。

（1）东海鱼类的传说。这在宁波、舟山一带很丰富，它通过幽默谐趣的民间语言，生动地介绍了鱼类的习性、生存状态和有关海洋生物的知识。在象山流传着众多的鱼类传说，如《马鲛鱼当大王》《青鲇鱼迁居》《黄鱼、带鱼与鳄鱼》和《乌贼、望潮与石斑鱼》以及《辣螺姑娘传说》等等。

（2）海洋民间工艺。如多姿多彩的鱼灯、贝雕、贝类工艺品、家具镶嵌工艺中贝嵌等。

（3）海洋民间艺术。如渔家船鼓、渔民号子、鱼灯舞、三月三踏沙滩、七月十六放船灯等。

（4）民间信仰风俗。如祭海、请船福、开船祭、开网祭、三月三皇城踏沙滩、放水灯、“抱元宝”、捞尸习俗等。

4.海鲜饮食文化

如宁波名菜中雪菜黄鱼、目鱼大烤、酒糟鲳鱼、苔菜小方、象山鱼面、鱼丸、泥螺、蟹酱，等等。

2001年，宁波海鲜荣登全国第二届美食节新八大菜系宝座。2002年，全国第三届美食节宴席大赛，以宁波海鲜为特色的宴席荣获大赛唯一的最高奖金鼎奖。2003年始，举办中国（宁波）海鲜美食节、象山海鲜美食节。

（二）海防文化

宁波以抗击外来入侵为内容的海防文化十分丰富。从历史遗产来说，镇海海防遗址是一个重要的见证。宁波沿海还有鄞州大嵩城、宁海、象山等多处海防遗迹。几百年来，从抗倭抗英、法到抗日，宁波人民浴血奋战抗击外来侵略的历史是可歌可泣的。主要有以下几方面：

1.明代戚继光抗倭

戚继光10年抗倭业绩主要在浙江、福建一带，戚继光首驻宁波督阵东南沿海抗倭。戚继光在浙江抗倭足迹近50处，其中宁波10多处，如北仑戚家山营垒、慈溪龙山苦战岭、余姚临山戚家桥、奉化金岭等。宁波地区目前搜集整理的戚继光传说故事有《戚家军巧摆空城计》《神马找水惊倭寇》等20余篇，各地流传的还有很多，总数在全国戚继光传说故事中居前列，最近宁波民间文艺界已编成丰厚的《戚继光抗倭传说》一书。

2.抗洋、抗日斗争

这方面主要是以近代镇海口等地抗击洋人入侵故事为主，如《林则徐海滩销鸦片》《葛云飞怒斥卖国贼》《朱贵喋血大宝山》《黑水党传说》《范汝增大战江厦街》《计杀华尔》，还有以四明山、三北抗日斗争为主的革命故事等。

3.其他斗争

如宋代的抗金等，如《高桥大战》《张苍水抗清》《钱肃乐起义》等。从中也留下了江东钱肃乐起义遗址、张苍水屯兵象山花岙岛等历史遗迹。

（三）海洋水利文化

这方面以宁波人民兴修沿海水利防患海潮和台风为内容。宁波海岸线从杭州湾到三门湾，是浙江省海岸线最长的区域之一。宁波人民历代为防御海潮台风和洪灾，做出了艰苦卓绝的奋斗。如东晋梁山伯治三江，殉职姚江九龙墟；唐代王元暐“阻咸蓄淡”建造它山堰，是中国四大古水利工程之一。宋代王安石组织10万民工整修七堰九塘，“限湖水之出，捍潮水之入”。清代杨懿挖河筑塘，建六座大碶闸，抵御咸潮入侵，蓄淡泄洪，保障农田和海产丰收。一直到当代建设大规模的标准海塘，达到百年防洪抗灾能力。

（四）海洋名人文化

宁波海洋名人文化也有很多突出的事例。

如秦代的徐福东渡，留下了慈溪达蓬山遗址和象山《徐福东渡传说》。唐代高僧鉴真东渡，修住天童寺，曾多次东渡失败，最终在宁波东渡日本成功，这也是我国早期的航海文化。

又如我国现代海洋科学的先驱童第周院士，新中国海洋科学的创始者之一。1956年由周恩来总理提议担任中国政府渔业代表团副团长兼秘书长，首倡新中国“领海主权”动议，在苏联达成渔业发展共同条例。1953年至1957年童第周院士在渤海湾主持组织了规模空前的外海渔场调查。1956年牵头制订中国海洋科学发展12年远景规划。1957年创办中国科学院海洋生物研究所，成为目前中国规模最大、整体研究实力最强、学科最全的综合性海洋研究机构，在国际海洋科学界具有重要地位。

二、宁波海洋文化现状及存在问题

宁波历史上曾经有过众多的海洋文化从业人员，随着社会经济的变迁和生产方式的转变，近几十年，海洋文化人员大幅度减少。从严格意义上来说，宁波的海洋文化从业人员目前已经显得极少。主体是业余从事海洋文化的人员，并且队伍十分不稳定。从初步调查来分析，情况如下：

（一）龙文化方面

首先是龙舞表演。历史上鼎盛时，宁波拥有上千支舞龙队，如奉化一市，1946年举行舞龙大赛，参赛队伍达108支，号称“百龙大会”。改革开放后，我市重视扶持民间文化，逐渐恢复了龙舞，目前有布龙、龙灯、绸龙、竹龙、甩龙、抬龙、母子龙、板凳龙、男女双龙等16种，舞龙队120余支，人员2000多人。主要分布在鄞州、象山、奉化、宁海等地。龙舞表演人员多为青壮年，还有少年儿童，但舞龙技艺传承人大多在60岁以上，甚至90多岁。

其次为赛龙舟表演，目前全市有龙舟队30多支，表演人员400多人，主要分布在鄞州云龙、东钱湖及北仑小浃江、慈溪庵东等。其中云龙至今有21支龙舟队，村村有龙舟，年年有赛事。而历史上仅慈溪横河龙舟就有40多支队伍，现已消失。宁波江东后塘河、东塘河曾是城区主要赛龙舟区域，现早已绝迹。

（二）海洋民间文学方面

宁波海洋民间文学传承人，目前在象山等地还有100余人。主要传讲龙的传说，海洋鱼类的传说，还有徐福、鉴真东渡的传说和抗倭、抗洋、抗日的故事，年龄多在70岁以上。还有数十位传唱海洋民间歌谣，如《船名谣》《渔场谣》《十二月鱼名》《十二月蟹名》《渔业谚语》和《抗英歌谣》等。

（三）海洋民间艺术方面

业余表演人员600余人，主要集中在象山、镇海、鄞州、慈溪、宁海一带。如石浦鱼灯舞，由鳌鱼灯、黄鱼灯、目鱼灯、带鱼灯、大虾灯、蟹灯等几十种组成，表演人员28人，乐队10

人，规模壮观。昌国鲫鱼灯舞共10节，十几人表演。还有南田龙灯舞、龙舟舞，表演：起航、作业、戏水、拼搏、凯归等渔业场景。镇海的《九龙柱》《镇海船鼓》《澥浦船鼓》，鄞州的《咸祥彩船》，宁海前童《抬阁》及慈溪各地的《车子灯》《打莲响》等民间舞蹈艺术表演队伍也有20多支，但贝雕、贝刻镶嵌类民间工艺人员已极少，传承者也寥寥无几。

（四）海产品传统手工艺制作技艺方面

作为非物质文化遗产的内容，海产品制作至今尚有一批从业人员，如咸蟹制作、海蜇制作、咸泥螺制作、霉虾子制作、咸鳓鱼制作、咸带丝制作、鱼鲞制作、鱼丸制作、青蟹酒制作及晒盐制卤等几十种海洋传统手工制作技艺，人数以千计，多集中在象山等沿海中老年人群中。

（五）捕鱼技艺和渔业工具制作技艺

捕鱼技艺和渔业工具制作技艺是非物质文化遗产项目内容。捕鱼技艺如钓望潮、甩弹涂鱼、抓红钳蟹、守稻蟹等。渔具制作技艺，如织制泥螺网、沙蟹网、栲网、血网和泥马制作等。这类技艺传承人多数是老年人，人数应在几百人之内。而青少年离这些生产技艺渐行渐远了。

因此，海洋文化从业人数与历史相比，总体大幅回落，年龄结构老化，传承状态青黄不接，研究人员更是凤毛麟角。当务之急是抢救有传承价值的海洋文化优秀传统项目，并在技艺上大力继承创新；人才培养方面加强传承基地建设，列入政府公共文化服务体系和财政扶持计划；着力构筑海洋文化展示平台，加大创意，提高艺术档次；并通过不断创意创新，引导如海洋文化动漫等有经济价值的海洋文化走向产业化。

三、宁波海洋文化的保护利用建议

宁波海洋文化要坚持保护利用、普及弘扬并重，加强对海洋文化思想价值的挖掘和阐发，维护民族文化基本元素，使优秀海洋文化成为新时代鼓舞人民前进的精神力量。这是宁波海洋文化的抢救保护、开发利用的战略方向。我们要抢抓历史机遇，高度重视海洋文化建设，积极采取有效措施，大力推进海洋文化的发展与繁荣。为此建议：

（一）利用优势，抢占海洋文化发展先机

宁波丰富的海洋文化资源，为宁波海洋文化乃至海洋经济的发展提供了丰富的基础，而近年快速发展的宁波经济，为宁波海洋文化繁荣创造了良好的条件。宁波地处中国海岸线的中段，正如宁波的海陆空交通从过去的支线末端，经过十几年的发展蜕变为中国沿海流通重要枢纽一样，宁波的海洋文化当前面临着国家海洋战略实施的重大机遇，要敢于争创一流，加快占领全国的海洋文化制高点，在海洋文化的特色亮点上，倾力打造国家级品牌。集聚人才资源，借助民间文化研究队伍和中国龙文化研究中心，提升研究水平，拓展研究领域，培育研究人才。在象山中国渔文化之乡、鄞州中国龙舟文化之乡的基础

上，积极申报中国龙文化之乡和中国海洋文化之乡。以全市或区域的优势条件，努力开创宁波海洋文化发展的广阔前景。

（二）抢救为先，大力保护传承优秀传统海洋文化

鉴于目前宁波传统海洋文化的丰富性、生存的脆弱性和传承人的老化及队伍的不稳定性现状，建议加快制订相关政策和地方性法规，对优秀的传统海洋文化项目采取积极有效的措施，进行抢救性的艺术保护。加快培育传承人，建立培训基地。如渔文化方面，积极扶持象山渔文化艺术村，抓好鱼拓、鱼类故事等特色项目。譬如舞龙方面，以奉化、鄞州、象山等地为基地，抓紧培养40岁以下100名左右优秀传承人和3000人表演的稳定队伍；龙舟方面，以鄞州云龙、东钱湖、北仑小浃江、江北、海曙姚江为基地，加快培养50名左右优秀传承人和1000人竞渡技艺的稳定队伍；海洋艺术舞蹈方面，以象山、镇海等为基地，培养30名左右优秀传承人和2000人表演的稳定队伍。对其他海洋文化特色项目也要分地区落实抢救保护传承责任，并在传承中积极创意创新，使古老的传统海洋文化焕发出现代文明的光彩。

（三）构筑平台，充分展示海洋文化的迷人魅力

海洋文化的保护传承和研究，最终目的要为社会主义文化事业大发展大繁荣服务，推动现代文化的进步和社会和谐，促进海洋经济和综合经济的加快发展。要实现这一目标，就要高起点构筑展示平台，显现宁波海洋文化的迷人魅力，提升宁波

海洋文化的品位，展现宁波城市的文明风貌，进而提高宁波城市的影响力。

（四）加大力度，积极促进海洋文化产业发展

海洋文化正像海洋生物一样，有着强大的生命力和吸引力，也是新时期文化产业的潜力股，具有广阔的开发前景。特别是现代科技的迅速发展，加入到文化产业行列，海洋文化将插上腾飞的翅膀。海洋生命诞生比人类还要早几亿年，海洋知识的丰富性、海洋文化的多样性、海洋世界的神秘性，都是我们文化创造的不竭源泉。如同对宇宙奥秘探索一样，正是需要不断探索海洋世界，不断认识海洋世界，不断普及海洋科学，并从海洋文化中汲取精神养分，享受艺术美感。海洋文化不仅在工艺美术、音乐、舞蹈、戏剧等传统文化方面可以进一步开发利用，而且在动漫影视等现代文化方面更有灿烂的前景。海洋民间传说、民间歌谣、民间音乐、民间谚语、民间艺术和海洋科学知识是一座座富矿，创意、创新的发掘潜力巨大，它的文化产品雅俗共赏、老幼皆宜，是人民大众文化生活的新期待，是文化产业新的增长点，是海洋经济发展的新动力。象山是中国渔文化之乡，更要大力推进渔文化的保护和利用，努力壮大渔民间文化的传承队伍，发展渔文化的产业，促进渔文化的开发和消费。如象山的渔民号子、渔灯舞、渔民画、鱼拓画、竹根雕、船模等开发利用的前景广阔，大力丰富和提升中国开渔节的内涵和品质。

海洋文化是人类文明的“母船”

曹保明*

古老的历史文献满族说部中珍贵的海洋文化的记载与象山东海海洋文化是人类文明的重要述说，冯台源先生在《东海女真海洋文化与西方海洋文化的比较》[1]研究中敏锐地注意到满族说部中大量的文化思想与精神内涵与地球上的海洋文化有着至关重要的关联，这其实已切入到说部文化的“根脉”。满族说部中的海洋文化内涵是由满族先民的生存环境和生存历程所决定，或者说说部本身就自然地传承和包含着海洋文化的基因和信息。说部为何能形成自己独立的海洋文化结构和海洋文化思想体系，恰恰是因为满族先人女真人在久远的历史岁月中就生活在东海，生存在东海，于是作为记载和反映部落祖先生活和情感的说部不能也不可能偏离这种核心文化的结构和内涵，

---

* 曹保明，中国民间文艺家协会顾问，吉林省民间文艺家协会主席。

[1] 冯台源（台湾文化大学）、白玉芳（中国文化学者）《东海女真海洋文化与西方海洋文化的比较》，吉林省社科院“海洋文化、国际研讨会”论文，2014年。

这也正如冯先生在他的研究中所提到的，“海洋是人类文明的共同体，人类生命的共同体，人类历史的共同体”。所以海洋文化也会成为满族文化、说部文化的重要思想基因和文化根脉。

从海洋文化内涵去探研说部文化内涵会使我们走入说部的本真文化结构，从而放弃了单一看待一个民族一种文化的行为和习惯，这往往会让人从多视角、多侧面地对待一种文化，认知一种文化，这是冯先生从多元的视角去看待说部，并认真选择了从海洋文化的视角去看待说部，分析说部，并形成自己新的、独立的说部学科研究学科，并同白玉芳女士一起，将这个课题更加深入和具体地进行开掘，完成自己独立的文化观点和文化思考，开创了一种全新的说部研究文化局面。但是以往我们不太注意说部中以海洋文化内涵、情节、人物性格及精神倾向方面的文化挖掘和文化认知，冯先生指出，这是对“满族文化的多元挖掘和整合不够”，这个观点十分准确并开拓了说部文化研究的指导性方向，也是今后说部文化研究的明确理论指向。

当我们沿着冯先生提出的由海洋文化的视角去看待说部时就会发现说部更加的生动了、原色了、原真了、原味了、圆融了。如体现在富育光先生说部中的海洋文化，是从他心底自然流露出来的一种文化蕴藏，也是说部产生的最初的成因，也是说部内容最生动的部分之一。他表述说部时始终保持着一种自然的海洋文化状态，这恰恰证明了他心底文化的原色性和原真性。在《雪山罕王传》[1]中有一首《拖林普艾曼古歌》（见原

[1] 富育光口述，曹保明整理，谷长春主编《雪山罕王传》，吉林人民出版社，2016年。

始记录本第165页），叙述时，他不知不觉用满语来表述。开始人们不懂，渐渐的，人们在他的表述中充分地体会到满语在民族生存历程中的地位和作用，富先生说：“他忍不住去这样表述的，而不是为了用满语！”这是一种真实的心地，而且，东海女真那种久远的海洋生活的自然存在很顺畅地表述出来，这说明了女真族、满族思想文化生成的自然性和文化生命性……

“格灵窝西浑妈妈玛发离，格灵窝西浑色夫阿古离，拖林普扎兰沙延霍绰巴那巴图鲁，阿布卡德里给莫德里窝莫罗，班金哈，朱禄嘎拉，郭勒敏阿达阿沙沙哈，莫德里温作，察拉寨阿库凡卡——瘟给牙里希达，郭西浑——莫德里木克畜米，阿布卡希敏英德，格木赫勒勒阿库，簿热色巴臣克雅凡布喝。”这是古老的海洋文化与海域民族的颂歌。“各位尊贵的奶奶爷爷，各位尊贵的师傅兄长，拖林部部族是英雄俊美之地，拖林普部族，是天生的东海子孙，双手摇动着长筏，海阔无边，嚼着香喷喷的海豹肉，喝着苦涩涩的腥海水，天涯海角全不惧，寻找自己的乐园。”

富育光先生所表述的说部把海洋与族人的生命关系，精神关系，情感关系联系得自如而又顺畅，笔特西（说部讲唱人）所讲唱的古老的东海之歌是“爷爷奶奶传下的几百年的老歌子”，而且，爷爷奶奶一唱起来就“手舞足蹈”，或“双手摇动，前仰后合，前身向前摇晃，好像还在大海中摇着桨，长长的大木筏子在海中颠荡”！这说明，拖林普的子孙们一听了这部来自于海洋的说部就“万事皆通啊”。这已经把满族先祖东海女真人与海洋的关系表述得无比清晰。他们承认自己是“鱼鹰、海豹、海鸥的好伙伴”。同时透出他们与海洋的一种依赖，那是一种紧紧的依赖，是思想和精神的依赖。人在记忆起一种神圣的往昔历程时往往会情不自禁。满族这个曾经诞生和依偎在大海怀抱里生存并成长的民族，海与海洋文化的记忆对他们是一特殊的记忆。那是一种神圣的观念，每每提起，便会“忘情”地不知不觉地表述着那些逝去的记忆。

东海象山，美丽如画，象山是人类海洋文化最具体、最有代表性的文化之地，这是因为象山的海洋文化具有久远的历史、具有清晰的传承、具有活态的存在、具有鲜明的特色，而这四个具有囊括了人类生存的代表性因素，也是文化、文明的原色根基，我们称为人类生存传统的发生地和保留地，而这都是因为有了海洋，我们称为海洋的传统文化。传统是人类精神，思想和制度的结果，它是靠人的心理、行为和语言去完善和传播的，而制度则起到了保护传统、发扬传统和传播传统的重要作用，制度保障传统运行具体体现在领导者的思想智慧和精神能力方面，象山的海洋文化传承着独特的海洋文化，恰恰记载了这里传统制度与传统文化的统一，这是人类保护和发扬海洋文化的一个模本和心灵的读本。

这里有600多个海上岛屿和超过900多千米的海岸线，它自身把海洋文化鲜明地独立出来，呈现东海象山这样独立而漫长的海洋背景与海洋空间，这是一种多样性的海洋文化，而政府在保护海洋文化具体落实和发扬海洋文化传统上，具有了蓬勃的活力和生机，如祭海仪式在民间流传的基础上，政府出面组织和保护，这是传统与制度的顺差，而不是逆差，这是文化发展的长板，而不是制约传统的短板，象山让人感觉出他们对保护海洋文化传统有一种"精准"性。

精准，就是科学而真实，保护传统，就要保持传统文化的持有者，我们称之为文化遗产传承人，象山让我们充分看到感受到了这一点，如他们树立了剪纸艺术家谢才华，他6岁就和母亲于凤鸣和本土著名剪纸娘子高妙兰学剪纸，高妙兰（1901—1995）曾经把自己的剪纸《福禄寿》送给毛主席，1957年中央办公厅授予她"农民画家"的称号。从此，这使得谢才华一剪而不可收，他从1961年到现在，已剪出著名成品1.2万多幅，东海有多少种鱼？他自己已总共剪了250多种"鱼"；东海有多少船？他自己已剪出200多艘中国古船，我们大家亲自见证了今年已73岁的谢才华瞬间可按大家的要求剪出渔船、现代机船，各种鱼和蟹，那些鲜活的海洋文化杰出作品和他的大海、鱼和海洋文化方面的创作，传承了海洋文化的重要视觉，让人类深度地与海洋文化交融，传递了人类与海洋文明的传统，让海洋在人们的心中活了，我们感受到活着的象山，传统大海流入了人们的心田，大海就在人心里。那一刻，我们在他鲜活的手艺中，真正走进了海洋文化，品悟到了海洋的内涵，也触摸到了海洋传统文化的生动。

传统的生动，要具体体现在人，包括人的语言、行为和心理上。在象山，我们时时在触摸海洋文化的声音、色彩、视觉，并与海洋文化与文明在互动，海洋启发了人类的灵感，并产生出心灵与心灵的共振。在根雕艺术家张德和的眼里，大海和大地是他创作的"母体"，无论是他的《斜风细雨》，还是

《原始部落》，他对他眼中的一切自然质料擅于从中去梳理和分析出与生命和生活的关系。2001年，他受法国文化学会的邀请到法国的蒙顿进行文化学者学习，这是一座靠近地中海的城市，也许是受家乡象山长长海岸线的养育，他非常细心关注大海与海岸碰撞的结果。那时，这里几天前刮了一场台风，发了一场大水，大海把许多树根和杂物卷涌而来，在别人看来，海浪冲到岸边的无数杂物、草根、孤根、烂木，给这个美丽的城市带来许多不协调，可是对于来自于中国东海之滨象山之海的张德和却顿然产生了一种“天赐良机”的创意，这简直是上帝仿佛知道一个大海到另一个大海边要来一个有眼识玉的人，在他看来，这些海浪冲来的东西仿佛是离娘姑娘滴出的泪花，大海正在催促新娘上路，突然，大海的浪尖上漂浮着一个竹根，他却觉得那是来自于东瀛的久别的大唐，一根手杖，大海的启示。蒙顿的地中海，让张德和发现了自己的海。我们从这些人的行为上发现象山和世界的海，我们也从世界的海洋文明中发现了我们的文明。

在人类的自然史、人文史上，其实文明有着自己深深的共性和个性。不久前，在北京举行的全国少数民族文艺汇演中，在35台大型歌舞剧中，来自于黑龙江省的《乌苏里船歌》最终获得了五个优秀作品奖之一，而其实，这正是充分肯定了海洋文化久远文明的历程，该剧表现的正是从前生活在大海上的中国北方渔猎民族赫哲族如何与寒冷的北方大海搏斗，战胜海浪的艰辛惊险故事和民俗，深深打动的却是今天和未来的无数后人，让史诗《伊玛堪》得到了清晰的传承，这是海洋文化产生的共性；而在象山的沙塘湾渔村和东门渔村，大海留下的人类传统正在传递着久远的文明，在沙塘湾居住的刘福定大爷今年已80多岁了，村里的海神“狄池”庙，就是他领人捐款修缮的，县志文本中记载了抗倭英雄狄青死后成为海神与妈祖一齐保佑渔民的事，言嘉庆年间，有一李姓渔夫扬舟海域，忽天变云暗，风摧排浪翻滚，孤舟寡帆，遇险难救，徨徨间忽见一木破浪涌来，李氏急游抓抱木，凫水得还。是夜，梦见神人召会点陈。醒后细品神貌与祖辈传派大同，知是妈祖来了，于是修此庙；这与赫哲族在《乌苏里船歌》中的“堆”战于大海，成为先人的习俗几乎异海同俗，表现了人类海洋文化的共性和文明的传承性。法国著名的人类文化学家范内热普说：传统更多的蕴含的是文明，在社会转型期与转换期，谁保留了更多的传统谁就留住了更多的文明。今天，我们的国家和社会正处于转型期，诸多的自然和传统正面临着巨大的挑战，社会现实的发展也在昭示着我们如何面对传统，留住传统，让现实对接传统，让传统走进现实，这也正是我们海洋文化研讨会所要梳理和面对的课题。人类在大海中打捞鲜鱼，我们也在生活的海洋中去打捞人类生存的珍贵理念和思想精神的珍贵传统吧！

人，当他能去忘情地表述一种文化、一种记忆的时候，其实这种文化已经深深地融入表述人自身的精神世界里和思想情感的底层，这在我国的民族、民俗文化中，如东北的二人转对东北人也有一种深深的融入感。在那严寒的冬季，当寂寞和寒冷的北方之夜，当人们围着二人转艺人坐在火炕上，听他讲唱从前的故事，而且当“唉咳唉咳唉咳呀——”的老调一起，多少听众也跟着一起拍炕沿哼唱起来，这就是文化的深刻性。文化的深刻性其实是一种深刻文化的概括性。它形成了文化自身的表述情态，也是一种固定的形态，是促使人类在表述这种文化时的形态特征性。不单以口述了，还要以口述加形体的动作来共同表述，我们称这是文化的本质性文化。

海洋文化与满族先民生存历程和情感的深刻交融性还表现在他们已在传承中自觉不自觉的表述中，并已变成生动而熟练的情节性和文字的常规使用性。如在《雪山罕王传》（原始文本第140页）中，拖林普艾曼的族人从小就崇拜“堆”（他们对一些勇猛男人的称谓），而这些“堆”们的最大特点就是能“走海”，这是说部文化的重要文化系统中心。

走海，是对族人英雄的夸赞。那是与寒冷，风暴与狂怒的海浪为生的本领，不然他们就成不了“堆”。因为按照这个部落的约定俗成的传统，只有这样的“堆”才能占有族人中最美丽的女人为妻。冯台源先生所表述的《东海女真海洋文化与西方海洋文化的比较》中已敏锐地提出了这种系统的特点。古代的东海，溯野寒天，冰河覆地，雪海无垠，万物不生。还有南极奇幻岛上，有许多的鲸鱼遗骨，而在古代东海满族的说部里鲸鱼遗骨曾经是东海女真人萨满搭就的神圣祭殿。在说部《天宫大战》[1]中海豹曾经是在洪水中拯救古代东海女真人的海洋女神，是女真人敬奉和歌颂的神偶，而在《雪山罕王传》中，族人的首领拖林普艾曼是那深藏海底的千年蛤蜊的子孙。当海

[1] 富育光口述翻译，荆文礼整理，谷长春主编《天宫大战》，吉林人民出版社，2010年。

上风暴使得族人和船队迷失方向时，恰恰是阿莫图鲁巴图鲁在海豹的引领下将族人找到并引领出险境。在说部中大海与大海文化已深深地将满族这个古老氏族的生成赋予了海洋的能力，并以“堆”，以寒冷，以暴风和巨浪来体现他们的精神和性格，这也形成了说部的海洋文化基因与思想基因。这也正如冯先生与白玉芳女士在他们的文化分析中讲到的其实自然界在地球物理的变化里，留下了许多让我们今天的人“难以想象的文化和生命的印迹”。捕捉这种文化印迹，并通过这种文化印迹去进行文化的分析，从中找出说部的海洋文化内涵，从而增加了说部的生命力和感染力，并且又使说部的文化内涵和精神内涵更加的具体。

以海洋文化去看待说部，认知和分析说部，其实不知不觉地把今天的人们引进了说部的深厚的文化结构中去，这是一种从自然史、生命史的视角去看待一种文化，认知一种文化的重要视角和重要学术能力。日本自然生命地理学家牧口常三郎说“地球是有生命的”，在《乌布西奔妈妈》[1]和《雪山罕王传》中不但提到了海女，而且在《雪山罕王传》（原始文本第79页）中北土的满族先人女真人甚至把“海女”带到中原，这使得说部中所展示的海洋文化更加生动和具体了。还有那奇特粗犷的“东海号子”《跑东海》《赶海谣》《巴图鲁古勒号子》《张大篷》《娘娘车》讲述人一直在对听的人表述“遥望大海绿茵茵，东海号子最中听……”“巴图鲁号子一出口哟，

[1]　富育光翻译整理《乌布西奔妈妈》，吉林人民出版社，1999年。

东海人往昔的岁月蹉跎勾上了心头。大荒片子绿海茫茫没人烟哟，赶海人摸到古道印辙……”那些号子都是海洋文化的经典凝固，在久远的岁月中形成，并活态地存在于人们的生活中，这才被说部所记载并传承下来。这部分文化研究至今还没有完全展开。

诚然，并不是所有的说部都具有海洋文化的内涵和结构，而一旦以族人久远的生存历程为核心形成的那种窝车库乌勒本（歌颂族人祖先历程）的文本往往都不可避免地带有海洋文化的印迹，那是一种久远、真实、原色、古老的文化印迹。还如，许多说部虽然已脱离了海洋文化或渐渐地远离了海洋文化，但还是自觉不自觉地表露出说部文化中的海洋文化关系和气息，我们称之为海洋文化的延伸和潜在的文脉走向。如满族先民，他们曾经是一个崇仰狗和图腾狗的民族，但是在表述狗的聪慧和灵捷时却往往透露出这些动物灵性的海洋文化性，是那么的生动，令人难忘。同样是在《雪山罕王传》中，当表述狗在看守族人向中原贡送的特产时（原始文本第64页）就生动地记载了狗看守动物院落，晌午要给小海豹、小海兽吸奶的事情。狗往往把一个个奶袋子（人事先装好的）叼给那些小海兽，喂它们。但一些小海豹、小海兽往往吃了还要，狗便对它们汪汪咬，仿佛在斥责说：“你美呀！每个人就那些！”但对于一些小兽不停地叫，它往往还会重新再给点，但绝不会太过。这表明了族人所崇拜的狗已在久远的生存传承中懂得了生存文化，熟知了海洋文化。这同时又可以是说部文化中海洋文化的一种延伸，是一种重要的潜在的文化延伸。

海洋文化在说部文化中的普遍延伸是海洋文化的一种自然能力和自身的传承功能。但是在以往的说部文化研究中我们从海洋文化的视角去关注说部，分析说部的工作做得还不够，这也正如冯先生认为的那样，为什么满族历史这么悠久，宝贵的海洋文化的传播却并不广泛的原因，其实是我们对一个民族“文化定位”的关系，我完全同意冯先生的观点和看法。过去，我们在大量的关于满族说部文化的研究中还没有挖掘和总结出海洋文化的内涵和文化存在，仿佛只在陆地而远离海洋，并认为满族只是“马背上的民族”，多年的四处征战，也只是在陆地，但其实海上的征战和开拓也是满族先民不息的自然历程和生命历程，“东海女真”这个名词本身就是一个不朽的记忆。东海女真诸多生活的细节、习俗和信仰在说部中已形成了稳定的文化结构，固定在其文化传承中，这才能使今天的人们看到和感受到说部中蕴含和洋溢着的浓郁的海洋文化形态和气息，可是并没有被今天的人们充分地注意到，使得对说部的传统的挖掘和追溯也没有侧重于或倾向于海洋文化内涵和领域。我们需要对满族说部历史文化和说部所表现的民族生活去进行重新定位，以便本真地去挖掘和展现民族民间文化的丰富内涵。

西方海洋文化与东海女真海洋文化的比较研究，使说部提升了自己的品位。由于把说部放在了自然地理学、文化人类学的台面上去进行文化分析，正切中了说部这种文化的古文化传承特征。从它的形态，思想和精神结构上给出了重要的解释，也对我们面对传统文化如何去认识传统开拓出新的文化思路。

海洋文化如何助力乡村旅游发展

——基于浙江象山石浦开渔节的讨论

林继富*

浙江省象山县石浦镇开渔节的传统是开洋节，是在开洋节基础上，根据当代象山渔民吸引外来游客，在政府引导和支持下，形成的集传统祭海仪式、现代旅游、招商引资的综合性节日。尽管开渔节表现出现代人的节庆建构特点，但是，仍然成为象山最具中国海洋文化特色的地方性节日，体现了中华海洋文明的重要内容。我以为，中华民族传统节日与中华文化的构成是一致的，大致可以分为农耕文明、海洋文明和游牧文明。然而，从文明的角度展开讨论中华民族传统节日，能够以整体的文化观认识中华文化的基本构成。我在这里尽管不以文明为根本展开讨论，但是却贯穿了石浦人海洋文明与文化的线索，透过石浦人开渔节的系列活动，讨论如何从认识传统节日与海

* 林继富，中央民族大学教授。

洋文化的关系，以海洋文化为中心的传统节日如何在当代中国乡村社会建设中发挥作用?

一、象山石浦海洋文化的多样性

浙江象山石浦是中国著名的渔港之一，许多岛屿上的居民世代靠海为生，以渔为业。千百年来，渔民因为在海洋上生活，创造了一套适应海洋、开发海洋，从海洋获取生活资源的本领，在此过程中孕育出浓厚的海洋气息、渔家生活文化习俗和与海洋有关的传统节日活动，推进象山石浦海洋文明的发生、发展，形成了多样化的象山石浦海洋文化现象。

渔民开洋节是象山石浦东门岛传统节庆活动。每年农历三月二十三是东门岛渔民开洋节，祭祀海神，祈求平安是渔民核心活动，配之系列的民间文艺表演活动，表现了石浦人历史、宗教、生产、民俗等诸多海洋文化内容。

象山石浦渔民的神灵信仰较为复杂，但是与海洋有关系，即使信仰佛教神灵和一系列民间信仰中的神灵。东门岛渔民的神灵信仰，诸如释迦牟尼、观音等佛教神灵，更多的是对天后（妈祖）、关公、城隍、鱼师、平水大帝、圆峰大帝、财神、土地的信仰，以及一些地方性的神灵，比如东门岛的王将军、天门都督等。这些神灵保佑着渔民的生活，成为渔民出海祭祀的神灵。在象山，我们还发现了许多渔业生产的工具神，如船神（船龙爷、船菩萨）、网神等。岛上渔船的船神有两种：一是船龙爷。船龙爷是船的本身，渔民原先视船为“木龙”，后来将船神称“船龙”，或“船龙爷”。二是船菩萨，在石浦东门岛渔船上供的船菩萨大多是从庙里请到船上的神灵令箭（三角令旗）或灵位，以天后娘娘、王将军、关公为主。船上有龙龛、供神灵令箭或灵位。如今大部分船上没有神龛，平时都以祭祀船龙爷为主。象山石浦渔民的神灵信仰，都是以海洋和渔港为背景的神灵信仰。

石浦海洋文明集中体现为丰富的渔文化，在这里，渔港是渔民往来的港口，从港口生产了众多的渔文化；这里的渔村、渔民、渔宅、渔盐、渔汛、渔事、渔行、渔节、渔商、渔谚、渔俗、渔具、渔服、渔船、渔食、渔市、渔歌、渔号（子）、渔谣等无不折射出象山石浦海洋文明中渔文化的特殊分量，围绕渔产生的石浦妈祖信仰及迎亲习俗，象山渔民开洋、谢洋节，象山晒盐技艺等均被列为国家级非物质文化遗产保护项目，并且这些保护项目中均包含了丰富的以渔文化为中心的海洋文化内容。

在石浦海洋文化中，与海有关的饮食习俗独树一帜，石浦港作为重要的渔港，早在汉朝时就被人们认识利用，由此港口出入的渔船，以及由渔船上装卸的渔货，形成了一整套海洋食物的生产、运输链。这里的鱼类、甲壳类、贝类成为当地人餐桌上的美味佳肴，他们以这些为原材料加工而成的“甬菜”，充分体现了当地人的饮食文化和地方知识的特殊性。

象山的海岸线长，海港优良，早在吴越时期，大量的丝织品和越瓷器通过象山，从海上送往国外，成为中国海上丝绸之路的重要港口，来来往往的文化在这里汇聚，因此，象山的海洋文明融入其他文明，呈现多样化特色不难理解。

象山石浦海洋文明融入其他地区的文化从人口迁徙中也能得到充分说明：重刊民国《象山县志》记载东门有周、林、陈、蔡、任、吕、蒋、邵、戴、丁、谢、胡等姓氏，他们主要从福建泉州、兴化和浙江宁海、三门等地迁入。清政府在顺治十八年（1661）又一次迁沿海居民于内地。同时，福建、台州、宁海、三门等地的民众不断涌入东门岛居住，东门岛逐渐人丁兴旺。[1]由此可见，东门岛居民大多是从清初开“海禁”后从外地迁入，且融合了闽、浙两省沿海世代业渔民众的生活习俗、生产方式，并且带来了以石浦传统海洋文化为核心的文化融合。

石浦是重要港口，这里海岸线较长，因此，驻守海防人员就不仅仅是本地人了，他们大多来自外地，外地人的进入，也会带来外地生活习俗和文化传统，但是这些外地习俗传统在石浦，不断形成石浦式的海洋文化。明洪武二十年（1387），因石浦地处海防要冲，调昌国卫守御置前、后二千户所，筑堤捍守。石浦所城“南面海，西北依山”，“高二丈，广六尺，周六百有七丈。辟西、南、北三门。辟水门于（西）北、南二门之侧。罗以月城，城上雉堞一千九百六十，警铺二十九，敌台十三”。东南开“濠一百十丈”。下辖石浦巡检司和大金山、后山、前山、下岙、松岙、土湾六烽堠。逢汛期，卫拨游哨兵船防守。清顺治，改置石浦陆、海二汛。康熙二十三年，仍设

[1] 重刊民国《象山县志》第7卷，第412—416页，2004年。

官防守，重筑所城。东、北面相接，长约700米。它一头连着渔港、一头深藏在山间谷地，城墙随山势起伏而筑，居高控港，素有“城在港上，山在城中”之称。这种拒守海防线的士兵及其机构与当地人融为一体，他们的生活、文化成为石浦海洋文化的组成部分。

据《象山东门岛志略》记载：“明嘉靖《象山县志》载：唐时东门港就辟为渔港商埠，清时东门大捕船名扬浙东。清雍正年间，岛上渔民仿福建式样造大捕船，每年农历三月廿三日或四月初八（闰年时）北上岱衢洋，采用大捕抛碇张网作业捕大黄鱼，称谓‘扚洋山’，至农历六月廿至廿三渔船才回乡。那时岛上有大捕船80余艘。有渔谣：‘东门大捕船，一网三万六，扚到早稻熟。’清乾隆三年（1738），东门岛创立太和公所，为浙东地区最早成立的渔帮组织。民国初期东门岛有大捕船99艘，红旗小对船30余艘。民国后期战事连年，兵荒马乱，海匪横行，灾害频发，岛上渔业生产濒临崩溃，至1949年，只剩大捕船24艘，红旗小对船16艘，舢板船30余艘。历史上东门岛一直是渔业重镇。而今东门渔村被誉为‘浙江渔业第一村’。”[1]

开洋节是不断发展的，每个时代开洋节带有象山人融入时代生活、时代文化的印迹。开洋节发展到今天，为了更好地利用开洋节及其海洋文化资源，在象山县政府的主导下，在原有开洋节基础上，建构了具有现代节庆的开渔节。开渔节将传统

---

[1] 《象山东门岛志略》，第100页，2000年（内部资料）。

揭示开洋节仪式规模化、系统化，并且以现代人的文化逻辑，将象山海洋文化悉数融入其中，构成了以开洋节为核心的海洋文化的现代谱系——开渔节。

石浦东门港的发展孕育了海洋文化，并且构成了以海上渔民为中心的海洋文化生产，形成了将象山石浦海洋传统文化谱系，并且得到了很好发展。

二、石浦开渔节与海洋文化

开渔节是象山人的现代节庆，该节庆是1998年由象山县人民政府策划建设，至2016年已经举办了19届，每一届除了延续传统开洋节内容外，还加入了不少当年象山人需要的元素。第一届“开渔节”以“开渔”为主题，第三届“开渔节”以海洋文化为主题，保护海洋理念逐渐明晰，第七届“开渔节”注重象山石浦特色作为旅游节庆的重要内容，开展本地经贸活动的力度，第八届“开渔节”将地方传统与域外文化、传统风俗与时尚文化结合。2015年9月14日，第十八届中国（象山）开渔节的渔文化仍然是节庆主题，但是融合了当年的生活内容。2015年开渔节期间，18队鱼灯龙腾鱼跃演绎着“独占鳌头”“鲤鱼跳龙门”的吉美祝愿。台湾富冈新村村民护送海神妈祖的妹妹“如意娘娘”回到原籍石浦镇。象山东南渔山洋中有一座海岛，名叫渔山岛，当地渔民虔诚供奉海神——如意娘娘。1955年，渔山岛487名渔民随驻岛国民党军队退居台湾，抵台后，被安置在富冈新村，因思念家乡，该村多数是渔山岛村民及后裔，又被称为“小石浦村”，并为如意娘娘新建了海神庙。从这里可以看出，石浦开渔节就是海洋文化展示，然而，这个现代人建构的节日的基础则是开洋节。因此，追溯开渔节的海洋文化自然应该讨论开洋节了。

据《象山东门岛志略》记载：“渔船出海谓‘开洋’（俗称出洋）。旧时‘出洋’前，船头祭神，烧化纸牒，称‘行文书’，祭后投杯酒、肉食于海，谓‘酬游魂’。”[1]《象山县渔业志》和《象山东门岛志略》记载，清代雍正年间开始，象山东门岛渔民，仿照福建船式样打造大捕船，北上舟山岱衢洋花鸟北渔场等海域单船捕捞大黄鱼，大黄鱼的汛期是在立夏开始（农历三月下旬），渔汛期渔民们都全家到舟山定居几个月。[2]这个季节捕鱼关系到一家人的生活。因此，渔民对于出海捕鱼就特别重视，不仅祈求神灵保佑家人平安，而且祈祷出海捕鱼丰产、丰收。此时大约在每年的农历三月下旬，或闰年的四月上旬，渔民就到庙里举行开洋祭祀仪式，后来逐渐形成开洋节。随后，又将这种仪式与天后娘娘的诞辰结合起来，成为当地人盛大的节日了。从这里可以看出，开洋节的诞生是基于渔民海上生活的开始，成为一年之中海洋与渔民发生关系的开始，成为海洋文明生产的开始。

渔民开洋仪式是一年中的盛事，仪式举行选择在早上涨潮时分，以此表示财源随潮滚滚而来。“祭祀的人在前一天剃

---

[1] 《象山东门岛志略》，第391页，2000年（内部资料）。

[2] 《象山东门岛志略》，第100页，2000年（内部资料）。《象山县渔业志》，第168页，2008年（内部资料）。

好头，晚上要用红糖水洗好澡，第二天穿上新的（或干净的）衣服去庙里祭祀。祭祀仪式结束，请‘菩萨’（有木雕或泥塑神像，也有的则在神明前求得三角小旗令箭一支来代替神像）上船，放在船圣堂神龛内，顶礼而退。引路灯笼挂在船头，以驱邪保平安。下午（有时在祭祀前几天）开始演戏，一般演戏五天到十天不等，俗称‘出洋戏’。三月二十三这天趁良辰吉日，顺风顺水，渔船出海。”[1]石浦人举行的仪式较为特殊，并且有严格的禁忌，这意味着石浦人与海洋的依赖和紧张关系。

东门岛渔民开洋典礼是在天后诞辰这天举行的，在开洋典礼的上一天（农历三月二十二）晚上，岛上信众为天后娘娘祝寿。岛上渔户除了在庙里祭拜神灵外，在开洋节前后，他们在开船前到船上去祭拜船龙。

做开洋戏是东门岛开洋节的传统，每年都要做三天三夜或更多，在开洋戏开演前，由二位村民到村里的王将军庙、城隍庙、东门庙等各大庙宇，恭请诸菩萨来看戏。由一人手捧大红桶盘，上放香炉供上三支清香，把代表各庙菩萨的令箭（三角小红旗）插到插香的香炉或易拉罐（空易拉罐里放上香灰或大米使香插着不倒）上后，另外一人打上一把阳伞撑在大红桶盘上面，恭恭敬敬把“菩萨”请到庙里看戏。等各庙“菩萨”都请到，放三声鞭炮，以《天官庆寿》作为“庆寿戏”，作为开洋庙戏的开始。

---

[1] 解亚萍《浙江象山东门岛渔民开洋节民俗调查》，载顾希佳主编：《中国节日志·渔民开洋谢洋节》，光明日报出版社，2014年，第220—221页。

开洋节的祭祀仪式在天后宫举行，祭品有全猪、全羊。在祭祀天后娘娘时常常有供品肉、鸡、红蛋、寿面、黄鱼、豆腐、年糕、寿桃等以及敬莲子、红枣、小糖、花生、桂圆等，宣读祭文。2009年东门岛开洋节祭文如下：

维公元二〇〇九年农历三月廿三，时值天后娘娘诞辰吉日，浙江省象山县石浦东门岛父老乡亲，于官基山麓天后宫，敬献果品美酒，祭颂天后。

古岛东门，历史悠久，祖祖辈辈，靠海为生，以渔为业，举国知名，邑人深知，海兴我兴。政府立法，休渔开渔，渔区尊奉。

今日隆重祭祀天后娘娘，举行开洋典礼，祈告沧海，潮遂人愿，满载而归，人海共荣，丰产安康，再创辉煌。

幸哉，尚飨！[1]

东门岛的开洋巡游是在司仪的主持下完成一系列的仪式程序，届时，岛上渔民抬着天后娘娘神像按照指定路线巡游东门岛各街巷及石浦沿港马路，民间文艺表演队跟随其后形成一支浩浩荡荡的迎神赛会队伍。

上面列举石浦东门岛的开洋节仪式成为开洋节的核心，在开洋节的元素中，全部属于海洋文化元素，可以说，开洋节是石浦海洋文明的具体呈现，尽管有许多变化，但是，海洋文

---

[1] 解亚萍《浙江象山东门岛渔民开洋节民俗调查》，载顾希佳主编：《中国节日志·渔民开洋谢洋节》，光明日报出版社，2014年，第242页。

化是主要内容，因为开洋节的综合性、传统性和稳定性，石浦海洋文化沉淀并支撑开洋节的发展，成为石浦当今乡村旅游的重要抓手。象山石浦人意识到海洋文化资源的丰富和魅力，他们借助开洋节传统，以现代象山人的生活行为和文化表达，推进象山海洋文化向文化资本化道路转型，形成了具有更大影响力、辐射力的海洋文化品牌——开渔节。

三、海洋文化如何成为乡村旅游

如今象山石浦，被誉为中国渔村，这里开始将与海洋有关的文化结合起来进行现代性利用，并且发展了“渔文化民俗游”及“海滨海洋休闲度假”为主题的大型休闲滨海旅游。这些做法意味着石浦人走上了将传统海洋文化资源转化成海洋文化资本的道路。其实这种道路的选择早在20世纪80年代就开始了。

1984年起，石浦镇东门岛渔民的开洋祭祀活动慢慢从“文化大革命”时期的被禁止逐渐得到了恢复，先前暗中进行的个人性质的“地下”祭祀转为公开性质的全岛统一组织安排的开洋祭祀仪式，内容遵循传统的仪式，诸如法会、祭祀仪式和做庙戏等在记忆中得到恢复，并且进行了实践。

20世纪90年代初，石浦镇的渔区实行渔业（渔船）股份合作制，渔民就自筹资金建造大船，装备现今的捕捞设备，出海捕鱼除了遵循传统的鱼汛实践之外，平时也可以出海捕鱼，于是出现了两种情形：渔民们延续传统的开洋时间，延续每年的农历三月二十三到庙里举行开洋祭祀仪式；个体性的祭祀活动，往往因人而异，他们选择出海时间，为了祈求平安，家人就会到庙里祭拜。无论哪一种，均显示出石浦人与海洋之间的紧密关系，石浦人遵循传统祭祀海洋神灵的仪式，却又体现了现代的灵活性，体现了集体意识中的个体性。

进入21世纪，随着中国乡村社会生产模式的巨大变革，以海洋为生的石浦人逐渐意识到传统的捕鱼业开始受到挑战，以捕鱼为主的谋生方式开始转向以海洋文化为主的多种生活方式。于是，象山石浦人开始做起了多元化、多样化的海洋文化文章，开始探索以海洋文化为中心的海洋文化旅游。

2003年初，石浦人丁爵连提议举行大型传统的东门岛开洋节活动，得到村委会的大力支持，由于2003年的“非典”疫情，东门岛开洋节推迟到2003年农历六月二十三的谢洋日，举行了大型的“谢洋妈祖赛会”，这次活动在传承传统的基础上，赋予了新的文化内涵。除传统的法会、祭祀仪式、演戏外，还增加了踩街、天后金身上船绕石浦港、东门岛巡游一周等活动内容。[1]2003年的“谢洋妈祖赛会”，引起了众多媒体的关注，象山县石浦镇东门岛渔民谢洋节也逐渐从石浦镇走了出来，成为石浦乡村海洋文化旅游的重要一步。

从2007年开始，文化部门在挖掘、整理渔民开洋节活动，2008年开洋节被评为国家级非物质文化遗产保护名录。石浦许多传统的渔民的海洋生活习俗围绕开洋节、谢洋节呈现在

[1]　解亚萍《浙江象山东门岛渔民开洋节民俗调查》（未刊稿），2009年。

世人面前，也让石浦人意识到这是祖先留下来的生活方式和宝贵的文化财富。于是，石浦人开始在众多海洋文化中选择开洋节、谢洋节作为当地人特色的渔俗文化进行品牌建设，由此形成的开渔节极大地提升了石浦乡村海洋文化旅游的品质和现代价值。

依托海洋文化开发乡村旅游，首先以乡村传统文化为核心。乡村传统文化是乡民生活的延续，能够得到所有乡民接受的文化传统和生活方式，因此，这类旅游是能够调动乡民的积极性。

石浦乡村旅游应该加大力度建设渔文化，将渔文化作为石浦品牌，以此进行传统文化引领下的旅游文化发展。石浦历来为东海渔场主要渔贸集散地；早在汉代，石浦港就开始利用。1974年被列为全国四大群众渔港之一，1993年列为全国二类口岸，2002年列为国家六大中心渔港之一。石浦渔文化历史悠久，最早可以追溯到距今6000余年历史的塔山遗址，象山先民以海为伴、以渔为生，大量的陶制品留下了他们亲手描绘的水波纹以及贝壳印痕。象山人在长期与海共存的实践中，石浦先民学会了造船、织网，掌握了出海、归航的时间、气候和海上作业等操作方式以及出海捕鱼时的禁忌等渔区风俗、信仰崇拜以及和劳动伴生的号子、歌谣、传说、故事等，这些成为石浦传统的渔文化，至今在石浦人的生活中还相当盛行，成为石浦人的文化符号。因此，在当代石浦乡村旅游发展中，渔文化的符号建设和谱系发展，将有助于石浦乡村旅游的文化开发。

在石浦开展海洋文化旅游，我以为应该充分挖掘与海洋有关的传统文化，其中传统庙宇作为旅游发展的空间坐落应该重视。比如，东门岛天后宫是岛上渔民举行开洋节的主要活动场所。东门岛天后宫坐落在东门岛东南面官基山麓的老村道旁。东门岛天后宫建筑穿斗式与抬梁式相结合。大殿中堂塑天后娘娘坐神像。坐神前的神轿中供着天后行神。中堂东面是送子娘娘神像，西面是赵千岁（赵公明）神像。中堂东侧塑有顺风耳、顶风神像，西侧是千里眼、平浪神像。两侧厢房分别供有土地公、土地婆及财神菩萨。

东门岛天后宫是当地人的信仰朝拜空间，这里一年四季香火旺盛，元宵、清明、七月半、中秋、除夕等传统节日或者渔民家里有大事，如远行、造房、经商、升学、婚丧、生病、遇难事、渔船上有什么不顺等都要到天后宫来祭拜，祈求天后娘娘护佑。渔民开洋节前后天后宫香火最旺，所有的渔家人都要到天后宫虔诚祭拜，以保佑家人出海平安丰收。

类似于天后宫的空间坐落还有城隍庙、王将军庙等，这些庙宇具有历史和文化厚度，融汇了石浦东门岛渔民生活，是当地海洋文化最为集中、最为浓厚的地方，在开发乡村旅游的过程中，不仅是乡民信仰的依托，而且是乡民生活关系的再现，同时又是旅游者了解石浦渔民生活和海洋文化的有效途径。

在开发乡村旅游的时候，依托于开洋节的时间和空间固然重要，但是，在此基础上应该更好地整合当地传统文化资源，诸如民间传统娱乐形式，民间传统饮食，戏曲表演等民间文艺以及特殊的舞蹈和音乐，在遵循这些传统文化逻辑的同时，以现代人的生活需求来组织和编排，从而实现石浦海洋文化的当代呈现。

四、乡村旅游中海洋文化如何得到保护

乡村旅游不仅仅是消费文化，我以为应该将消费传统文化与保护传统文化结合起来，让传统文化在消费过程中得到传承、创新，而不是其他。这样的乡村旅游才具有可持续性，才能够发挥传统文化精神传递和社会秩序建立的目的。

石浦镇在走乡村海洋文化旅游道路上，不仅要搜集传统的开洋节、谢洋节仪式文化，而且将与此相关的石浦民间传统文化，尤其是海洋文化进行系统搜集，加强对海洋文化的保护力度。

2004年初，丁爵连、韩素莲等人发起，在东门村委会领导下，恢复成立东门岛渔家船鼓队。东门岛渔家船鼓队，按古代抗倭战鼓和扬帆出海时的传统锣鼓节奏，整理出72拍民间鼓谱，添置3艘鼓眼彩船、16只大鼓、16副大顶钹。岛上渔姑、渔妇利用业余时间，以天后宫为基地演练鼓钹，她们有的练单打、双打，有的练高架两面打、多人打。练习期间，多次请民间老艺人指点，对鼓阵立位，擂鼓击点，逐一修正。[1]历史上，东门岛渔汛期渔船出海时，均要鸣鼓开道，祈求渔民平安。渔汛结束，渔船返里归港时，也要击鼓欢庆。这种仪式在今天得到恢复，并且在创新中结合今天石浦人的生活需求不断

[1] 解亚萍《浙江象山东门岛渔民开洋节民俗调查》，载顾希佳主编：《中国节日志·渔民开洋谢洋节》，光明日报出版社，2014年，第224页。

丰富。

石浦人供祭海神后，渔民在一起会餐，菜肴丰盛，其中以海洋的鱼、虾、蟹、螺等为主，集中展示了当地传统饮食文化，这些既能满足游客对以海洋为中心的饮食需求，又能将传统的渔民传统饮食在创新中得到保护。

开渔节是渔民出海捕鱼的日子，此时渔船就是渔民的家，渔船制作的时间以及制作渔船过程中的规矩；在船上装渔网的讲究；出海时的祭祀等过程均包含了对生命的敬畏，如诞生的禁忌、歌谣和故事等，这些均构成石浦传统海洋文化，这类文化在乡村旅游发展中不要过多地进行改造，而是要好好地延续和保护。

开洋戏演出的都是当地渔民喜欢的传统戏曲，2009年东门岛开洋节期间演出的剧目为《红丝错》《富春令》《怨雪龙泉井》《巡按训子》《康王告状》《送花楼会》《五女拜寿》《花亭会》等。这些戏曲观众为岛上渔民群众及其亲友，以老人妇女居多。在开洋戏开演前，由二位村民到村里的王将军庙、城隍庙、东门庙等各大庙宇，恭请诸菩萨来看戏。岱山的渔民在谢洋节之傍晚，全村渔民、渔妇及老人、子女，上村旁护龙山山腰规模较大的海神庙，观看酬神戏，演出《水漫金山》等传统剧目。

也就是说，开洋节、谢洋节期间，戏曲演出成为既娱神又娱人活动，并且促进人与神的情感交融，又在增进人与人之间的交流。同时也能够起到保护石浦民俗传统的特殊作用。

开洋节、谢洋节作为石浦最有代表性的海洋文化，在长期的历史发展过程中，在石浦人与海洋打交道的过程中，以此为核心，形成了石浦人传统文化链，构成了石浦人与海洋为生的生活方式和精神空间；开渔节的祭海典礼、开船仪式和庆典晚会是对石浦传统渔文化的继承，保护了传统渔文化。因此，当代石浦人推进乡村旅游建设的过程中，不仅仅是利用传统文化、消费海洋文化，应该加强对传统海洋文化的挖掘和保护，并且以符合时代的方式推进石浦海洋文化的创新性发展。

中国海岛旅游资源开发现状及对策思考

乔英斐*

海岛旅游是指凭借海岛独有的自然与人文景观，在海岛特定的地域空间内，为满足游客旅游需求，以促进海岛经济、环境和社会全面健康发展等为目标而开展的旅游活动，[1]如今已成为旅游产业的重要开发组成部分。海岛融得天独厚的自然景观与独具特色的海洋文化为一体，散发着令人难以抗拒的独特魅力，因此海岛旅游成为被全世界人追捧的旅游项目，如巴厘岛、普吉岛、苏梅岛、塞班岛、马尔代夫、夏威夷等都已经是我们耳熟能详的旅游目的地，这些都是已经发展成熟的国外海岛旅游目的地。在我国，海岛旅游也已经成为国人外出旅游的首要选择之一，尤其受亲子、情侣、新婚夫妇欢迎。

---

* 乔英斐，中山大学民俗学博士。

[1] 张广海《我国滨海旅游资源开发与管理》，第131页，海洋出版社，2013年。

一、中国海岛旅游资源

根据中国国家标准《海洋学术语海洋地质学》（GB/T18190—2000）的规定，海岛指散布于海洋中面积不小于500平方米的小块陆地。这是海岛的地质学定义。海岛的法学定义一般依据1982年《联合国海洋法公约》第121条的规定：岛屿是四面环水并在高潮时高于水面的自然形成的陆地区域。

我国拥有300万平方千米的领海面积，在世界上所有沿海国家中位列第9。在我国可管辖海域内大大小小的岛屿星罗棋布，根据2012年4月19日国家海洋局发布的《全国海岛保护规划》中的统计可知，我国拥有面积大于500平方米的海岛7300多个，海岛陆域总面积近8万平方千米，海岛岸线总长1.4万多千米。按海区分布统计，渤海区内海岛数量占总数的4%，黄海区占5%，东海区占66%，南海区占25%。按离岸距离统计，距大陆岸线10千米之内的海岛数量占总数的70%，10千米—100千米的占27%，100千米之外的占3%。[1]

我国海岛种类繁多，拥有世界上所有现存的海岛类型；同时，跨越纬度较大，从北纬41°到北纬4°，因此相关的海岛旅游资源十分丰富。总体上可分为自然旅游资源和人文旅游资源两大类：

---

[1] 中国海岛网：http://www.chinaislands.gov.cn/contents/30803/12689.html。

（一）自然旅游资源

1.气候气象资源

第一，宜人的气温。我国海岛跨越温带、亚热带、热带三个温度带，处在不同位置的海岛有着不同的气候条件，夏季避暑、冬季避寒都有好的去处。例如浙江舟山群岛地处温带，属北亚热带南缘季风海洋性气候，冬暖夏凉，雨量充沛，日照充足，无霜期长，年平均气温16.3℃，是国内有名的避暑胜地。[1]而海南岛则是避寒的首选，地处热带北缘，属热带季风气候，素来有“天然大温室”的美称，这里长夏无冬，年平均气温22℃—26℃，最冷的一、二月份温度仍达16℃—21℃，全年无霜冻，冬季温暖。[2]另外，我国大部分的海岛都地处东海区域，东海属于亚热带季风性气候，日照充足、四季分明、温度宜人，是旅游开发最适宜的区域。第二，海市蜃楼。海岛是一个相对独立封闭的环境，四面环水常常造成烟雾缭绕、虚无缥缈的仙境之感，海面又易形成“海市蜃楼”之景，这成为极具魅力的旅游资源。比如长岛是我国频繁出现海市蜃楼之地，时间一般在春夏之交。古代人将其视为仙境，秦始皇还曾派人到此寻访仙药。因为海市蜃楼不多见，现在也仍然是令人称奇和向往的景观。据胶东在线报道，2010年5月27日下午，上百名游客有幸目睹了长岛县出现的海市蜃楼奇观，持续了1个多小时，这是在长岛海域规模最大、持续时间最长、最为清晰的一次海

---

[1]　舟山市国土资源局：http://www.zsblr.gov.cn/mlx/dzgz/gyxdzcl/gyxdzcl_1514.html。

[2]　中国日报网：http://www.chinadaily.com.cn/dfpd/2009-10/09/content_8772679.htm。

市奇观。[1]第三，海上日出/日落之景。在开阔的海面、柔软的沙滩的映衬下，海上日出/日落能够给人不一样的感觉。因为有云彩、海面的共同反射，色彩十分鲜艳，视野极为开阔，且偶尔可见在朝霞或日落余晖中划过的渔船，这是很多游客都向往亲眼见到的宁静美好的景色。泰山观日出已经是响当当的旅游品牌，相信海上日出/日落也能够成为吸引旅游者的有效资源。再者，海岛四面环水，观赏日出、日落都十分便利。如海南蜈支洲岛就在岛的东南悬崖处特别设置了“观日岩”这一景点，这里位置居高，视野开阔，是专供游人赏日出之处，颇受欢迎。

2.自然景观资源

第一，阳光、大海、沙滩，这是大部分海岛都具有的旅游资源。而且，通常海岛旅游必不可少的项目就是欣赏阳光、大海、沙滩构成的海边美景，外加游泳、沙滩游戏、日光浴等，并且适于各个年龄段的人群。例如东海是我国海岛沙滩的主要分布区，在浙江沿海的20多个海岛上，可辟为海水浴场的沙滩有50处，其中以泗礁岛最多，朱家尖岛居第二，单个最大沙滩为岱山“蓬莱十景”之一的“鹿栏晴沙”。[2]第二，山石地貌。这是发展海岛观光旅游的重要资源。例如隶属于广西壮族自治区的涠洲岛，经受长期的地质作用和演变过程，形成了各种各样的地貌类型。南部沿岸以海蚀地貌为主，有35个大小不等的海蚀洞。北部沿岸以海积地貌和珊瑚礁地貌为主，海成沙

[1] 胶东在线：http://www.jiaodong.net/travel/system/2010/05/29/010853433.shtml。

[2] 张广海《我国滨海旅游资源开发与管理》，第142页，海洋出版社，2013年。

堤发育成熟，呈条带状、牛轭状分布，包括老、中、新沙堤。另外，岛上不同程度地保存有火山活动的遗迹。[1]

3.海岛生物资源（包括观赏类和食用类）

海岛相对隔绝，受外界环境影响较小，能够形成一个独立的生态环境，通常森林覆盖率高，水质、空气质量较好，为各种动植物提供了优良的生存环境。例如海南岛除了椰林树影、碧海蓝天的滨海风光，在东海岸还有特殊的红树林森林景观，具有较高的观赏价值。此外，岛上还生长着大量的热带作物，游人上岛既可欣赏热带田园风光，又可品尝热带水果。[2]隶属海南省的西岛、蜈支洲岛等水质清澈，热带鱼类、珊瑚等海洋动植物丰富，为潜水项目提供了优良资源。再如舟山群岛，是我国最大的渔场，有鱼类365种，虾类60种，软体动物14种，底栖生物342种，浮游动物228种，浮游植物261种，潮间带生物586种。[3]这些海产品既可以用于游客旅游过程中的餐食消费，也可以经过加工作为当地特产销售给游客。

（二）人文旅游资源

1.历史遗迹

中华民族历史悠久，我们的祖先很早就在海岛上留下了自

---

[1] 亓发庆、黎广钊、孙永福、梁文、杜军《北部湾涠洲岛地貌的基本特征》，载《海洋科学进展》2003年第1期。

[2] 海南省人民政府网：http://www.hainan.gov.cn/hn/zjhn/zrdl/zrzy/201106/t20110627_442357.html。

[3] 李植斌《浙江省海岛区资源特征与开发研究——以舟山群岛为例》，载《自然资源学报》1997年第12卷第2期。

己的足迹。遗留到现在的历史古迹，就成了旅游开发的重要资源，大体包括人类文化遗址、军事防御遗址、古城遗址、历史名人踪迹等。例如威海刘公岛就凭借历史遗迹，再加上优美的自然景观，打造成了优秀的海岛景区。刘公岛既有上溯千年的战国遗址，又有清朝北洋海军提督署、水师学堂等文物古迹，还有英国殖民统治时期遗留下来的众多欧式建筑，现已是国家5A级景区。[1]

2.宗教文化

我国不同地区、不同时代曾经盛行过不同的宗教，海岛也不例外，这其中包括世界三大宗教（佛教、伊斯兰教、基督教）、本土宗教道教以及各种本土民间信仰。宗教信仰一方面从精神上吸引着作为信众的游客，另一方面也建筑了各种精美的寺庙、道观、教堂、神殿等，成为海岛旅游开发的重要人文资源。如建于北宋宣和四年（1122）的庙岛妈祖显应宫是北方最有影响力的妈祖宫庙。再如普陀岛依靠中国四大佛教名山之一——普陀山成为国内著名的海岛旅游胜地，也是国家5A级风景区。

3.民俗风情、民间传说

这是当代海岛旅游开发的重要资源。海岛居民多以海洋捕捞为生，生活和渔业密切相关，因此民俗也多与渔业有关，海岛特有的民间节庆、祭祀、歌舞、手工艺品等都是可开发的旅游资源。例如浙江象山开渔节，融海岛民俗传统（如祭海仪

---

[1] 刘公岛官网：http://www.liugongdao.com.cn/index.php? m=content&c=index&a=show&catid=84&id=2706。

式、开船仪式、妈祖巡安）和现代庆典活动（如歌舞表演、海洋论坛、摄影比赛）为一体，每年都吸引着全国各地乃至全世界各地的游客前来观看、体验。海岛特殊的自然环境、地形地貌及有关的历史事件、历史名人等形成了许多海岛民间传说，民间传说常常被应用于导游解说词中。如大连鹿岛的七仙女与金鹿的传说，威海刘公岛刘公刘母的传说，普陀山不肯去观音的传说等。可以说，有人居住已被开发的海岛大多都有自己的传说。

4.现代人文资源

这类资源是指现当代人为打造的文化或建筑景观，比如各地所建通往海岛的跨海大桥，既是交通工程，也是一道特别的风景。另外，一些影视、音乐、文学作品描写之地常常会成为热门的旅游资源，比如《非诚勿扰》拍摄地亚龙湾人间天堂鸟巢度假村，再比如金庸《射雕英雄传》和《神雕侠侣》中所描绘的东海小岛——桃花岛。

二、中国海岛旅游的现状及其存在的问题

（一）中国海岛旅游现状

从分布上看，我国虽然海岛数量众多，但旅游开发较为集中。根据国家海洋局《全国海岛保护规划》的统计，全国现有2个海岛市，14个海岛县（市、区），191个海岛乡（镇），2007年全国海岛（不包括港、澳、台和海南岛）人口约547万人，

其中98.5%居住在上述市县乡中心岛上。[1]我国的海岛旅游开发主要集中在这些有人岛以及未列入统计的港、澳、台、海南岛上。我国共有12个沿海省市，海岛分布最集中的是浙江省（岛屿数量1921个）、福建省（岛屿数量1202个）、广东省（岛屿数量828个）的海域，其中浙江省的海岛是旅游最发达的地区。例如浙江省的舟山群岛是我国最大的海岛旅游区。舟山市的两个国家级风景名胜区和两个省级风景名胜区中有各类景点近1000处，较著名的有以宗教为特色的普陀山，中心渔场嵊泗列岛，以“蓬莱十景”闻名的岱山，以历史遗迹为主的定海等。

另外我国还有近万个无人岛（依据法学海岛定义）。我国无人岛的开发始于20世纪末，到2003年7月我国第一部无居民海岛管理法规《中华人民共和国无居民海岛保护与利用管理规定》出台，无人岛的开发由此渐渐多起来。根据《全国海岛保护计划》的统计，全国已经利用的无居民海岛1900多个，其中用于旅游娱乐的有73个。[2]

从产品开发上看，我国目前的海岛旅游产品主要有静态观光、动态展示、亲身参与三大类别。第一类静态观光旅游是海岛旅游开发最早关注的产品，该类产品主要依托海岛自然景观、人工景观、历史古迹等资源。森林公园、海洋公园、海底观光、水族馆、历史遗址观光等都属于这一类的旅游产品。例如我国北部海域的海王九岛、长岛群岛等，中部海域的舟山群岛、崇明岛等，南部海域的涠洲岛、海南岛等都建有国家级森

[1]　中国海岛网：http://www.chinaislands.gov.cn/contents/30803/12689.html。

[2]　中国海岛网：http://www.chinaislands.gov.cn/contents/30803/12689.html。

林公园或海洋公园。与世隔绝的海岛保存了优良的生态环境，我国大部分的海岛旅游开发都首先从自然观光入手。第二类动态展示的旅游产品主要从文化出发，通过挖掘海岛特有的文化活动、文化内涵来实现。开渔节、海洋祭祀活动、妈祖庙会、渔家歌舞等属于这一类产品。例如象山开渔节、田横祭海、长岛妈祖文化节等都借助这种动态展示活动吸引了不少游客。第三类亲身体验型的旅游产品，在我国主要以“渔家乐”的形式出现。海岛人口在我国总人口中所占比例极低，大部分人都对渔家生活持有好奇心和新鲜感，体验渔家生活的“渔家乐”因此而成为大多数海岛都争相开发的旅游产品。凡有渔民生活的旅游型海岛大都开发了这一产品。

从发展趋势上看，我国海岛旅游大约兴起于20世纪80年代，虽然起步晚，但是发展十分迅速。海岛旅游的基础设施，如跨海大桥、岛上住宿、游乐设施等都在逐步完善，海岛旅游的规模不断扩大，产品类型也更加丰富，注重汲取国外成熟海岛旅游开发的经验，结合自身条件，一方面提高现有海岛旅游产品的服务质量，如打破以往边走边看边拍的观光模式，运用多种交通工具发展新型观光旅游产品。据中新网报道，2016年2月29日，海南省蜈支洲岛开启了直升机低空环岛观光项目，与景区摩托艇环岛、电瓶车环岛等娱乐项目一起构成“海陆空三体合一”立体式环岛游览观光。[1]另一方面更加注重观光旅游以外的其他类型产品，如走高端路线的休闲度假、养生等产品

[1] 中新网：http://www.hi.chinanews.com/hnnew/2016-03-01/408578.html。

的开发，以参与、体验性的潜水、海钓、水上运动等旅游项目的开发，以多类型的旅游产品满足消费者多样化的需求。

（二）中国海岛旅游存在的问题

我国海岛旅游蓬勃发展的同时也存在着大量不可忽视的问题。国家海洋局2011年2月21日透露，无序、粗放式开发导致了海岛消失等问题，且逐年加剧。我国海岛消失的数量已经高达806个，速度惊人。[1]此处从海岛自然条件和旅游产品开发两个角度分析中国海岛旅游的现存问题。

1.海岛自然条件问题

第一，脆弱的海岛环境。海岛相对封闭，形成自己的一个小的生态系统，较少受到来自大陆的污染和破坏，环境较好，为海岛开发提供了良好的前提，但海岛面积小，生态系统简单，开发过程中极易受到破坏，并且一旦破坏很难恢复。例如海南岛在旅游开发过程中就出现很多破坏生态环境的事件，南渡江取沙导致白沙门的消失，三亚旅游开发过程中挖掉了一些百年沙坝，万宁、陵水在滨海沙滩上大造虾池，还有砍红树林、采珊瑚礁的事件。[2]除了开发过程中的环境破坏，旅游过程中也会产生大量旅游垃圾，处理不善就会对海岛的生态环境乃至周围的水质产生影响，妨碍海岛旅游的进一步发展。例如

---

[1] 新华网：http://news.xinhuanet.com/2011-03/24/c_13794898.htm（来自人民日报海外版）。

[2] 曹绘嶷《巴厘岛等国际度假旅游地给海南旅游业的启示》，载《海南大学学报》（人文社会科学版），第94页，2002年。

厦门鼓浪屿、温州南麂岛都曾有过垃圾堆满沙滩的新闻报道。游客在岛上住宿留下的一次性洗漱用品、就餐留下的饮料瓶、餐食垃圾等都是海岛环境污染的源头。

第二，自然灾害频发。海岛地理位置特殊，是海洋自然灾害的频发地带，如台风、风暴潮、地震、海啸等，这些灾害破坏力大，又难以人为控制，常常造成巨大损失，给海岛旅游开发造成一定限制。台风是最常见的海岛自然灾害，几乎每年都有。例如2016年9月份的“莫兰蒂”台风登陆厦门，当地著名的旅游海岛鼓浪屿成为受灾最严重的地方之一。此外，海岛开发不当也会造成自然灾害，如过分开采、砍伐导致风沙灾害、过渡抽取地下水造成海水倒灌等。

第三，气候条件导致的季节性差距。我国海岛分布在三个不同的温度带，这既为海岛开发提供了丰富的气候和自然资源，也造成了海岛旅游的旺季、淡季之分。分布在南部热带海域的海岛，冬季气温宜人是旅游旺季，夏季日照过于强烈是旅游淡季。而分布在北部海域的温带、部分亚热带海域的海岛，夏季凉爽为旅游旺季，冬季寒冷为旅游淡季。一般，旺季景区人流量过大，服务跟不上导致服务质量下降，而且到处人山人海也影响游客的体验；淡季供过于求，景区设施多处于空置状态，服务人员无事可做，造成了大量的资源浪费。如据舟山日报报道，从2014年8月份到9月份，半升洞—枸杞航线经历了“冰火两重天”，从一票难求到冷冷清清，中秋节当天从半升洞上船的乘客只有38位。[1]

2.旅游产品开发问题

第一，海岛基础设施不完善。海岛上的交通、电力、排水、通信、垃圾处理等基础设施的不完善都会对海岛旅游产生影响。特别是交通设施的不完善对旅游发展会造成极大限制，旅游地与客源地的交通不便会影响客流量，相近旅游地之间的交通不便会影响一地的整体发展和相互带动作用。例如舟山跨海大桥的建成实现了陆岛、岛岛之间的对接，外地自驾游客可直达岛上，不同海岛景区的转换也更加便捷，增加了客流量和游客逗留时间；也减轻了轮渡的负担，节省了时间。据报道，舟山跨海大桥建成通车后，外地游客明显增加，2010年1—6月，全市接待国内外游客962.27万人次，同比增长23.9%。[2]

第二，旅游产品类型单一、质量不高、缺乏竞争力。首先我国的旅游消费者因为经济、观念等原因仍然处在追求低价高质旅游产品的阶段，出行时间短，消费金额低，致使海岛旅游经营的附加值偏低，这又导致景区设施、服务都难以提升，招致游客不满，形成一个恶性循环。其次，旅游消费者的假期比较集中，致使旺季的海岛景区人满为患，交通拥堵，服务质量降低。再次，总体来看，海岛旅游从业人员的素质尚有待提高，各种乱收费、欺诈、宰客现象的新闻报道屡见不鲜，例如海南岛的“天价海鲜”，这些会使得海岛旅游形象大打折扣，对当地旅游造成长期的不良影响。最后旅游产品类型单一，传

---

[1] 岱山新闻网：http://dsnews.zjol.com.cn/dsnews/system/2014/09/17/018455690.shtml。

[2] 徐莺《借大桥东风，我市旅游持续升温》，《舟山晚报》2010年7月20日。

统的观光旅游仍然占主要地位，对其他产品如休闲、度假、养生、运动等的开发不够重视，没有形成立体的产品格局。而且，对现有产品的挖掘深度也不够，各个海岛自身的独特性没有体现出来，雷同现象严重，导致已经有影响力的景区游客过载，新开发的景区冷冷清清。

第三，宣传力度不足、缺乏品牌意识。我国海岛旅游客源多来自于景区周边，长距离游客偏少，国际游客更少。世界上比较有名的海岛，都根据自身特色打造出独特的品牌，据此进行大力度的对外宣传，例如拥有“打开心灵之门的草裙舞”的夏威夷，拥有“椰林树影、水清沙幽、蓝天白云”海滨美景的马尔代夫。而我国拥有如此多的海岛，却没有一个有国际声誉的海岛，即使是在我国比较有名的三亚，走出国门也没有太高知名度，这虽然与海岛本身的开发程度有关，但宣传和品牌意识的缺乏也是重要原因之一。如泰国的海岛旅游业就十分重视旅游宣传，在各景区、景点推出大量精美画册、招贴画以及宣传泰国风土人情VCD片；在主要客源国家设立驻外办事机构；设置景区景点的路牌及店牌，用泰文、汉文和英文做标识；简化入境手续，放宽对游客逗留时间的限制。这些在宣传上的积极投入，为泰国海岛旅游业的发展做出巨大贡献。[1]泰国的普吉岛、苏梅岛都已经是国际有名的旅游地。

第四，有关部门监管不到位。当前我国海岛旅游开发出现的各种问题，以及海岛旅游市场的各种不良现象的频发与

[1] 杨洁、李悦静《国外海岛旅游开发经验对我国海岛旅游开发的启示》，《海洋开发与管理》，第38页，2009年。

政府监管不到位也有密切关系。国外成功的海岛开发案例中，旅游管理部门都发挥了不可替代的作用。制定相关政策，给予一定补助，进行总体上的规划管理都需要旅游部门发挥作用。我国旅游管理部门职权有限，管理手段单一，监管力度弱，协调其他部门参与管理的难度大，都是当前海岛旅游开发面临的问题。[1]

三、建议及对策

针对目前我国的海岛旅游现状及其存在的各种问题，本文提出以下改善建议：

（一）环境保护

针对海岛生态环境脆弱、易破坏难恢复的情况，首先要慎重选择要开发的海岛，尤其是无人岛。在开发前，聘请相关专业人员对海岛环境、资源等进行精确评估，以确定是否适合开发，可以开发到什么程度，做何种开发等。其次，在海岛开发过程中要适应各个海岛的实际情况进行，确定海岛环境可承受能力。再次，海岛旅游过程中，一方面要提前做好垃圾处理的设施建设和方案，另一方面要主动向游客宣传海岛环境保护知识，提倡游客共同维护海岛环境。最后，对海岛环境质量进行长期监测，做好随时调整开发方案的准备。

[1] 张佑印《中国海洋旅游市场特征机制及目的地响应研究》，第93页，中国环境出版社，2015年。

（二）灾害应对

在海岛开发的同时，成立专门的灾害应对委员会。首先，委员会负责时刻关注海岛天气变化，针对各种海岛灾害提前做出预警，灾害期封闭海岛、谢绝游客，避免发生悲剧。其次，与相关企业合作，应用各种现代技术和设备，针对海岛灾害做出力所能及的预防，将灾害损失降到最低。再次，灾害应对委员会应当包括紧急救援小组，旅游事故时有发生，并不鲜见，要确保旅游海岛有随时应对紧急情况的能力和实际可行的有力措施。最后，灾后重建工作应及时有效。总之，海岛开发应该形成一个预警、防灾、抗灾、救援、重建的整体规划，并作为海岛管理的日常工作加以执行。

（三）淡旺季平衡发展

我国海岛旅游淡旺季差别极其明显，这种情况与自然气候有关，也与开发者的固有观念有关，大量的人力、物力、财力都被投入到旺季的开发上，导致旺季更旺，淡季更淡，形成恶性循环。所以，开发者应当转变观念，结合本地的自然、人文条件，开发适应不同季节的产品，平衡淡旺季的发展。旺季为保证游客的最佳体验，应当设置提前预约制度，限制进入海岛的游客数量。淡季举办一些不受气候条件影响的具有本地民俗风情、人文特色的活动、比赛，以此来分散旺季客流量；再就是利用淡季时间对景区进行整治修缮，对服务人员进行培训，与成功的海岛开发地进行经验交流。

（四）基础设施建设

针对已经确定要开发的海岛，首先要做好基础设施的建设。基础设施建设要以不破坏海岛原有生态环境为前提，比如道路修建不能造成海岛植被的大量破坏，主要针对环保型交通工具进行修建，如自行车道、电瓶车道、步行道等。其次要注意建筑外观与海岛自然、人文环境的协调，比如酒店建筑的高度、外墙颜色、造型等都要适应当地环境。最后要保证基础设施的齐全和便捷，能够满足游客旅游过程中的基本生活需求和最佳体验，例如水、电、通信等。

（五）改善旅游产品

首先，针对旅游产品类型的问题：第一，在全国范围内做立体化旅游产品，即打破以观光产品为主的单一产品格局，开发其他类型的海岛旅游产品，如养生、休闲、体育、民间节庆等；第二，具体到各个海岛做特色化旅游产品，一岛一特色，即挖掘本地自然或人文资源，做和其他海岛不一样的旅游产品，比如普陀岛做普陀山宗教旅游，长岛做妈祖信仰旅游，桃花岛做武侠主题旅游，海南岛做休闲度假旅游。

其次，针对旅游服务质量问题：第一，制定相应的旅游服务规范及奖惩措施，加以严格执行；第二，对旅游从业人员进行定期培训和考核；第三，做好从总体到细节的服务规划。细致有特色的服务是吸引游客的重要资源。例如夏威夷在游客上岛后会用有当地特色的语言ALOHA与游客打招呼，并为游客献上花环和饮料，这些细节都是给游客度假体验的亮点，是我们海岛旅游开发过程中值得学习的地方。

（六）打造特色品牌，加强品牌宣传

我国众多海岛中没有一个是国际知名海岛旅游目的地。国际游客来中国通常都是去一些有悠久历史的景点，如故宫、长城，这就是中国整体给世界留下的品牌印象。海岛旅游同样需要打造能够给人留下深刻印象的特色品牌。例如我们可以借助中国作为文明古国的品牌力量挖掘海岛特有的历史资源、民俗资源，进行品牌开发。而且，我国的热带海岛也可以学习夏威夷、马尔代夫、普吉岛等的方式等开发具有自己特色的热带海岛休闲度假区。另外，要避免孤立的海岛开发，须整合周边海岛资源或者大陆资源，形成区域一体发展，打造区域品牌。品牌宣传也是品牌打造的重要工作；要注意和各种媒体合作，多方位下手，尽量利用现代信息传播渠道，如网站、微信、影视、综艺等。例如湖南卫视的亲子综艺节目《爸爸去哪儿》在荣成鸡鸣岛的节目播出后，每个周末岛上的游客都是爆满，这不仅促使景区根据游客需求开发了“明星旅游路线”并着力打造更加丰富的旅游产品，还带动了鸡鸣岛周边的景区发展。[1]

（七）改进旅游监管

海岛旅游是一个巨大的市场，它有自己的发展方向，但也

---

[1]　《大众日报》：http://dzrb.dzwww.com/dzzm/ly/201312/t20131216_9351376.htm。

离不开管理部门的有力监管。应给予管理部门足够的权力，一方面给予合理的政策支持，另一方面防止开发不当，规范市场秩序，打击不良竞争。管理部门也应该适应新形势改变管理方式，征求当地居民的意见，调动民间组织共同参与管理。

总而言之，我国海岛资源丰富，在海岛旅游开发上有着广阔的发展前景。由于近年国家政策的重视，也已经有了蓬勃发展之势。但一方面我国的海岛旅游开发离成熟距离尚远，另一方面开发过程中的各种问题也涌现出来，值得我们重视并有针对性地加以改善解决。除此以外，海岛旅游要获得持续、稳健的发展，关键还是培养人才。有了人才，才能对海岛的资源、优势、开发策略等进行精确评估和深刻挖掘，保证长远发展。

谈海洋渔文化的合理开发与利用

李荣启*

海洋渔文化是世代渔家人在其生存的海洋环境中进行的生产、生活实践活动及所创造的成果。因此，海洋渔文化不仅仅指渔具、渔船、渔灯、渔鼓、渔歌、渔曲等渔家民众创造的物质文明和精神文明成果，而且还包括渔家人从古延续至今的传统生产、生活方式，以及与之相连的民俗、礼仪、禁忌、节庆、传统知识等。所以，海洋渔文化中既有众多的物质文化遗产，更涵盖着大量的非物质文化遗产。

象山是中国渔文化之乡，象山县有丰富的海洋资源、多样的渔业生产、浓郁的渔区风情、多彩的渔家艺术，这一切构成了特色鲜明、形态完好的海洋渔文化。象山的非物质文化遗产资源丰厚，目前有国家级代表性项目6项、省级代表性项目15项、市级代表性项目33项、县级代表性项目144项，这些项目60%以上与海洋渔文化有关。

---

* 李荣启，中国艺术研究院研究员。

如何在保护的前提下，合理开发利用海洋渔文化资源，本人认为主要有以下三种方式：

一、本体性利用

是指对海洋渔文化及非物质文化遗产项目本身的利用。在保持项目核心技艺、核心价值、基本文化特性的基础上，进行内容与形式上的创新发展，并利用多种传播载体扩大项目的认知度、影响力，使之更好地融入生活、服务当代。如说唱艺术是民间百姓喜爱的艺术形式。产生于南宋时期的“象山唱新闻”又称“唱新闻”或“锣鼓书”，广泛流传于象山县及周边一些地区，并已入选国家级非物质文化遗产名录。象山县在该项目的保护与传承中，可进一步结合新时代和广大民众的审美需求、精神诉求，创作出更多的内容贴近当代生产、生活，且民众喜欢的新作品，利用象山曲艺社、公益书场进行广泛传播、展演。

民俗和传统节日等非物质文化遗产项目也是本体性利用的主要对象。象山县拥有中国开渔节、中国海钓节、中国海鲜节三大国字号海洋文化活动品牌。还有开洋谢洋节、三月三·踏沙滩、六月六庙会、石浦十四夜、祭海典礼等众多民俗节庆品牌，这些节庆习俗中都蕴含着丰富的文化内涵和民众的精神祈望。本县这些特色节庆活动能营造浓郁的海洋渔文化氛围，满足本地区广大民众的精神文化需求。为了更好地利用传统节日弘扬以海洋渔文化为代表的优秀传统文化，应继续办好本县的品牌节庆活动，增强民众的参与度和认同感，并进一步突出“保护海洋生态、共建绿色家园”“感恩大海、善待海洋”等主题。丰富多样的民俗节庆活动，既可丰富本地区民众的文化生活，又能吸引外来游客参与和体验传统民俗，展现海洋渔文化的魅力。

二、综合性利用

是指海洋渔文化及非物质文化遗产与生态环境的整体性利用。将本区域内的海洋渔文化资源、非物质文化遗产资源与所处的海洋生态环境、人文环境、文化景观紧密结合起来，借助文化遗产和自然环境等丰富资源发展特色旅游产业，形成特色游线，吸引更多海内外游客前来观光、体验，为他们提供文化与自然的双重享受。特色旅游产业的发展不仅能提高本区域经济发展水平，而且能有效地促进社会和谐可持续发展。

应对区域内的海洋渔文化资源、非物质文化遗产代表性项目更好地进行整合，兴建好海洋渔文化展示馆和全县综合性非遗传习中心。通过现场展演和实物展示等形式，对区域内海洋渔文化及非遗项目集中进行展示、宣传。要充分利用本县已有的各个展馆、传习所等，使博物馆、传习所活起来，增加教育性、研究性、欣赏性、体验性、互动性，提升文化品位。办好各种海洋渔文化展览、举办专题教育活动、艺术演出、传统艺术品展销等，体现出“见物、见人、见生活”，尤其应通过讲解让参观者了解展陈的文物、作品产生的时代环境及背后的故事。

三、创新性利用

党中央高度重视保护传承中华优秀传统文化。习近平总书记指出："努力实现传统文化的创造性转化、创新性发展，使之与现实文化相融相通，共同服务以文化人的时代任务。"并强调："对历史文化特别是先人传承下来的价值理念和道德规范，要坚持古为今用、推陈出新。"这也是当代新的历史条件下，传承弘扬海洋渔文化的方向和路径。

自古传承至今的非物质文化遗产，它的本质特性是活态流变性，需要在与时俱进的创新发展中，方能生生不息。利用海洋渔文化资源和非物质文化遗产项目的传统文化元素，进行新的艺术创作，开发创造出当代民众乐于接受的文化创意产品、旅游文化产品等，服务大众、惠民利民。在这方面已有不少成功的先例。如梁祝传说不仅是影视剧、戏剧改编与再创造的素材，而且已经渗透到年画剪纸、泥塑面塑、石雕木雕、彩陶瓷塑、刺绣草编等多种民间工艺美术之中，钢琴、小提琴、二胡、古筝、笛子、琵琶等十多种乐器争相演奏梁祝。小提琴协奏曲《梁祝》、越剧《梁山伯与祝英台》已经成为艺术经典之作并享誉海内外。本地区的徐福东渡传说、民间故事等可创作成影视作品、微电影、动漫产品等。剪纸、竹根雕、船模等，也可开发出更多的衍生产品、旅游纪念品，凸显出海洋渔文化的价值和功能，让海洋渔文化在新时代焕发出新的生机与活力。

非物质文化遗产创意产品的发展对策
——以象山县为例

杨慧子*

“保护为主，抢救第一，合理利用，传承发展”，这是非物质文化遗产保护工作的重要指导方针，见于国务院办公厅在2005年发布的文件《关于加强我国非物质文化遗产保护工作的意见》。其中前八个字重在保护，而后八个字则谈及持续发展。“合理利用，传承发展”指的即是将非遗融入当代生活，一方面，和过去的几十年乃至几百年一般，将非遗以传统的形式进行传承接续；另一方面，则是在文创产业的视野下，以非遗作为源头活水，将其与文化创意产品进行融合。文化创意产业和非物质文化遗产保护二者是并行不悖的，设计师可通过深入的调查、学习、研究、实践，在非遗资源库中找出其中适于作为文创产业资源发展的项目，根据其具体情况进行多梯度、

---

* 杨慧子，北京联合大学博士。

多方面的再设计。保护非物质文化遗产、发展文化创意产业，这二者都是提高国家的文化软实力的重要途径，而将二者进行有机结合，以文创为形，采非遗为魂，更加有助于宣传弘扬中华民族的价值观，保护本国文化的独特性，在推进文化发展的同时产生一定经济价值。

浙江省宁波市的象山县拥有数量众多的非遗项目，且极具地域特色，多与海洋民俗相关。以本地的非物质文化遗产为源，进行文化创意产品的设计是可行的，也有着可观的前景和市场，但这种衍生并不只是简单随意的相加，而要把握非遗的本真——这是贯穿非遗与文创产品的灵魂，经过深入思考、策划、设计、实施、宣传、营销，由此形成的文创产品在体现非物质文化遗产的同时，也要兼具创意与功能。这一类的产品，我们可称之为“非物质文化遗产创意产品”，本文结合实际情况，针对其发展提出一些对策，希望借此为政府、院校、相关机构和设计师提供合理建议和一些可行的思路。

一、设立复合型的“经纪人”

传统概念中的“经纪人”，指的是为买卖双方介绍交易，从而以获取报酬佣金的中间商。在商界、娱乐圈多见这类职业。笔者在本文中所强调的第二个创新点，便是关于“经纪人”的概念。在文化创意产业领域，尤需为双方沟通的经纪人，但“非遗文创”所需的“经纪人”又有别于传统的概念，为非遗传承人及民间手工艺人，以及文创厂商或时尚产业领域架起桥梁的“经纪人”，应具备更多更广的思路、能力和专业知识，承担更多的责任。

这个职业需要搭建平台，进行设计策划，将手艺人与市场受众相联结，建立多种对话沟通方式，提高了手艺人的地位，也使手工技艺在社会上得到更多的关注与尊重，吸引有志于从事民间艺术相关工作的人，促使更多人对民间艺术产生兴趣并投身其中。在当下的时代，他们积极重振民间艺术，为今日之传承提供更多发展的可能性。

如果想要在传统手工制作的基础上扩大产业化的规模，既不影响核心技艺的保持，又不降低产品的质量标准，那么为非遗传承人配备经纪人是较好的思路。试想，一位技艺精湛的非遗传承人若是既要传承技艺，还要自行经营，同时还要兼顾传统进行文化创意设计，恐怕是分身乏术的，况且术业有专攻，策划、设计、推广当有专人负责。在当下的时代，进行文化创新产业的发展已和旧时有所不同，人们的追求日益提升，而对于产品的选择范围和需求往往是传承人无法想象的，如此观之，身兼数职并不利于传承人的发展。非遗传承人应当专门负责民俗和技艺的传承，而另有进行经营之“经纪人”。有一些非遗项目在历史上，就是以前店后厂的形式进行传承发展的，过去就曾在市场上进行流通，较容易进行量产。当然，这也需要有针对性地具体问题具体分析，在诸多非遗项目中，始终存在一些受众范围较小的、具有较高技术壁垒的，或是不适于进行批量化产业发展的工艺，如果不对它们深入研究就强行进行产业发展，效果适得其反，甚至可能会有致其灭绝的危险。

再者，大多数手工艺和非遗爱好者尽管充满热情，有学习的意愿，但很难找到常规的进入非遗传承的渠道；非遗传承人也苦于找不到合适的徒弟将其技艺进行传续，品行端正、心灵手巧是最基本的要求。“经纪人”的角色正可以解决这个问题。为传承人和手艺人进行设计方面的强化培训并不能全面有效地提升“非遗文创”的品质，而培训“经纪人”则更易有“立竿见影”的成果。此处的“经纪人”是一种复合型的人才，需要具备较好的文化底蕴与审美能力、基本的设计技巧、较强的执行力和对市场的熟悉程度，在国内的高等院校中，目前缺乏支撑此类“经纪人”的专业方向，若作长远之虑，应加强相关专业建设；若以当下计，此类人才可以出自文化遗产、文博相关行业、文创产业的从业者，以及对于非遗、历史、民俗有深入了解的设计师。

二、建立健全相关政策与经济制度

从事非遗项目生产的机构对于资金、贷款与场地的需求、扶助资金与所得税问题，笔者建议政府部门根据当地民族民间手工艺企业的具体现状制定规章政策，给予企业相应的扶助资金，并且和地方税务局制定统一的规定，对于扶助资金的税款予以减免；对民族民间手工艺企业、对于非遗文创机构进行税费减免的优惠待遇，以鼓励相应的生产性保护；对于相关企业的贷款条件有所放宽；并在场地使用上提供一些优先和优惠政策；政府应摒弃一些对于非遗“流变性”否定的观念，在此亦应具体情况具体分析，鼓励企业和个人进行相关发明专利的研究，特别是对于传统手工艺的生产效率和质量有所提升的实用新型专利，应予以支持和奖励。如此可为地方民族民间手工艺企业和非遗的生产性保护提供优质的土壤和有力的造血机能。

由此，政府需要“对症下药”，根据不同的非遗项目进行考量，有的非遗项目适合整体性保护，在进行相关的文化创意产品设计时也应基于当地的物产和民俗；有的非遗项目的灵活性较强，对场地没有太多要求，传承人可以携带工具设备和原料进驻园区，也可以进驻景点。

象山县的非遗项目众多，且极具有代表性，它作为一扇文化的窗口，能够发挥意识形态宣传的重要功能，让国人乃至全球对中国的传统文化、民间艺术产生认知和关注。由此观之，政府可以非遗为题，将其在各个类型的交通枢纽以“手工课堂”“民俗体验”等形式呈现出来，将具有地域性的、和传统文化相关的文创产品，包括非遗文创产品，以陈设和销售的形式呈现在受众面前。例如在宁波的栎社机场、火车站、象山县的文化中心（如石浦古城等地）设立文创商店，旅客在候机、候车及游览时，可以方便地在此参观体验和购买产品。除了常设的有关海洋民俗的展览外，市、县内也可以设立手工艺品现场演示、销售的文创产品商店。

目前，诸多文化创意产业的从业人员因为资金的问题而中途退出，因为在这一行业内，即使有较强的设计能力和运营能力，在初期的几年中，资金亏损也是相当正常的事情。很多企业在头几年大多呈亏损状态，通常都是在不懈坚持多年后，才渐渐持平、盈利，文化产业的特殊性和文化性导致了其从业者在发展时有所侧重。这并不是一个可以立竿见影、在短期内获得经济回报的产业。文化产业的从业者，特别是位于领导阶层的人员，需要具有从事文化行业的理想、浓厚的兴趣、持久的文化情怀，同时也需要具备一定的经济实力。在文创产业的创业初期，创业者通常需要一些其他的经济来源来维持文化创意产业的顺利运转，也常常会遇到资金难以周转的情况。

中国政府对于非遗的保护力度逐年加大，与之相关的财政扶持也随之上升，这可以有效协助传承人进行非遗项目的传承延续。但对于传承人，单纯的“输血”型补助并不能长久地解决非遗项目后继有人的问题；况且这些资助对于一些非遗传承人而言往往是杯水车薪，并不能切实解决燃眉之急。对于非遗文创机构而言，更是缺少相关优惠政策。

以市场的角度观之，一部分传统手工技艺类的非遗属于具有文化性的特殊的实业，非遗传承人和相关企业目前大都面临着各种压力，归根究底，主要来自于经济方面，包括资金、场地、人员、渠道等。传统民间手工艺相关企业和非遗传承人的收入很大一部分都用于材料购买和人工开支上，实际上的净利润并不多。和其他行业相比，这一行业的从业人群会耗费更多的心力、财力、物力，但在生活条件上往往并没有更显著的优势。无论何时何地，人们总是先满足生存需求，而后是温饱，最后才涉及发展。非遗传承人的头衔确实可以给他们带来一定的社会地位、世人的敬仰和尊重，但以中国目前的实际状况而言，这些敬仰往往并不一定能保证传承人的衣食无忧，也难以保证相关企业的良性发展，因此这种财政支持也要有的放矢，才能达到更好的扶助效果。

政府需要为非遗传承人、从事与非遗相关的经营活动的商户及建立非遗文创平台的机构提供一定的资金和减免利息的贷款。对于这些从业者而言，买卖才是最好的传承和保护，分享才是最好的传播。在资金链断裂又无法贷款的情况下，公司为了维持基本的运转，只能去借高利贷。在当下的时代，手工艺品并非生活的必需品，一些生活用品在过去只能依靠手工进行制作，但时过境迁，如今大工业化的机械生产可以制造出无差别、无瑕疵，但也缺少情感的工业产品。此时，一部分手工艺品由于生产成本较高而被人们舍弃，因此这种基于手工艺的推广与发展有其艰难之处。

除了传统的线下销售之外，传承人和相关机构可以考虑在此基础之上同步发展电子商务，在网络上进行销售推广。中国当下的物流网络发达，这也是对知名度不够高的、位于交通较不便利地区的非遗项目的宣传，由此可以获得更广的受众群。政府一方面可以聘请从事电子商务方面的专业人员来进行简单的推广讲解，一方面为成熟的电商和一部分适合“走市场”的非遗传承人、手工艺人来牵线搭桥，同时也需要在一定的单位区域如县、镇内设置相关的辅助人员（或是本文提及的“经纪人”），例如象山县文广新局为剪纸艺人谢才华配备的大学生村官。由于传承人中有一部分并没有接触过网络和电子商务，也并没有设计的概念，因此这个辅助人员的角色是很重要的。此外，政府也需要建立专门的部门，解决各种售前、售中、售后问题，打通咨询通道，随时接受传承人、电商、顾客的反馈意见，切实推动非遗文创产品、手工艺类非遗相关产品销售的电商化发展。例如模式较新的淘宝众筹、京东众筹等平台中的设计师分类，其中有一部分是针对非遗和手工艺进行再设计的众筹，多以预售的形式呈现，并将非遗技艺的相关产品作为众筹的回报。

三、线下线上手工课程与亲子活动

面对少儿的手工课程主要包括亲子教育和专为少儿提供教学的手工与艺术课程，在目前市场上具有较强的刚性需求。这一类的课程市场，要比面向成人所开设的课程有更好的市场。具备一定经济能力的家长，如今更加关注对于孩子的美育教育。但细究这一行为的成因，与非遗、文创近些年的热度并无直接关联，更多缘于家长观念的变化，会在孩子的成长过程中为其普及艺术类教育，以及由于二胎政策导致的儿童数量增多，这些原因都直接导致了少儿手工艺术课程的势头独好。一些趣味性强、操作较为简单的传统手工技艺类非遗都形成了较为热门的课程。

以象山县“鱼骨画”“鱼骨造型”为例，该工艺不但以成品的形态呈现给受众，也正在以培训课程的模式进行推广，是面向小学的手工实践课程，宁波市要求每个小学生要在网络进行选课，每学期前往实践基地进行1—2日的学习，鱼骨造型、结艺、鱼灯制作技艺等课程都在此可选范围内。此类培训课程对于非物质文化遗产和传统工艺美术的宣传是立竿见影的，也是当下“手工热”潮流中的积极探索。象山县的“鱼文化艺术村”和“非遗月月汇”就是进行非遗教学、推广的重要场地和活动。

引导受众亲身进行手工制作是一种深度的体验途径，随着电子商务的普及，一些无法身临其境的受众也可以通过各种途径收到材料包，对手工艺类的非遗项目进行参与体验。针对非遗项目，进行材料包的设计开发无疑是一种更加简单快捷、传播面更广的方法。例如，掌握鱼骨造型制作技艺的传承人可在材料包中放入具有象山特色的鱼骨、鱼鳞，以及胶水，传承人在确定产品图样后，计算好所需材料的内容与数量，配成相应的材料包。在这个过程中，成熟设计师的参与对于强化材料包的视觉效果、提高实际销售量有着较大作用。材料包中除了手工体验所需要用到的材料之外，制作教程也是必不可少的，对于一些制作步骤相对简单的产品，直接在材料包中提供说明书即可；而对于一些相对复杂的手工制品，有时需要给用户提供制作的电子教程或视频演示，相应的做法是在材料包中提供可以扫描的二维码，用户们可以通过扫描二维码，获得详细的视频教程，在观看后达到手工体验的目的。如此，可使本土的非遗项目、文创产品跨越地域的限制，走出象山、走进全国、走向世界。

此外，一些和非遗相关的课程、材料包，都可以专题活动的形式呈现，如在象山县的开渔节、石浦三月三等重要节日，都可以集中开设，并有针对性地进行推广和销售。

象山县的设计师们可以从本土的非遗项目中汲取养分，进行文化创意产品设计，使祖先留下的这些文化遗产在当今展现风采、彰显价值。文化创意产业和非物质文化遗产保护，可以形成紧密联系的共生关系，创造共同发展、共同获益的共赢模式。保护非物质文化遗产，发展文化创意产业，都是提高国家文化软实力、弘扬中华民族价值观、保护本土文化独特性的重要途径。

论浙江海洋非物质文化遗产保护的新模式

张　茜　毛海莹*

在距今6000多年的新石器时代，浙江先民们就已经开始了傍海而居、耕海牧渔的生活。先民们用勤劳与智慧获得了来自海洋的丰富馈赠，依靠着这些慷慨的馈赠繁衍生息。浙江的海洋非物质文化遗产就是这样随着先民们血脉的延续流传至今。然而，在全球经济一体化的大背景下，随着强势文化对弱势文化的侵蚀，物质消费方式和生存观念也随之发生着急剧变化，这些几千年来薪火相承的海洋非物质文化遗产已丧失了其传承发展的生态环境，正以惊人的速度损毁、消失和流失，面临濒危、失传等重大危机。[1]显然，抢救和保护海洋非物质文化遗产的任务已经迫在眉睫。针对这一状况，本文试提出以下三种浙江海洋非物质文化遗产保护的新模式。

---

* 毛海莹，宁波大学教授；张茜，浙江建设职业技术学院讲师。

[1] 张卫民《我国非物质文化遗产保护新路向——非物质文化遗产教育探究》，载《民族艺术研究》2005年第5期。

一、实现海洋非物质文化遗产产业化运作

在过去很长的一段时间里，海洋非物质文化遗产的保护经费一直依靠政府的财政支持，面临着资金来源单一、数量短缺等问题。而实现海洋非物质文化遗产产业化运作就是一个很好的解决方法，它让海洋非物质文化遗产的保护与传承取得经济上的独立与自主，在未来的发展道路上走得更加坚实、更加独立。同时，实现海洋非物质文化遗产产业化运作还可以让走向濒危的海洋非物质文化遗产重新成为当今时代重要的文化资本。正如一位学者指出的那样，"以产业化模式保护非物质文化遗产，旨在打破非物质文化遗产保护长期脱离社会、漠视社会需求的自我封闭状态，增强其发展自身的社会责任感，使他们的人才培养和科学研究面向经济建设和社会发展需要，全方位加强与社会的结合，关注社会需求，形成与社会发展相适应的有效机制，从而增强非物质文化遗产的生命力"[1]。

舟山贝雕便是在实现海洋非物质文化遗产产业化运作方面一个非常成功的案例。舟山贝雕就是选用有色贝壳，巧用其天然色泽和纹理、形状，经剪取、车磨、抛光、堆砌、粘贴等工序精心雕琢成平贴、半浮雕、镶嵌、立体等多种形式和规格的工艺品。在非物质文化遗产调研中，贝雕工艺的传承人夏雨缀先生告诉笔者，他们贝雕工作基地的作品主要分为两部分，一部分是做小件工艺品批量生产的，比如小件的螺钿镶嵌、手机

[1] 李昕《可经营性非物质文化遗产保护产业化运作合理性探讨》，载《广西民族研究》2009年第1期。

配饰、时装纽扣、家装镶嵌等。虽说是批量生产的小件产品，但其能够带来的经济效益绝对不容小觑。根据笔者做的市场调查，单是磨平的贝壳墙饰依据品质的不同，1平方米就可以卖到2000元至6000元不等，而装饰有贝壳的家具出售价格达到几万元的现象更是屡见不鲜。即使贝壳原料的价格在这些年有所上升，这些小件贝雕产品的获利空间还是很大的。另外一部分是制作大件的贝雕作品，每一件作品都是精雕细琢，反复修改，从设计到完工通常需要三到五年时间，而这些作品主要是用来参赛的，可以为贝雕赢得国内国际的良好声誉，打响知名度。但是，由于大件作品的制作历时太久，而且多数作为艺术珍品收藏，即使出售也是十分慎重的，所以在大件作品上投入的资金是很难得到快速周转的，因此，工作基地平时的运行资金主要来自那些小件工艺品的批量出售，然后将获取的利润投入到贝雕工艺的传承和改良中去。通过这种模式，就可以推进和实现非物质文化遗产保护的投入产出效益化，也让传承者们在未来的创作之路上拥有足够的资金保障。

有些人可能会对此提出异议，认为这种产业化的模式只适合于实体经营获利能力强的海洋非物质文化遗产，像那些容易受潮损坏、难以保存的纸质鱼虾灯，利润微薄的古法晒制海盐，早已退出历史舞台的木帆船等似乎很难做到产业化。其实不然，海洋非物质文化遗产在有些时候可以很抽象，甚至可以抽象成为一个文化符号，这样一来，所有的海洋非物质文化遗产就都可以根据其自身的优势进行产业化运作，有时候还可以适当地在抽象的文化符号里加入一些新的文化元素，可能还会带来意想不到的效果。举个例子来说，在生活中，我们早就难以寻觅余杭纸伞的芳踪，许多人对它唯一的印象是在传说中让白娘子与许仙结缘的那把纸伞，但是在余杭纸伞的糊纸技艺基础上诞生的宣纸椅“蝶”却在2012年的米兰设计周上惊艳亮相，并获得全场唯一的大奖。试想那样平淡无奇的竹纸在融入了人们的奇妙构思之后，就可以有万千形态，让古老的文化符号在引领时尚的国际舞台绽放异彩。

据此笔者认为，通过人们用心去设想和实践，这些文化符号是可以变成一道道独特的产业链的，给海洋非物质文化遗产的传承者们带来物质上的支持，帮助这些民间大师来书写海洋非物质文化遗产的新篇章。

二、设立海洋非物质文化遗产教学基地

当下，社会公众对非物质文化遗产认识非常欠缺，文化传承渠道也不够畅通，原生态传承更是缺乏自觉性。因此，我们需要改变社会公众对海洋非物质文化遗产缺乏重视和价值认识的现状，我们应该致力于让海洋非物质文化遗产走上健康、持续发展的路子，让每一个公民都能够正确认识和充分尊重非物质文化遗产，让越来越多的朝气蓬勃的年轻人在接受有关非遗的相关知识后，成为非物质文化遗产保护与传承的后备人才。为了实现这个目标，我们可以设立海洋非物质文化遗产教学基地，从而开展对于海洋非物质文化遗产保护与继承方面的普及教育。目前，浙江省在设立海洋非物质文化遗产基地方面已经

初具规模，依据2010年公布的浙江非物质文化遗产传承教学基地名单，[1]目前浙江已经拥有62个省级非物质文化遗产传承教学基地，其中有职业中专、中学、小学、校外教育单位46个，高校、高职16所。

在这62个浙江省非物质文化遗产传承教学基地中，就有舟山定海的海山小学。在这里，舟山渔民号子的传承人洪国壮先生教授海山小学的小学生们用方言传唱舟山渔民号子。舟山渔民号子，是舟山群岛船渔工号子的总称，是舟山各岛渔民、船工世代相传的海洋民间口头音乐，它与渔船、运输船作业和渔民在海上和岸上劳动时时相伴。渔民号子分为两个部分，一部分是渔歌，另一部分是号子。关于渔歌部分，乐感比较好的人在开始接触时，还是很容易掌握的。但是号子则截然不同，号子必须要吼，声若洪钟，有着秦腔的铿锵有力，却没有它的悲怆凄凉，因为在号子声里有着海边人准备迎接风浪洗礼的勇气与决心。如果没有经过专业的指导，演唱者很难吼出那种豪迈的意境。在与洪国壮先生的交谈中，我们得知，一年之后在海山小学的操场上将会有一艘仿制的木帆船，让学生们感受旧时渔民的海上生活，亲身体验扬帆、拉锚、撒网等老式渔船作业。洪国壮先生还说只有真正了解海上的生活，学生们才能吼出真正的号子，唱出动情的渔歌，他的愿望就是让每一位在这里毕业的学生都会唱渔歌、吼号子，即使以后离开了家乡，也不会忘却乡音。此外，他还特别希望能找到一位出色的学生能

---

[1] 吴彬《浙江非物质文化遗产传承教学基地建设初探》，载《郑州航空工业管理学院学报》（社会科学版）2012年第6期。

够继承他的衣钵，在未来的日子让更多的人知道渔歌号子。

其实，海洋非物质文化遗产教学基地既可以与小学生的基础教育相融入，也可以与各大高校的科研项目和专业实践相结合。在暑期调研的过程中，笔者在木船技艺的传承人张红伟先生的传承基地，就看见浙江海洋学院造船专业的学生在那里学习制作木船，这些学生们本来就对船舶制造的专业技能有着一定程度的掌握，此番来到木船制作基地亲手制作船模，既是对书本知识的灵活运用，也是对未来职业的深层了解。同时，海洋非物质文化遗产的传承人也可以接触到更多的年轻人，可以从中物色合适的接班人。

三、创建海洋非物质文化遗产数字化平台

以往，海洋非物质文化遗产的传承多半靠的是口传心记、言传身教，技艺精湛的传承人能够在各自的领域独树一帜，靠的是其在传承之路上多年累积的经验。往往成就一段传奇的点睛之笔，只是一个不经意的动作，看似轻松，却不知需要经过多少次的练习才能做到这样挥洒自如。但是，由于传统记录方式中存在的诸多局限，这些关键部分的细节有时候会被忽略，比如说浙江青田的鱼灯舞，整场鱼灯舞通常需要很多表演者共同演绎，每一位表演者的动作都各有不同，由于摄像需要对整体画面进行控制，因此很难对每一位演员的细节动作做出完整全面的记录。假设鱼灯舞在未来一度走向沉寂，多年之后，人们忽然想起来过去曾有这样一种舞蹈，想要再重现时，那些没

有被记录在内的细节的部分就会成为“瓶颈”，而那些演绎者们早已白发苍苍，再也舞不出那矫健灵动的舞姿，即使我们留有影像资料，在那时也可能失真模糊，最终鱼灯舞成为绝响，消逝在岁月的洪流中。

但是，在现代计算机图形学、数字图像处理与虚拟现实等数字复原和再现技术日趋成熟的今天，我们可以将传统的海洋非物质文化遗产资源数字化，制作成可视化虚拟产品，建立一个海洋非物质文化遗产数字化平台，供人们在海洋非物质文化遗产知识普及方面进行学习、交流与创新。

海洋非物质文化遗产数字博物馆便是一种比较适合海洋非物质文化遗产大众传播的数字化平台。首先，我们需要对海洋非物质文化遗产相关资料进行统一的搜集、整理，然后，将其完全数字化后存入数据库网络。接着，借助多媒体集成、数字摄影、知识建模等技术，建立包括文字、声音、图像、视频、知识在内的海洋非物质文化遗产博物馆。在馆内利用三维场景建模、特效渲染、虚拟场景协调展示等动画技术，对非物质文化遗产特别是传统手工艺的生产方式、使用方式、消费方式、流通方式、传播传承方式等进行真实再现。[1]比如上文提到的鱼灯舞假如可以用虚拟现实显示系统还原重现的话，每一个细节动作都会被详细地刻画出来，参观者几乎可以体会到身临其境的感觉，这样一个数字化非物质文化遗产博物馆给我们带来感官体验和所能获取的数字化信息绝对不是一般静态的博物馆

[1] 黄永林、谈国新《中国非物质文化遗产数字化保护与开发研究》，载《华中师范大学学报》2012年第2期。

所能给予的，更多年轻人会更加乐意来到这里，来了解海洋非物质文化遗产。

或许你会觉得数字化博物馆听起来好像有点像天方夜谭，但其实我国在这一领域已经有了一个比较成功的案例，那就是数字故宫，在故宫中设有一个虚拟剧院，里面放映着我国第一部基于虚拟现实技术的关于故宫的大型计算机作品《天子的宫殿》，置身其中的人们可以独特的视点移动，感受只有数字化技术才能实现的新型沟通空间。借助于计算机虚拟现实技术，人们可以自由地在场景中漫游，还可以跟随自己的心意想看哪里就看哪里，似乎体验着一场真实旅行。这无疑是一个良好的开端，也给了我们创建海洋非物质文化遗产数字化平台的信心，希望在不久的将来更多的人可以借助新时代的尖端科技去寻觅古老海洋文明的滥觞，让灿烂的海洋非物质文化遗产在科技的圣殿里绽放异彩。

结　语

传统从来不是过时的同义词，传承千年的海洋非物质文化遗产是先辈们留下的宝贵财富，但我们又该做些什么，让它拥有往日的生机与活力呢？浙江海洋非物质文化遗产的没落是因为现代大工业生产吞噬了它的市场，失去了经济支撑，往日的华光自然黯去，而实现海洋非物质文化遗产产业化可以让它摆脱在资金上一味依赖政府财政的现状，取得经济上的独立，获取更广阔的生存空间。其次，对于文化来说，传承是非常重要的一件事，浙江设立了多个海洋非物质文化遗产传承基地，这可以让更多的人了解和学习海洋非物质文化遗产知识，为传承海洋非物质文化遗产创造了一个良好的契机。此外，随着科技的进步，海洋非物质文化遗产依托的载体也应该不断更新改进，例如数字化博物馆的构建就可以为研究人员提供更多、更精确的信息，也为公众了解海洋非物质文化遗产提供一个新的平台。我们所需要做的其实很简单，就是让海洋非物质文化遗产能够适应这个全新的时代，不断传承、发展，成为我们重要的文化资本，延续传承千年的智慧。

谫论海岸带的渔文化资源

——以浙江象山为例

覃　奕*

海岸带指的是海陆相接的过渡地带，包括自然的沙滩、滩涂、海湾、滨海的礁岩、毗连的岛屿、沿岸近海海域以及人造的海塘、港口、码头等。以往研究中多从整体上论述渔文化，对过渡区域的渔文化涉及较少。笔者认为海岸带既是重要的海陆过渡带地貌单元，也是文化区域的过渡单元，这决定了该单元内的渔文化的独特属性，值得深入挖掘和进一步探讨。浙江象山海岸线漫长，兼山、海、滩、涂、岛、礁、湾于一体，海岸带过渡特征较为明显，且层次丰富，因此以象山为例谫论海岸带渔文化资源。[1]

---

* 覃奕，中央民族大学博士研究生，中国民间文学大系出版工程项目助理。

[1] 当然，海岸带渔文化并非只局限于象山，辽河口渔雁文化也是一个典型。然而，象山特殊在于海岸带过渡特征较为明显，且层次丰富。

一、象山海岸带渔文化的自然基质

在海岸带区域，海洋系统与陆地系统相互交汇作用，呈现出交叉复合的特征。海岸带具体可分为沙砾质、淤泥质、基岩质三种类型。象山有着漫长的海岸线，既有海积地貌形成的沙砾质的黄金沙滩，也有适合滩涂养殖和开辟盐场的淤泥质海岸，同时不乏海蚀地貌以及岬湾相间的曲折海岸线，具备形成优良海港的优势。海岸带的主体是潮间带，沿岸渔业的采集与捕捞作业多发生在这个区域。类似于海岸带的种类划分，潮间带也有沙滩潮间带、泥滩潮间带、岩相潮间带的区别，三种潮间带的生物数量依次递增。按照这个规律，象山沿岸渔民形成了“落小海”（也称“讨小海”“下小海”）、“摸岩塘”（岩塘即海边岩下的水塘）[1]等习俗，同时因地制宜，发展出如“种蛏田”“种蚶田”等滩涂养殖，如“晒鱼鲞”等水产加工等方面的相应技术。

象山人将沿岸采集与捕捞的渔货统称为“小海鲜”。沿岸混浊的海水中潜藏着丰富的饵料，非常适合这些鱼虾贝蛤的生长。象山的螺类非常丰富，有芝麻螺、香螺、红螺、泥螺、马蹄螺、珠螺、辣螺、刺螺、肥勺螺、海佛手、藤壶等。海蟹有红脚蟹、青蟹、梭子蟹、石蟹等。贝类有贻贝、蛏子、蛤蜊、牡蛎、彩虹明樱蛤、青蚶等。海菜有岩蒜、海带、苔菜、紫菜、石花菜、绿云菜等。此外还有虾类及各种近海鱼类。根据

[1] 余维新《象山渔业志》，第710页，方志出版社，2008年。

象山渔谚、民谣和诗文汇成的各渔村特产口诀可看出象山“小海鲜”的丰富。“虾皮鳄头王家榄，泥螺蟹酱捣臼岩。龙洞弹胡烧天萝，郎君鳌自爵溪来。梅童梅子数东门，石浦黄鱼叠街头。胡家屿人捕蛸蛑，缸鱼黄璨插船湾。水糊涂人晒紫菜，金七门人涨虾姑。黄唇鱼打风门口，南田泥螺四月肥。渔山岛人煮海蜒，望潮八脚爬墙头。洋北桃湾鲜篮笷，小海鲜吃岳头嘴。嘉打泽鱼癣擘碧，怀珠稻蟹送宁波。”[1]在这近二十类特产中，小海鲜的比重超过一半。象山还有相应的物产地名，如“弹涂岙”“大虾港”[2]“蚶子礁”“泥螺屿”[3]“苔条湾”等。也有因联想而产生的地名，比如象山县城就因外形相似而被称为“蚶城”[4]。

二、象山海岸带渔文化的知识构型

象山沿岸渔民在长期生产生活实践中形成了一整套的渔文化知识体系，涉及海产品的采集、捕捞到消费、加工、运销各个环节，也逐步影响和形成了相应的饮食习惯、礼仪节俗、民间文学、民间信仰等各个方面，构筑了从物质生产实践到精神价值观念的完整系统。

[1] 王颖、丁建东《中国海洋渔文化研究与象山实践》，第150页，海洋出版社，2018年。

[2] 《象山县地名志》编纂委员会编《象山地名志》，第649页，浙江人民出版社，1995年。

[3] 郦伟山《渔文化大观》，第230页，中国文史出版社，2010年。.

[4] 陈汉章《象山县志》，第1777页，方志出版社，2004年。

（一）象山海岸带渔获的产销与饮食习俗

1.由命名体现出的细致的海产分类认知

望潮，望潮的名字来由，它在每月农历廿七和廿八起潮的日子摇动触手，渔民据此判断潮水的涨落。

加工前和加工后的区别：加工前的浒苔俗称苔条，鲜苔条混水浸泡，加盐后制成的叫苔生[1]。贻贝的鲜贝称壳菜，以“去壳不着盐而干之”的方法加工后称淡菜。

不同性别和生长阶段的差异：白蟹既是梭子蟹通称，也可作雄蟹的专称。雌蟹中未长成的称小娘蟹，已长成但未孕的称包蟹，怀孕叫仔蟹。上半年吃白蟹（准备交配前的老白蟹更鲜美），下半年北风起吃包蟹（而且气温越低包蟹越肥，满蟹红膏）。[2]圆脐也指雌蟹。[3]

体型的区别：《象山县志》载，“蛤蜊小者名海瓜子，在五月间最肥”。生长在西沪港边的王莳蕙有诗云，“冰盘推出碎玻璃，半杂于葱半带泥”[4]。海蜒（鳀鱼）根据体型大小有细桂、中桂、粗桂的不同称呼，其中细桂为最佳。宁波水产市场有“渔山海蜒不到货，不开称”之说。[5]

不同季节的差异：梅熟时弹涂最肥美，称为“梅弹”[6]。

---

[1] 余维新《象山渔业志》，第690页，方志出版社，2008年。

[2] 朱永林《象山渔文化简明知识手册》，第123页，宁波出版社，2016年。

[3] 朱永林《象山渔文化简明知识手册》，第168页，宁波出版社，2016年。

[4] 王颖、丁建东《中国海洋渔文化研究与象山实践》，第159页，海洋出版社，2018年。

[5] 余维新《象山渔业志》，第339—340页，方志出版社，2008年。

[6] 陈汉章《象山县志》，第737页，方志出版社，2004年。

农历四月最多虾蛄，称“麦黄虾蛄”[1]。类似的还有“大麦望”，即望潮长到农历四五月即适宜捕捞。农历八九月时，望潮正是膏厚醇香的美味之时，人称“桂花望”。冬时泽鱼最美，称“霜打泽鱼”。[2]

比如《十二月蟹名》歌，除了稻蟹之外，其他的十一种都是海蟹。

正月红蚶蚶正红，洞房花烛算成功；
两边押落薛仁贵，龙虎相斗各东风，
二月青月壳亦青，清官要算包文正；
日断阳间律律清，夜断阴间魂胆惊。
三月白蟹蟹壳尖，匡胤饮酒红裙牵；
匡胤饮酒红裙下，一棍打死绔少年。
四月拉水壳亦方，朝中老将总算刘花王；
刘花王要伤黄彦章，一铜锤出来滚了三滚岗。
五月稻蟹壳亦圆，四亲六眷都做官，
苏秦六国为丞相，我在家里枉思想。
六月由蛸蜂蟹钳亦大，怀德讨饭莫奈何；
手提花篮街坊走，衣衫褴褛外滩游，
七月长脚蛇挺脚亦长，捣米挨磨李三娘；
日间挑水三十担，夜间挨磨到五更。
八月扁鸡脚亦齐，朝中老将总逢[redacted]；

[1] 余维新《象山渔业志》，第689页，方志出版社，2008年。
[2] 陈汉章《象山县志》，第1821页，方志出版社，2004年。

■■■要伤柴荣皇，索性柴荣小登基
九月沙蟹断洋中，高怀德做官好威风；
怀德做官回朝转，文武百官都送完。
十月石蟹倒岩岙，马超点兵追曹操；
三十年前曹追马，廿年之后马追曹。
十一月彭其冈亦冈，穆柯山上出个大女王；
独打三关杨宗保，跑马射箭杨六郎。
十二月关公蟹壳红，关爷钢刀耍威风；
钢刀本是乌钢口，万里江山一笔勾。[1]

除命名之外，象山还有丰富的海错诗的传统。如陈汝谐写蛤蜊的“潮纹如线晕重重，曾受甘圆内史封。食可升天真上药，云何不隶玉房供”。还有《望潮》：“骨软膏柔笑贱微，桂花时节最鲜肥。灵蛛不结青丝网，八足轻娇斗水飞。”[2]清欧景岱《淡菜》：“渔家胜味等园蔬，老圃秋来尚未锄。谈到夫人名位正，无盐唐突又如何。”清孙天准《蟹肚脐》：“横行当道几何时，吸尽西江尚在兹．若问团尖人不识，山灵亦未辨雌雄。”[3]

2.工具和技术

上节内容集中呈现了象山渔民对海岸带生物的生长环境、

---

[1] 朱永林《象山渔文化简明知识手册》，第30—31页，宁波出版社，2016年。■为当初记录不清。

[2] 王颖、丁建东《中国海洋渔文化研究与象山实践》，第158页，海洋出版社，2018年。

[3] 王颖、丁建东《中国海洋渔文化研究与象山实践》，第157页，海洋出版社，2018年。

生长规律、生活习性、外在形态等知识的掌握，他们据此安排生产实践活动，具体到什么时节，什么时间，什么地点，用什么工具，什么方式进行捕捞和采集。他们知道这些海产最旺发的季节，“三月三，辣螺爬高滩”，“三月三，螺子螺孙爬高滩”，“四月八，挨磨泥螺塔个塔”，“早稻发蓬，沙蟹满桶”[1]；也清楚不同生物的习性，比如“大蟹弗如小蟹乖，小蟹打洞会转弯”，“大蟹打大洞，小蟹打小洞”。下面将从采集和捕捞、养殖、加工三个方面阐述海岸带渔文化中的工具和技术内容。

（1）采集和捕捞

海岸带渔业生产受浪潮、温度、光照以及地质条件的影响，形成不同类型、不同层次的洄游产卵地，冬季潜伏地以及常年栖息地。例如同样是海岸带的礁岩地，高处的缝隙和孔洞就多螺和佛手、藤壶、牡蛎等，而礁石底部则多壳菜。渔民由此总结出了适应不同环境和不同海物的捕获方法，除了捕捞，还有钩钓、敲打、采拾、挖掏等。他们还制作和利用各式工具进行作业，比如网兜、铁锨、铁耙、竹竿、竹管、竹签、灯等。具体而言，盛具就有赶小海时装渔货的倒笼篰、用于装蛏子和蛤蜊的蛏子篰、装望潮的克笼等。其他的还有用于洗苔条的苔篰，采苔条的苔耙、将苔条拖至岸上的苔拖、捕获弹涂鱼的弹涂网兜、浅海叉鳗鱼的鳗叉、用于紫菜洗涤时把紫菜舀起来的撩瓢、用于去掉附着在蛏子表面硬土的蛏撬、用于捕获随

[1] 余维新《象山渔业志》，第563页，方志出版社，2008年。

潮水冲进来的鱼的鱼斗、用于撬开牡蛎的牡蛎凿、用来耙蛤蜊的耙兜以及用于挂在竹筏边上，一半置于水中防止渔获物死去的凹鱼篰等。

渔民们还发明了在岸边水面和海涂上的不同交通工具。“竹排：渔船的最早雏形。先有能浮在岸边水面上的木盆之类的器皿，继而进一步利用毛竹制排，可称为渔船之祖。竹排由多支周径超大的毛竹制成，头、中、尾部穿以绳索，或再以木棍横贯绞固，入水可浮行具，用竹竿撑驶。此种传统竹排传承了几千年，近代蟹钳渡、西沪港渔民落小海时多用，盛时可达三四百只，至今仍可见到少量。”[1]象山西沪的得名也与此有关。“沪”即捕鱼之竹，港口处县城之西，自古滩浅潮缓，水产丰富，多以插竹串网，竹排、竹架捕鱼，故名。[2]

海马是用于海涂上行走的交通工具。清人姚燮有诗写道：“膝骑海马似飞凫，截竹为筒插满涂。初八廿三逢小水，好研乌糯煮阑胡。”[3]

象山在海岸带渔业作业中呈现出了多种差异，一方面是地域差异。同是落小海捕鱼虾，同乡不同村也有区别。象山东陈乡流传着这样的说法。“樟岙人天打霹雳，沙岗人蹲鸟伏立，金井头人白日抢劫，大塔人脚筋坚（蹇）直，山头人岸边匫匫（隐藏）。”这说的是东陈乡各村民捕捉鱼虾的网具不同，技

[1] 朱永林《象山渔文化简明知识手册》，第17页，宁波出版社，2016年。

[2] 王颖、丁建东《中国海洋渔文化研究与象山实践》，第148页，海洋出版社，2018年。

[3] 陈汉章《象山县志》，第1821页，方志出版社，2004年。

巧各异。樟岙村人打手网，自上而下撒网到水里，如晴空霹雳；沙岗人用兜网，将网沉于潮水中，不时起网，如鸟停立，伏捉鱼；金井头人用司令网，定时围网，捕捉鱼虾就像白日抢劫；大塔村人车虾，即推缉；山头村人扳罾[1]。另一方面，对同种海物的捕获也有多种方式可选。比如捉望潮的时候，会利用生物习性的相互作用，分出三种"以夷制夷"的方式。一种叫"张望潮螺"，布螺壳进行诱捕[2]；一种用沙蟹来钓，"奇怪奇怪真奇怪，望潮定要拖沙蟹"，墙头地区还有利用望潮不能容忍同类占穴的习性，以望潮来钓望潮的方法。[3]

（2）养殖

"海洋渔业主要以围塘养殖、滩涂养殖和网箱养殖为主，是沿港城镇居民的主要经济支柱。象山港集中区域有西沪港、鸿屿双山港、西店、咸祥大嵩江、横里等养殖区，万礁东、南沙、铜山、白石山等准养区和铁港、黄墩港等海域，其中象山港黄避岙乡拥有全国最大的网箱生产基地。"[4]"耕海牧渔"形象地描绘了海产养殖业的情景。象山养殖海产的历史较长，其中滩涂养殖比较有代表性，南宋宝庆年间，海涂课税150文，当时已有人在采集蛏苗、蚶苗，在滩涂放养出售谋生[5]。清代王步霄的《种蚶》留下了象山蚶养殖的记录："瓦垄名争郭赋传，江乡蚶子其轻捐。团沙质比鱼苗细，孕月胎含露点圆。愿

[1] 余维新《象山渔业志》，第567—568页，方志出版社，2008年。.

[2] 余维新《象山渔业志》，第264页，方志出版社，2008年。

[3] 余维新《象山渔业志》，第264页，方志出版社，2008年。

[4] 王梦梦等《港湾利用与象山开洋节文化变迁》，载《改革与开放》2016年第19期。

[5] 王梦梦等《港湾利用与象山开洋节文化变迁》，载《改革与开放》2016年第19期。

祝鸥凫休浪食，好充珍馐人宾筵. 东南美利由来擅，近海生涯当种田。”还有“不寻冻蹑冰梁，不种春前买烂塘。插脚软沙如木立，绳拖沙狗实腰筐”。其中的烂塘指的也是蚶田，主要于海边烂涂种之[1]。在“沙蜻四寸尾掉黄，风味由来压邵洋。麦碎花开三月半，美人种子市蛏秧”则表现了“蛏田”，“蛏田”以南田所产的蛏最为肥美。象山滩涂养殖的优势一直持续至今。“象山浅海滩涂养殖资源丰富，宜养殖滩涂主要分布于西沪港、大目涂、南田涂、蟹姐渡及象山港南侧、岳井洋一带。传统养殖水产品有泥螺、蛏子、毛蚶、牡蛎、海带及紫菜。”[2]

（3）加工

这里所指的加工主要是将渔获制成用盐腌制的咸货和用太阳晒干的干货，当然还有先腌后晒的各种鱼鲞虾干。在无法用冰保鲜的时代，渔民们就是用盐来保存渔获的，因此传统渔业对盐的需求相当迫切，在象山石浦，盐被专称为渔盐。“从历史上看，石浦渔区周围，古时就多海涂多日晒盐场。从大圻头、汝溪至盐厂、番头、金鸡山直至定山中泥一带，有大片日晒盐场遗迹……石浦渔港自古汛期就多渔船，为协调渔民用盐，清乾隆元年（1736）起，就设司盐部门管理，渔户有用盐定额，凭票取盐。并有规定：大船（9尺以上）给船盐3000斤，中船（8尺以上）给船盐2000斤，小船（7尺以上）给船盐

[1]　陈汉章《象山县志》，第1830页，方志出版社，2004年。

[2]　王玲霞《象山县养生旅游开发研究》，广西师范大学硕士论文，2014年。

1000斤。”[1]

无论是咸货还是干货，都与晾晒密切相关。象山海岸带沙滩众多，“拥有36个金色沙滩，长达13.2公里，名列长三角各县（市、区）之首，是全省甚至全国中较为罕见。”这些沙滩融平地、阳光和海风为一体，是优越的晒场。爵溪镇爵鲞名噪一时的背后有着丰厚的晾晒资源作支撑。“那时没有冷库，不能将大黄鱼进行速冻冷藏，只能将当潮打来的大黄鱼送到鲞厂加工，腌制晾晒成鲞。爵溪城外的十里黄沙就成了晒鲞的最佳场所。据说，长达数千米的城东沙堤在民国三十一年就有鱼鲞加工厂216家，可谓盛极一时。”[2]“爵溪二十个大沙滩，采用棚架式晒鲞，上晒下烘，鲞燥得快。”[3]

3.饮食习俗

对海岸带渔货的充分认知使象山渔民在此基础上开发出了海物的食用和药用价值。象山有“上山一蓬烟，落海一厨鲜”的说法，落海即“落小海”。类似的还有“山里头人烧青柴，海边头人吃活蟹”[4]。当地人认为“落小海”“摸岩塘”得来的“小海鲜”是比深海或远洋所捕渔货更鲜美的海味，常用“鲜过成咸”来形容。海涂上放养的、吃小海鲜长大的鸭子下的海鸭蛋，也因独特的口味和丰富的钙质被列为当地特产，在象山渔村的民宿旁常会看到海鸭蛋的宣传。刚进港卸下的渔

---

[1] 朱永林《象山渔文化简明知识手册》，第22—23页，宁波出版社，2016年。.

[2] 龚晶晶《追鱼——岱衢族大黄鱼的前世今生》，第12页，宁波出版社，2018年。

[3] 余维新《象山渔业志》，第338页，方志出版社，2008年。

[4] 余维新《象山渔业志》，第565页，方志出版社，2008年。

货，或从养殖场刚捕上来的渔货，则用“透新鲜”“透骨鲜”来形容。象山沿岸渔民还总结出了小海鲜最为肥美的季节，比如“初八廿三壳头酥”，即农历初八和廿三前后，蟹类正肥壮饱满。此时用手指可扭出嫩壳，说明其不久将脱壳变瘦，因此宜在此时捕捉。[1]“九月九，望潮吃脚手”，望潮此时会因饥饿而吃自己的脚手，这时的望潮瘦小无腿脚，不宜捕捉和食用。[2]蛏子最宜春天，农历三月最肥美，“八（六）月蛏剩根筋”，到了夏天就不好吃了，而青蟹却相反，“八月蝤蛑（青蟹）抵只鸡”。加工过的小海鲜也深受象山渔民欢迎。象山渔民嗜咸，常以海鲜佐酒，咸菜下饭，俗称“煞饭榔头”[3]，咸货中多以小海鲜为原料制成各种螺酱蟹酱，以及鱼鲞虾干。象山灵岙有“灵岙人搓弹，蟹酱过饭”[4]的说法，石浦渔民则言“长凳短凳，老酒生虫进”[5]。象山人还用“咸骆驼”专指喜欢吃咸的人。

象山名点“海味萝卜团”中包的也是小海鲜。关于这个萝卜团的来历民间还有这样的故事。象山有一户人家有兄弟五个，老大老二买了木帆船，专做渔家打船最紧要的毛竹、苎麻生意，常年离家。剩下三兄弟还小，由老大媳妇照顾在家，平时种些萝卜，闲的时候“下小海”，采牡蛎黄（牡蛎）捡泥螺拈虾。某个冬日，出门在外近年的老大老二终于归家，一家

---

[1] 郦伟山《渔文化大观》，第202页，中国文史出版社，2010年。
[2] 郦伟山《渔文化大观》，第202页，中国文史出版社，2010年。
[3] 金明权《象山海鲜菜谱》，第89页，宁波出版社，2009年。
[4] 余维新《象山渔业志》，第690页，方志出版社，2008年。
[5] 郦伟山《渔文化大观》，第202页，中国文史出版社，2010年。

人团聚非常开心。老大媳妇想做些好吃的，却发现除了新打的晚稻米就是几个萝卜和小叔子们从滩涂上捡来的小海鲜了。情急之下她就把这几道食材融在一起，做成了又是菜又是饭的海味萝卜团。自此它就在象山流传开了。[1]萝卜团象征着团圆幸福，是年节喜事时象山人珍爱的一道菜。类似的还有“弹涂鱼煮豆腐”的民间传说。

渔民们还发掘出了部分海鲜的药用价值。比如“泥螺带壳嚼，弗用吃补药”[2]。而对妇科病有特别疗效的，渔家独有的夏日清凉饮品——渔山雪花冻，则以海礁岩石上采摘的一种雪花草（实为海藻）为原料，经夜漂日晒制成干品。用时可用锅煎制或用开水泡一夜后成胶状饮品。[3]

（二）民间文学

除了上文提到的渔歌、渔谚、渔故事传说之外，象山渔民由熟悉的沿岸海生生物习性衍生到人的性格、行为习惯和生活现象中，创造了大量俗语。“死蟹一只”[4]形容彻底完蛋。“虾有虾路，蟹有蟹路”形容各人有各人的方法；“沙蟹命，吃吃壮，爬爬瘦”，形容人命运多舛，事业时好时坏，起伏不定。[5]“天打大家毙，差你沙蟹独条命”，意为天灾来临时无

[1] 《中国民间故事丛书·浙江宁波·象山卷》，第168—169页，知识产权出版社，2015年。
[2] 朱永林《象山渔文化简明知识手册》，第48页，宁波出版社，2016年。
[3] 朱永林《象山渔文化简明知识手册》，第74页，宁波出版社，2016年。
[4] 沈吉太《象山俗语选解》，第149页，杭州出版社，2016年。
[5] 沈吉太《象山俗语选解》，第356页，杭州出版社，2016年。

一人会幸免。“破脚蝤蛑钻现成洞”，比喻坐享其成，不劳而获。[1]“虾蛇（海蜇）呒眼虾做眼”意指全靠别人帮助。[2]“大水虾蛇”指的是大水潮时候的海蜇，形容无主见，随大溜的人。“狗屁煮弹胡”，形容办事荒唐，讲话乱讲。[3]“弹胡画花”，指搞清洁卫生时，干活干得很随便，像跳鱼在海涂上游过一样，也比喻写字写不端正。[4]“一撮虾皮鲜”，意喻要求不高，很容易满足。[5]“撮虾食过酒”，顺手夹只虾来佐酒，形容办事非常简单方便，不用花大力气。[6]“莫看我虾血，落镬亦会红”，说明此人不甘心别人将他看短。[7]“翻白泥螺”，原指腌制泥螺不得法，泥螺外壳发白，用来形容人不正经，不上进。“洞底沙蟹”，是用长年隐居在泥洞底部的泥涂小蟹比喻守着小家小利不放的人。[8]泥螺有怕光、怕热、怕风的特性，因此当地人以“三不出泥螺”揶揄怕事者。[9]也因此，撮泥螺多在无风、暖和的晚上进行。由于天黑涂阔，撮夜泥螺者常会迷路甚至失踪。同行们为保持联络，有个照应，相互间会时不时呼叫对方的名字。久而久之，“撮夜泥螺”竟成了一个平白无故频繁叫唤对方的代名词。[10]“讨饭相，泥螺

[1] 郦伟山《渔文化大观》，第203页，中国文史出版社，2010年。
[2] 郦伟山《渔文化大观》，第304页，中国文史出版社，2010年。
[3] 郦伟山《渔文化大观》，第242页，中国文史出版社，2010年。
[4] 郦伟山《渔文化大观》，第153页，中国文史出版社，2010年。
[5] 郦伟山《渔文化大观》，第232页，中国文史出版社，2010年。
[6] 郦伟山《渔文化大观》，第179页，中国文史出版社，2010年。
[7] 郦伟山《渔文化大观》，第199页，中国文史出版社，2010年。
[8] 郦伟山《渔文化大观》，第169页，中国文史出版社，2010年。
[9] 郦伟山《渔文化大观》，第200页，中国文史出版社，2010年。
[10] 沈吉太《象山俗语选解》，第212页，杭州出版社，2016年。

弗吃吃蟹酱”，形容人可以享受却不懂享受。[1]“好安稳弗安稳，弹涂落竹棍”，警示那些原本拥有稳定生活环境的人，不要心思太活络另谋他求，不然容易落入圈套，难以自拔。[2]这些俗语虽然短小，却蕴藏着象山渔民对海岸带生物的细致观察和对人生的深刻体悟，这背后也折射出他们的审美态度和价值取向。

此外，与现实中渔民与海打交道的长期生产生活的经验相应，海洋丰饶与危险兼具的认知也影响到了海岸带的民间文学当中。广阔而未知的海域是殊方异域、仙人奇物的聚集地，而陆地则是人类生息繁衍的现实世界。在那些渔故事渔传说里，海岸带成为联结日常世界与幻想世界的过渡区域。这里是仙迹遗留地、人仙遭遇地，也是海物报恩、海妖作乱、名人逸事的纪念地。比如“道人港”和“海墩”都是仙人挑山堵浪，落海涂上变成港或形成墩的传说。《小康王撒沙成滩》的故事谈到了石浦宋皇城沙滩的来历。当时小康王避难时梦到天后娘娘点化，教他背一袋沙子，遇海涂行走不通时可撒沙渡难关。他一路走一路撒，便有了蛟龙沙滩、柴岙沙滩等，到昌国卫东山嘴头的海涂时他把沙子往地上一放想歇，结果形成了一个大沙滩，这便是宋皇城沙滩。[3]“松兰山”在象山民间传说里，是由赶海青年梅海松与妻子余小兰命名的。青年在一次赶海时正

[1] 郦伟山《渔文化大观》，第199页，中国文史出版社，2010年。

[2] 郦伟山《渔文化大观》，第200页，中国文史出版社，2010年。

[3] 《中国民间故事丛书·浙江宁波·象山卷》，第88页，知识产权出版社，2015年。

好救下了遇难的财主，也因此与财主之女余小兰结缘婚配。[1]而在有关如意娘娘的传说中，如意姑娘是一个黄岩采贝人的女儿，随父亲来石浦赶海。在父亲落水身亡后也跳海尽孝。后人念起孝德便在渔山岛上修庙供奉，敬她为如意娘娘。[2]“三月三走沙滩”的来历则有陆秀夫与辣螺姑娘的爱情悲剧、皇帝女儿治病求螺和乌龟精与九条龙大战三种说法，《铜瓦门外钓金钥匙》[3]和《景生与鲛人》[4]则是海物、海精报恩的故事。

（三）潮信习俗

“象山是个海洋大县，沿海岸为规则半日潮区，潮汐与象山人民的生活生产关系十分密切，掌握潮汐涨落规律对出海捕鱼、晒盐、人工养殖安排和港河河口船只进出、防台等都有重要意义。”潮汛对渔民尤其是沿岸渔民意义重大，相关的渔谚和俗语有“初三潮，十八水，初八、廿三小水低”，“月亮上山，潮水上滩”，“上半个月潮等月，下半个月月等潮”[5]，“退潮泥螺涨潮蟹”[6]，“上山靠健，下海靠勤”，“赶潮落

---

[1] 《中国民间故事丛书·浙江宁波·象山卷》，第79—80页，知识产权出版社，2015年。

[2] 《中国民间故事丛书·浙江宁波·象山卷》，第39页，知识产权出版社，2015年。

[3] 《中国民间故事丛书·浙江宁波·象山卷》，第274—275页，知识产权出版社，2015年。

[4] 《中国民间故事丛书·浙江宁波·象山卷》，第256—259页，知识产权出版社，2015年。

[5] 朱永林《象山渔文化简明知识手册》，第49页，宁波出版社，2016年。

[6] 余维新《象山渔业志》，第565页，方志出版社，2008年。

水”[1]等。围绕潮汛，渔民们形成了一系列的信俗：农历十二月二十五日、二十六日“谢年”时设案供奉选在涨潮时辰[2]；上栋梁要在涨潮时上，开洋祭祀和拜船龙也选涨潮时分，寓意财源随潮滚滚来。[3]

潮水既可以带来物产，也可以带来灾害，当海潮淹没民居农田，沿岸居民都是首受其害。象山林善岙、王盆岙两处曾建海潮庙，大抵是因曾发生过潮淹事件[4]。而从事沿岸渔业作业时，迅速上涨的潮水以及隐没在海潮之下的复杂地形也会发生让渔民猝不及防的意外情况，据象山船老大李忠德所忆，早年间拾海鲜时会带些香烛、银箔一类的东西，每到一处就烧敬山神水魂，求告平安。直到现在当地人看到傍晚在赶海的游人，依然会好心提醒他们潮水涨得很快，尽快回家，注意安全。

当谈到渔区信仰时，讨论更多的是龙王、妈祖、四方海神等，然而与龙王同为水体本位信仰的潮信习俗却未引起重视。尽管象山属于浙东地区，多航海保护神和海洋产业专业神，相关的潮信习俗也未如浙西地区一般催生出人格性的神灵，但对理解沿岸渔民的生活依然有一定意义。类似的还有祭小海习俗，尤其在经过出过事的岛礁、水道、小海区域必祭[5]，祭小海时烧的经有高王经、普门经、白衣咒、太平经等。[6]

---

[1] 沈吉太《象山俗语选解》，第204页，杭州出版社，2016年。
[2] 余维新《象山渔业志》，第551页，方志出版社，2008年。
[3] 王颖、丁建东《中国海洋渔文化研究与象山实践》，第172页，海洋出版社，2018年。
[4] 陈汉章《象山县志》，第821、824页，方志出版社，2004年。
[5] 朱永林《象山渔文化简明知识手册》，第80页，宁波出版社，2016年。
[6] 《象山祭海》，http://www.docin.com/p-237904559.html。

（四）其他习俗

“三月三，踏沙滩”，农历三月初三左右，感知到地温、水温升高的海螺尤其是辣螺，从海里爬到海岸边，集结在沙滩、高岩上，吸引人们前来捡拾。到了四月清明时节，清明羹饭中要有一碗全鱼及螺，以示子孙可出头做官[1]。春天游戏孩童们玩“打珂珂”游戏，规则是“以蚶子壳着地击之，出围者胜”[2]。七月三十地藏王生日，要点地香，有的人会把香插在大海螺壳上，高高悬起，称“点香球”[3]。“儿童以蛤蜊壳盛油，遍地燃之”[4]。

三、象山海岸带渔文化的地位

笔者认为，应从渔业历史和文化区位的两个维度来认识象山海岸带渔文化的地位。人类海洋渔业发展是阶段性的，早期海洋渔业主要集中在海岸带，包括捡拾采挖和近海浅水域捕捞，随着航海、造船技术的提高才逐渐向更远、更深的方向发展。“象山渔业历史源远流长，早在6000年前就有先民繁衍生息，孕育了‘塔山文化’。据塔山史前文化遗址文物考证，象山先民靠海而生，在滩涂上采集贝壳，用简单的石网坠和青铜鱼钩等器物捕捉鱼虾，过着男渔女织的生活。唐代中期，随

[1] 余维新《象山渔业志》，第550页，方志出版社，2008年。
[2] 陈汉章《象山县志》，第866页，方志出版社，2004年。
[3] 余维新《象山渔业志》，第551页，方志出版社，2008年。
[4] 余维新《象山渔业志》，第868页，方志出版社，2008年。

着航海业和造船业发展，简易渔船开始沿岸作业，活动范围拓宽到浅近海，渔民开始了与海洋的博弈。”[1]根据塔山文化的考古发现可知，象山渔文化萌发于新石器时期，当地先民们靠取食小海鲜而生，而且发展出了初步的文化。塔山遗址中钳壳纹陶支座，其纹饰由象山先民直接用钳壳在器物上按印而成，这是利用海生生物进行艺术再创造[2]。且根据初步考证，象山9处史前遗址均集中在海岸线一带。[3]“自宋代开始，象山的海洋渔业日趋繁荣，这主要体现在近海捕捞和海洋养殖上。象山有大量的浅海和滩涂，有漫长而曲折的海湾，非常适合近海捕捞作业。象山的‘小海鲜’自古繁荣至今。”[4]较早的记录还有前述提到的南宋时期滩涂课税以及清朝时每只蟹窝要收一两银子的蟹捐[5]等。可以说，海岸带渔文化是象山整体渔文化的发源。

此外还值得注意的是海岸带渔文化与同区域的其他类型的渔文化、同区域的农耕文化、海商文化，海防文化的关联和区别。相异于大型捕捞和远洋捕捞所结成的组织化、相对稳定的协作团体，如渔帮、渔行等，海岸带渔业作业独立性较强，通常以个体或单户家庭为单位，相对灵活自由，也有多人协作的

[1] 《港湾利用与象山开洋节文化变迁》。

[2] 余维新《象山渔业志》，第724页，方志出版社，2008年。

[3] 王颖、丁建东《中国海洋渔文化研究与象山实践》，第138页，海洋出版社，2018年。

[4] 王颖、丁建东《中国海洋渔文化研究与象山实践》，第138页，海洋出版社，2018年。

[5] 余维新《象山渔业志》，第705页，方志出版社，2008年。

情形，但多为临时结成，较为松散，人员也不固定。不过相对而言，大型捕捞和远洋捕捞成本和风险较高，海岸带渔业作业则较低。

尽管自然条件并不优厚，可用耕地不多，但农业也是象山民众不可忽略的一种生计方式。汛期结束后，渔民一般上岸种番薯等杂粮、砍柴、赶小海。海岸带渔获是渔民生计的重要补充，买肥料、添农具以及零用钱都出在海涂港湾。例如在象山灵岙村，海货钱为主要经济收入之一。海货钱春有蛏苗钱，冬有苔条钱，平时杂鱼、弹涂鱼、望潮钱[1]。当地俗语有“苔条蛏秧前用钱不用愁”，“近海苔条蛏秧生，有钱可买秧和粮”[2]。“一带泥涂场圃筑，大家唤人晒藁头忙。鱼虾还许儿童乞，抵到田间拾稻粱。”[3]当然，这仅仅是一种补充，就象山人所说“落海勿富，只够兑肚”[4]。

象山作为海路重镇，历史上商业活动、军事活动频繁。象山海岸带中的渔港是综合性的渔文化集聚空间，与海商文化密切相关。渔港不仅仅是交易的码头，也是当地文化向外开放的窗口。象山的渔港记录着象山与周边地区乃至遥远的异国他乡的各色贸易和文化交流的历史。就连沿岸的山景奇观，也曾作为外商判断浙中航程的海路坐标，“佛头峰上娟娟月，曾照开元番客船”。至于海防文化，除了沿岸所设的炮台等防御设

[1] 余维新《象山渔业志》，第686页，方志出版社，2008年。
[2] 余维新《象山渔业志》，第688页，方志出版社，2008年。
[3] 陈汉章《象山县志》，第1634页，方志出版社，2004年。
[4] 余维新《象山渔业志》，第562页，方志出版社，2008年。

施体现了两者之间交织影响的空间之外，当时驻守的人战时作兵士，平时也如渔民一般“耕海牧渔”。再如，沿岸渔民们常用的海马，就传说是抗倭名将发明的。据说当时倭寇侵扰浙东沿海地区，是戚继光为了追击倭寇而亲自设计“海马”，总共造了4000只，给每个官兵发了一只，待倭寇又上岸作乱时，官兵们踩着海马出战大获全胜。百姓们看到这个海马好落海做生活，便一直沿用至今。[1]

四、开发、保护的现状与建议

海岸带是人类亲近海洋时最先接触的地方，也是渔文化旅游开发中游客活动的重要区域。目前象山已开发了“百里黄金海岸休闲旅游带”“斑斓海岸”文明示范线，三月三踏沙滩活动，9月黄避岙塔头旺村的滩涂文化节，包含滩涂运动会、渔家海鲜千人宴、趣味运动PK、文艺晚会。茅洋蟹钳港景区还建成了以滩涂泥玩为主题的休闲乐园，7—8月举办滩涂泥玩文化节。韩升村的千亩海涂建成了以海马大滑场、海鲜捕捞区、天然泥浴场、海水游泳池、人造泥浴场、海面竹筏游划区、鱼虾垂钓区、无公害果园采摘区、绿色蔬菜种植园等功能区块为一体的滩涂采捕乐园，举办了象山首届“海涂节暨全县海涂趣味运动会”[2]。此外还有五一、国庆期间松兰山度假区的沙滩风

---

[1] 《中国民间故事丛书·浙江宁波·象山卷》，第54—55页，知识产权出版社，2015年。

[2] 《厉害了我的村|建设篇之新桥镇韩升村：蟹钳涂畔绽放的精致小渔村》，http://www.sohu.com/a/249800348_99911679。

筝节、沙滩狂欢节、沙滩啤酒节、沙滩帐篷露营派对、沙滩足球等。这些活动发挥了自然条件的优势，打造出现代旅游休闲活动。但却缺少历史沉淀和文化底蕴而缺乏人文气息和地域特色，阻碍了旅游深度发展，建议由将休闲娱乐向文化体验的方向升级，才能打破渔区旅游开发中同质化严重、创新发展动力不足的问题，充分发挥旅游在渔村振兴中的作用。

（一）建立渔文化识别系统与解说系统

在立意上建议突出海岸带渔文化的源头地位，在内容上建议更为丰富，具体可参考上文所述。而展现方式则可以灵活多样，其中可以借鉴的一种是塔头旺村的宣传册以及村文化礼堂中的“渔家风情馆”，通过文字和实物展示的方式让游客了解海岸带渔文化。相关的渔业历史资料在展现历史厚重感方面有优势，但若要突出地域文化特色和人文精神，则应该从民间文学、民间信仰等方面着手。旅游也是一种消费产品，产品故事的包装非常重要，再现海岸带渔文化的文化语境，或者说打造相关的“应用场景”。比如在通向茅洋乡的滩涂途中上有对红脚蟹、跳跳鱼的说明，当地民宿之所以受欢迎，跟滩涂旅游资源关系密切。在去往滩涂的木栈道上设置相关说明，游客能够见到实物，再结合亲身体验，效果翻倍。较为可惜的是其中仅是科普性的介绍，缺少充满生活气息的趣味以及浪漫的想象，建议融合相关的俗语及故事传说，进行分点段，多样化传播。让游客带着这些故事去回味，离开旅游目的地之后也有转述和再传播的动力。也可以专门从海岸带渔文化中挖掘、提炼出文化符号，建立一整套的识别系统，给予人们更直观的认知。

（二）进一步完善生态保护机制

海岸带生态系统是海岸带渔文化的自然基质，至今，海岸带依然是人类开展渔业活动非常重要的区域，也是人类与海洋博弈中矛盾最为凸显的地域。海岸带尤其潮间带的生物是陆源污染物的最先受害者，无序采捕、废土、污水、废水及垃圾的排放都可能危害海岸带生态系统。象山在这方面已采取了一定积极措施，比如率先探索“湾（滩）长制”试点，目前有县级滩长34名，乡镇级116名，护滩员118名[1]。除此之外，还建议推广绿色生态海产养殖，规范采捕行为，制定有关采捕日期和时间、渔具、鱼的品种、规格和数量和采捕限额等规定，有偿开放相应资格证明，资格证明的费用用于渔区建设和生态保护；设立开放区、半开放区和封闭保护区，进行轮换休养。

（三）发挥文化区域的联动作用

如上文提到的同区域的农耕文化、海防文化、与海丝文化相结合的海商文化，以及以徐福东渡传说为代表的仙道文化等。当然还有异地的文化片区的结合，例如与象山毗邻的舟山、宁海地区。在海岸带渔文化保护和旅游开发的过程中，既要保持自身特色，又要发挥这些文化区域之间的联动作用。

---

[1] 王颖、丁建东《中国海洋渔文化研究与象山实践》，第193页，海洋出版社，2018年。

渔民信仰

浙东海神信仰“因水而灵”

谢秀琼*

海神是“涉海的民众想象出来掌管海事的神灵”[1]。关于海神信仰的类型及特征，学界已涌现出较多的研究成果。曲金良根据海神来源，将历代海神划分为：动物图腾崇拜与早期的海神、人兽同体的海神、人神同形的海神、由人鬼转化成的海神、其他海神信仰与淫祀等[2]。蔡勤禹、赵珍新从避灾护佑的功能分析，将海神分为海洋水体本位神、航海神、镇海神、引航神和全能神等，海神信仰的禳灾功能主要体现在给人们带来精神支柱，从而给社会带来安定，起到安定身心、凝聚人心的作用[3]。王荣国认为，古代人们信仰的海洋神灵虽多且杂，但也有其结构层次，主要由海洋水体本位与水族神、航海保护神

---

* 谢秀琼，宁波城市职业技术学院副教授。

[1] 曲金良《海洋文化概论》，第143页，海洋大学出版社，1999年。

[2] 曲金良《海洋文化概论》，第142—151页，海洋大学出版社，1999年。

[3] 蔡勤禹、赵珍新《海神信仰类型及其禳灾功能探析》，载《中国海洋大学学报》（社会科学版）2015年第3期。

与渔商业专业神、镇海神与引航神三个系统的神灵构成[1]。相对而言，学界对海神信仰的民间文化心理研究，即民间传说是如何参与海神信仰的核心要素构建，想象沿海民众关于敬海、祈海、镇海交织共存的精神诉求，少有较为系统的论述。海神信仰与民间传说互为表里，民间传说通过解释、附加、衍化等手段述说海神信仰成因的合理性及其流变可信性，使之成为沿海民众深层的文化心理。

民间传说，“指民间长期流传下来的对过去事迹的记述和评价，有的以特定历史事件为基础，有的纯属幻想的产物，在一定程度上表现了人民群众的要求和愿望”[2]。流传于各地的民间传说不仅仅与历史上实有之人、实有之事关系密切，且与地方古迹、风物习俗有某种隐秘关联，正是由于这种事实与解释之间的关系建构，人们愿意相信民间传说所蕴含的信仰习俗成因的合理性及其流变可信性。从这个意义而言，民间传说与民间信仰互为表里，民间传说通过解释、衍化、依附等述说手段，合理解释海神信仰的历史源流，传奇衍化海神的多样职掌，传播依附美善同构的民间审美价值，集中反映了沿海民众关于敬海、祈海、镇海共存的精神诉求与情感态度。

---

[1] 王国荣《海洋神灵——中国海洋信仰与社会经济》（上），第17页，江西高校出版社，2003年。

[2] 辞海编辑委员会编《辞海》，第491页，上海辞书出版社，1979年。

一、海神起源的解释型述说

民间传说是一个地方的地方性知识不断叠层的过程，“实际上反映了一个地区、一个民族的重大历史事件以及社会历史的发展变迁，是形成一地区、一民族文化特点、地方色彩的因素之一”[1]。具体到海神传说，沿海民众立足海洋生产实践，将历史事件、地方古迹、风俗名物等文献记载转变为文本传播情境，在历史事实与文学想象的互动、互文关系中，实现沿海民众对海神来源的想象与自我表达，使之成为地方海洋文化的重要构成要素。

海洋型生产方式大致分为两类，一类是向海洋直接索取资源的生产方式，包括渔业、盐业，另一类是由海洋交通而衍生的航运贸易方式。以盐业为例，历史上的浙江盛产海盐，相关的盐生传说更是不胜枚举。钟敬文先生曾指出：“地方传说的最大特点，如大部分神话特点一样，它对于其对象之事物，十分之七八是常带有说明性的、解答性的——即所谓‘原因论’及‘民间语源学’。”[2]流传于宁波地区的《盐的故事》曲折反映了沿海百姓对海盐起源的地方性认知。该传说的情节结构大体如下：渔民朱余在滩涂拾泥螺→发现凤凰落在滩涂上→朱余甚为惊喜并挖出滩涂泥→找人识宝无果→上京城向皇帝献“宝”却被重罚→御厨出于好奇捡回滩涂泥→无意间发现其中秘密→皇帝追封朱余。舟山定海一带的《盐与卤》传说内容

[1]　程蔷《中国民间传说》，第114页，浙江教育出版社。

[2]　中国民俗学会《民俗学集隽》（第一辑），第16页，上海文艺出版社，1989年。

与《盐的故事》大体相同。《盐与卤》说的是，渔民严卤发现了一处金凤凰栖息过的海泥，却被渔霸抢夺献宝给了皇帝。皇帝用膳时无意发现了海泥的奥秘，押着严卤寻找金凤凰落脚之地。行舟大海时，金凤凰突然出现，风雨大作，装满海泥的龙舟全部被吹翻，皇帝和渔霸葬身大海，善良的严卤却平安无事。回家后，严卤与渔民们一起挑海泥晒盐，当地人把盐水唤作卤，晒干者称作盐，以纪念严卤。

长期以来，浙江沿海及岛屿煮海为盐，直到清代才逐渐推广晒盐法。民间对海盐来源的原始想象，其实有着历史事实依据，即海盐生产多用煮盐法。旧时，煮盐生产的第一步即为“刮泥淋卤”。《盐的故事》《盐与卤》中提及的“宝物”海涂泥是制卤的重要原料，无意中滴下来的水滴，便是“刮泥淋卤”形成的卤水。所谓“刮泥淋卤”，第一步是刮泥，这里的泥即海岸滩涂中刮出的咸土。第二步为淋卤，舀海水烧灌之，使卤水渗出流入卤缸内。第三步是验卤，主要测卤的浓淡。制卤之后，便是煎煮或板晒成盐。在上述两则传说中，“凤凰落在滩涂上”“无意间发现盐卤的奥秘”的情节被反复强化，使得煮海为盐的历史记载逐渐幻化为传奇故事，强化了盐作为生命之源、百味之祖的神秘色彩。饶有趣味的是，《盐的故事》的主人公叫朱余，余在古越语中有“盐”的意思。《越绝书》记载：“朱余者，越盐官也。越人谓盐曰余，去县三十五里。”[1]《盐与卤》中的主人公严卤则谐音盐卤，宝物的发现

[1] 李步嘉校释《越绝书校释》，第228页，中华书局，2013年。

者之所以叫“朱余”“严卤”，穷其根源，反映了在早期的海洋探索中，沿海民众凭借着智慧与勇气，克服重重险阻，才获得相对宁静、富足生活的历史记忆。从这个意义上看，盐生传说作为盐文化的一部分已深入到了沿海百姓的生活之中，既具有神奇魔幻色彩又不乏历史真实性。

二、海神圣迹的衍化型述说

海洋环境变幻莫测、险象环生。渔谚有云：“脚踏舢板三分命。”东南沿海民众遭遇的海洋灾害，最严重的莫过于台风，因其突发性强、破坏力大，给沿海航运、渔业、盐业乃至农业生产造成了极为严重的威胁。“濒海多飓风，《南越志》云：飓者，具四方之风也，常以五、六月发。未至时，鸡犬为之不鸣。”[1]台风多兴于农历六、七月，过境时常带来狂风暴雨，对浙江沿海中段、南段影响尤为严重。在台州、温州等沿海地区，台风引发的海啸造成海水倒灌，毁堤、毁房甚至溺人的灾难时有发生。如《宋史·五行志》载乾道二年（1166）“八月丁亥，温州大风，海溢，漂民庐、盐场、龙朔寺”[2]，又如永乐二十二年（1424）七月，“黄岩潮溢，溺死八百人”[3]。崇祯元年（1628）七月，杭、嘉、绍三府发生海啸，

[1] 浙江省地方志编纂委员会《宋元浙江方志集成》（第7册），第3105页，杭州出版社，2009年。
[2] （清）陆人骥编《中国历代灾害性海潮史料》，第37页，海洋出版社，1984年。
[3] （清）陆人骥编《中国历代灾害性海潮史料》，第91页，海洋出版社，1984年。

“坏民居数万间，溺数万人。海宁、萧山尤甚”[1]。面对不可预测、无法掌控的诸多不确定性，崇祀那些能够免除突发性海洋灾害侵袭的神灵，构成了浙东沿海及岛屿民众精神生活的重要底色。

从海神的来源看，除了儒教、佛教、道教诸神外，还有自然神、历史人物神、民间百姓神等。从海神信仰的衍化看，不管是统管海洋的海龙王、大慈大悲的观音菩萨、有感必通的妈祖，还是忠义可嘉的英雄人物、捕鱼技术精湛的船老大或渔民，经过“因水而灵”圣迹故事的扩展、置换或重塑，被赋予了不同程度的海洋灵性，成为沿海百姓解除生活困厄的重要精神寄托。根据《宣和奉使高丽图经》记载，出使高丽的官员徐兢不仅详细记录了海上42天航程，还记述了船员们沿路举行的多次祭祀仪式。在出使高丽的途中，船员们拜谒不同的寺院，举行不同的仪式，部分是出海习俗使然，同时也透露出民间多神信仰的普遍性。“这些仪式中出现的东海龙王、观音、岳渎主治之神并不具有排他性，民间信仰中的功利性在官员中也普遍盛行。”[2]在返航途中，为确保顺利通过一浅海区，船队还用鸡黍来祭祀死于这一海域的鬼魂。浙东海神信仰所呈现的一岛多庙、一庙多神、一船多神，既分庭抗礼又共享香火的区域性特征，穷其根源，皆因各路海神蕴生于海洋自然环境之中。

源于龙蛇图腾崇拜的龙王信仰是海神信仰的重要组成部分。

[1] （清）陆人骥编《中国历代灾害性海潮史料》，第171—172页，海洋出版社，1984年。

[2] ［美］韩森《变迁之神：南宋时期的民间信仰》，第29页，中华书局，2016年。

根据《山海经·大荒南经》记载："南海渚中，有神，人面，珥两青蛇，践两青蛇，曰不延胡余。"《山海经》记载的南海范围大体为今天的江浙一带东海地区，南海神不延胡余的外形特征为"人面"，以"珥两青蛇，践两青蛇"作为身体装饰的一部分，作为图腾的人格化形象，又在一定程度上与古越人的蛇图腾崇拜相互印证。《史记·吴太伯世家》记载："断其发，文其身，以像龙子。"随着海神形象日趋人格化，龙蛇图腾崇拜渐渐淡化，早期龙神"施云布雨"职掌与佛教"咒龙祈雨"功能相叠加，进一步推动着龙王信仰在民间的流布。自唐代始，凡是佛教盛行之地，皆崇信龙王有"行云布雨"之神力，受其影响，凡有水之地，又皆建有龙王庙，龙王则成为民间对海洋世界统管者的普遍想象。在沿海民众的想象中，海龙王往往与施云布雨、渔业丰歉、海上救护等职掌相联系，在不断传播过程中，由龙王信仰神秘性附带产生的恐惧与敬畏交织的情感趋于淡化，取而代之的是龙报恩情节在《描龙的传说》《巧妹绣龙》《龙灯起源的传说》《桃花龙女》等传说中的反复出现，这在很大程度上满足了人们祈福禳灾的心理诉求。沿海百姓赞颂、祈求海龙王之余，也不乏挑战、蔑视龙王权威的传说，这主要源于民间想象中的龙王有权势显赫的一面，更有暴戾无常的一面，故而在《渔翁斗龙王》《东海龙王输棋》等传说中，塑造了张牙舞爪实则外强中干的全新龙王形象。这一类龙王传说大多套用张羽煮海逼龙王嫁女的核心情节，即主人公得到宝物（诸如煮海所用的银锅、金钱和铁勺）威逼龙王妥协。在《渔翁斗龙王》传说中，三太子私自携带镇海宝印出游致使丢失，虾兵蟹将四处寻找，终于在茅草冈发现了宝印的踪迹。龙王翻云覆雨，试图淹没茅草冈以夺回宝印，但宝印所含的定风珠有平息风浪之神力，龙王各种招数使尽也无济于事。僵持之下，打鱼老头提出交换宝印的三个条件：一是不许兴风作浪，二是潮水涨落有时，三是每日敬献海货万担。龙王急于取回镇海宝印，只得气急败坏地逐一答应。

观音是浙江沿海地区影响最大、信众最多的神灵菩萨。观音信仰在其产生地南印度濒海地区就被赋予了海上守护神的品格，在以后的传播过程中，由海洋救护衍化而成的水上（内陆江河）遇险称念观音而获救的感应事迹，更是长期流传。不过真正使观音获得海上救护神地位的，与日本僧人惠锷（又记作惠谔、惠萼等记载）有关。8世纪初，中日海上交通的直渡航线开辟，若较好地利用季节风，从浙江的普陀、宁波、温州出发至日本长崎，分别需要3昼夜、4昼夜及4昼夜又15小时。日本僧人慧锷经普陀返回日本就是基于这一历史背景。唐大中十二年（858），惠锷从五台山请来观音像，途经昌国（今舟山）的梅岑（今普陀山），怒涛汹涌，船不能行，遂置观音像（画）于梅岑，所修庵堂即为“不肯去观音院”。慧锷请观音像（画）于梅岑，成为观音海上形象转变的一个重要环节。在诸多观音显化形象中，对涉海民众影响较深的有脚踏于鳌背之上的慈航观音，手提活鱼篮子的鱼篮观音，右手执杨枝、左手托净瓶的杨枝观音，居于两扇蛤蜊之中的蛤蜊观音等。在鳌鱼观音传说中，观音用十万八千根蚕丝结成羂索，取海滨沙土捏成人形，将瓶中杨柳削成的倒刺钩藏于泥人腹中，收服藏身水底作恶的鳌鱼。鱼篮观音说的是莲花池偷跑出来的金鱼在人间作恶，观音织鱼篮、提丝绦将其收服的故事。这些显化形象围绕观音救苦救难、普度众生品格展演而成的海上救护圣迹，显示了观音作为海上保护神的持久魅力。另有观音与五百罗汉、弥勒、八仙、陈靖姑等佛道众多人物的交集冲突，也大体围绕护渔、护航感应事迹展开。

北宋鼓励远航而交，偏安一隅的南宋朝廷更是大力发展海外贸易以弥补政府浩繁支出，海洋文化的开放性不断增强。基于这一历史背景，起源于福建莆田的妈祖信仰，因护航有功而地位骤升，循着海运航线北上、南下传播，成为影响最广的海上女性海神之一。妈祖信仰自其诞生起，便带有明显的海洋性特征。妈祖的第一次加封可追溯至宋徽宗宣和五年（1123）。是年，给事中路允迪奉旨出使高丽，8艘大船航行在渤海之上，遇海难，7艘覆灭，惊恐万分之中，路允迪闭目祷告，得见红衣神女站在船樯上。靠着神女的保佑，路允迪的主船完成了出使高丽的任务。经奏报，宋徽宗亲赐庙额曰“顺济”。妈祖不但保佑浪恬波静、助剿海寇，还拥有捍御水旱、驱疫祛疾等“法力”。随着神女“灵应”传说的不断叠加，其影响范围也越来越广，由最初的莆田地区，从南到北逐渐扩展到沿海岛屿、江河水网、运河商路等这一极广阔的区域。

三、民间审美价值的依附型述说

海神信仰叙事的审美特征总是与主体民众、主流文化的审美意识相连，即在历史人物、普通船老大、民间女子等人物中依附传播着善者更善、美者更美、善美同构的主流审美意识。《说文解字》对“善”这样解释：“吉也。从誩从羊。此与义美同意。”原初意思是，从羊群中，择其优者用于祭祀，后引申为通过祭祀仪式祈求吉祥、幸福。“美”在《说文解字》中释义为：“甘也。从羊从大。羊在六畜主给膳也。美与善同意。”从词源看，善与美具有同源关系。在民间主流审美意识中，“美的观念往往与善的观念相互交融而协调发展”[1]，审美对象善的行为往往具有美的属性与价值。

东临大海是浙江最为独特的地貌特征，主要表现为：浙江海岸线曲折绵长、海域岛礁众多、海岸类型多样、港口海湾资源丰富、滩涂面积广阔、海洋渔业资源丰富。浙江境内自北向南分布的苕溪、钱塘江、曹娥江、甬江、灵江、瓯江、飞云江、鳌江等水系，将含有大量有机物、浮游生物的淡水注入附近海域，形成饵料生物丰富、盐度低的海淡水混合区域，适合多种鱼虾产卵、索饵，或越冬鱼群循环洄游。受滨海地理条件和渔业生产习俗影响，浙东沿海百姓不仅发明、使用多样渔舟、渔具等物质形态，而且通过民间传说塑造了集正义、勇敢与传奇于一身的渔师形象。

象山石浦一带崇奉的渔师是少年阎黑，因斩鲨护渔有功而为当地百姓敬仰，后又凭借非凡才智和神勇，降伏水怪，救下海豚一族，被尊奉为阎公大帝，永享香火。余姚临山一带奉祀

[1] 郑新胜《审美文化视域中的民俗》，第73页，福建师范大学，2015年。

的渔师为晏公。相传南山门一带汪洋大海，海口常有大鲨鱼出没，威胁着当地渔民的生命。某天，鲨鱼搁浅，一名姓晏的乞丐与鲨鱼展开殊死搏斗，一场恶斗之后，鲨鱼失去双目，他也因失血过多而离世，当地渔民集资建庙塑像以纪念晏公。在温岭石塘，渔民崇信的渔师是捕鱼本领高超的“钓幺郎”，传闻他仅凭水色、潮流、温度、风向等就能准确判断鱼群出没的地点，渔船随其出海便可满舱而归。“钓幺郎”熟谙水性、乐于助人，死后被当地渔民尊奉为渔师菩萨。

各地渔师传说的共通之处在于：首先，无论是少年阎黑、晏公还是钓幺郎，渔师的原型无一例外都是普通百姓，在他们身上又集中体现了民间对勇敢、善良、机智等美好品质的推崇；其次，渔师神迹与渔事密切相关，其“因水而灵”的核心灵力叙事聚焦海洋，或是为民除害护佑渔民出海平安，或是凭借超凡神力默佑渔民鱼虾盈舱，满足了沿海百姓最直接、最基本的祈福禳灾精神诉求；再次，各地渔师都经历了“人死封神论”，这种超越生命有限性的情感叙事让传说更深入人心，延续民间对善美同构的审美价值追求。

结　语

综上，海神起源的解释型述说，重在渲染海神起源的神奇性色彩，在事实与想象的互动中，民间传说并非地方性知识的简单重复或叠加，经反复传播、再生产，积淀而成当地百姓深层次的文化心理。海神信仰的衍化型述说，聚集“因水而灵”

圣迹故事的扩展、置换或重塑，东南影响最为广泛的海龙王、观音、妈祖信仰被赋予了不同程度的海洋灵性，并成为沿海百姓解除生活困厄的精神寄托。海神信仰的审美依附叙述，往往与民间主流文化的审美意识相连，善美同构的价值追求具有超越生命有限性的情感力量，进一步推动着海神信仰的跨时空传播。

渔文化保护与旅游互动

——以妈祖信仰为例

陶立播*

象山渔文化包含物质的和精神的两个层面，当然还有历史的层面。从历史的层面讲，象山渔文化是伴随着先民的渔猎生活开始的，据说至今已有6000多年的历史。历史是一种记忆文化，从考古和文献记载中可以得到证明。这种渔文化历史延续至今，不仅是现实存在，而且仍然是象山人生活的一部分，这就是今天象山人物质和精神生活的现实。作为物质生活的渔文化，在象山地区是如此丰富多彩。我们看到了开渔节象山渔民出海捕鱼的壮观场面；看到了象山独特的民居建筑；看到了象山丰富多彩的民间艺术；当然也看到了象山人夏日在海边通宵达旦吃生猛海鲜，品尝咸包蟹、石浦鱼糍面、海鲜面的情景；同时看到来自大江南北的游客漫步在新华路海鲜一条街和石浦

* 陶立璠，中央民族大学教授。

海鲜长廊，享受象山浓郁的渔文化的独特景观。象山渔文化养育了象山人，培养了象山人坚忍不拔，经营海洋的性格。使我们深深感觉到，象山人在创造物质渔文化的同时，也创造了丰富多彩的精神文化。其中以妈祖信仰和如意信仰为代表的信仰习俗，同样融入象山人生活的血液之中。信仰文化既是象山渔文化的有机组成部分，也是象山人的精神家园的象征。

大家知道，2006年6月，在国务院公布的第一批国家级非物质文化遗产代表作名录中，福建湄洲“妈祖祭典”榜上有名。2009年9月，“妈祖信俗”申报世界非物质文化遗产代表作名录获得成功，使中国首个信俗类“非遗”项目成为世界级非物质文化遗产。这在福建、在全国乃至世界华人居住区民众中都是一件大事。特别对海峡两岸的文化交流更是起到无可超越的作用。稍加留意，我们会发现中国国家级名录将妈祖文化以“妈祖祭典”的名义收入名录，而联合国“非遗”代表作名录则以“妈祖信俗”的名义被列入世界非物质文化遗产代表作名录。这是为什么？因为“妈祖祭典”只是妈祖文化的宫庙祭祀仪式，并非妈祖文化的全部；而“妈祖信俗”不仅包括了妈祖宫庙、民间祭祀仪式，而且包括了妈祖信仰习俗以及关于妈祖传说、故事等。于是保护的对象由“上位文化”向下转为“下位文化”，表明联合国“非遗”保护更重视民间传承。

有学者研究，象山的渔文化主要由5个特色文化区组成：东门海岛妈祖信仰文化区；石浦老街渔商、渔贸、生活习俗文化区；延昌老街妈祖——渔师信仰文化区；昌国古村明代卫所海防文化区；渔山海岛妈祖——如意信仰文化区。[1]这些独具特色的渔文化区，伴随着它的建筑遗存，充溢着信仰文化特色。如宫庙建筑妈祖庙、城隍庙、东门庙、王将军庙、昌国大庙、渔山娘娘庙等，这些既是象山渔民的信仰空间，又是象山人的精神家园。它充分体现出象山渔文化的信仰特色。

和渔文化的多样性相得益彰，象山的信仰习俗也是多元的。以妈祖信仰为例，这一信仰习俗无疑是从福建莆田传播过来的。由于得到象山渔民的认同，才在本地传播开来。象山东临大海，群岛环绕，是天然的渔港、渔村。生产方式和生活方式的多样化，决定了信仰文化的多元性。历史上由于离普陀山很近，观音信仰很早就传到渔村，象山人便建庙信奉观音。此外，陈靖姑信仰、王猛将军信仰、城隍信仰在象山也很普遍。最有特色的是象山人将妈祖信仰和如意信仰融合起来，形成自己的地域特色。

妈祖信仰在象山地区有不同的解释，一是信奉莆田妈祖。妈祖是宋代以来对江浙地区影响最大的信仰。她和象山的捕鱼业、海事活动有着密切的联系。另一说是信奉如意娘娘。如意娘娘信仰主要在渔山岛，而且她被视为是妈祖的妹妹。民间的这种解读是很有意思的，他们不是将如意信仰视为单独的神祇，而是和妈祖信仰联系起来，赋予如意信仰以血缘关系。当然和妈祖信仰相比，如意娘娘信仰是局域性的信仰习俗，只限于渔山岛，但从象山信仰的全局考察，以至今开渔节还是以敬

[1]　宁波大学浙江省海洋文化与经济研究中心《象山渔文化的人文精神和时代价值》。

奉海神妈祖为主，这是大传统与小传统的关系。象山石浦渔民素来有“三月三，踏沙滩”祭海习俗。其中“祭海”是渔民出海捕鱼时，为求人生平安、渔业丰收的一种仪式。祭海仪式源自悠久的民俗传统，千百年来，渔民们在出海前总要去敬拜妈祖，祭奠大海，祈求人生平安和渔业丰收。如今，祭海典礼已成为象山开渔节最具特色的活动之一。同时这一祭祀活动由原来的民间祭祀变为公祭与民祭相结合的形式，这是一种全新的祭祀仪式，注入了新的时代内涵。

渔文化是海洋文化，海洋文化和水有着密切的关系。妈祖信仰是水神信仰的表现形式之一。中国的水神信仰由来已久。因为受阴阳学说的影响，古代中国人认为水神属阴，应属女性，而妈祖恰巧又是女性中的人杰和航海者最敬仰的一位海神，因此备受人们的关注。另外，渔业和海事活动离不开水，特别是明代以后，随着海上丝绸之路大开，在航海活动中由于信仰心理的驱动，民间常常有妈祖屡屡显灵的传说。民众的造神心理往往经历漫长的历史过程。在这一过程中，原来的民间信仰习俗逐渐得到官方的关注和认同，并对妈祖的神迹加以褒奖和赐封。这对妈祖信仰的扩散和妈祖文化的形成起推波助澜的作用。如北宋至清代的七八百年间，历代皇帝有40多次册封妈祖，封号不断升格。其中宋代是皇帝为妈祖册封最多的朝代，封号由“女神”“夫人”发展到“妃”。康熙十九年（1680），妈祖被赐封“护国庇民妙灵昭应弘仁普济天妃圣母”；康熙二十三年（1684）又被赐封为“护国庇民妙应昭应普济天后”。于是“天上圣母”和“天后”从此成了妈祖的圣称。这使妈祖信仰不仅成为渔业活动和海事活动的重要组成部分，而且得到官方的认可，取得合法地位。因此，今天象山的渔文化节中，确定信仰是妈祖文化的灵魂十分必要。特别是当妈祖文化和旅游结合并与旅游互动时，强调妈祖文化的信仰性质显得尤为重要。否则会使渔文化节变为简单的娱乐活动。

2009年9月30日，在阿拉伯联合酋长国首都阿布扎比召开的联合国教育、科学及文化组织政府间保护非物质文化遗产委员会第四次会议审议，决定将“妈祖信俗”列入世界非物质文化遗产代表作。保护非物质文化遗产委员会认为，“妈祖信俗”符合被列入名录的条件，其理由是：

（1）“妈祖信俗”被不同社会团体认可为身份认同以及连贯性的一个符号，并且数个世纪以来代代相传；

（2）“妈祖信俗”纳入名录将促进其作为非物质文化遗产的受瞩目度，并且提高其国际层面的受关注度，从而促进了文化多样性和人类的创造力；

（3）该申遗活动中包括了各种各样的现行的、计划中的措施，以确保申遗活动的切实可行性和成功概率，例如调查研究、提高关注度并建立一个保护组织，从而展示了多方对于保护申遗对象的重视和努力；

（4）本次申遗活动是由社会团体组织、乡村的委员会和各个妈祖庙首先发起的，他们通过提供相关的文献和文化遗产、审查提名文件的内容、接受采访以及规划保护措施等行为参与了申遗的过程；他们表现出对申遗对象自发的、事先获知、重视的同意态度；

（5）该申遗对象已经被列入国家非物质文化遗产名录，受文化部非物质文化遗产部门的直接监管。

这里有一些关键词和提示是很重要的：如保护对象认同感和连贯的符号特征；保护与文化多样性原则、创造力原则；申遗的对象和保护主体；祭祀仪式，民间习俗等。

象山许多非物质文化遗产已经进入国家级非物质文化遗产代表作名录，如《徐福东渡传说》、晒盐技艺，渔民开洋节、谢洋节，富冈如意信俗等榜上有名。在这些名录中如渔民开洋节、谢洋节，如意信仰都和民间信仰有关。

信仰是通过一定的仪式传承的。如《徐福东渡传说》的讲述仪式，晒盐技艺的传承仪式等。保护非物质文化遗产实际上是保护“非遗”项目的仪式内涵。如妈祖文化、如意文化就是一种仪式文化。福建湄洲的妈祖祖庙庙会是特定节日和重大祭祀活动，每年都要多次举行祭祀活动。具体包括：

（1）妈祖诞辰。每年农历三月廿三妈祖诞辰日。

（2）妈祖升天。每年农历九月初九妈祖逝世纪念日。

（3）割火分灵。各地建妈祖分灵庙时要捧着神像到湄洲妈祖祖庙举行“取香灰”的分神仪式。

（4）谒祖进香。妈祖分灵庙每隔一定时期到湄洲妈祖祖庙谒祖进香，俗称“回娘家”。

（5）妈祖巡游。湄洲妈祖金身在湄洲岛和台湾、金门、澳门等地分灵庙巡游，接受膜拜。

（6）民俗表演。象山的妈祖祭祀仪式虽没有湄洲那样复杂和隆重，但祭祀仪式的完整性还是存在的，这是象山妈祖信仰的地域特色。

联合国教育、科学及文化组织政府间保护非物质文化遗产委员会关于“妈祖信俗”的批示文件充分肯定了妈祖文化的民间性质，肯定了信众对申遗、保护对象的自发的、事先获知和重视同意的态度。政府的职能是监督管理。由此可见，妈祖文化的保护目标是很明确的，就是要保护祭祀仪式、民间习俗和故事传说。在妈祖文化的保护中政府的责任很明确，就是要保证如上“妈祖信俗”活动能完整进行。

妈祖文化被列为世界非物质文化遗产代表作名录，是对千年以来民众创造的妈祖文化价值的肯定，也是开发妈祖文化旅游产品的契机。这使妈祖文化与旅游事业产生互动，产生良好的经济效益和社会效益。妈祖信俗已经是世界级文化遗产，象山的妈祖信仰应该是这一遗产的组成部分。在象山要使妈祖文化和渔文化旅游达到完美的结合，保护好妈祖信仰，以妈祖文化为依托，通过旅游达到人类文化共享的目的。

如今开洋节、谢洋节、富冈如意信仰已经进入国家名录，这是很好的契机。而且在象山妈祖信仰又有像韩素莲这样的传承人。韩素莲是石浦东门岛渔民。她的婆婆颜妙福生前是东门天后宫护法，主持岛上“开洋、谢洋节”及各种祭祀活动，是一位渔村公益事业的热心人。韩素莲耳濡目染，学会了一整套“开洋、谢洋节”活动组织程序和祭祀仪式。对于岛上天后宫、城隍庙、王将军庙的历史传说也十分了解。1991年7月，当她的婆婆年老病故后，她继承婆婆的遗愿，主持东门岛渔民“开洋、谢洋节”活动。特别值得一提的是，她曾历尽千辛万苦，筹集资金，从缅甸定制了高5.2米，重30余吨的妈祖娘娘白玉雕像，将神像安立于东门门头山上，从此这里成为中国开渔节祭海仪式活动地之一。在海峡两岸信仰文化的交流中做出重要贡献。遗憾的是这样一位被信徒誉为“活娘娘”的传承人，只是浙江省级的传承人，没有进入国家级传承人名录。

妈祖文化博大精深，它养育了象山人的海洋性格、海洋精神。从某种意义上讲，象山的渔文化是中国妈祖文化的重要组成部分。象山的渔文化保存了妈祖信仰的生态环境，为象山旅游业的发展奠定了基础。而所谓的妈祖文化生态环境，是指妈祖文化形成、传播的自然与人文环境。通俗一点来讲，就是要保护民间信仰的社会氛围。包容民众的信仰心理。如除东门门头山上的祭祀之外，象山各地的妈祖信仰，家庭祭祀，渔民和航海者在船上供奉妈祖神像，祈求航海安全等。一句话，就是要尊重民间的信仰习俗，创造良好的传承环境。

妈祖文化是信众创造的，是民众信仰的物化形态。将信仰还给信众，包容民众的信仰习俗，才是文化生态建设中的关键。顺其自然，尊重民意，才能使妈祖文化生态得到有效的保护。

今天我们要使妈祖文化和旅游结合，与旅游互动，必然地要思考妈祖文化信仰生态保护。由信仰习俗变为和旅游互动，这在以往的妈祖信仰中，是没有的。妈祖文化与旅游互动，说到底是借助妈祖文化的影响，打好旅游文化这张牌，使这一文化与旅游结合，与旅游互动，突出妈祖文化的经济价值，使旅游者在享受妈祖文化时，带来商业利益并为民造福。

妈祖信仰的嬗变历程与文化内涵及当代传承

张　华　傅功振*

妈祖是流传于中国沿海地区的汉族民间信仰。妈祖文化以妈祖信仰为载体发展而来，包含了从妈祖信仰产生的一系列文化和文明，具有丰富的内涵。妈祖信仰最初只是我国沿海地方民间文化的范畴，后来由于北宋以后历代封建王朝的不断册封和民间的广泛推崇，其分布地域不断扩大，从一个地方信仰逐渐发展成为全国乃至沿海各国的共同信仰。在其发展传播的过程中，妈祖信仰不断被赋予新的文化内涵和价值观念，进而推动了中华文化的海外传播，在我国信仰文化中颇具代表性。

一、妈祖信仰的嬗变历程

纵观妈祖信仰的嬗变历程，可以分为产生期、发展期和鼎盛期三个重要阶段。

---

* 张华，陕西师范大学文学博士；傅功振，陕西师范大学教授。

（一）产生期

妈祖信仰产生于北宋，最初的信众主要局限在福建莆田地区。北宋雍熙四年（987）妈祖林默羽化升天后的第一个香火“通贤灵女”庙（今湄洲祖庙）就诞生在湄洲岛上。北宋咸平二年（999），时隔妈祖第一个庙宇建成后仅仅12年，妈祖的第一个分香子庙“通灵神女庙”（俗称娘妈宫，即今平海天后宫）在莆仙境内的三大海湾之一的平海湾边兴建起来。距妈祖升天后近一百年，北宋哲宗元祐元年（1086）在兴化湾内港宁海镇圣墩建立了第二座妈祖分香子庙——圣墩祠。南宋高宗时，圣墩祖庙更名为顺济庙。廖鹏飞在绍兴二十年（1150）创作的《圣墩祖庙重建顺济庙》碑文中记载：“郡城东宁海之旁，山川环秀，为一方胜景，而圣墩祠在焉。墩上之神，有尊而严者曰王，有皙而少者曰郎，不知始自何代；独为女神人壮者尤灵，世传通天神女也。姓林氏，湄洲屿人。初，以巫祝为事，能预知人祸福；既殁，众为立庙于本屿。”[1]宋黄岩孙《仙溪志·祠庙》亦云：“顺济庙，本湄洲林氏女，为巫，能知人祸福，殁而人祠之，航海者有祷必应。宣和间赐庙额累封灵惠显卫助顺英烈妃，宋封嘉应慈济协正善庆妃，沿海郡县皆立祠焉。[2]相关的记载还有明人周瑛《兴化府志》，卷二十五亦云：“天妃庙：……顺济，谓湄洲林氏女，能知人祸福，即妃也。予少读宋《郡志》，得绍熙本，亦称妃为里中巫，及再

---

[1]　载莆田涵江白塘李氏藏清抄本《白塘李氏族谱》忠部。

[2]　（宋）黄岩孙《仙溪志·卷三·“祠庙”》，第64页，福建人民出版社，1989年。

见延祐本称神女。”[1]上述文献关于妈祖的记载基本一致。

从妈祖信仰的产生来看，妈祖本为北宋湄洲林氏女子，因有“能知人祸福”的神异，死后为当地航海者所推崇，实现了由民女到神女的转变，但其影响仅限于莆田当地，信众范围十分有限。直到宋徽宗宣和年间，妈祖开始受到朝廷册封，其影响慢慢拓展到沿海郡县。宋徽宗宣和五年（1123），因朝廷特使允迪出使高丽途中遭遇大风，妈祖显灵相救才完成使命，并顺利返航。因此，宋徽宗封妈祖为“南海女神”，并传旨建庙，且受赐“顺济”庙号，可以看作妈祖民间奉祀之始。由此，妈祖信仰突破乡邦的局限，迅速向沿海、沿江地区发展。朝廷册封及神异记载见于典籍者也渐多，南宋绍兴二十六年（1156）封为“灵慧夫人”；绍兴三十年（1160），“海寇啸聚江口，居民祷之，神见空中，起风涛烟雾，寇溃就获”。宋高宗封妈祖为“灵惠昭应夫人”。宋淳熙中（1174—1189）晋封为“圣妃”。宋代朝廷对于妈祖的册封首开先河，妈祖信仰逐渐政治化。

（二）发展期

元代朝廷对妈祖册封更加频繁，赋予妈祖以护国安民的神职，影响范围进一步扩大，妈祖信仰进入快速发展期。元之至元十八年（1281），乃有诏令海外诸番宣慰使福建道市舶提举蒲师文册命为“护国天妃”。先后六次册封妈祖，且都和“护

---

[1]　（明）周瑛《兴华府志·卷二十五》，蒋维琰《妈祖文献资料》，第79页，福建人民出版社，1996年。

国”联系起来：“护国明著灵惠协正善庆显济天妃”“护国明著天妃”“护国显佑明著天妃”“辅圣庇民明著天妃”“护国庇民广济明著天妃”“护国庇民广济福惠明著天妃”“辅国护圣庇民广济福惠明著天妃”，都有保护国家安全的意思。元代海运漕粮的成功，大大提升了妈祖的知名度。元代皇帝屡次册封妈祖为“天妃”，从此，妈祖与海权维护紧密联系了起来。元代的妈祖信仰，大大促进了航运事业的发展。同时，航运事业的兴盛也将妈祖信仰从湄洲岛传播到了沿海、沿河以及内陆广大地区。现今，妈祖庙的分布区域已经扩大到了北至东北辽河流域，南至海南南沙群岛，东部遍及沿海各地，西至四川云南的广大地区，其与元代妈祖信仰的发展密不可分。

（三）鼎盛期

明太祖朱元璋洪武年间，除抓生产，抓吏治，加强专制统治而外，还强化了以集权专治与道德信仰双管齐下的集权统治，但他实施了禁海令。到明成祖时不仅破了禁海祖制，开放渔业发展，还多次派郑和下西洋，编修《永乐大典》，疏浚大运河，1421年迁都北京——将史称的祖宗创立的“洪武之治”发展到“永乐盛世”。朱元璋非常重视民间信仰，大封天下诸神，并完善了祭祀制度，目的在于利用民间、宗教信仰，加强对民众的精神统治。永乐后，随着海上“丝绸之路”的打开，妈祖信仰伴随着航海实业的蓬勃发展和封建王朝的大力提倡，开始走向世界，进入了鼎盛时期。明代洪武、永乐年间，妈祖两次被加封为“护国庇民妙灵昭应宏仁普济天妃”。明永乐三年（1405）至宣德八年（1433）的28年时间里，郑和率大批船队，先后7次远洋出海，纵横于太平洋与印度洋，遍访亚非三十多个国家，跋涉七万余海里，畅通了中国与亚非各国的海上“丝绸之路”，发展了海外贸易，促进了中国与亚非各国人民之间的相互了解和友谊，为华侨在南洋定居、生存、开发创造了有利条件，同时也将妈祖信仰带到了这些地方。郑和航海出发与归来，每次都要祭拜海神妈祖，出海船上供奉妈祖像，沿途及抵岸不断祭祀，平安归来后都奏请致祭酬谢，并曾两次亲诣湄洲庙祭祀加封，增修庙宇，三次驻节长乐候风均致祭，并建长乐天妃宫[1]。从此，妈祖信仰传遍世界。现今，国外几十个国家百余座妈祖庙的建立，多与郑和下西洋有关。

有清一代，推行闭关锁国政策，但相较之前朝，清廷对妈祖的册封则有过之而无不及。清康熙二十年除了原有的“护国庇民妙灵昭应宏仁普济”称号外，又加封“天后圣母”，并将其列入祀典。这就是现在称为“天后宫”的来源。此后，清朝历任帝王又不断对妈祖进行加封：乾隆二年（1737），加封“福佑群生”；乾隆二十二年（1757），加封“诚感咸孚”；乾隆五十三年（1788），加封“显神赞顺”；嘉庆五年（1800），加封“垂慈笃佑”；道光六年（1826），加封“安澜利运”；道光十九年（1839），加封“泽覃海宇”；道光二十八年（1848），加封“恬波宣惠”；咸丰二年（1852），加封“导流衍庆”；咸丰三年、五年、七年（1852、1855、

[1] 李少园《论宋元明时期妈祖信仰的传播》，载《福建论坛》（文史哲版）1997年第5期。

1857）先后四次加封为“靖洋锡祉”“恩周德普”“卫漕保泰”“振武绥疆”。同治十一年（1872），加封“嘉祐”。截至咸丰七年（1857），写于神牌上的天妃封号已经达到了六十八个字。同治十一年，经礼部核查以为对妈祖的加封“封号字数太多，转不足以昭郑重”为由，只加上“嘉祐”二字。于是，此后的加封不再赐予封号，改为颁赐如“泽被东瀛”一类的匾额。纵观宋、元、明、清四朝，清代对于妈祖的敕封最多，妈祖文化的发展和传播最深远。

此外，明清两代朝廷对妈祖的祭祀规格也大大提高。南宋时随宜遣官致祭；元代演为岁时致祭，且正式载于《祭祀志》；明清两代又提高规格，改为春秋二祭，明代在南京有敕建的天妃宫，清代有敕建湄洲祠。明清两代奉使出国的官员，出使前后都要到近便的妈祖宫祠熔虔致祭。

明、清两朝，妈祖在民间的影响也登峰造极，被尊为天上圣母，神格无上崇高，信众遍及全国各地乃至海外，妈祖信仰于此时臻于极盛，成为在国内外影响最大的民间信仰之一。

除了国家册封和民间传播之外，妈祖信仰还在明清文学作品中得到广泛传播。虽然《全宋词》第三册收录了南宋淳熙二年（1175）进士赵师侠的词《诉衷情·莆中酌献白湖灵慧妃》三首，洪迈《夷坚志》里的《林夫人庙》和《浮曦妃祠》，但其中仅有少量篇幅提到了妈祖，影响尚有限。明代冯梦龙“三言”中的《杨八老越国奇逢》和吴还初的《天妃出身济世传》则有了对妈祖的详细记载，尤其是吴还初的《天妃出身济世传》，被学界公认为描写和传播妈祖信仰故事的集大成之作。

作者在小说中着意刻画妈祖、二郎形象，其传播妈祖信仰的目的在于教育世人积德累仁，并告诫世人只要积德累仁定有好报。小说的最终结局是让德深道长的林真人一家白日飞升，而“远迩闻之无不烝烝向善”（《天妃出身济世传》第32回）。文学艺术不乏道德教化色彩，对于妈祖信仰的传播起到了显著的推动作用。

二、妈祖信仰的文化内涵

中国民间信仰主要是指俗神信仰，它的一个典型特征，就是把传统信仰的神灵和各种宗教的神灵进行反复筛选、淘汰、组合，构成一个杂乱的神灵信仰体系，实际上并无体系可言，这鲜明地反映了中国农耕文明滋生的泛神与世俗信仰的多元性。所以，中国民间信仰具有多教合一，多神崇拜的特点。值得我们重视的是，这些信仰的文化体系并没有本质上的冲突，一方面体现了中国文化的包容性，另一方面更体现了民间信仰尚和的文化精神特质。妈祖信仰包容、尚和，正是中华和合文化精神的典型代表。关于和合文化，钱穆先生认为“中国人常抱着一个天人合一的大理想，觉得外面一切异样的新鲜的所见所值，都可融会协调，和凝为一。这是中国文化精神最主要的一个特性”[1]。这种“融会协调，和凝为一”就是包容、融合。妈祖信仰从产生到鼎盛，不断接受中华传统文化的滋养，

[1]　钱穆《中国文化史导论》，第162页，三联书店，1988年。

被赋予新的内涵，促进了三个融合，成为中华信仰文化的一个缩影。

（一）对儒家思想、道家思想、佛家思想的融合

在妈祖信仰的发展、演变过程中，儒家、道家、佛家等主流思想也积极参与利用、改造妈祖的活动，对妈祖崇拜性质的变化产生了决定性的影响，甚至有力推动了我国传统文化与宗教信仰的融合统一。

儒家思想是封建王朝的主流思想，大批儒家知识分子热衷于传颂妈祖传说，给妈祖信仰打上了儒家宗法社会意识和封建礼教的烙印，甚至赋予了妈祖信仰者与妈祖神灵的关系，亦即人和神的关系，以封建宗法关系的色彩。比如廖鹏飞的《圣墩祖庙重建顺济庙记》，是迄今所见年代最早、记载最详的妈祖文献，其将重建新庙的理由解释为："神有德于民，有功于国，蒙被爵号，非是无以彰其威灵也"，"神居其邦，功德显在人耳目"。[1]如此，就冲淡了妈祖崇拜的巫鬼迷信色彩，突出了"祖有功、宗有德"的封建宗法观念。甚至打破了民间信仰中旧有的神灵位次，按照人间的封建等级秩序观念重新安排了神灵的等级秩序，"以正序位"明显带有我国传统圣贤崇拜的意味。在南宋儒士的诗咏中，妈祖信仰的圣贤崇拜色彩更加浓厚。如黄公度诗曰："平生不厌混巫媪，已死犹能效国功。"赵师侠诗曰："神功圣德妙难量"；"孚惠爱，备祈

[1] 载莆田涵江白塘李氏藏清抄本《白塘李氏族谱》忠部。

禳”；“倾寿酒，诵声诗，谅遥知。民康物阜，雨润风滋，功与天齐”。刘克庄诗曰：“独于民锡福，能使岁有秋。每到割获时，稚耄争劝酬。坎坎击社鼓，呜呜歌蛮讴。常恐孔子后，幽风不见收。”[1]这些诗作，突出了妈祖对国家、人民的功德，将其塑造成可与华夏民族共同崇拜的古圣先贤相媲美的正神，从而说明对妈祖的崇拜符合圣王所制的“法施于民则祀之，以死勤事则祀之，以劳定国则祀之，能御大灾则祀之，能捍大患则祀之”[2]的正统祭祀原则。

文人儒士对妈祖崇拜的积极参与，为妈祖传说的发展演变定下了一个基调，突出了妈祖功德和忠孝的基本神性。如元代诗人洪希文歌颂妈祖“忠孝讦入巫咸班”，清代乾隆皇帝表彰妈祖“忠信涉波涛”，都强调妈祖有护国庇民的功德。关于妈祖“机上救亲”“奉旨锁龙”“托梦除奸”“助顺加封”等神异故事，则为妈祖贴上出身于“忠门”的金字招牌，有关妈祖天生忠孝的神话也越来越多。清代莆田进士陈池养，将妈祖传说改编成一部《林孝女事实》，把巫术迷信的内容彻底剔除，把妈祖描绘成纯孝而专以行善济人为己任的圣贤，这些做法无非是为了加深和强化妈祖有功于国、有德于民、忠信慈孝的既定神性。忠孝贤明成为南宋以迄清代妈祖神灵的基本面貌，这与我国宗法性传统宗教的精神是统一的。道教是中国土生土长的宗教，其对中国民间信仰的影响十分深远，道教对妈祖信仰的改造也多见于载于历代典籍之中。南宋时期，关于妈

[1] 林文豪《湄洲妈祖》，福建人民出版社，1987年。

[2] （清）阮元校刻《十三经注疏》，第1590页，中华书局，1980年。

祖的一些文献记载，就带有明显的道教印迹。南宋淳祐十一年（1251）李丑父《灵惠妃庙记》载："妃林氏，生于莆之海上湄洲，洲之土皆紫色，咸曰：'必出异人。'"[1]"洲之土皆紫色"与道教信仰中的"紫气东来"相似，都是吉祥之色。刘克庄宝祐五年（1257）所撰《枫亭新建妃庙记》[2]提到妈祖与建隆真人同时奋兴的传说，将妈祖与道教真人相提并论。明初出现的《太上老君说天妃救苦灵验经》，说妈祖乃妙行玉女降生人间，后列入道藏之中。明末，崇祯皇帝封妈祖为"天仙圣母青灵普化碧霞元君"，后又加封为"青贤普化感应碧霞元君"[3]，将妈祖与道教女仙碧霞元君并列，显然将其纳入了道教神谱。明末清初编成的《天妃显圣录》中，更是出现了妈祖"窥井得符""挂席乘搓""灵符回生""湄洲飞升"等具有强烈道教色彩的情节。

佛教思想对于妈祖信仰的影响也十分明显。元代莆田黄四如的《圣墩顺济神庙新建蕃厘殿记》，谓妈祖为"普陀大士千亿化身"；明代《三教源流搜神大全》据此发挥，说妈祖之母"尝梦南海观音与优钵花，吞之，已而孕……甫周岁，在襁褓中见诸神像，叉手作欲拜状。五岁能诵观音经"[4]。嗣后，又出现了《观音大士说天妃娘娘经》，与道教徒编造的《太上老君说天妃救苦灵验经》相抗衡。明清以后，诸多天妃庙和天

[1]　（元）俞希鲁《至顺镇江志·卷8〈坛庙〉》，江苏古籍出版社，1990年。
[2]　（宋）刘克庄《后村先生大全集》，《四部丛刊》影印本。
[3]　萧一平《妈祖的历代褒封》，《妈祖研究论文集》，鹭江出版社，1989年。
[4]　（清）叶德辉校刻《三教源流搜神大全》。

后宫往往建有观音堂、佛堂，而许多观音佛祖庙也以妈祖为陪祀，《天妃显圣录》中收录了不少妈祖与佛教相联系的传说。妈祖也被纳入了佛教的神谱。

总之，由于妈祖保护和拯救生民的精神特质与儒、释、道三教教义有深入契合之处，于是，在妈祖信仰的发展、演变过程中，三教都竞相对妈祖信仰施加影响，体现了宋代以降三教与民间信仰的互相融合趋势，而妈祖信仰对于儒、释、道三教思想和宗教因素的兼收并蓄，又是三教合一潮流在民间信仰方面的具体反映。妈祖信仰在一定程度上，促进了我国传统文化的高度融合统一。

（二）对民间女子、渔业保护神、航海保护神、商贸保护神的融合

妈祖融合中华民族的传统美德和崇高的精神境界。她善良正直、见义勇为、扶贫济困、解救危难、造福民众；她做了很多有益于民众的善事义举，她立志普救众生，护佑渔民，专以行善济世为己任，保护中外商船平安航行。因此受到了海内外众多百姓的普遍尊敬和顶礼膜拜。妈祖被屡次加封的原因皆为“神雾神济兴、泉饥”，“以神助火焚强寇”[1]（《湄洲屿志略·卷二·封号》）。普救众生，护佑渔民，专以行善济世为己任。基于这一原因，莆田人将妈祖推上了神坛。此外，妈祖由人到神的变化，还与古代莆田人的道德教化有关，即对

[1]　（清）杨浚《湄洲屿志略》，光绪十四年（1888）冠悔堂刊本。

地方孝悌仁爱、忠贞贤良的尊崇。古代莆田人对于当地出现的孝子贤达、善男信女、义夫节妇，莆田人除了申报朝廷旌表外，在民间还会自发立祠立庙奉祀。至今香火不绝的“吴兴庙”（奉祀唐代兴修水利的功臣吴兴）、“妈祖庙”（奉祀宋代林默）、“娘妈宫”（奉祀宋代兴修木兰陂的钱四娘）等都属于这类宫庙。这些庙宇发挥了莆田民间道德传承的重要媒介作用。妈祖精神是莆田传统女性群体所具有的传统道德形象的典型和集中展现。她的慈悲善良、她的急人危难、她的顽强坚韧、她的奉献牺牲等精神都带有莆田女性群体所具有的典型特征，可以说妈祖是莆田女性这一特殊群体的杰出代表。

妈祖走上神坛的另一原因，除却其所具备的扶危救困的美好品质之外，还有“能知人祸福”的神异功能及其对航海事业的贡献。在妈祖所处的宋代莆田地区，一方面，渔业、商贸、航海业的发展，使得当地民众与海洋的关系更加密切、交往更加频繁；另一方面，科学技术的落后无法抵御航海事业的艰难和凶险，出海成员也牵挂着无数亲人的心。频繁的海难激发了民女林默的聪明才智，她利用自己的海洋知识和海上经验，为航海者导航，拯救陷于危难中的航海者。林默的海上救难、导航，承载着的是沿海先民海上求生的巨大希望。因此，妈祖精神也是人类先民走向海洋进程中所期望获得的一种精神救助，从这个意义上讲，妈祖的海上导航和海难救助已成为航海者的精神寄托和力量源泉，她赋予航海者向茫茫海洋进军的勇气、坚毅和力量。宋代福建沿海极其频繁的海事活动和海外贸易，使得那些在海上讨生活的航海者成为妈祖的早期信仰者和妈祖信仰的热心传播者。

妈祖最先扮演的是渔业保护神的角色，随着朝廷的册封、褒奖以及航海事业、商贸活动的发展，渐渐发展为航海保护神、商贸保护神。商贸、航海事业在宋代以后的历朝历代中皆占据重要地位。早在宋代《兴化军祥应庙碑记》就有“往时，游商海贾，冒风涛、历险阻，以牟利他郡外蕃者”的记载，宋代与莆田地区通商的国家和地区已有日本、朝鲜及东南亚诸国。航海事业和商贸活动的发展，促使从业者纷纷寻找自己的保护神，作为渔业保护神的妈祖，以其广泛的影响力，同时肩负起了航海保护神和商贸保护神的职能，体现了信仰融合的特点。

（三）对沿海各民族、各地区、各国家的融合

妈祖信仰的迅速传播，不仅在莆田地区备受推崇，而且广泛影响到沿海各民族、各地区以及相关国家，成为中华文化海外传播和中外文化融合的一个载体。

妈祖，作为民间神祇、佛教神祇、道教神祇、护航海神，自宋经元、明、清等几代传播迄今已历千年。奉祀妈祖的宫庙，在中国沿海各省、市，如莆田、潮州、揭阳、汕头、汕尾、泉州、漳州、雷州、湛江、海南等以及内地除青海、新疆、西藏等3省区以外的其他省份，都有妈祖庙。《妈祖宫集成》乃汇集全国30个省区市（包括港澳地区）500多县、市有关妈祖宫庙的记载而成。

妈祖娘娘一直被台、港、澳渔民和航海者奉为海上保护神，尤其在台湾同胞心目中占据非常重要的地位，影响也最为

深刻。1000多年来，历代帝王对妈祖信奉，如宋朝的护国庇民、元朝的漕运保泰、明代郑和与王景弘下西洋及清代施琅平定台湾等，使妈祖信仰在台、港、澳的传播更加广泛。据统计，至1930年末，台湾妈祖庙有335座；1954年增至384座；据《台湾地区神明的由来》统计，台湾民间祀奉天上圣母为神的寺庙，已经超过900座之多。台湾较早的妈祖庙，大多数是由湄洲祖庙分灵至台。台湾共有大型妈祖庙510座。在妈祖庙中有镇殿妈、二妈、副二妈、副三妈、四妈，又有三郊妈、斑鸠妈，还有温陵妈、银同妈、湄洲妈。除镇殿妈外，其他妈祖像可供每年轮流诞辰出巡之用。特别是早期的妈祖庙，在例定诞辰日还有“遥拜”仪式，即在行“三跪九叩”礼节时，一律面向莆田湄洲祖庙施行，这一举措充分说明了台湾同胞对大陆的血脉亲情与文化依恋。

据文献记载，明洪武年间，妈祖信仰传入琉球，琉球的妈祖庙有久米村的上天妃宫、那霸的下天妃宫和久米岛天后宫等3处。日本长崎的妈祖堂是由商人“商会”先建妈祖堂，然后拓建为佛祖和妈祖合祀的寺庙，把妈祖奉祀在寺庙中，利用神祇的节日活动加强与日本团结，对日本的民俗产生了深远的影响。后来，日本商船上也安放了中国妈祖的神龛，作为海上航行的护船神。

妈祖的信仰，也随着华侨的南渡遍布于南洋各地。在马来西亚、新加坡、泰国、印尼、越南、菲律宾等地，都建有供奉妈祖的庙宇。其中以马来西亚和新加坡比较典型。例如，在马来西亚马六甲的青云亭、宝山亭，槟榔屿的观音亭（广福寺）

都奉祀妈祖。在新加坡的天福宫，林厝港亚妈宫、林氏九龙堂等，也都供奉妈祖。随着元、明、清三朝海上交通的日益发达，妈祖信仰也随着华人足迹而遍及全球，其中包括加拿大、美国乃至法国巴黎、丹麦、南美的巴西等广大国家和地区。

综上，妈祖信仰对儒家、道家、佛家思想以及民间女子、渔业保护神、航海保护神、商贸保护神的融合，与统治阶层的册封和褒奖有很大关系。妈祖信仰的发展和传播揭示了一个道理：当民间信仰形成影响后，统治阶层出于巩固自身统治的需要，就会进行干预，或给予某种封谥，或大规模兴修庙宇，或举行朝拜祭祀活动，以提倡的形式促其发展，希望它们发挥社会凝聚功能，达到安定人心之效。妈祖信仰也经过了由民间自发女神到官方钦赐的演变过程。从这一层面来讲，妈祖信仰实现了对各家思想以及民间信仰、官方意愿的高度统一，对社会各个阶层均产生了重要影响。

三、妈祖信仰的当代传承

信仰就是人们对未来世界的一种意识，物质决定意识，每个人因为所处的环境不尽相同，其信仰也不尽相同。这些不同信仰的本质、核心则都是生命健康、向善求真、趋吉避邪、共同幸福。

妈祖信仰与城隍信仰相呼应，城隍信仰最初是以保护神而形成，妈祖信仰亦以最初的海上保护神出现，妈祖信仰较之城隍信仰影响更为广泛、内涵更为丰富、意义更为深远，成为中国民间信仰的典型代表，至今仍具有十分重要的传承价值。

（一）有利于弘扬传统文化，传承民族精神

妈祖民间信仰表现出的护国安民精神、企盼国富民安的强烈愿望，是我们实施强军梦、强国梦的极大推动力。妈祖文化作为中华民族优秀传统文化的构成部分，在新时期的文化建设中越来越得到广泛肯定和高度重视。2004年，国家批准成立中华妈祖文化交流协会；2006年，湄洲岛妈祖祖庙被国务院公布为全国重点文物保护单位，湄洲妈祖祭典被列入我国第一批国家级非物质文化遗产名录，与陕西省黄陵县的黄帝陵祭典、山东省曲阜市的祭孔大典并称为“中华三大祭典”；2009年，妈祖文化被写进福建省国民经济和社会发展第十一个五年规划。同年，联合国教科文组织政府间保护非物质文化遗产委员会会议经审议表决，决定将中国政府提名的《妈祖信俗》列入世界人类非物质文化遗产代表名录……在妈祖文化建设的这一系列进展中，妈祖精神所体现出来的崇高和善良的本质特征，以其巨大的亲和力、感染力和号召力，成为妈祖文化发展的坚实基础和主要动力。由于妈祖精神内涵丰富，而且至今尚未形成比较权威、统一的界定，在一定程度上影响了妈祖精神的传播、宣传和弘扬。当前，我们在进行妈祖文化研究的过程中，有必要在挖掘妈祖信仰丰富内涵的基础上，进一步明确妈祖精神的核心内涵，并使其成为妈祖文化的一面亮丽明快的精神旗帜。今天，妈祖精神已然成为促进祖国昌盛、民族团结、民生富饶的重要推动力。

（二）有利于沟通彼此感情，和谐社会关系

妈祖信仰自产生之日起，就已经成了广大渔民的集体精神寄托，主要表现在财富创造、团结和谐方面，体现了广大信众的精神追求和情感趋向。明代莆田人姚旅《露书》卷13云："使琉球海上，天妃每著灵异。"因此，出使琉球的中国册封使，除了行前和回国要祭拜妈祖外，他们到琉球后也积极修建天妃庙，而且在册封船上，也都设有神龛，恭敬地奉祀天妃。陈侃《使琉球录》载，明嘉靖十三年（1534）册封船"长一十五丈，阔二丈六尺，深一丈二尺，分为十三舱……舟后作黄屋二层，上安诏敕，尊君命也。中供天妃，顺民心也"[1]，妈祖成了全体船员战胜惊涛骇浪的精神支柱。

妈祖对于人际关系的调节作用，不仅仅局限于渔民和航海、商贸实业，更是深入到了广大信众心中。妈祖除却海上保护神的神异之外，还兼有孕嗣之神的功能，会保护妇女的怀孕、生产、育婴等，与女娲、西王母等女神一样属于道教文化的产物，但又继承了佛教中观音菩萨的某些特征。[2]与道教、佛教中的神灵一样，妈祖信仰作为一种特殊的社会心理行为，满足了人们内心的需要，更是信众心中强大的精神寄托，沟通了彼此的感情，促进了社会和谐。

中华民族是一个不惧艰险、不屈不挠的民族，更是一个亲仁善邻、以和为贵的民族，讲究和而不同、求同存异。妈祖信

---

[1]　陈侃《使琉球录》，第9页，《台湾文献丛刊》第287种，1959—1972年。

[2]　徐晓望《福建民间信仰论集》，第31页，光明日报出版社，2013年。

仰融合了中华文化，诠释了真善美，已经不再是中国沿海地区独有的地方信仰，也不再是中国专享的文化，而是世界的宝贵财富。妈祖信仰对于协和万邦、沟通世界各国人民的感情，促进人类和平、发展具有重要的推动作用。

（三）有利于加强国际沟通交流及经济共同体的建设发展

伴随着商业贸易的不断发展，妈祖信仰也随之传播到我国台澎地区和世界许多国家。闽人的赴台开垦，开始把妈祖信仰传播至台澎地区；中国与琉球友好往来，使妈祖信仰自闽传至琉球；明末清初的闽侨出国，开始把妈祖信仰传播至日本和南洋一些国家；今天，妈祖信仰已经传播到了更多的国家和地区。据《莆田宗教志》截至1990年的不完全统计，全世界现今有2520座妈祖庙。其中，中国2346座，包括台湾827座，香港56座，澳门3座。另外，在日本、新加坡、马来西亚、印度尼西亚、菲律宾、美国、巴西，甚至南非等地区都有妈祖庙的分布。[1]各个国家和地区的风俗文化迥异，在文化交流之中难免发生冲突，但“文化中发生冲突，只是一时之变，要求调和，乃是万世之常”[2]。“和平发展、和谐相处、合作共赢”是我们倡导的构建新型国际关系的核心原则，妈祖信仰所体现的中华文化的和合精神，对于倡导世界不同文明的包容互鉴，促进世界各国“和平发展，和谐相处、合作共赢”都有重要的推动作用。随着航运、商业等活动发展和国际交流的不断深入，妈

[1]　莆田市宗教志编写组《莆田市宗教志》，第560—583页，1992年。

[2]　钱穆《中国文化精神》，第51页，台北：三民书局，1971年。

祖信仰将不断在协调国际关系、推进全球经济共同体乃至人类命运共同体建设中产生更加积极的影响。

综上所述，随着改革开放的不断深入，文化交流的日益频繁，妈祖形象及其文化意义，不仅伴随着民俗文化从沿海地区深入到内地，继而漂洋过海，走向世界；同时，也随着研究的深入和拓展，妈祖济世扶危的优良品德、大宇宙关照、大生命关怀、全民族情感和强大的包容精神，必将在当今的文化建设、国际交流中大放异彩，发挥其应有的借鉴作用。今天的妈祖信仰已然不单是保护神信仰，而是一个情感纽带，以其强大的包容性，融合着不同民族、不同地域、不同国家多姿多彩的文化，连接着广大船员、华夏儿女、两岸同胞、国际友人，连接着传统、现代和未来。妈祖信仰对于提升中华文化软实力，加强海内外中华儿女的文化认同，促进我国与相关国家的文化交流，加快“海上丝绸之路”建设，推动世界和平与发展都具有重要的现实意义。

象山如意之旅的焦点化与网络化构想

田兆元*

象山作为一个半岛，在其社会与经济发展过程中，海洋文化越来越扮演重要的角色。象山的自然环境特点是海域面积大大超过陆地面积，海域是陆域的5倍，象山旅游借助海洋文化是必然的选择。近年来，象山旅游不断发展，取得瞩目的成绩。2015年象山县接待旅游人次达到1700万以上，旅游业的重要性日益凸显。

一、象山旅游的不足及其可提升处

相对于县内的其他行业，相对于其他海岛旅游业，象山的旅游发展还有很大的空间。比如，象山的整体战略是工业强县，工业投资相对旅游投资占据很大的优势，发展工业，这没有问题，但是旅游业的投资不足，就是问题。相对来说，旅

---

* 田兆元，华东师范大学社会学院教授。

游业对于象山来说具有更加充分的资源条件，也具有更大的认知度。对于公众心理来说，象山旅游业比象山的工业制造是具有更大的优势的。因此，我们强调工业强县，同时提出旅游强县的目标，作为与工业强县并列的目标，应该是一种很合理的选择。

与舟山旅游相比，象山旅游缺乏舟山的“海天佛国”的那种具有鲜明的标志性旅游文化的符号。也就是说，旅游的焦点化不足。

我们看到象山对于自己的文化有这样的表述是：象山有渔文化、吉祥文化、不老文化、塔山文化、海防文化、海商文化、革命传统文化和地方民俗文化等八大海洋特色文化。

不得不说，这是对于象山县文化的全面归纳，是很努力全面的一种表述。但是，这样表述自己的文化，对于旅游这样高度强调标识性的产业来说，实在是散乱不成体系，不能形成特色聚焦。象山旅游在这样的表述中，可能连自己都记不下来说不清楚什么是自己的特色文化了。象山旅游这样的自我表述，其旅游文化的形象还是很难建立起来的。很少有地区把自己的旅游文化拿出8个之多的特色来表述的，8个特色，那真的就不是特色。

象山举办的象山开渔节，石浦镇以外的人很少知道它跟“如意娘娘”有关，或者很少知道如意娘娘是一项国家级文化遗产。对于第十九届开渔节，象山的官方表述为：

第十九届中国（象山）开渔节将于9月8日至17日举

> 行，共安排了祭海仪式暨渔区民俗文化巡展、开船仪式、妈祖巡安仪式、第十二届中国海洋论坛等4项主体活动，以及广场文艺活动、海洋文化夜市、网络美食文化节、“意会中国”阿拉伯艺术家象山采风等8项配套活动。目前，开渔节和海洋论坛各项筹备工作正在扎实有序地推进。[1]

这个对外的宣传，是象山县政府网站于2016年8月3日的表述。可以看到，县委领导是高度重视开渔节的。但是，这是很值得拿来分析的一个语段。首先，民俗文化的主题在这里得到了很好的表述，将祭海仪式与渔区民俗文化巡展并列，这是很正确的，也是抓住要点的。但是，后面的开船仪式、妈祖巡安也是民俗文化，所以这个节庆的主体是民俗文化。但是民俗文化的主调在这里被切割表述，没有统一表述。其次，对于象山来说非常重要的“如意文化”没有得到表述。应该说，如意娘娘省亲礼仪是最大的亮点。

象山开渔节如果没有如意娘娘省亲内容，要列为国内十大民俗节庆，理由是不足的。但是这在官方网站都没有提到如意省亲，是一个问题。象山县是高度重视开渔节的，建立了一个单独的开渔节的网站（http://www.fisheryday.com），这是很难得的。但是在开渔节的表述中，却没有如意娘娘的影子：

> 中国开渔节创办于1998年，每年一届，至今已举办了十四届。中国开渔节是以感恩海洋、保护海洋为主题，渔

[1] http://www.xiangshan.gov.cn/art/2016/8/3/art_222_425280.html.

> 文化为主线的海洋民俗文化类节庆，它以浓厚的渔文化为底蕴，在承袭传统习俗的基础上，通过节庆活动推进当地社会经济的发展，引导广大渔民热爱海洋、感恩海洋、合理开发利用海洋。目前，开渔节已经成为宁波市三大主要节庆之一，并跻身国家旅游局十大民俗节庆活动行列。[1]

在整个节庆的介绍中，没有出现如意娘娘省亲的表述，这就将象山最大的文化资源忽略了，以至于象山人不知道如意娘娘、石浦镇的海神庙（供奉如意娘娘）门可罗雀、象山妈祖庙不知何处的情况，与舟山观音信仰蓬勃热烈的局面形成了鲜明的对比。

所以，我们认为象山的旅游文化存在着两大不足：

第一，象山旅游没有列入旅游强县的口号和目标，这样在工作中还是工业第一。我们认为强调象山的工业没有问题，假如已经认识到象山旅游的发展空间，应该同时提出旅游强县的口号与目标。第二，象山旅游的聚焦不足、表述散乱是最大的问题。

我们希望象山能够在自己的工作目标中，在自己的对外宣传中，更加强调旅游产业形象。同时，也是最重要的，象山旅游需要焦点化设计和建设。所以这篇短文重点要讨论象山旅游的焦点化构想，以期对于象山旅游业的发展有所参考。

---

[1]　http://www.xiangshan.gov.cn/art/2016/8/3/art_222_425280.html.

二、关于象山民俗文化谱系的观念

我们提出一个旅游建设的设想，不应该是拍脑袋的随意性的表达，应该是具有理论思考的表述。因此，我们把象山文化旅游纳入民俗文化的谱系观念中思考，以防范散乱思维带来产业的散乱化。

在象山的八大文化表述中，我们要加以归纳提炼，象山的海洋文化，核心是民俗文化，而不是将民俗文化列在末尾成为一个小类型。渔文化、吉祥文化、不老文化等七大文化都是民俗文化，都应该将其视为民俗文化的组成部分。

国家旅游局将象山的开渔节命名为“中国开渔节”，同时又将中国开渔节列为中国“十大民俗节庆”，这就定位了开渔节的性质，是“民俗节庆”。民俗是读懂开渔节的关键词，也是象山营销自我的核心关键词。开渔节的网站也是这样表述的，认为是“象山县对外宣传和展示形象的一个平台”，这是找对了方向。但是讲述似乎缺少了目标，造成了焦点转移，没有把民俗问题讲述好，也就是说，象山民俗的故事没有很好讲述出来。

民俗是生活的华彩乐章，是活态的文化传统，是特定族群和人们世世代代传承的文化精华形式，所以它有不朽的生命力。民俗是一种谱系性存在，是以语言文字、民俗行为、仪式行为、民俗景观以及数字形式存在的文化结构。民俗具有地域性，国家属性以及跨国的属性，因此也就有地方民俗（区域民俗）、国家民俗和跨国民俗三个大的类型。区域（地域）民俗是民俗存在的基本形式，其中优秀的具有高度认同感的民俗为全体或者绝大多数国家民众所享用，则是国家的民俗。国家民俗非常重要，没有国家的民俗就没有国家的认同。国家民俗也包括区域民俗，区域民俗是国家民俗的区域形式。跨国的民俗是一种民俗文化的辐射，是具有跨越国境的文化形式。妈祖文化、渔文化是兼有三种性质的跨国民俗文化。

认同性是民俗的核心属性。民俗因为世世代代的传承具有高度的文化认同性。这就是说，时间流传悠久的民俗认同度高。同时，民俗行为独特也会形成很高的认同度。在传统社会，独特的民俗只是地域性的生活方式。但是，在传播发达交通发达的今天，独特的民俗会获得更高的关注。重要的民俗，即便是不是历史悠久，也不是最为独特，也是会获得关注和认同的。而地域民俗被国家认同，以各种方式实现国家化表述，这样地域的民俗地位就会显著提升。

以象山如意娘娘信仰为例，如意娘娘信仰只是地域性的民俗，她主要是在台东的小石浦镇与象山石浦镇流行，这是一个小众的但是独特的民俗。但如意娘娘信仰因为其省亲仪式，在两岸生活中的独特地位，被选为国家级非物质文化遗产项目，这就非常重要了。当然，具有很高认同性的特质，不一定就会被广泛认同。认同是需要建构的，所以文化实践就非常重要，这种实践需要规划，需要行动与策略。

民俗是以叙事作为其存在形式的。传统叙事本身就是民俗，如神话传说和故事等，还有就是故事培育出来的风俗，如节日活动，但这种节日活动可以视为叙事的行为模式，或者说行为叙事。对于旅游来说，民俗的叙事性是我们要认识的重要形式属性。因为没有可讲述的东西，旅游行为就很难发生。

同时，观赏性也是民俗的形式属性。民俗离开了观赏性，旅游还有可能吗？我们也把民俗的观赏性称为景观叙事。观赏性是民俗实现其传统功能的条件，仪式歌舞、技艺传承、责罚示众等行为之观看，空间设置，及其信仰对象之设置，以及民俗物品之陈设，衣食住之日常生活设置，都是具有观赏性的。所有民俗的生产行为、生活行为、艺术行为和信仰行为等，都具有观赏性。民俗传承是通过观赏学习传承的。所以民俗的特性除了可说，就是可视。

可参与体验也是民俗的特性。

认识以上特性对于民俗旅游十分重要。民俗旅游以认同性为前提，通过讲述、观赏、参与体验而实现。民俗的认同性是一项核心的功能，叙事性是最为本质的存在形式。

民俗的谱系，则是民俗的内容结构。谱系就是关系，是以互动性为特征的民俗各要素的关系构成。民俗谱系之空间谱系、族群谱系、传播谱系、时间谱系与权力谱系，以及内在的结构谱系是其构成的主要内涵。

民俗文化的谱系因传播、需求和认同而形成。认同性与互动性是谱系存在的条件。民俗的谱系因为空间与族群交流关系中断而中断，断裂的文化谱系是分裂的人群。维护谱系联系，是建立文化关系的要点，一切功能开发据于文化谱系的联系，包括旅游行为。谱系的续结与扩展是文化发展的前提。这些看起来枯燥的话语，对于民俗的认知，对于民俗产业的发展至关重要。

以妈祖信仰为例，它存在于全球数千座庙宇的地域空间里。但是它们只有一个源头，就是来自莆田湄洲的妈祖祖庙。其他地区的妈祖庙是湄洲祖庙的分灵。这既是一种空间的谱系，也是传播谱系和权力谱系。妈祖信众，从福建人，到中国人，再到海外华人和外国人，是一个庞大的信众谱系。这些庙宇间通过朝圣和巡安等形式展开互动。

我们很容易在这种谱系中找到民俗旅游的形式。朝圣、巡安，带动信众流动，形成实实在在的朝圣游。通过建立庙宇形成朝圣的空间，也即旅游的观赏对象。通过国家肯定，并联合国教科文组织的世界文化遗产认定，提升其影响力和认同度。目前，湄洲的妈祖朝圣旅游是蓬勃开展起来了。妈祖朝圣旅游是妈祖信仰谱系的一种互动形式。假如谱系出现问题，旅游就会受到影响。比如，琉球的妈祖信仰开始冷落。不仅琉球当地的妈祖信仰会受到影响，而湄洲祖庙的人流就会减少。假如新增设妈祖庙宇，就会扩大妈祖信仰的朝圣群体，从而扩展其旅游的规模。

我们在东门岛的海边发现了一座狄池庙，供奉着池府千岁和另外一尊神像。后来我们在东门岛山上的海神庙里，也发现了池府千岁，但是另外一尊狄姓神灵就没有了。狄池庙是一批福建人明清时期来到东门岛建起来的。他们后来逐渐忘记了这两座神灵的来历。当他们在福建找到故乡的时候，发现当地的狄姓神灵在当地已经不存在了，而池府千岁在当地很有影响，而在台湾影响更大。厦门与台湾的池府千岁交流很多。这就是一个曾经的共同谱系，后来出现断裂的情况，部分地区还在实现其功能。假如我们加以修复，互动性加强，池府千岁也会有较大发展，形成朝圣之游。

三、如意之旅构建设想

前述象山旅游存在着对于海洋旅游定位不够明确，叙述头绪太多的问题。这里我们提出一个象山旅游聚焦的思路，即构建象山旅游的“如意之旅”。

如意之旅的内容是旨在依托象山和台东的如意娘娘信仰，沟通博大精深的中国如意文化，建构公众对于象山如意文化之乡的认知，将象山旅游资源以“如意吉祥”打包起来，形成一个以如意民俗为核心的巨大的旅游文化产品系列，为中外游客提供完美的吉祥如意的旅游行程。

把渔文化等八大象山海洋文化资源全部纳入如意民俗文化之中，有人会问，革命文化怎么办？其实这很简单：革命的民俗也是民俗文化的组成部分。所以以如意文化笼盖一切，从理论上和实践上都没有问题。

象山如意之旅构建设想：

（一）将传统中国的如意文化加以整理

定义如意：中国吉祥文化之本，吉祥文化的阐释，是吉祥文化的状态描述与追求，吉祥如意，称心如意；如意是中国人精神生活的高尚追求。

如意：儒道佛的文化连接点，中国文化为本，中外文化的连接点；最珍贵的历史文物的现代传承，其如意的符号最值得继承，如意符号也最具认知度和感染力；现代中国人的理想，中国梦的目标。如意文化是一个大的文化谱系，需要做深入研究和挖掘。

如意文化包括信仰，但是如意文化超越信仰，是一种广泛的美好的民俗心理与情绪，是一种幸福状态。这种幸福状态要靠如意文化来培育。

（二）象山如意文化的独特资源挖掘

象山如意娘娘信仰有很大的拓展空间，这个不具体讲。但如意娘娘认知度有待拓展。一是台湾地区的如意信仰需要拓展，二是石浦镇的如意信仰也要拓展。如意信仰作为地方的独特资源，无论如何都是不可放弃的，也是需要自我建构的。民俗信仰不去推介，不回到日常生活中来，任何资源都会淡化消失。我们不能仅仅指望一个节庆解决所有问题，而是要在日常生活中不断讲述实践，让如意娘娘的民俗信仰活起来，火起来。

（三）象山如意之旅整体勾画的一些设想

1.如意之乡建设（名）

2.如意内涵建设（实）

3.如意文化内涵的挖掘

4.如意之旅整体规划（拟提出整体计划）

5.象山的如意文化叙事

6.象山旅游的话语聚焦：如意文化与海洋鱼文化

7.年年有余与吉祥如意：富贵平安理想的祈求与感受

8.如意文化谱系建设——综合的如意文化

9.做中国如意文化的典范

10.焦点与谱系建设，缺一不可

旅游产品中，可以提出：健康的如意之旅、安全的如意之旅、生态的如意之旅、浪漫的如意之旅、好运的如意之旅。

同时，我们希望象山要聚焦在附属岛上，做出象山民俗如意文化的精品和焦点。大的海岛不是所有的区域都具有旅游属性。相反，是一些小岛作为焦点来带动大岛的旅游。这是海岛旅游的规律之一。如舟山群岛—普陀山岛、厦门—鼓浪屿岛、海南岛—蜈支洲岛。

没有这些附属小岛，大岛的旅游会很难开展起来，我们可以设想，没有普陀山的舟山旅游会是什么样子。

建议象山选择渔山岛或者东门岛，作为如意文化的重点来开拓建设，建设成象山的鼓浪屿，建设成中国如意文化的中心。这样，象山旅游就会通过如意之旅聚焦，形成一个大的如意旅游的谱系，一个大的网络。

这是一种简单的构想，要完整提出规划象山的如意文化之旅，还需要做很多的努力。

论妈祖信仰的多样性

——从汕头凤岗村的“珍珠娘娘”到浙江象山的“如意娘娘”

赵　琛　高　路*

本文的研究课题是2014年由中国文艺基金会、中国民间文艺家协会特别资助的“中国传统村落3D影像档案项目”的研究子课题。在本次课题的研究中针对凤岗村的非物质文化遗产做了实地跟踪考察。特别在2014年的2月15日—16日，农历的正月十六、十七对祭奠“凤岗妈”庆典活动做了深入的调查研究。在调研中发现在面积57.76平方米，加上外面的埕口，总共1200平方米的妈宫里，供奉着三尊被当地人称作“凤岗妈”的神灵。在当地“凤岗妈”是主管小孩麻疹的神灵，同时她又是护佑凤岗渔民出海平安的保护神。“凤岗妈”的信仰是妈祖的信仰，但是在凤岗村“凤岗妈”又被称作“珍珠娘娘”“珍珠

* 赵琛，中国长城研究院院长，东北大学教授；高路，中国长城研究院副研究员。

妈”。结合在项目实践中对凤岗村民、村干部、潮汕文化的专家学者进行的采访。就妈祖信仰究竟对“凤岗妈”有哪些影响进行更深入的探讨。同时对浙江象山的“如意娘娘”也进行了调查，对妈祖信仰的多样性进行更为深入的研究。

图1　2014年4月21日央美测绘组测绘前祭拜“凤岗妈”（赵琛摄）

图2　2014年2月12日赵琛教授考察前祭拜“凤岗妈”（刘文华摄）

图3　2014年2月15日项目成员记录“凤岗妈”非物质文化遗产在“凤岗妈”祭品前合影留念

郑会武 报本堂 渔民

郑会添 报本堂第20代 会计

郑会迪 报本堂商人

郑义坤 报本堂第20代修族谱

图4 2014年4月24日赵琛教授就“凤岗妈”采访报本堂族人（高路整理）

郑仲豪 尊亲堂 村民 永思堂第22代

郑仲民 尊亲堂第7代 永思堂第22代 祠堂理事

郑秋桂 尊亲堂第7代 祠堂理事

图5 2014年4月24日赵琛教授就“凤岗妈”采访尊亲堂、永思堂族人（高路整理）

李伟鹏 马窖街道书记

郑宋亮 凤岗村书记

图6 2014年4月24日赵琛教授就“凤岗妈”采访凤岗村干部（高路整理）

图7　2014年4月24日赵琛教授就“凤岗妈”采访相关学者（高路整理）

一、凤岗妈的研究

（一）妈祖

凤岗妈，这个“妈”就是妈祖。凤岗村的妈祖，她的由来来自一个美丽的传说。相传是几百年前的正月十六的夜晚，凤岗的几位耆老夜间同得一梦，梦见妈祖化为金身降落本村。第二天醒后，几位耆老同叙梦中境况及妈祖的音容笑脸、衣冠穿戴分毫无差，皆尽相同。他们所共同梦到的这位妈祖就是凤岗妈。

作为沿海的凤岗居民，主要以渔业为生。出海是非常危险的事情，天气变幻莫测。和所有生活在海边的人们一样，这里的凤

图8　“凤岗妈”造像（赵琛摄）

岗村人信奉妈祖。妈祖作为海神的信仰，成为凤岗妈首要的神祇功能。

（二）珍珠娘娘

图9　凤岗村的“珍珠娘庙”（赵琛摄）

图10　“珍珠娘庙”神龛（赵琛摄）

在“妈宫”的门楣上写着“珍珠娘庙”四个字。凤岗妈又称“珍珠娘娘”，“珍珠娘娘”是在潮汕地区和闽南一带民间信仰的神，她是主管小孩麻疹的神灵。珍珠娘娘在福建漳州也有。普及圣王，医生，是救苦救难的神仙。在他造像的两侧就是宝珠娘娘和珠珍娘娘。两位娘娘都是医务界治病救人的神仙。针对古代儿童威胁最大的三种病，聪明智慧的老百姓造出不同的娘娘。珠珍娘娘管治天花、珍珠娘娘管治麻疹、宝珠娘娘管治水痘。可见珍珠娘娘是民间信仰的治病救人的神仙。

（三）珍珠妈

在当地凤岗妈又被称作“珍珠妈”，从名称上看“珍珠妈”是珍珠娘娘和妈祖合体的简称。充分体现了地域信仰与民间信仰的结合，是大陆文化与海洋文化的充分融合的体现。

二、凤岗妈的地位

（一）凤岗妈与其他神仙

在凤岗村共有神仙庙宇、神位10余处。珍珠娘娘庙、三山国王庙、将军公神位、将军公神位（三山国王面附近）、将军公神位（大榕树下）、将军公神位（进村治安岗亭对面）、福德古庙（珍珠娘娘庙旁）、福德古庙（三山国王面附近）、福德古庙（大榕树下）、福德古庙（进村治安岗亭对面），等等。除珍珠娘娘外这些神仙最重要的就属三山国王。三山国王，源于揭西的三个筚路蓝缕兄弟，是隋朝从山区沿着河来到海边的移民。三山国王是行业神、祖宗神。三山国王的脉络是潮汕人发展的脉络，潮汕人到哪

图11 凤岗村的“三山国王”（赵琛摄）

里，哪里就有三山国王。凤岗村的三山国王庙建于康熙戊戌年（1718），至今已有近300年历史，每年新春村民都前往敬拜，求问家人新岁君吉凶、建设、男女嫁娶和外出创业等，香火甚为旺盛。凤岗妈与其他神灵共处一村，互不相扰。

（二）凤岗妈在当地是至高无上的神

在凤岗村的神灵中，村民都会根据自己的需要去烧香祭拜不同的神灵。但是作为凤岗村村民集体重要祭拜的神灵只有凤岗妈。

正月十七，是每年一度的“凤岗妈”朝拜庆典活动的日子，乡里人不论是出外打工还是客居他乡，都要回到家乡。在他们心中村里的这个日子是比过春节还重要的。正月十六凤岗村的耆老们要到各个比较重要的神位前请供奉了一年的香炉，三山国王的香炉、伯公的香炉、福德公的香炉。将请来的香炉统一供奉在珍珠娘娘庙前，由此可见在凤岗村凤岗妈就是凤岗村诸为神灵的统领。

图12　将请来的“三山国王”香炉供奉在“珍珠庙”前（赵琛摄）

凤岗妈的庆典活动是从正月十六的午夜正式开始，活动地点就在妈宫前的广场。“抢香炉”“插头炷香”“灵禽督席”“挤门祈福”“壳桃求丁”“酥糖塔会”“连天炮”，一系列活动都与凤岗妈紧密相连。“抢香炉”抢的是凤岗妈的香炉；“插头炷香”是要插在凤岗妈的妈宫前；“灵禽督席”神鸡神鸭看管的是供奉凤岗妈的祭品；“挤门祈福”众人能通过窄窄的石门，也是凤岗妈在显灵；“壳桃求丁”的“红壳桃”是还愿人为凤岗妈精心准备的祭品；最高可达5—7米的“酥糖塔”也是专门供奉给凤岗妈的；就连“连天炮”也是放给凤岗妈听的。

图13　负责祭祀的耆老为神鸡、神鸭施法（赵琛摄）

图14、图15　看管“凤岗妈”祭品的神鸡、神鸭（赵琛摄）

图16　2014年4月20日赵琛教授在报本堂采访负责祭祀“凤岗妈”者老郑会敬（高路摄）

图17　供奉给“凤岗妈”的“红壳桃”（赵琛摄）

图18　供奉给“凤岗妈”的“酥糖塔”（赵琛摄）

图19 供奉给“凤岗妈”的180道祭品（赵琛摄）

凤岗妈的祭品一共180道，包括90道荤菜、90道素菜（左荤右素）。也是所有神灵中祭品数量最多、祭祀等级最高的。每道菜品都制作精良，有五牲：鱼、鸡、猪头、鸭、龙虾；有雕花：鸟雕、凤雕、马雕；有面点：起酥角、动物造型面点、小黄技团、糕粿、 福桃、红壳桃、饭团；有甜品：酥糖塔、白糖塔、果冻福；有拼盘：鱼、丸子碟；以及其他菜品。祭品摆放10行18列。

所有祭品都是凤岗全村人共同供奉的，能参与祭品制作的村民都是村里德高望重的人。同时祭品摆放空隙要大，便于灵禽督席。这种隆重的祭祀活动是其他神仙所没有的。所以说凤岗妈是当地最重要的大神。

（三）外地人也信奉凤岗妈

在正月十六、十七这两天，不仅仅是村里人来祭拜凤岗妈。许多成千上万的外地善男信女“到凤岗妈乞大红壳桃求丁仔”许愿。自古有“凤岗妈向外客”的说法，凤岗妈的影响力已经远远超出村子的范围。所以村里每家每户不仅要祭拜凤岗

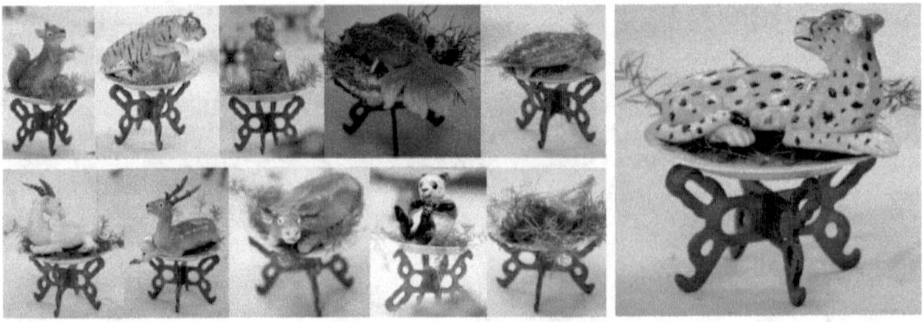

图20 供奉给“凤岗妈”的动物造型的面点（赵琛摄）

妈还要准备用乡里的特产“东京丸”做成的甜汤或是鱼粥来招待外乡的客人。由此可见“凤岗妈”的影响力之大。

三、浙江象山“如意娘娘”的研究

（一）“妈祖娘娘”的妹妹

“如意娘娘”的由来也是来自一个美丽的传说，据说她是“妈祖娘娘”的妹妹，一个生长在象山渔山岛上的渔家少女，非常热爱自己的家人。当得知自己的父兄出海遇难，便奋不顾身冲向大海。少女入海处浮起一段木头，村民为了纪念她将这块木头雕刻成一尊佛像，并修建娘娘庙从此将佛像供奉于此。

（二）海峡两岸共同的“保护神”

20世纪50年代，国民党军队被迫从舟山群岛退居台湾，将当时石浦镇渔山岛的村民男女老幼共487人全部带走。他们不仅仅带走了村民，也带走了保佑他们的“如意娘娘”。

（三）思乡的“如意娘娘”

中国沿海地区的渔民有着丰富的想象力和浪漫的人文情怀。同样是沿海地区的渔民，浙江象山的渔民会充分结合当地的实际情况将妈祖信仰进一步演绎。妈祖不是产生在象山，那我们这里的神仙就是“妈祖娘娘”的妹妹，一定要扯上关系。渔民被迁走了，信仰也被带走了。今天远在台湾的“如意娘娘”每年都要回到原籍石浦镇“省亲”，而在浙江象山每年的开渔节都要举行“如意娘娘”省亲迎亲的仪式。“如意娘娘”要回家，于是妈祖的信仰又被赋予了浓厚的思乡之情。

四、妈祖信仰多样性的体现

妈祖起源于北宋末年福建莆田湄洲岛。妈祖是流传于中国沿海地区的民间信仰，是中国历朝历代沿海民众所信奉的保护神。俗话说：“有海水的地方，就有华人，有华人的地方就有妈祖。”随着妈祖传播及影响力的扩大，元、明、清时期对于妈祖的信仰根据各地的需要被不断赋予新的神祇内涵。从美德与义举并重、被人们敬仰的林夫人到天后、天宫，逐渐成为具有多功能的、无所不能的女神。历经千年，妈祖的信仰传遍世界各地。妈祖的兴盛充分体现了中国历史上海上交通、事业迅速的繁荣发展。在妈祖信仰传播的过程中海洋文化的丰富内涵得以展现。妈祖信仰是海洋文化与大陆文化的相互交融，是海洋文明的核心信仰。

从广东汕头“凤岗妈”和浙江象山的“如意娘娘”的身上，都可以看到一种妈祖信仰在地方的特色演变。“凤岗妈”和“如意娘娘”都是海洋文化和大陆文化相互作用下的产物。从“珍珠娘娘”到“凤岗妈”、再到“珍珠妈”，从“妈祖娘娘”的妹妹到“如意娘娘”、再到台东的“如意娘娘”。对于祖祖辈辈都生活在海边的渔民这些神仙们都具有至高无上的地位，是渔民的保护神。沿海的渔民们将自己对生活中的各种美好期许与远景统统融入对妈祖的信仰。这是一种很独特的妈祖信仰，是沿海的渔民们自己创造出的妈祖信仰。与此同时“凤岗妈”和“如意娘娘”，她们都是妈祖信仰的传播者，无论神灵名称的前缀是“凤岗”还是“珍珠”“如意”都改变不了名称的后缀“妈”“娘娘”。妈祖的信仰是根植于中华民族沿海渔民身上的基因文化。未来随着妈祖文化更加广泛的传播，还会出现与“凤岗妈”“如意娘娘”相近的、同样具有地方特色的妈祖信仰形式。所以说妈祖信仰传播的越广泛，妈祖信仰就越具有多样性。

人鱼与孟姜女

——孟姜女原型探论

陶思炎*

一、人鱼类说

上半身为女人、下半身为鱼尾的“人鱼”的幻想和传说，是一世界性的文化现象。人鱼往往被描写成长发丰乳、细腰白肉、美艳绝伦的海中之物，她们除了能水中嬉戏，还时常上岸，喜欢在航船边和渔村中引逗水手和渔夫们，她们既有姿色，又十分灵巧，能让人着迷，又能为人干活儿。因此，人鱼常被人们视作“海中仙女”“海妖”“怪兽”，甚至被说成未知物种和海底文明居民。此外，人鱼还有男身者和山居者的说法。

* 陶思炎，中国民协顾问，中央文史研究馆馆员，东南大学教授。

在欧洲，关于海妖的记载在古希腊的荷马史诗《奥德赛》和柏拉图的宇宙学文章中均有记述。[1]海妖塞壬是三种女妖：两种上半身是女人、下半身是鱼，另一种上半身是女人、下半身是鸟，她们一个吹号角，一个弹竖琴，一个用喉咙唱歌，让男人们听后神志恍惚，昏睡过去，并杀死他们。在古希腊，人们确信海中有“美人鱼”的存在。博物学家普利尼在公元1世纪所著的《自然史》中写道：“至于美人鱼，也叫尼厄丽德，这并非难以置信……她们是真实的，只不过身体粗糙，遍体有鳞，甚至像女人的那些部位也有鳞片。”[2]直到中世纪，女身鱼尾的海妖传说仍被不断地重复着，例如，在1206年安得烈·夏斯泰勒抄本上录有菲利普、德塔翁的法文诗句：

大海中游弋着海妖，
她在飓风中歌唱，
在晴空中哭泣，
因为这是她的性格。
腰部以上，
她有女人的形体，
隼的爪子
和鱼的尾巴。

---

[1] 《奥德赛》第12卷载女巫喀尔刻对俄底修斯说：“你会首先遇见海妖塞壬。她们迷惑所有接近的人。谁要是头脑发热不加防范，去听她们的歌，谁就再也回不了家，妻儿就再不能见到他了：因为海妖用清亮的嗓音迷惑他们，她们坐在草地上，四周堆满白骨，肉都烂光了……”参见Vicde Donder著，陈伟丰译《海妖的歌》，上海人民出版社，2004年。

[2] 转引自马卫平《“美人鱼”真的存在？》，《扬子晚报》2002年10月18日C15版。

她想表达好心情时
就引吭高歌。
当航行在大海上的
艄公听到她的歌声，
会忘记驾船前进
并很快昏睡过去。
你要好好记住这些，
因为这个故事有其寓意。[1]

有关人身鱼尾的海妖的艺术图像千百年来在欧亚各地层出不穷，有的一手拿镜子，一手拿梳子；有的夸大地表现其鱼尾及阴部，以强化其作为淫欲的象征。

与欧洲人把人鱼作海妖不同，亚洲的人鱼传说具有较突出的巫术与神话的气息。在苏美尔人的信仰中，“鱼头神”俄安涅斯是一个头顶鱼头、身披大鱼的肌肉健硕的男性神。作为半人半鱼的俄安涅斯所住的宫殿被称作“太阳之家”，据说他半天在陆地上，半天在大海中，具有太阳的象征意味。无独有偶，月亮每日因追逐太阳而沉入大海，因此月神在神话描述中也是半人半鱼的形象。在巴比伦，有海里的半人半鱼神建国家、造都城、定法律、授人技术的神话。

在我国的古籍和文物中，有关“人鱼”的记述与图像并非鲜见，然而各类“人鱼”的形态与生态略有差异，究其类型，可大致分作三种：鲵鱼、鲛人和陵鱼。

[1] 引自陈伟丰译《海妖的歌》，第102—103页，上海人民出版社，2004年。

（一）鲵鱼

鲵鱼，生山溪中，俗称“娃娃鱼”，又称作“䱎”。《本草》云：“鲵鱼，鳗䱎，故通作䱎。”此外，鲵鱼还有“鰕”“鳠鱼”之称。[1]

在《山海经》中有不少关于“人鱼”的记述。《西山经》“竹山”条载：

> 丹水出焉，东南流注于洛水，其中多水玉，多人鱼。

《北山经·北次三经》“龙侯之山”条载：

> 又东北二百里，曰龙侯之山，无草木，多金玉。决决之水出焉，而东流注于河。其中多人鱼，其状如鯑鱼，四足，其音如婴儿，食之无痴疾。

此外，《中山经》里的“白边之山”“傅山”“华阳之山”和“朝歌之山”诸条亦记有“人鱼”。徐广曰：“人鱼似鲇而四足，即鲵鱼也。”《酉阳杂俎》则言及其形状、生态、食法等：

> 鲵鱼，如鲇，四足长尾，能上树，天旱辄含水上山，以草叶覆身，张口，鸟来饮水，因吸食之，声如小儿。峡

[1] 《尔雅》曰：“鲵大者，谓之鰕。”王念孙《广雅疏证》卷十云：鲵鱼，“一名鳠鱼，一名人鱼。”

中人食之，先缚于树鞭之，身上白汗出如构汁，去此方可食，不尔有毒。

由上可知，人鱼因声如儿啼而获名，在中古时期它已由巫药成为食物。

至于人鱼的图像，则比文献的载录更为久远。早在新石器时期的彩陶上已见鲵鱼的纹饰。例如，甘肃甘谷西坪出土的庙底沟型仰韶文化彩陶瓶上的鲵鱼纹，甘肃武山出土的马家窑文化彩陶上的鲵鱼纹等，均表明鲵鱼很早就受到我们祖先的重视，并成为文化创造、艺术表现与信仰寄托的对象。在宋代，鲵鱼俑颇为风行，在山西长治及四川蒲江县五星镇等地的宋墓中均有出土，显然，鲵鱼俑寄寓着化生复活的祈望。由于鲵鱼“其音如婴儿”，便称作“人鱼”，又常与“水玉”“金玉”相连，才诱发了人、鱼化变和再生复活的幻想，并得以进入古代的葬仪之中。

（二）鲛人

鲛人，又称鲛鱼。《说文》曰：“鲛，海鱼也。”因鲛人居海，又有“海人鱼”之名。古籍中有关“鲛人”或“海人鱼”的记述亦为数不少，大多伴有化牛的描写或附会其具有人形人性的特征。

晋人干宝《搜神记》卷十二载：

南海之外，有鲛人，水居如鱼，不废织绩。其眼泣则能出珠。

这是有关鲛人勤织与献珠的较早记述，这里的鲛人已带上了人化的特点。此外，《太平御览》卷八百三、黄山谷诗《内集》卷三《次韵曾子开舍人游籍田载荷花归》任渊注、《事文类聚·续集》卷二十五并引《博物志》云：

鲛人水底居也，俗传从水中出，曾寄寓人家，积日卖绡。绡者，竹孚俞也。鲛人临去，从主人索器，泣而出珠满盘，以与主人。

与“不废织绩”“积日卖绡”、泣而出珠之说相反，古籍中另有人鱼为厌织的懒妇所化的记述。《酉阳杂俎》前集卷之十七“鳞介篇”记“奔䱐”曰：

相传懒妇所化。杀一头得膏三四斛，取之烧灯，照读书、纺绩辄暗，照欢乐之处则明。

周亮工《书影》第三卷引《南越志》《虞衡志》亦言及懒妇化鱼之事：

《南越志》：昔有懒妇睡机上，始怒之，遂走投水，化为此兽。一枚可得油三四斛，燃之照纺绩则暗，照歌舞则明。《虞衡志》：懒妇如山猪而小，喜食田禾，以机轴织纴之物挂于田头，则不敢近。然馋灯之说，名“奔鲟”，又鱼也。懒妇三化，水陆呈形，然乎！

“奔鲟”与“鲛人”并非物种差异而有勤懒之分，它们同为“人鱼”，并因“两乳在腹下，雄雌阴阳类人”“声如婴儿啼”，[1]而产生人化与化人的传闻，并带上褒贬互见的审美情感。

鲛人，即海人鱼，雅称“儒艮”，因雌鱼形似妇人，《洽闻记》《徂异志》等均言其为“美丽女子”，“能与人奸”，强调其人化的性质。《太平广记》等则记有多例“鲛化男女”的形变故事，渲染了“人鱼”的神秘与怪异。

（三）陵鱼

陵鱼，居海或居陆，是有别于鲵鱼、鲛人的另一类“人鱼”，《山海经·海内北经》载：“陵鱼人面，手足，鱼身，在海中。”可见，陵鱼不具人形，仅手足与人相类，虽说居海，但与身似人体的鲛人大相径庭。

陵鱼又作“鲮鱼”。屈原《楚辞·天问》中有“鲮鱼何所”之问，其注曰：“鲮，鲤也。有四足，出南方。”[2]此说亦言及鲮鱼有四足的形象特征，但未言明是否类人之手足。此外，《吴都赋》中有“陵鲤若兽”之句，视之为兽可能是着眼于它以足行地的特征。

---

[1] 段成式《酉阳杂俎》前集卷之十七。

[2] 《经籍纂诂》卷二十五。

在古代文物中留有不少陵鱼的图像，表明它的传说与构图有着坚实的信仰基础。在殷墟妇好墓中曾有陵鱼形玉鱼出土，在四川宜宾地区的汉代岩画上亦见有陵鱼构图，在江苏铜山县洪楼地区出土的“鱼龙曼衍”汉画像石上，其鱼亦为四足陵鱼形。可见，陵鱼在我国汉代以前已成为宗教与艺术的表现对象，其鱼身兽足的形象在《山海经》中又有“人面、手足”的描述，其蕴意更为复杂。由于陵鱼图纹多与墓葬相联系，无疑，又展露出化生的性质。鱼身兽足，表明它在信仰中有水生与陆居的两栖性能；“人面、手足，鱼身”，则表明它亦鱼亦人，二者相化相合。陵鱼联系着水、陆二界及人、兽二体，所以能成为转世复活、化生永存的象征。

总之，鲵鱼、鲛人、陵鱼是三类形态、生态各异的“人鱼”品类。其中鲛人较少实物例证，主要见之于文献，而鲵鱼、陵鱼在文物中则多有发现，且与墓葬制度联系在一起。不过，上述三类“人鱼”，又均有合体或化生的形变共性。

二、姜女化鱼

明清以来，孟姜女的传说在我国东南地区得到最广泛的传播，其情节在千里寻夫、哭倒长城、滴血认亲、捡骨归葬之后，又增添了秦皇求娶、姜女施计、投水化鱼等新的联结。从内容方面看，它增添了抗暴复仇、惩恶扬善的思想；从形式方面看，它又借取了传统的化生变形的神话叙事手法。

从孟姜女化变的鱼种看，主要有银鱼、面丈鱼、鲤鱼数种，此外，还有只言及入海化鱼，而未交代鱼种的传说。如此纷纭的说法，反映了我国东南地区多水近海的地理条件和当地物种在民间讲传中的各自应用，也反映了孟姜女传说多异文的传承实际。

作为名贵的鱼种，银鱼产于太湖流域，因此，孟姜女化银鱼的传说带上了鲜明的地方特征。在江南吴地流传着孟姜女的皮肉、眼泪或衣裙化作银鱼的各类异文。

流传于江苏省武进区太滆地区的传说讲孟姜女哭倒长城后，秦始皇见她容貌俊美，想娶她为妃，她装作答允，却另有盘算，当她随始皇乘船来到太滆湖时，愤然投水。始皇命官兵用铁丝做网，捞起姜女的尸体，绞烂她的皮肉，并抛进湖中，谁知那些绞烂的肉丝却变成了一条条洁白的银鱼。[1]流传于江苏吴县（吴中区）的孟姜女传说讲：哭倒长城后，秦始皇见孟姜女漂亮，硬要她做自己的妃子。孟姜女将计就计，要秦始皇在河边搭祭台，穿孝衣，并率领文武百官来祭亡夫范喜良。吊祭那天，孟姜女在祭台上泪如雨下，眼泪落到台下河里，慢慢地变成了一条条、一簇簇白嫩似玉的小鱼在水中向东南方向泅去，一直游到太湖里。这种鱼就被人们叫作“银鱼”。此外，当地还流传着这样的歌谣：

孟姜女过关瞓兴贤桥，
蚊子发善心不叮咬；

[1]　见常州民间文艺研究会编《常州地区孟姜女故事歌谣资料集》，1986年。

眼泪水滴到河里头，
孵出仔银鱼一条条。[1]

流传于江苏无锡太湖边的传说讲，孟姜女要秦始皇为亡夫搭起三十里长的孝棚，自己则穿上白衣白裙日夜大哭，直哭得天昏地暗，直哭得太湖水涨。一时间，秦始皇惊慌失措，孟姜女趁机纵身跳入了太湖，化作了万千条雪白的小鱼。这些小鱼都是孟姜女的白衣白裙变的，所以，它们一条条洁白无瑕，柔软如带，人们就称它们为“银鱼”。[2]

在上海市川沙镇流传的名为《孟姜女殉夫》的故事则讲，孟姜女跳海殉夫后，关官十分恼怒，便令人用竹丝帚把孟姜女的肉划成一条条的肉丝，由于她一身洁白，因此这条条肉丝就变成了洁白透明的面丈鱼。[3]

面丈鱼在苏南又称作“面条鱼”或“银条鱼”，甚至也有称它为“美人鱼”的。实际上，“面条鱼”是银鱼系列中的一个品种，学名为“长吻银鱼”，俗名则称作“大银鱼”。孟姜女化银鱼的传说流传甚广，因此，所化之鱼的名称甚多，有关传说的叙事结构也不一样，流传着不少的异文。

在苏北地区也有孟姜女化身为鱼的传说和戏曲，然所化鱼种多被说成是鲤鱼。例如，淮调《孟姜女》的唱词有：

[1] 见无锡市文学工作者协会编《江苏地区孟姜女的传说和歌谣》（资料本）。
[2] 见上海民间文艺研究会编《孟姜女资料选集》第2辑，1985年。
[3] 见上海民间文艺研究会编《孟姜女资料选集》第2辑，1985年。

可恨秦始皇，逼奴入宫墙。
奴以三件事，诋辱他昏王。
百日将夫祭，向浪桥人终。
鲤鱼奴幻变，一对配成双。

流传在江苏宝应县的孟姜女歌谣也唱道：

鲤鱼就是奴家变，细眼红尾苗条身。
世人对我多珍重，捧上案桌敬神灵。
孟姜万郎成双对，一对鲤鱼跳龙门。[1]

此外，各地还有一些孟姜女跳海化鱼的传说，有的只说她的去处是入海或前往龙宫，而未提她化作鱼类之事，这在民间流传的一些讲经宝卷中最为多见。例如，《佛说贞烈贤孝孟姜女长城宝卷》云：

孟姜女，叫："主公，岸上久等，
把我夫，送入水，与主同行。"
只说话，心观水，望海一跳，
来无踪，去无影，凡圣相同。
……
孟姜女，和范郎，同会大海，
轸水引，壁水鱼，径往龙宫，

[1] 见上海民间文艺研究会编《孟姜女资料选集》第1辑，1985年。

拜罢了，海龙王，同受快乐，
也无生，也无死，永远长生。[1]

这里，姜女和范郎会于大海，同往龙宫，是对传说中化鱼情节的改造，但其最后归宿仍为水界，透露出姜女跳海后获取了鱼类之性，至少表明她作为水族或水神而转化到另一特殊空间。

总之，姜女化鱼是孟姜女传说的重要情节，它作为姜女与秦皇矛盾的结局具有惩恶扬善、褒美贤孝的意义，同时变形化生手法的运用，又使它提高了文化探究的价值。

三、形象揭谜

透过孟姜女化鱼的情节描述，我们能够察知传说的这一构想与时人对人鱼的认识有着内在的关联。对传说的这一构思和叙事结构，如果我们做顺向的和逆向的考察，就会发现：孟姜女的形象有着明显的从人鱼化出的印痕。特别是传说中的“海人鱼”，在白肉、居海、善织、多泪、授珠等方面与孟姜女的形象息息相通，当为孟姜女创作的原型，至少是孟姜女化鱼情节得以构成的基础。

在传说中，孟姜女是细皮白肉的绝代佳人，连秦始皇见了也垂涎欲滴。在“花园裸浴”的场景中，有对孟姜女“细皮

[1] 出自康熙金陵荣盛堂刻本，见路工《孟姜女万里寻夫集》，上海古典文学出版社，1957年。

白肉”的渲染；在“姜女身世”的传说中，有说她是天上“玉女”下凡；而各种化作银鱼的异文，也都众口一词地强调孟姜女肉白如银的丽质。至于古人眼中的“海人鱼”，也正是被描绘成“皮肉白如玉鳞”。据《洽闻记》载：

> 海人鱼，东海之大者，长五六尺，状如人，眉目、口鼻、手氐头皆为美丽女子无不俱足。皮肉白如玉鳞。有细毛，五色轻软，长一二寸。发如马尾，长五六尺。[1]

可见，海人鱼以皮肉白丽，早就获取了“美丽女子”之誉。这一夸赞为孟姜女跳海化鱼提供了创作依据。苏南一带所谓孟姜女入水化银鱼者，这“银鱼”实际上就是指“人鱼”。在一些方言中，“人”“银”的发音相同，并由音近而讹。正是由于“人”“银”二字的语音相混而在传说中发生了义转和形变，导致了海人鱼向淡水银鱼转变，终使银鱼也成了“美丽女子”的象征，成了“人鱼”，成了孟姜女的化身之物。

银鱼与孟姜女除了仅有“白肉”这一表面的共性外，二者在本质上并无直接的联系，而海人鱼或“鲛人”则不然，它们的习性与能耐在传说中与孟姜女有着诸多的相通。

在流传孟姜女跳湖或跳江化作银鱼的东南地域，同时也流传着不少跳大海、往龙宫的异说，它以“入水化鱼”的相同情节与手法，表现出空间的差异与托物的不同。从传说中的人物

[1] 引自陈耀文《天中记》卷五十六。

配置看，范喜良与秦始皇也都有化鱼归海之说。有传说讲，范郎死而复活，与孟姜女“同会大海”，而秦始皇后来也在海中幻化成鱼。[1]这种“归海化变”的传说与鲛人居海绝非简单的偶合。我们再考察孟姜女与鲛人的形象与行为的联系，更能加深这一认识。

神话故事中的“鲛人”能“不废织绩”“积日卖绡”，不仅勤劳，而且工巧。自唐以来，“鲛绡”手绢屡入诗词，成为珍贵的馈赠或淑女们手中的寄情之物。鲛人神话由信仰转成风俗的时限不会晚于唐代，从唐彦谦《无题》诗中的“云色鲛绡拭泪颜”句可知，鲛绡为素洁的手绢，在唐时已为淑女们所喜用。因此，可以断定，鲛人的神话故事要早于孟姜女的化鱼传说。

孟姜女同鲛人一样善织善绣，《春调孟姜女》唱道：

> 孟姜女针线生活无人比，
> 一霎时寒衣寒裤都缝起，
> 夹里上头把荷花绣，
> 并蒂花开暖心意。[2]

有的传说还讲，因孟姜女善织善绣，擅做寒衣，后被天帝召进太阴宫，专为天下儿女织制寒衣。可见，孟姜女的善织巧

[1] 段成式《酉阳杂俎》前集卷十七载：“东海渔人近获鱼，长五六尺，肠胃成胡鹿刀槊之状，或号秦王鱼。”

[2] 见上海民间文艺研究会编《孟姜女资料选集》第2集。

绣与鲛人的“不废织绩”间有着某种共通的关系。

此外，善哭多泪也是孟姜女形象的重要特征。她的哭，能在迷途时引来乌鸦为之领路；她的哭，能让本想非礼的关官为她放行；她的哭，能倾倒长城八百里，寻得夫骨。孟姜女的哭既是弱女子痛楚悲切的写照，也是获取神佑、唤起神功的法术手段。在贵州龙里县羊场流传的《孟姜女哭夫君》歌谣描述了孟姜女哭的神功：

> 哭得龙王纷正乱，哭得鳌鱼把身翻。
> 哭得伤亡遍山吼，哭得孤魂四处哼。
> 哭得百鸟齐排翅，哭得万里长城崩。

孟姜女非但“一哭天地惊”[1]，其泉涌之泪如同宝物亦有幻化的神力。《春调孟姜女》就强调了她眼泪的特殊作用：

> 眼泪落到太湖里，
> 变成小鱼白如银，
> 顿时银鱼满太湖，
> 太湖银鱼出了名。

鲛人亦是“善哭”的“美丽女子”，“其眼泣则能出珠”，即泪有化珠的神效。鲛人泣珠出于脱身的无奈，往往为

[1] 陶澍《嘉山怀古》诗云：“觅路不可识，一哭天地惊。风云惨无声，鳌柱为摧倾。”

允主人之索而为，实际上是一种自保的或祈佑的行为。孟姜女之哭与泪化银鱼，更是一种不得已的自救手段。因此，善哭多泪的特征和因泪脱身的效果把孟姜女与“人鱼”又不无缘故地纠合在一起。

鲛人泣珠之说在唐代以前已见记述，《博物志》载之，连唐诗中也有提及。元稹《长庆集》十七《送岭南崔侍御》诗中有“蛟老多为妖妇女，舶来多卖假珠玑”之句，其“蛟”当为“鲛”，即指鲛人献珠之事。有趣的是，在孟姜女的传说中也有姜女授珠的说法：范喜良被抓去造长城，行前孟姜女曾送他一颗珠子，让他放在口中就能不渴不饿……[1]这一插曲无疑是对鲛人泣珠的附会，也暗示了孟姜女的海人鱼身份。在中国神话传说中，宝珠除了鲛人泣出，也能由巨鲸之睛所化，此外，还有龙王所有、龙宫珍藏之说等，均言其与大海相关。因此，孟姜女的形象与人鱼特征的联系，主要是反映了海人鱼的文化因素在传说中的化用。

人鱼与孟姜女的关联，除了两形象特征的诸多相近外，也由于人鱼与秦始皇在葬仪中的勾连所诱发。我们在《史记·秦始皇本纪》中能见到这样的记载：

> 九月，葬始皇骊山，……以人鱼膏为烛，度不灭者久之。

[1] 见《民间文艺季刊》1986年第4期。

始皇陵中以鱼烛为长明灯，既取其久燃不灭之效，又寄托化生复活之功，这同原始社会即已出现的鱼葬之制有潜在的功能上的承传关系。文献中人鱼与秦始皇的联结，及传说中人鱼与孟姜女特征的相通，使人鱼作为又一中介联系着孟姜女与秦始皇，并成为始皇求娶、姜女施计、投水化鱼等情节形成的诱发因素。人鱼的楔入，不仅丰富了孟姜女传说的情节，也使其抗暴的主题更加突出。如果说，长城与始皇、姜女的联系决定了传说的历史内容与社会意义，那么，人鱼与始皇、姜女的联系则反映了传说的信仰基础与文化背景。

由于人鱼的楔入，孟姜女传说及其文化经历了从单一到综合，从自然到社会、从神话到历史的不断运动与发展。孟姜女原型为人鱼的判断，让我们从传说中看到神话思维的奇妙以及自然与社会的想象统一。

东海海岛女神信仰的神界谱系*

游红霞**

海洋信仰是海洋文化和海洋意识的重要体现，在我国东海海岛的神灵体系中，以观音、妈祖、临水夫人、如意娘娘等女性神灵构成了强势类型。海洋信仰由于文化要素间的交流和互动，形成了一种文化谱系。谱系是一种规则、一种秩序，体现了文化的发展规律，以互动联系和整体性为前提，表达了世界的联系性、社会的关系性，是文化交流的呈现方式。谱系建立信仰的亲缘、地缘等互动联系，体现信仰的整体性，建构认同性。信仰谱系的形式主要有：一是考察信仰发生、发展和演变的历史过程的时间谱系；二是信仰在传播过程中形成的空间谱系；三是与信仰相关的信众和族群谱系；四是神灵间的互动交流形成的神界谱系。神界谱系可以建立神灵之间的联系，找到

* 基金项目：本文系中国博士后科学基金第64批面上资助项目“我国东部海洋女神信仰的祖庙认同研究”（2018M641950）、国家社科基金特别委托项目“中国节日志”子课题“妈祖庙会”（JRZ2016003）的阶段性成果。

** 游红霞，华东师范大学社会发展学院民俗学博士。

东海海岛地区文化形态的整体性和互动性，便于探索海洋信仰的发展规律，建立信仰秩序，促进信仰的发展。

一、东海海岛观音信仰的神界谱系

中国的民间信仰有着身份庞杂、类型多样的神灵体系，不仅包括自然神、祖先神、行业神等各具职能的神祇，也从佛教、道教等“制度化宗教”中吸纳了一些神灵。观音即是佛教在中国社会经过本土化、民俗化后而进入民间信仰体系的，在东海海岛地区，观音与很多地方神灵都有着不同程度的互动交流，于是形成了信仰的神界谱系。

观音“常驻”普陀山后，常常站在鳌头或龙头上，在海上巡视，与东王、海龟、龙女等本土神灵打过交道。1985年，浙江文艺出版社出版过一本《普陀山传说》，便收录了大量有关观世音战胜诸神灵的传说。如：“观音借普陀”“观音收罗汉”“观音收金刚”“观音收韦驮”“观音收鳌鱼”“观音收龙女”“观音收红蛇”“观音巧造洛阳桥”“观音泼水坍东京”“观音泼水淹蓬莱”“观音弥陀争当家”“观音与弥陀打赌”“观音赚孔子”等等。以上这些传说故事描述了观音与中国本土神明的互动关系，观音大都是作为一种“胜利者”的姿态出现的，很多被制服的神灵都成了观音麾下的部将，这说明观音虽然是一位“外来者”，却因为超凡的法力和神格树立了自身的地位，凸显了观音在中国民间信仰中的地位。而通过观音与以上神灵的交流关系，组建了观音在中国社会的神灵体系，即神界的权力结构谱系，反映了谱系的层次性和等级性。

观音与其他神灵的互动关系即神界谱系也体现了中国社会的“造神”规律。由于观音菩萨是超越阶层、种族、国界，为十方三世一切众生所接受和认同的、具备其他一切神灵能力的“万能神”，观音所到之处，人们都会根据当地的风俗用最能被大众所接受的方式，将观音的神格附着到地方神上。依照信仰的谱系观念，观音是中国社会信仰总的“神祖”，是诸神的信仰之源和灵力的源头。于是，很多神灵便与观音结下了“亲缘”关系，有的被视为观音菩萨的化身或分灵，有的成为观音菩萨的徒弟或姐妹，我国东海海岛地区普遍信奉的妈祖就是一个典型。陈玉女分析道：“若按照普陀观音至湄洲妈祖的海神信仰发展脉络及其关系而言，则湄洲是妈祖的本山圣地，然以观音化身言之，则普陀观音成为湄洲妈祖之主灵，而湄洲妈祖则是普陀观音之分灵。再依此论之，则普陀观音形成护卫中国东南海域之海神总本山，确立其于海洋世界拥有不可凌驾的神权地位。”[1]蔡相煇甚至认为观音是妈祖的上游神。[2]在田野调查中，发现在福建籍信徒的眼里，妈祖就是观音在当地的应化，或者是观音的传人。因而，有很多朝圣者会将妈祖请到普陀山，供奉于观音菩萨前，表达神界的这种谱系结构。普陀山YC旅行社的总经理介绍了这种情形：

---

[1] 陈玉女《观音与海洋——明代东南沿海的观音信仰》，载《人间佛教》学报·艺文第2期。

[2] 蔡相煇《妈祖信仰的宗教本质》，载《空大人文学报》2010年第19期，台北：空中大学。

> 有很多福建人是带着妈祖的神像来到普陀山与观音菩萨结缘的，他们会把妈祖像放在寺庙里，朝圣活动结束后，再带回原地，这就是与观音菩萨“结亲”了。福建人反复来普陀山，虽然已经很熟悉了，但几乎都要依靠旅行社，是因为旅行社的报价相对便宜，可以享受到团队的优惠价格，包车组合也方便，自己联系食宿和交通的话费用就太高了。[1]

事实上，普陀山的妈祖信仰也是非常普遍的，普陀山的福泉禅林最初由明万历年间僧大慧法师创建，初名即为“天妃祠”，主祀妈祖，清康熙年间更名为“天后宫”，清光绪年间广莹法师重修后改名为“福泉庵”，当代著名佛学大师、中国首位“博士比丘”印顺长老早年曾出家于此。现今，普陀山方面为了尊重历史，接续传统，在佛寺常规供奉观音的位置，改为供奉妈祖。此外，普陀山还保留着大量妈祖信仰的遗迹，如法雨寺门口即是天后阁，二层供奉妈祖。在东海海岛地区，观音与妈祖大都是同融并存的，蔡相煇论述道：“妈祖与观音共祀一庙是妈祖庙普遍的现象。”[2]在老百姓看来，二者都是为他们带来平安福气的女神，观音即妈祖，妈祖即观音。在神界谱系中，观音是“总领神”，不仅对妈祖，对很多神灵都有非常深厚的影响。中国民间有“南妈祖，北元君”之说，元君即碧霞元君，与妈祖同为观音的化身或徒弟，都可以成为观音的代表。

[1] 访谈对象：ZL，普陀山YC旅行社总经理；访谈时间：2017年9月22日；访谈地点：普陀山息耒小庄；访谈人：YHX。

[2] 蔡相煇《妈祖信仰的宗教本质》，载《空大人文学报》2010年第19期，台北：空中大学。

二、东海海岛妈祖信仰的神界谱系

妈祖作为中国民间信仰体系中的一员，也必然会与其他神灵发生一定程度的关联，成为谱系建构的又一方式，形成神界谱系。

其一，是妈祖与观音的联系，前文已有部分论述，妈祖为观音化身或徒弟的说法是被普遍认同的。陈玉女分析道："视湄洲妈祖为观音菩萨化现于闽地的另一种身相，此身相乃相应于福建沿海地区社会文化而生的信仰形态。"[1]这也可以从相关经典和民间传说中找到证据。林尧俞在《天后显圣录》序文中写道：（妈祖）"相传大士转身，其救世利人，扶危济险之灵与慈航宝筏，度一切苦厄，均属慈悲至性，得无大士之递变递现于人间乎。"福建人吴还初在其神魔小说《天妃出身济世传》中，叙述了妈祖曾受到观音菩萨的点化教育。甚至妈祖正是由观音菩萨"赐丸"（一说赐优钵花）而出世的，乾隆四十三年（1778），林清标整理的《天后圣母圣迹图志》中有一则"感大士赐丸得孕"的故事，记录道：

> 天后世祖林氏，自唐迄宋有功绩，世勋承袭。遂家于莆父惟悫公尤好善济世，敬奉大士。四旬余，止一子。每虔祷求得佳胤，庆岁己未六月望，梦大士告曰："上帝式佑尔善，授服丸药得孕。"

---

[1]　陈玉女《观音与海洋——明代东南沿海的观音信仰》，载《人间佛教》（学报·艺文）第2期。

有学者分析，建立妈祖与观音的联系有助于树立妈祖的神格、提升妈祖的威望，陈玉女论道："所以在妈祖信仰者试图建构有别于普陀观音信仰的海神湄洲妈祖信仰图像的同时，仍不时依托观音信仰内涵，借以建构妈祖的信仰理念与特质。"[1]这样的观点不无道理，毕竟观音信仰历史更为悠久，影响更为广泛；妈祖则是由凡人死后而为神，一开始只是福建范围内的地方神，而后逐步树立了神格，甚至被提升为万能神，还建立了道场和比较完善的神灵体系，在这过程中，观音起了很大的作用。二者同为女神，神性相近，其神界谱系依托的是东海海岛地区共同的人文生态环境和海洋文化特质，反映了民间信仰与佛教、道教之间的相互关联，以及神灵所处社会的发展情形和人们的心理状态，诚如陈玉女所论："妈祖从一位地方神明，至北宋末发展成全国性的海神，就时间点而言，与浙江普陀山发展成为中国观世音菩萨道场相近，显示东海与南海海域间海上活动的繁盛及海上旅人的需求面向。"[2]

其二，是妈祖与如意娘娘的神界亲缘谱系。在浙江象山石浦，流传着如意娘娘的信仰，也是东海海岛神灵体系中的一员。据民间传说，如意娘娘是妈祖的妹妹，还有一个小妹妹是瑶池金母。1955年，渔山岛居民随国民党撤离台湾，以柯位林为代表的渔民，将如意娘娘神像带去台湾，并在台东富冈新村

[1] 陈玉女《观音与海洋——明代东南沿海的观音信仰》，载《人间佛教》（学报·艺文）第2期。

[2] 陈玉女《观音与海洋——明代东南沿海的观音信仰》，载《人间佛教》（学报·艺文）第2期。

安置下来，立庙供奉。而象山的渔山岛则成为无人岛，如意娘娘庙也成了无神庙。直到2007年，台湾富冈新村迎请如意娘娘回渔山岛省亲，才重新建立了与大陆的联系。省亲仪式包括妈祖庙的迎亲祭祀仪式、台东富冈新村如意娘娘来石浦的省亲仪式，以及石浦东门岛路上的迎亲仪式，已成为中国开渔节（象山）的固定单元。

如意娘娘信仰横跨海峡两岸，将浙江象山石浦与台湾台东富冈新村两地关联起来，也建立了与妈祖、瑶池金母的神界亲缘谱系。由于历史原因，两岸的信仰谱系以及神界的亲缘谱系一度中断，在当代又通过省亲仪式再度续接，是东海海岛民间信仰谱系的典型例证。

此外，还有学者探讨了妈祖与其他神灵的关系，如李世伟以观音为基点，关注了妈祖、临水夫人、玄天上帝之间的互动交流关系[1]；谢贵文从“大道公风，妈祖婆雨”的俗谚出发，论析了妈祖与保生大帝之间的神缘关系。[2]民间传说，由于妈祖与保生大帝在凡间都未婚配，民众想撮合他俩的姻缘，但都失败了。后来两位神灵被人挑拨而产生了误会，于是保生大帝就在妈祖诞辰日下雨，想用雨水冲掉她脸上的花粉。妈祖知道后先下手为强，在保生大帝诞辰日刮起一阵大风，吹掉他的龙袍。在当代有很多关于两位神灵“结怨”的俗谚，如泉州流传

---

[1] 李世伟《以观音为师——观音与妈祖、陈夫人、玄天上帝之信仰互动》，载《宗教哲学》（季刊）2019年第87期。

[2] 谢贵文《传说、性别与神格——从“大道公风，妈祖婆雨”谈起》，载《新世纪宗教研究》2011年第9卷第4期。

的“三月十五，风吹头巾；三月二十三，雨浇花粉”。台湾也有“真人飓多风，妈祖飓多雨”“妈祖多雨，真人多风”“大道公和妈祖婆斗法，风雨齐到”等谚语。通过这些民间叙事充分建立了神灵间的交流关系。

三、东海海岛陈靖姑信仰的神界谱系

陈靖姑作为东海海岛地区的女神，同样与观音、妈祖等神灵有密切关联，是其神界谱系最为突出的表现。同妈祖类似，陈靖姑的神迹也有着观音的很大作用。传说观音菩萨在瑶池赴宴后返回南海的途中，看见南方黑色冲霄，知道有白蛇成精，将会为害人间，便咬破中指，将指血往南一弹，血云到了福州下渡陈昌家投胎化生了陈靖姑。民间还流传有其他的说法，例如福州陈靖姑故居一位陈姓义工讲道：

> 这里（指陈靖姑故居）供奉临水夫人的父母亲和观音菩萨。临水夫人是观音菩萨的化身，父亲叫陈昌，多年不生孩子，就到福州鼓山喝水泉去求，喝那个水以后回去就怀孕了。传说当时（唐末）福建这边民生很不好，流寇很多，非常不安定，惊动了观音菩萨，就滴血转世为陈靖姑。也相传当时闽王的儿子做官，在泉州建洛阳桥，当时没钱，两岸的人民每年到四五月时，就被洪水阻拦，洪水成灾。人们求观音菩萨，感动了观音，观音就化身成一个少女，撑着船，说谁把银子投到她身上，就嫁给谁。那些官宦子弟很多都觊觎美女，很多都去投，但都投不到。刚

好有位道士就是吕洞宾从那里经过，想为什么这么热闹，就看一下，看到观音菩萨在那里作法。他想调戏一下观音菩萨，就叫一个菜农，问他菜卖完了吗？他说卖完了。吕洞宾让他去投，菜农说，我可不敢，我的本钱就只有一点点，我投一下没了，明天就没本钱卖菜了。吕洞宾说我帮你，一定会投到。他就投过去，吕洞宾的拂尘弄过去，刚好动到观音菩萨的裙子底下，观音菩萨没防备，手理一下，结果拂尘上面的一根线就掉到河里去了，变成一条白蛇。观音说，坏了，过了若干年以后，这个白蛇会祸害人间。后来，陈夫人在福州出生以后，慢慢长大，去闾山学法，就跟白蛇一直斗，在龙潭角祈雨处作法的时候，怀孕已经七个月了，为人民脱胎祈雨，当时她做了一个簸箕，罩住小孩子，用麻绳放在上面，像很多蛇盘在那里。陈靖姑对她母亲说，千万不要讲出去。结果长坑鬼打不过圣母，就偷偷化身到陈靖姑家里去，向她母亲讨水喝，她母亲很热情，就说进来啦，没关系，这不是蛇，结果胎儿就被吃掉了。后来，陈靖姑斩了白蛇就羽化了。她的夫家在古田顺天府，有座桥叫百花桥，相传人们就是从那个桥过来的，男孩是白花，女孩是红花。[1]

在道教有关陈靖姑的“宝诰”中，直接讲述了陈靖姑为观音的化身：

---

[1] 访谈对象：陈××，福州仓山陈靖姑故居义工；访谈时间：2019年3月10日；访谈地点：福州仓山陈靖姑故居；访谈人：YHX。

太后宝诰志心皈命礼

坤灵毓秀，救苦化身。学道闾山，阐天地阴阳之秘。留踪古邑，秉风云雷雨之权。职受万花，道称众母。家家生佛，妇孺同沐鸿恩。处处行宫，里社并祈麟种。掌三十六宫之政令，操一十八狱之权衡。抱送香孩，护紫微而下界。褒封圣母，崇黄屋之上尊。大悲大愿，大德大仁，闾山大法院，古邑毓麟宫，临水陈太后，百花主宰，顺懿元君。

宝诰之二志心皈命礼

闾山毓秀，临水显灵。巍巍懿德，承上天之褒封；凛凛容仪，受下民之祀典。求甘霖风雷即降，救产难母子俱安。龙角鸣时，鬼惧神愁；雷令击处，天清地朗。大悲大愿，大圣大慈。观音化身，宣封护国临水陈太后、顺懿元君。

还有一则宝诰，也提及“八闽毓秀，大士化身。少悟玄机，顶礼慈航宝相；长成道果，拜参法王朱门”。这些材料充分说明陈靖姑与观音的深厚渊源，陈靖姑神格的确立及信仰体系的完备，离不开观音的影响。如陈靖姑作为助产之神，便与送子观音有很大的相似之处；陈靖姑曾割肉救亲，也与汉地观音信仰中妙善传说的情节相近。

关于陈靖姑与妈祖的关系，有比较丰富的研究成果。比较通行的说法是，二者都是观音的化身或徒弟，且成神的轨迹相类似：“妈祖与临水夫人的原型同为巫者，由巫成神。”[1]而

[1] 黄建兴、林国平《妈祖信仰与临水夫人信仰的比较研究》，载《闽台文化研究》2015年第3期。

后，由于各自所处的地理环境、历史机缘等方面的不同，二者的神职发生了分工，妈祖为“海上女神”，陈靖姑则为“陆上女神”，但也存在很多重叠之处，如妈祖已然被提升为“万能神”的地位，自然有护佑妇女儿童的功能，陈靖姑也有一些海神的属性。根据叶明生的研究，“在沿海信众心目中，陈靖姑已被纳入海神之神班，位于妈祖之次”。最有说服力的材料是明嘉靖十三年高澄《使琉球录》中之《临水夫人记》，其中记录了高澄出使琉球途中遭遇风暴，向妈祖求救，适逢妈祖忙的分身乏术，之后是临水夫人陈靖姑前往解难。还提到了陈靖姑为妈祖的妹妹。[1]在田野调查中，也有信众讲述了陈靖姑的海神身份，如福州陈靖姑故居的义工讲道：

> 临水夫人有救海难的功能，比如临水夫人没有跟着船去台湾，我们都会晕船，肯定要吐，每个人都会吐。临水夫人一坐在船上，每个人都不会吐，所以坐船时要把临水夫人的神像请到船上。[2]

在陈靖姑信仰的发展过程中，也逐渐形成了分工明确的神灵系统。在大多数供奉陈靖姑的庙宇中，大都是“陈林李”三尊神像同时出现，三位女神为结拜姐妹。“林”即顺懿左辅林夫人，名林淑静，小名九娘，故里在福建罗源县。民间传

---

[1] 叶明生《临水夫人与妈祖信仰关系新探》，载《世界宗教研究》2010年第5期。

[2] 访谈对象：陈××，福州仓山陈靖姑故居义工；访谈时间：2019年3月10日；访谈地点：福州仓山陈靖姑故居；访谈人：YHX。

说林九娘有奇门遁甲之术，陈靖姑跟随夫君刘杞赴任罗源巡检司时，曾解救过林九娘，林九娘欲拜陈靖姑为师，陈靖姑也很欣赏林九娘，便与她结为姐妹。林九娘协助陈靖姑做了很多好事，陈靖姑被白蛇、长坑鬼所害后，林九娘为其报仇，在古田百花桥上化秀发为铁链，捉拿了长坑鬼，将其碎尸万段。林九娘成神后，与李三娘一起共同辅佐临水夫人，合称三奶夫人。林九娘的圣诞日为十月初三，其宝诰曰：

妙相千秋，莲台九品。慈心救劫，法语回春。霞帔凤冠，七彩祥云叆叇。金炉华烛，双行香火氤氲。降德泽于八闽，保其赤子。运神功于四海，拯彼苍生。发链婉垂，锁缚长坑鬼祟。剑芒扫荡，斩逐蝴蝶妖精。珊榜朱书，彤管才传八斗。琼楼丹券，皇封爵锡高真。延嗣延生，教孝教忠为本。救灾救难，济时济世为怀。大悲大愿，至静至仁。顺天圣母左辅林奶夫人，护国济世元君。

“李”指的是顺懿右弼李夫人，名李三靖，人称李三娘，连江县人。陈靖姑曾帮助过李夫人，李夫人也想拜陈靖姑为师，后二人结为姐妹，陈靖姑向李三娘传授闾山法术，为民解难。李三娘成神后，为陈靖姑护赤佑童的得力助手。李三娘的圣诞日为八月初十，其宝诰曰：

紫府高真，瑶池蕙质。丹成碧落，道绍闾山。度世慈悲，万众仰瞻懿行。化身济拔，十方共睹景云。收邪魅于闽疆，宏施法力。斩妖魔于宇内，具现神通。护国安民，环佩光昭日月。卫房保赤，冠裳彩荫乾坤。香涌闾阎，闺阁争窥鸾驭。功参造化，冥阳两运玄机。佐太后于瑶宫，主持秘府。施鸿恩于宝岛，降授良箴。大悲大愿，至清至仁。顺天圣母右弼李奶夫人，护国度世元君。

“林李”两位夫人，再加上痘奶刘夫人、西河虎婆奶江夫人、乌石山石夹二夫人、福清的邹铁鸾、福州的高雪海、竹林欧夫人、欧阳宫欧阳公主，共同构成了“十宫夫人”，皆为陈靖姑因志同道合而结为姐妹的十位挚友。此外，陈靖姑还有开路先锋丹霞大圣、驾前护法神将王杨二太保，等等。这些都是陈靖姑率领下的神班成员，相互间构成了有着层级序列和职能分工的神界谱系。

结　语

民间信仰是亲缘、地缘、业缘、物缘、神缘的纽带，具有建立地域互动、族群联系、沟通民心，建构文化认同的功能。我国东海海岛地区的观音、妈祖、如意娘娘、陈靖姑等海洋女神形成的神界谱系是世俗的人情往来在神明世界中的反映，既有体系庞大、错综复杂的一面，也体现了或平等，或存在着权力等级的秩序规范。神界的交流实际上是相关地域及信众族群的文化交流，这正是谱系的意义所在。

象山渔俗

椒江口“送大暑”仪式中的社区联合祭祀

吴越晴红　屈啸宇*

一、研究缘起

对地域人群的结合的研究一直是民间信仰的一个重要的话题。其中比较有代表性的有林美容提出的“祭祀圈”模型。林美容在对草屯镇地域性的民间信仰组织研究中认为，民间信仰仪式实质上就是一次加强地方群体对“此地”认同的群体活动。通过对草屯镇神明信仰的层级研究，林美容再次提出了祭祀圈是“以主祭神为中心，共同举行祭祀的居民所属的地域单位”[1]。“祭祀圈”的概念解释具有共同生活空间的人群如何以信仰来组成一个具有群体意识的共同体。该定义限定了信

* 吴越晴红，宁波大学人文与传媒学院讲师；屈啸宇，复旦大学艺术人类学与民俗学博士。

[1] 林美容《由祭祀圈来看草屯镇的地方组织》，载《中央研究院民族学研究所集刊》1987年第62期。

徒所属的地域范围，及共同祭祀的组织与活动。按照共同祭祀活动所包含群体的地域范围大小，祭祀圈又分为聚落性、村落性、超村落性、全镇性与超镇域五个不同层级[1]。信仰群体的范围层次与“村庄范围及村落联盟之间有着密不可分的关系”[2]。林美容通过祭祀圈的重层性意在说明，祭祀圈是一种组织与结合不同地方人群的方式，与居民的地域界限有关。为了进一步考察祭祀仪典中社区联合的情况，林美容提出在汉人的地域社会中还存在着信徒群众的组织，信仰圈。信仰圈没有如同祭祀圈那样明显的地域范围，它更多的是表现神明的影响力而非组织形式。总的来说，林美容提出的祭祀圈与信仰圈的概念基本上为我们提供了一个看待共同祭祀仪式中各个地域社区中的人群如何根据空间想象制定共同祭祀规则的视角。但是林美容却忽略了，信仰圈在节日当天是以一神为主跨地域的祭祀，但在节日之外，除中心祖庙，信仰神明在各地最终需要一个落脚点，即庙宇。因此该庙宇终究会处在一个祭祀圈的空间范围之内，并且会经历地方性的建构，进入祭祀圈的神明谱系秩序当中。信仰圈以神明影响力为主导的神明体系随着地方化逐渐进入以原有的层级系统中。这一现象也即引出本文的核心问题：社区群体根据怎样的规则联合其他祭祀圈进行跨共同祭祀？在一场共同祭祀的仪式中不同导向的祭祀圈主祭神与信仰

[1] “主要探讨不同层次的祭祀圈及特色，强调祭祀圈在组织不同层次的地方社区上的表现。”林美容《由祭祀圈来看草屯镇的地方组织》，载《中央研究院民族学研究所集刊》1987年第62期。

[2] 林美容《妈祖信仰与汉人社会》，第7页，黑龙江人民出版社，2003年。

圈主祭神之间会出现怎样的地位与角色转换？本文将从2016年台州市椒葭沚镇的“送大暑”这一节庆仪式入手，深入考察在仪式中的主祭神地位转换表达，探究信仰仪式如何结合人群，共同参与佑海与驱疫。

二、“送大暑”的地方组织概况

葭沚镇位于椒江区西面，驻地镇西路，东距市政府3.6千米，南接东山、西山两乡，西接栅浦乡，北临椒江，辖5个居民委员会，3个行政村，7个自然村。[1]葭沚镇在南宋时期已有人居住，镇内杨、潘、周等姓氏先祖被认为是随高宗南渡于此留居。在光绪之前，台州的商业主要依靠河运，葭沚正处于通往温岭的葭沚泾与椒江的交汇处，因此在这一时期，葭沚成为椒江南岸滨海地区的经济中心。光绪二十三年（1897）海门港开埠，借助海运便利海门镇经济地位迅速上升，葭沚镇的经济地位逐渐被海门镇超越[2]。

即使如此，葭沚商人依然活跃于台州商界。1913年葭沚商人黄崇威集股成立振市公司，建一、二、三号码头，并辟振市街[3]。黄崇威也因海门港的扩大一跃成为葭沚首富，最盛时期有万泰、万隆等八条大商船来往沪、闽等地。民国初年，黄崇威将“五圣”从海门东门岭分至葭沚江边堂。葭沚镇居民称东

[1]　浙江省椒江市地名委员会办公室编《椒江地名志》，第61页，内部刊印，1987年。

[2]　项士元《海门镇志稿》，第3—9页，椒江市地方办公室编印，1993年。

[3]　台州市地方志编纂委员会《台州市志》，第1612页，中华书局，2010年。

门岭五圣庙为五圣“主庙”[2]，葭沚五圣庙为“副宫”。江边堂原祀武圣关帝君及杨府君，最初只在江边堂东偏殿供奉五圣的龙牌，后经过多次扩建，今庙中正殿塑有五圣的神像，原祀之关帝、杨府君、三官等神像置于前殿。

葭沚镇古名家子，清光绪年间改名葭芷，民国初年复名家子，辖属于明化乡，1981年后定名葭沚。葭沚镇下辖星光、星明、五九三个行政村，地理划界继承自人民公社时代的三个同名生产大队[3]。在民俗活动的语境下，葭沚人更习惯以“保界”[4]来区分自己的村落归属。台州保界是一种以庙宇为中心的地域组织，通常一地保界庙被称为“殿”，与保界内其他庙宇进行区别，所祀主神无定数，被称为“本保爷”。居住在庙宇所辖范围内的乡民称为该保界庙的“保下弟子”，“本保爷”为保下乡民提供保护，保下乡民为保界庙提供组织活动及修缮等义务。葭沚镇位于以集圣庙为本保庙的集圣庙保界，祀白龙阮总帅，东至葭沚新泾，西至镇西路，南至黎明路，北至工人路。集圣庙保下又分为四个“福禄寿禧”小保界，四保每

[1] 陈志超主编《椒江市志》，浙江人民出版社，1998年。

[2] 海门东门岭五圣庙始建于同治年间，其正殿祀五圣，偏殿祀五圣娘娘。分庙的具体时间不可考，没有明确的碑文或文书记载。讲述人：海门东门岭五圣庙庙祝，男，年龄不详。关于黄楚卿分庙的原因，东门岭五圣庙庙祝说黄母生病，五圣治好了她的病；葭沚五圣庙执事们认为是黄母小脚行动不便，黄楚卿孝敬母亲便将庙分到葭沚，方便母亲祈拜。

[3] 浙江省椒江市地名委员会办公室编《椒江地名志》，第61—63页，内部刊印，1987年。

[4] 保界，即一座或数座特定的庙宇与社区形成对应的保佑关系。庙宇主神只保佑其保界辖下居民，只有保下居民才具有参与保界庙核心仪式的权利。台州保界类似于林美容的祭祀圈概念。集圣庙保界大致可以视为是以集圣庙白龙阮总帅为主祭神的祭祀圈。保界的范围往往不与村落行政划分或保甲制度一致。

年轮流为本保爷做寿。

五圣庙就位于葭沚镇的西北角，即禧保，于每年大暑举办一次五圣庙会，即一年一度的“送大暑”仪式，也是葭沚镇一年之中最为隆重的仪式。由五圣庙、集圣庙、杨府庙、龙王宫、文昌阁组成的游神队伍沿葭沚镇主干道进行绕境[1]，再于大暑日将大暑船送出。“送大暑”场面宏大，吸引了大量的外来信众前往祈求平安。

送大暑仪式从每年小暑开始直到大暑结束，持续半个月，主要事务由葭沚五圣庙执事负责组织。这些执事年龄大约在60岁至80岁，主负责人有五圣庙的李堂主、造船冯师傅、周先生和潘先生[2]，他们都是儿女双全、被当地人公认为“福气好”的老年男性。执事们负责收取五圣庙卖牒所得的缘金及香油钱或是各处募捐来的钱，投入“送大暑”仪式用度中，如造大暑船、请戏班及秩序维持等。五圣庙全年需保证有20万元的净收入才能保证来年“送大暑”的正常运行。除了五圣庙执事以

---

[1] 林美容教授指出祭祀圈是指一个以主祭神为中心，共同举行祭祀的居民所属的地域单位，其本质上而言是以祭祀行为来确定地域认同的一种方法论。根据林美容《由祭祀圈来看草屯镇的地方组织》一文，一个祭祀圈的范围通常可以通过“收份子钱”的具体邻里、绕境的边界等共同祭祀行为确定。在葭沚镇，集圣庙保界收份子钱的范围为“福禄寿禧”四保，与“送大暑”期间的绕境所圈定的范围一致，因此可将集圣庙保界与送大暑民间信仰活动视为是属于两个重叠的祭祀圈。

[2] 李先生，男，74岁，五圣庙现任堂主，统筹安排“送大暑”事宜，本次送大暑仪式中的“捧佛者”。冯先生，男，62岁，五圣庙执事，负责五圣庙暑船制造工作。周先生，男，80岁，五圣庙执事，退休前从事教师工作，负责五圣庙内的写牒工作。周先生是五圣庙执事中资历最老、最懂祭祀规则的人，负责“送大暑”中最核心的神像安置等仪式安排。本次送大暑仪式的“捧佛者”。潘先生，男，73岁，五圣庙执事，从2015年开始参“捧佛”。

外，居住在五圣庙附近的女性由五圣庙贺老堂主[1]带领，负责叠金元宝等庙会杂务。

此外附近集圣庙、杨府庙、文昌阁、龙王宫各自组织游神队伍参与送大暑仪仗。游神仪仗中庙宇顺序按照该庙在葭沚镇的信仰地位排列，趋于固定。杨府庙作为浙南沿海地区分布最广的“区域性祠祀”[2]信仰，凭借其强大的“保佑海洋”力量永远位列仪仗之首；集圣庙作为代表葭沚镇地方的本保庙位列仪仗第二的位置；葭沚镇附近的文昌阁、龙王宫处于信仰边缘，位列第三第四；五圣庙作为仪式核心列于仪仗压轴位置。这四座庙宇仅仅是参加游神仪仗，不由庙宇出面参与五圣庙打造暑船、请戏等事务。

三、神祇互动推动下的“送大暑”仪式

“送大暑”仪式可以视为是神诞仪式与送瘟船仪式的混合，从每年的小暑开始一直持续到大暑，可以分为“请神—庆寿戏—请酒—送大暑”四个过程。每一个过程都描述了一个特定的场景，标示着五圣爷在本地的活动轨迹。

---

[1] 贺老堂主，女，88岁，五圣庙前堂主。现在不负责五圣庙主要事务，偶尔来五圣庙叠金元宝。贺老堂主的奶奶是江边堂堂主。

[2] ［美］韩森著，包伟民译《变迁之神：南宋时期的民间信仰》，第131页，浙江人民出版社，1999年。韩森所指的“区域性祠祀”指一些原本是地方性神祇，后在中国南方广建分庙和行宫进行奉祀。分庙和本庙之间可以不具有很强的联系，甚至只要庙名相同就可以被认为是区域性祠祀的一员。在浙南地区，“杨府庙”就是这样一种分布广泛、力量强大的区域性祠祀。

（一）从“无神”到“有神”：请佛与落船

由于葭沚五圣庙原祀并非五圣，举行仪式前需要将五圣请入本地。送大暑仪式以小暑举行的“请佛”[1]为开端，表示五圣爷降到本地，五圣庙也由常年的“无神”状态转变为“有神”[2]。

2016年7月7日早上6点左右举行请佛仪式。五圣庙仪仗队从五圣庙出发，女性信众则留在庙内准备金元宝等物品或是在后厨做饭。7点整，五圣庙队伍来到葭中路与椒黄路交叉的大路口，其余四座庙的队伍则在路口等候。手持“顺风鞭”的五圣庙执事在大路口围成半圆的请佛现场。三位“捧佛者”——五圣庙李堂主、执事潘先生及周先生戴口罩与手套将神像按照“张刘赵史钟杨”的顺序从箱子里取出请到神轿上。首先是李堂主向打开的箱子拜三拜，从箱内拿出五圣爷小像，置于托盘并高举过头递给潘先生；潘先生朝老爷像拜三拜，从李堂主手中接过神像，递给周先生；周先生朝老爷像拜三拜后接过，将老爷放入神轿[3]。请神结束后，五座庙队伍按照“杨府庙—集圣庙—龙王宫—文昌阁—五圣庙”的顺序迎五圣神轿回五圣

[1] 葭沚镇居民经常将“五圣”称为“五圣大神”“五圣爷”“老爷”或是“阿弥陀佛”。“请佛”即是请五圣，也称为“请神”“请老爷”。

[2] 五圣作为五圣庙主神却不全年坐镇五圣庙，他们常年在海上打仗，只是在某一个时间段被信众请回庙宇。因此造成了庙内无神与有神两种状态。“五圣正庙”东门岭五圣庙的执事美珍女士和笔者说：“五圣庙之前在外面打仗，现在（指十一月廿六）把他接回来。”（2016年12月2日采访记录）；葭沚五圣庙贺老堂主和笔者说：“他（指五圣）都在海上的，小暑接回来，大暑把他送回出去。”（2016年12月3日采访记录）

[3] 除请酒仪之外，此后凡涉及神像移动的环节均由三位捧佛者按照“李堂主请神出轿，潘先生传递，周先生贡神上桌（船）”顺序进行。

庙，由葭中路向北至工人路，经镇西路回到五圣庙。

早上8点，五圣庙做“送大暑”道场。三位捧佛者将杨府大神神像、阮总师神位和五圣神像（张刘赵史钟的顺序）贡至正殿元宝桌。神像上供桌，标志着五圣庙从此开始有神灵坐镇。接着道士做大暑道场。期间有许多温岭信众赶来进献贡品及制作精美的金条，由五圣庙执事统一放入船中。约十点左右，负责做船的冯师傅将之前做好的水手炮手人偶按照名单顺序分门别类放上大暑船，大暑船正式落船完工。

（二）庆祝神祇回庙：庆寿戏

7月12日（农历六月初九），五圣庙开始做戏，共10天9夜，地点放在与五圣庙相隔约10米的“星光村老人协会”，戏台正对庙门。2016年请的是当地“星光越剧团”，共花费10万元戏金，由五圣庙支付。

7月13日（农历六月初十），五圣庙做庆寿戏《天官赐福》。晚上7点10分，《天官赐福》正式开始，表现各路神仙为助戏者“赐福”。庆寿戏中最关键的是丑角“东方朔”用葭沚方言[1]为当晚助戏者李老板及地方村民念吉语祈福，随后大声唱出并展示助戏者给的红包数目，最后手持“仙桃树”抛洒年糕做的小仙桃完成赐福。在庆寿中的仙桃树最后贡至五圣庙。《天官赐福》作为神诞节庆的例戏，其主要目的是为五圣爷庆祝寿诞。庆寿戏中东方朔用葭沚方言为地方百姓祝福、将仙桃树赠予本

---

[1] 在浙南地区，《天官赐福》中的东方朔念白涉及为地方赐福均用演出地的方言。

地五圣庙祝寿等细节表示在村落意识中，五圣已在地方坐镇。

以上“请佛—庆寿”环节形成一个完整的神诞仪式，表示五圣此时回到葭沚镇，保佑镇内居民。在葭沚，“送大暑”仪式被当作是五圣的寿日。但根据五圣主庙——东门岭五圣庙执事所述，大暑并不是五圣的寿诞日，农历十一月廿六“五圣回朝”才是五圣爷的寿日[1]。

表1　葭沚五圣庙与东门岭五圣庙一年仪式安排

<table>
<tr><th colspan="2">葭沚五圣庙</th><th colspan="2">东门岭五圣庙</th></tr>
<tr><td>正月</td><td rowspan="2">无神在境</td><td>正月</td><td rowspan="5">有神在庙</td></tr>
<tr><td>……</td><td rowspan="4">……</td></tr>
<tr><td>六月初四请佛</td><td rowspan="3">有神在境</td></tr>
<tr><td></td></tr>
<tr><td>六月十六请酒</td></tr>
<tr><td>六月十九送大暑</td><td rowspan="4">无神在境</td><td>六月十九送大暑</td><td rowspan="2">无神在庙</td></tr>
<tr><td rowspan="2">……</td><td>……</td></tr>
<tr><td>十一月廿六回朝</td><td rowspan="2">有神在庙</td></tr>
<tr><td>正月</td><td>正月</td></tr>
</table>

通过两地五圣庙一年仪式轨迹对比，我们可以看出两庙在仪式上均具有“请（迎）—庆—送”的周期性。其中“请（迎）—

[1] 文档“12月4日”，采访人：美珍，女，年龄不详，椒江海门东门岭五圣庙执事。据美珍所言，“五圣”在海上打仗，直到十一月廿六回朝日回到庙中，回朝日即是五圣寿日。

庆”仪式是向外界宣示五圣坐镇地方，同时也标志着一个仪式周期的开始。

（三）五圣与本保爷的协商：请酒与绕境

7月19日（农历六月十六），葭沚镇举行“请酒”仪式，需要五圣庙执事们将五圣及阮总帅与杨府君抬到集圣庙，由集圣庙执事“招待”七位神祇“吃酒”，下午再将这些神像悉数迎回五圣庙，意为白龙阮总帅请五圣到集圣庙去“吃酒”并商讨大暑事宜。请酒日来的信众人数较请佛日多，大多为居住在葭沚镇及附近的信众。“请酒仪”的主角也并非“送大暑”仪式的主角五圣，而是葭沚镇集圣庙保界的主神白龙阮总帅。集圣庙是葭沚的本保庙，在当地人口中被称为“殿前”，供奉的是“敕封白龙阮总帅”[1]。葭沚镇境内的居民均在阮总帅的庇佑之下，是集圣庙的保下弟子。请酒仪式是为了体现“本保”在整个送暑仪式上的主要地位。

早上7点仪式开始，五圣庙的三位捧佛者将老爷从元宝贡桌上请到神轿上，游神队伍按照“杨府庙—集圣庙—龙王宫—文昌阁—五圣庙”的顺序沿葭沚镇西侧，经葭沚下街、工人西路、镇西路转入黎明路，进入葭中路到达集圣庙。当天的游神队伍比请佛日多了“抬阁”“纸人偶”等娱神节目，场面也更加宏大。

早上8点到达集圣庙后，由集圣庙的执事负责捧佛，将神像

[1] 民国《临海县志》（《中国方志丛书华中地方第二一八号浙江省》），第235页，台北：成文出版社，1975年。“集圣庙，在县东南乡家子祀英烈侯阮总帅，相传明季倭寇至台，侯显圣海上，倭寇败去，至今香火甚盛。”

请入相对应的桌子落座，阮总帅与杨府君落座主位。神像落座后上菜，端捧饭菜的执事由一位手持“顺风鞭”的执事引领进入“酒宴”，每位执事负责端捧一个老爷的饭菜。每个老爷桌子边另有一名集圣庙执事“伺候”老爷，为其倒酒上菜打扇。

下午2点，五庙仪仗将老爷迎回五圣庙。队伍在出集圣庙之后往黎明路，沿葭沚镇东侧葭东路转入工人西路回到五圣庙，与当天上午迎神路线形成一个大致封闭的绕境圈（见图2）。

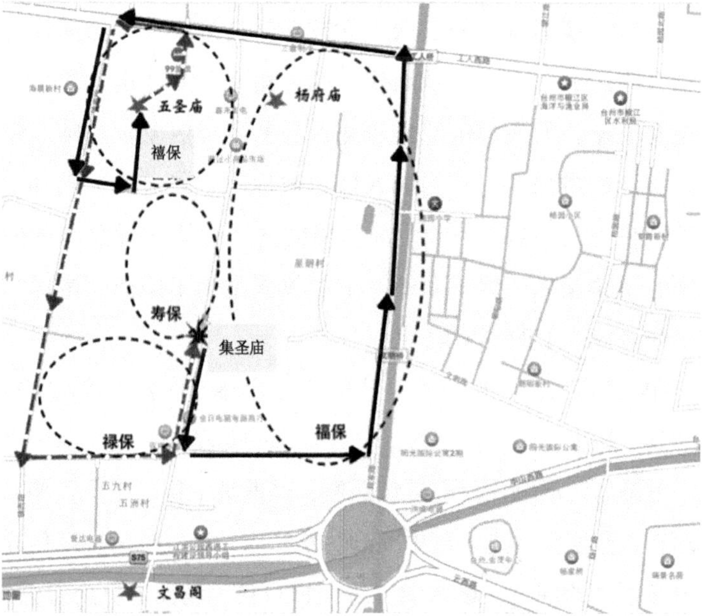

图注说明：

★庙宇　　✱集圣庙　　- - - “请酒”出发路线

—— “请酒”回程路线，与出发 ----- “四保”的大致分布路线形成一个“绕境圈”

图2　请酒日绕境范围示意图

沿街的本地居民为绕境队伍提供冰饮等。迎五圣回庙的队伍出现了整个送大暑仪式中唯一一次庙宇仪仗次序变换，杨府庙、龙王宫与文昌阁的顺序不变，五圣庙与集圣庙的位置对调，整个仪仗变为“杨府庙—五圣庙—龙王宫—文昌阁—集圣庙”。神轿的顺序也做出了相应改变，变为“张—刘—赵—史—钟—杨—阮”（图3）。阮总帅从领头的位置换至压轴，其中的意义是指作为主人的阮总帅送五圣回庙。下午3点，绕境队伍将神像迎回到五圣庙。

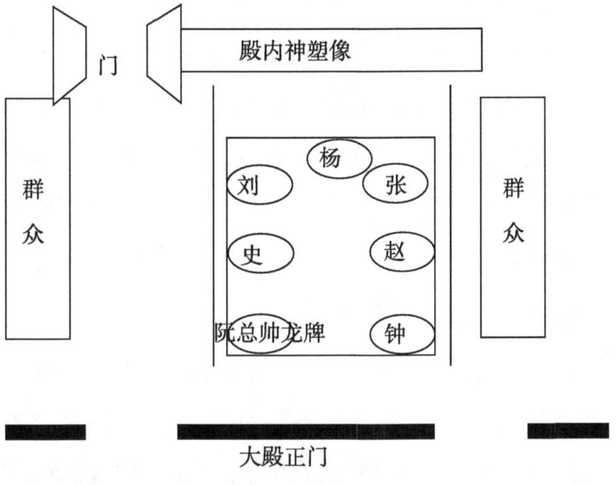

图3　请酒仪中神像席位示意图

请酒仪式是整个送大暑节庆必不可少的一环。在请酒之前，“五圣”仅仅是降临五圣庙，但并没有与本地发生关联；经过请酒仪式，五圣被地方“本保”承认，在送大暑期间成为地方祈拜的一员。换言之，只有通过请酒仪式中阮总帅的“邀请”，五圣的地位才算被葭沚的祈祀系统承认，才在节庆仪式中获得明确的地位与权力。以下两则是集圣庙执事周先生（73岁）和《椒江区“非遗”项目汇编》中收集的关于“请酒”的解释：

1.送大暑那五个人是上将，戚继光将军的上将，驻在海边，因为抗倭有功，于是本地封他们为五圣。大暑的意思就是说，五圣要到大暑那天出海出去打倭寇。阮总帅说，你也去海上打，我也要去海上打倭寇。所以这边的本保爷尽地主之谊，请他们饮酒。[1]

2.集圣庙的“白龙阮总帅”，葭沚人称“本保爷”，为了救济黎民，就请到“五圣”英灵，说明坏蛋是“鬼混”等极少数人，其余百姓大都为好人，如果瘟疫散布，于“五圣”在生之时爱护黎民的心意也有不合，希望“五圣”解除瘟疫，拯救百姓。“五圣”却说：“瘟疫为怨气、戾气所化，眼下难以除却，如何是好？”当下六位决定：每年一次由老百姓打造大暑船一只，内贮米、麦、猪羊蔬菜，送“五圣”出海找一荒山野岛，散去瘟疫，以保百姓平安。

于是，每年到了“大暑节”葭沚人民都会造一木船，由本保爷“白龙阮总帅”请“五圣”会饮，大暑日请“五圣”上船，送出海门关外，由大暑船自行行驶，找寻散瘟之处[2]。

---

[1] 录音文档“8月3日下午3：47.mp3”。讲述人：集贤殿执事周先生，73岁，周先生是这些执事中公认比较有文化的人，在集圣庙负责写牒事务。笔者多次去集圣庙采访，众人都首推周先生讲述。

[2] 椒江区非物质文化遗产普查领导小组办公室《台州市椒江区非物质文化遗产普查项目汇编》，2009年。讲述人：李志华，1936年生人，大专学历，记录时间：2007年。《椒江区“非遗”项目汇编》中葭沚地区的传说大多是由李志华走访记录并撰写的。

借助于仪式传说，我们发现请酒仪式实际上是对“阮与五圣协商”的展演。请酒仪式对于本地的重要之处不仅在于体现“本保爷”的地主之谊，更重要的是展演了本保爷、五圣之间共同商议“送大暑”事宜的场景。请佛与神诞戏昭示了五圣的降临，成为送大暑的主祭神，然而不可忽略的是葭沚镇已经有常年性的主神——阮总帅。为了协调两者送大暑期间的地位，两庙宇组织通过请酒仪式的展演，模拟阮与五圣的“协商”过程，承认了送大暑期间五圣在葭沚镇地方活动的主角地位。但同时作为补偿，阮总帅在送大暑仪式中占据显要地位，时刻提醒信众自己的社区主神地位。

（四）节庆高潮与落幕：“送大暑”庙会

7月22日（农历六月十九），葭沚镇迎来这场节庆仪式中的最高潮——“送大暑”，大量台州各地的信众前往葭沚拜五圣送暑船，人头攒动。送大暑即“送恶气”，暑船承载了整个镇一年的“恶气”放到很远的岛上或海上，保证本镇及椒江沿岸的平安。因此“送大暑”也是五圣爷最危险的一天。虽然镇内气氛热闹非凡，人山人海，但除非是特定的负责人，任何人都不去碰暑船。通过请酒仪式的铺垫，五圣名正言顺地在“送大暑”当天占据绝对主角地位，五圣庙代表“本地”接受外地信众的祈拜，由五圣庙执事负责送大暑当天的秩序维护工作。

早上7点五圣庙侧门有许多临时支起的小摊，以售卖草帽、凉品等为主，供香客和游客所需。信众从台州各县赶来，整个葭沚镇陷入节日的狂欢气氛中。今年参加“送大暑庙会”的信众约有1.3万人[1]，信众们的牒统一由一名五圣庙执事放入暑船船舱。上午庙里的大暑船向外移动并整个掉转方向，船头朝向庙门，以方便下午船的出庙。

正午12点开始正式送船，乐队站在天井左侧奏乐，五圣庙的大锣队举宫灯、宫牌的成员均换上了仿古马褂。集贤庙、文昌阁、龙王宫、杨府君庙等庙宇队伍在五圣庙集合，每个庙的衣服都较之前几次仪式更加美观精致。

下午1点，五圣庙队伍出发。执事们将神像和阮总帅龙牌请到轿子里，跟随前面的队伍从侧门抬出。之后镇中青壮年队伍合力将暑船从庙的正门抬出，并放到装有轮子的铁架上，方便推船参加巡境队伍。巡境路线从镇西路出，沿葭沚镇主干道葭沚中街向南至集圣庙后沿大路向北行进。在巡境过程中，任何人都不能打赤膊也不能打伞，以免“袒露”会弄脏五圣爷，给自己带来灾祸。五圣庙的执事会在神轿仪仗前五米处摇顺风鞭命令打赤膊及打伞的行人遮蔽袒露处、收伞或回避等。在大暑当日，暑船也到达了最危险的状态——已经满载着全镇的“瘟”。在巡境过程中均有居民支起小摊，免费向巡境队伍及行人提供薄荷水、冷饮、面盆、水桶、毛巾等。

下午3点，队伍到达三号码头港口。所有的仪式队伍及信众都被挡在坝外，只有护船队伍、五圣庙的执事、五圣庙（星光

[1] “送大暑”日当天卖的是杨府牒，一张5元。2016年卖杨府牒的收入达到65335元，大致推算出参加“送大暑”的信众有13067人。

老人协会）西乐队、“葭沚腰鼓队”[1]以及拖暑船出海船只的船长得以进入码头的仪式现场。五圣庙执事早在港口处已摆好款待神祇的宴席。随后船随着仪仗到达码头，镇内约40名青壮年合力将船推到港口，再使用吊机将船吊起放到浮排上，靠港口岸边停放。接下来准备请神明饮宴吃酒的仪式。宴席过后，将送神像上船出海。

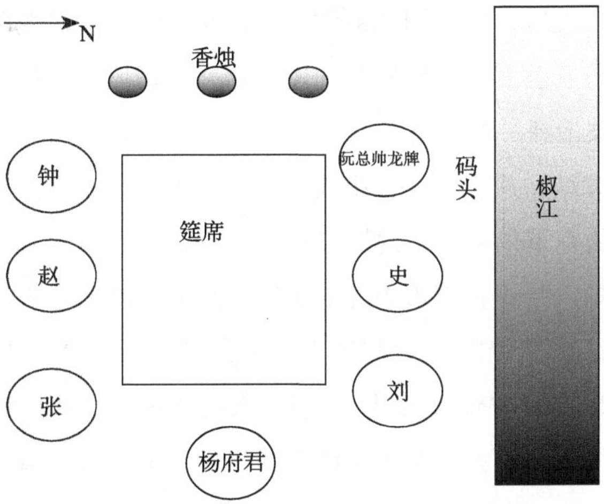

图4　大暑日码头请酒神像席位示意图

暑船与浮排固定放置妥当之后，锣鼓队乐声响起，五圣庙的执事们从坝边将七座神轿送达码头，按照“张刘赵史钟、杨、阮”的顺序三请神出轿并移至供桌请吃酒。五圣庙执事周先生为神像倒酒，共献酒三次及至将酒杯倒满。宴请神明吃酒结束后，大暑船方下水，入海靠岸停放。此时，在海上准

[1] 该腰鼓队的领头者是一名杨府庙的执事朱阿姨，女，56岁。据朱阿姨所述，20年前只有腰鼓队送暑船出海。

备拖带大暑船的渔船放冲天炮。五圣庙执事上大暑船装配桅杆索具。

约下午5点，执事完成竖桅杆，大暑船撑起船帆，几位装配桅杆的执事全部下船，执事周先生上船，将神像请到船上。周先生从两位捧佛者手中接下五圣及杨府君的神像，请到船上之后，为他们解下腰带和外衣，再放到船舱内的衙门判桌后。请神入船结束后，码头请酒的酒菜放入食盒带回。白龙阮总帅并不随杨与五圣下海，请回其神轿中抬回集贤庙，其他的神像的轿子则被抬到一处焚毁。

出海渔船共有三只，中间一只拖带大暑船，另两只护送。大暑船约在下午4点50分挂上主船，5点10分左右出发，开出港口时鸣炮。护送两船在晚上6点左右行驶至椒江三桥时返回，期间始终在主船左右后侧护卫，锣鼓队一路鸣锣。护卫两船返航后，主船向外海行驶，晚上7点停船等候潮水停潮。按照船主的说法，送大暑必须是涨潮时出发，向外海一直开到没有村落的地方，等待涨潮停止才能化暑船，防止大暑船点燃后船体或残骸顺潮水漂回大陆。大暑船即是“恶船”，如出现“残骸漂回”等类似情况，意味着将“恶”传播到葭沚近邻村庄，船员将被船残骸漂到的村落严厉追责，整个送大暑也将宣告失败。

约晚上8点停止涨潮，船员抬出两桶柴油，准备烧船。船员对大暑船进行了简单的祈拜活动，然后由船长向大暑船泼洒柴油。船长拿长杆点燃船头后瞬间全船火起，由于渔船绞盘与大暑船脱钩时操作过快，大火冲天的船体瞬间倾覆，断为两截在海面上继续燃烧。烧完之后，船上点起冲天炮。至此，船员都松了一口气，纷纷表示又完成了一年的任务。船员大多聚在船尾继续向海面上远去的大暑船残骸敬拜祈祷，无更多仪式。

约晚上8点半，烧船结束，渔船加速返航，整个送大暑活动结束。翌日五圣庙摆宴酬谢在大暑日中出力的执事们。

四、仪式展演与地方认同的构建

通过上述仪式中神明之间的互动，我们可以看到，大暑节对于陆地上的居民而言，保佑他们免受瘟灾的仪式，对于出海的渔民而言，保佑他们受五圣庇护平安归来。这些愿望是靠海居民共同的愿望，也正因此这些村落联合参与对五圣的共同祭祀活动。在仪式中，也处处以神明之间的相互合作与秩序安排表达了社区间的联合。由于五圣是最晚进入社区受祀的地方神，在仪式安排上也展演了五圣进入社区的过程。

五圣庙分迁到葭沚的时间大约在20世纪10年代，由葭沚乡绅黄楚卿之母，将五圣从海门五圣庙请到葭沚江边堂。五圣总庙在椒江海门地区，立庙大约在海门港开埠前后，海门港边上的五圣庙更多保留了五圣信仰在椒江地区流传的主要职能，即海洋保护与港口镇守神明，为的是保佑进出海门港的椒江商客轮船的平安以及海上运输的平安。由于开埠之前椒江地区的商业活动集中在通过椒江与台州内陆地区联通的葭沚港，海门港开埠之后最活跃的商人群体也是葭沚商人，黄楚卿是葭沚商人的主导者。随着海门港的兴旺葭沚商人又重新带动了原本渐渐冷落的葭沚港。可以看到五圣进入葭沚与海门港的开埠、海洋贸易的兴起，以及葭沚镇内地方商人的个人活动有着很强的关联。

虽然五圣请入葭沚是乡绅黄楚卿个人之举，与其在海门葭沚两地的生意经营有着重大的关系，但是五圣能够被葭沚的信众承认，凭借的是其信仰圈的力量。因此，五圣被请入葭沚虽然是黄母个人的行为，也有其集体性，使得祂一经请入便受到葭沚地方信众的承认。五圣以保护海洋与驱疫的专门保护神身份，受到地方神明阮总帅的邀请进入葭沚，为葭沚镇消灾。这是五圣庙获得地方性身份的第一步。

五圣被赋予地方性神祇的身份则意味着五圣信仰在葭沚得到承认。进入葭沚之前，葭沚已经存在大家共同维护的社区主神本保爷“阮总帅”，镇内居民均是集圣庙保下弟子，镇内也按照东南西北区域划分为“福禄寿禧”四个小保界。四保被认为是本保爷四个从大到小的儿子，每年本保爷寿诞由四保下居民轮流出钱供奉。葭沚镇内“四保”关系将地缘关系转化为拟血缘关系，强化了集圣庙保界的社区认同。五圣庙（江边堂）所在的禧保被认为是阮总帅的“小儿子”。

随着每年外地信众大量前往葭沚“送大暑”，送大暑也作为镇内年度性盛事，集圣庙保界内位列最小的“小儿子”五圣庙反而成为社区公共仪式的主角，这一点违反了依照传统父子纲常建立起来的以“集圣庙”为首的血缘关系。在神庙传说中，地方共同体通过给予五圣地方神祇的身份——本保爷的小儿子——承认其在地方受祈拜的合法性。为了协调五圣庙“送大暑”节庆期间在葭沚镇的地位，集圣庙与五圣庙之间进行了请酒仪以及一系列的仪式传说强调“送大暑”是五圣在阮总帅邀请下完成。换言之，是阮总帅将社区主神地位临时性地“让”给五圣，避免五圣权力突然进入葭沚镇而造成矛盾冲突。

通过传说协商，五圣在“大暑节”期间的主祭地位已经被地方群体所接受，我们还是发现了在“大暑节”的仪式场中出现了不同于仪式传说的现象：五圣虽然名义上作为送大暑仪式的主祭神，但是伴随着五圣接受信众祈拜的两位地方神祇——阮总帅与杨府君——却在绝大多数的仪式场内居于仪式主位。

表2　“送大暑”仪式场中出现的位阶排序

<table>
<tr><td>神像宴席</td><td>杨府君坐中心主席，阮总帅坐左起第一位，五圣坐客席</td></tr>
<tr><td rowspan="2">巡境队伍</td><td>神轿：
阮总帅神轿领头，杨府君神轿压轴；请酒日送五圣回庙时，杨府君与阮总帅神轿压轴。</td></tr>
<tr><td>仪仗：
杨府庙领头，集圣庙第二，五圣庙压轴；请酒日杨府庙领头，五圣庙第二，集圣庙压轴。</td></tr>
<tr><td>庙宇供桌上的神像排列</td><td>阮总帅龙牌居左起第一位，杨府君神像居中，五圣分列杨府两侧。</td></tr>
<tr><td>暑船上的神像排列</td><td>杨府君居中，五圣分列两侧。</td></tr>
</table>

随着仪式中自发前来祈拜的“温岭人群体”的出现，我们可以发现，请酒日协商的内容不仅有“让”还有“借”。对于五圣而言，祂的信仰力影响范围大致在椒江下游地区。自黄母

分庙之后，葭沚五圣庙的影响之大使得五圣信仰圈的中心完全由海门迁向葭沚。每年会有大批信众来葭沚送大暑。作为信仰中心的五圣庙如果仅作为“禧保”的庙，则无法承担如此重大的活动。因此请酒日所展现的“协商”不仅仅是协商双方在大暑节主祭地位的问题，更主要的是活动的场地与人员。因此五圣需要向本保爷借葭沚之地，在大暑当日能够将葭沚作为其道场接受信仰圈信众的祈拜。

但是在五圣庙“借地”的同时，集圣庙借助五圣信仰在葭沚泾至温岭一带的影响力来建构一个以葭沚为中心的地方认同。通过传说我们可以看到“葭沚/箬横”的地方关系通过五圣的“保佑/被保佑”结构为“中心/边缘”位序，葭沚镇也通过五圣信仰，取得在椒江下游地区间从事海上事务的几个村落中的中心地位。

五、总结与讨论

送大暑仪式的主要目的是保护该地方之内的平安，清除葭沚镇内的疫病与不祥，庇佑葭沚镇的渔民海上平安，因此送暑仪式具有很强的地域性。同时“暑船”又承载了当地渔民对海上平安的愿望。海洋事务远比内陆航运更为莫测，因此需要联合的力量也更多。共同祭祀也正是对这种村落间紧密关系的表达。仪式中的神列序位安排是共同祭祀得以进行而不致错乱的规则，同时也是达到了与其他村落人群的联合之目的。以保界庙宇为信仰标志是台州地方组织的重要特点，社区群体共同祭祀保界庙神灵是进行身份认同的基础。而正是通过仪式中形成合理的主次祭祀祈拜结构，将地方组织以五圣为中心联合起来。送大暑仪式是以五圣庙为中心，由五圣、集圣、杨府三庙协商，并联合龙王宫和文昌阁五庙共同参与的一个全镇性的仪式。

浙江海洋民俗文化的传承与保护研究
——以宁波象山石浦渔港为例

毛海莹*

21世纪是海洋经济时代，海洋的独特地位决定了人类的生产方式和文化模式。随着人类对海洋的不断认识与深入开发，一种特有的文化模式——海洋文化也应运而生。对海洋及海洋文化的认识，古今中外的不同学者有过不同的论述。黑格尔认为："大海邀请人类从事征服，从事掠夺，但同时也鼓励人类追求利润，从事商业。"[1]近代中国人在思索自己祖国的屈辱命运并谋图中华民族的复兴大业时，开始注意到西方海洋文明与中国的差异，梁启超在《地理与文明之关系》一文中认为海滨交通便利，能激发冒险进取之心和向往自由之精

---

* 毛海莹，宁波大学教授。

[1] ［德］黑格尔著，王造时译《历史哲学》，上海书店，2006年。

神。[1]当代学者徐杰舜、曲金良等对海洋文化也有独特的理解，但基本倾向于将“海洋文化”界定为：人类社会历史实践过程中受海洋的影响所创造的物质财富和精神财富的总和。[2]基于此，笔者认为，海洋文化就是和海洋有关的文化，就是缘于海洋生成的文化，也即人类对海洋本身的认识、利用和因有海洋而创造出的物质的、精神的、行为的、社会的文明生活内涵的总和。本文所讨论的海洋民俗文化就是在海洋文化大观念统摄下展开的。为了更深入更具体地从文化生态学的视角去论述海洋民俗文化的传承与保护，本文以浙江宁波象山县石浦渔港为例[3]，

---

[1] 梁启超《地理与文明之关系》，梁启超著，费有容校订《饮冰室文集全编》（第三册），上海新民书局，1935年。原文是这样论述的：“海也者，能发人进取之雄心者也。陆居者，以怀土之故，而种种之系累生焉。试一观海，忽觉超然万累之表而行为思想，首得无限自由。彼航海者，其所求固在利也。然求之之始，却不可不先置利害于度外，以性命财产为孤注，冒万险而一掷之。故久于海上者，能使其精神日以勇猛，日以高尚，此古来濒海之民所以比于陆居者，活气较盛，进取较锐。虽同一种族，而能忽成独立之国民也。”

[2] 徐杰舜《海洋文化理论构架散论》，《岭峤春秋·海洋文化论集》，广东人民出版社，1997年。曲金良在《发展海洋事业与加强海洋文化研究》（载《青岛海洋大学学报》1997年第2期）一文中对“海洋文化”做如此界定：“海洋文化，作为人类文化的一个重要的构成部分和体系，就是人类认识、把握、开发、利用海洋，调整人与海洋的关系，在开发利用海洋的社会实践过程中形成的精神成果和物质成果的总和，具体表现为人类对海洋的认识、观念、思想、意识、心态，以及由此而生成的生活方式包括经济结构、法规制度、衣食住行习俗和语言文学艺术等形态。”由此可见，两位学者对“海洋文化”的认识基本一致。

[3] 石浦渔港是我国东南沿海著名的国家中心渔港，十八里港湾岛山环屏，五门罗列，是中国海洋渔业最早发祥地之一，秦汉时即有先民在此渔猎生息，唐宋时已成为远近闻名的渔商埠、海防要塞、浙洋中路重镇。1973年石浦渔港被国家计委列为全国四大群众渔港之一。如今，石浦渔港为国家二类开放口岸、全国渔业第一镇、浙江省首批历史文化名镇。第二批国家级非物质文化遗产项目中，石浦渔港以“妈祖信仰及迎亲习俗，象山渔民开洋、谢洋节，象山晒盐技艺”坐拥三项“国”字号文化项目。石浦渔港在海洋民俗传承与保护上可谓走出了一条独具特色的路子。

希冀通过个案的剖析达到理论的共鸣，为海洋民俗的文化生态研究提供有益的思考与借鉴。

一、对海洋民俗的认识及文化生态理论的引入

美国“人类学之父”弗朗兹·博厄斯（Franz Boas，1858—1942）认为，民俗是文化的一面镜子，他提出，一个民族的民俗就是这个民族的自传体民族志。[1]博厄斯的“民俗即文化之镜”的观点给我们提供了一个认识海洋民俗的切入口。海洋民俗文化是海洋文化的重要组成，随着海洋民俗文化逐渐被重视，大量关于海洋的民间传说、神话故事被搜集、整理，各种以海洋为内容的民间歌谣、民间舞蹈、民间曲艺等被挖掘，海洋生活习俗、生产习俗与信仰习俗也逐渐进入研究者的视野，一时间海洋民俗成了海洋文化的亮点和重头戏。“民俗在社会中一旦形成，就成了一个自控又自动的独立系统，并以相对的稳定性，陈陈相因，延续承袭。只要适合这一民俗事项的主客观条件不消失，传承的步伐就不会中止。”[2]

民俗的这种超时空传承特性决定了海洋民俗传播的广泛性和持久性。然而由于民俗的传承是一个综合的系统，除自身的发展外，还不同程度地受到政治、经济、文化、心态等多方面的影响，因此海洋民俗在其传承过程中也不可避免地会受到

[1]　［美］阿兰·邓迪斯著，户晓辉编译《民俗解析》，第40页，广西师范大学出版社，2005年。

[2]　陈勤建《中国民俗学》，第79页，华东师范大学出版社，2007年。

其他因素的干扰和冲击。从民俗的制度层面来看，人为制定的海事条规、经济战略以及由此而引发的无限制地滥用开发海洋资源等一系列行为都有意无意地破坏了海洋原有的生态平衡系统，与民俗传承和保护的“原真性”标准相去甚远。

基于此我们认为，从文化生态学的角度去传承保护海洋民俗不失为一种明智的策略，它可以将海洋民俗引领到一条系统的生态平衡的路子上去。狭义的民俗传承性，是指民俗文化在时间上传衍的连续性，即历时的纵向延续性，同时也是指民俗文化的一种传递方式。[1]与此相关的是民俗的扩布性，它是指民俗文化在空间伸展上的蔓延性，也是指民俗文化的横向传播过程。本文所指的民俗传承是广义上的，包括狭义的民俗传承性和与此相关的民俗扩布性，这使民俗文化的传承成为一种时空文化的连续体，也为民俗传承引入“文化生态学”理论打下了坚实的基础。首次提出“文化生态学”概念的是美国文化人类学家朱利安·斯图尔德（Julian Steward，1902—1972）。1955年，他提出“文化生态学”概念并倡导成立专门的学科，目的在于“解释那些具有不同地方特色的独特的文化形貌和模式的起源”。[2]斯图尔德最重要的贡献在于认识到环境与文化是不可分离的，文化和环境有时各自起着不同的作用。他倡导的“文化生态学”认为：“人类是一定环境中总生命网的一部分，并与物种群的生成体构成一个生物层的亚社会层，这个层次通常

---

[1] 钟敬文《民俗学概论》，第13页，上海文艺出版社，1998年。

[2] ［美］唐纳德·L. 哈迪斯蒂著，郭凡、邹和译《生态人类学》，文物出版社，2002年。

被称为群落。如果在这个总生命网中引进超有机体的文化因素，那么，在生物层之上就建立起了一个文化层。这两个层次之间交互影响、交互作用，在生态上有一种共存关系。”[1]

在笔者看来，斯图尔德所谓的“生物层”和“文化层”就是自然生态和人文生态，两者交互影响、交互作用，在生态上形成了一种共存关系。换言之，文化生态就是一种文化的自然生态与人文生态的结合体。由于文化对人心理的影响是潜在的，因此一种文化观念要被人们接受也需要经历一个从认识、认同到接受、内化的一系列过程。相应地，文化生态的表现形式也比较间接、隐蔽，特别是作为文化生态内核的人心，其表现也同样具有较为显著的持久性、曲折性、不平衡性和异向性等。作为海洋文化核心的海洋民俗，在其自身发展历程中无疑积淀着从事海洋生产特定群体的心理习俗，这种观念和习俗在不断地强化和提炼中被巩固、传承，这是文化生态的内在机制使然。此外，文化生态所表现的社会价值取向，是一种思想趋向和价值观体系，其中包含了政治价值取向、经济价值取向、文化价值取向、职业及伦理价值取向等，是一个涉及面宽、内容极其丰富的问题。[2]笔者认为，从文化生态的社会价值取向去思考海洋民俗的传承与保护，这是对海洋人文关怀和道德伦理呼唤的实践与回应。

从本质上说，文化生态倡导的是一种“天人合一”的理想境界。在这种观念的支配下，我们要合理地开发利用海洋资

[1] 司马云杰《文化社会学》，第153—154页，中国社会科学出版社，2002年。

[2] 王长乐《论“文化生态”》，载《哈尔滨师专学报》1999年第1期。

源，既要保持海洋自身的自然生态平衡系统，同时也要将跟海洋有关的生活、生产、信仰、节庆等习俗和活动有机地融会到海洋文化的整体中去，使海洋文化保持一种“积极和谐、充满活力”的人文生态平衡系统，从而更好地传承海洋民俗。其实，这种讲求平衡和谐的理念在中国古代就有了。《老子》提到人和天地万物都是以“道”为本原，认为“道生一，一生二，二生三，三生万物。万物负阴而抱阳，冲气以为和”[1]。由此，道家提出的关于生态智慧的最深刻、最完美的说明，强调了一切现象的基本同一和在自然循环的过程中个人和社会的嵌入。可以说，中国传统的道家思想为现代中国文化生态学的生长提供了理论的土壤。所不同的是，在价值取向上，老子的道家是遁世空灵的，而文化生态学则更注重发挥和挖掘文化生态的社会实用价值。

文化生态所表现的社会价值取向对于海洋民俗的积极传承具有深远而重要的影响。一切民俗都是在活动中得以传承和发展的。从现代生活的意义看，基于“休闲”理念的海洋民俗活动的传承最能适应现代潮流，最能发挥其经世致用价值的一条途径。“休闲”是一种流行的生活方式，也是文化生态的至高境界的体现。关于“休闲”这个概念，古今中外的学者都有过不同的论述。1899年，索尔斯坦·维布伦在《有闲阶级论》一文中提出，休闲已经成为人们的一种生活和行为方式。20世纪初，身为美国教育家和哲学家的莫德默·阿德勒在研究了休闲

[1] 梁明海译注《老子》，第65—66页，辽宁民族出版社，1996年。

与工作的关系后，进一步指出我们需要崇高的美德去工作、去休闲。瑞典的皮普尔在《休闲：文化的基础》中也用精辟的语言阐释了休闲作为文化基础的价值意义，并深刻地指出休闲是人的一种思想和精神的态度，休闲能力是人类灵魂深处的最根本的能力。

然而，与英美等西方国家有所不同的是，中国自古以来对“休闲”的理解和体验更注重从身心两方面去展开。中国古代的休闲思想可谓博大精深，特别是以士大夫文人为主的休闲文化是中国传统文化重要的组成部分，它与自然哲学、人格修养、审美情趣、文学艺术、养生延年等都发生着极为密切的关系，体现出华夏民族对休闲持有的特殊认知和体验方式。提及休闲，人们自然会想到“采菊东篱下，悠然见南山”的田园诗人陶渊明；也会想到独自享受“孤舟蓑笠翁，独钓寒江雪”情趣诗意的柳宗元。由此笔者认为，休闲不仅是一种生活方式，更是一种美学境界，是自我心灵与天地自然融为一体的过程。休闲需要“从心开始”，休闲主体心境的自在澄明是保持一颗“自由”之心的根本。可见，对“休闲”的上述理解也是文化生态学对现实生活的一种哲学思考。

休闲是人生命的一种状态，是个人人格独立化、自由化以及与自然和谐的生存状态。中国传统文化最崇尚“境界”，然而不同的境界具有不同的审美表征，王国维在《人间词话》中就提及三种不同的境界：“古今之成大事业、大学问者，必经过三种之境界：‘昨夜西风凋碧树。独上高楼，望尽天涯路’，此第一境也。‘衣带渐宽终不悔，为伊消得人憔悴’，此第二境也。‘众里寻他千百度。蓦然回首，那人却在灯火阑珊处’，此第三境也。”[1]由此联想到“休闲”的境界，笔者认为休闲的境界也有着不同的等级和层次，关键取决于休闲主体的心境。每一个真正进入休闲活动的人必须做到心无羁绊和远离功利，只要休闲主体有这样一种心境，便不难体验到“休闲”的最高境界；也只有用这种“休闲”的心境去参与一切与海洋有关的民俗活动，才能达到真正意义上的“文化生态”。

如果说“天人合一”倡导的是一种自然生态与人文生态的平衡，是文化生态学的基本理念；那么“休闲活动”便是这种理念下的现代产物，它是海洋民俗凸显文化生态特征并发挥其真正的社会价值的有效载体。

二、创和谐：海洋民俗传承与保护的生态智慧

针对当前人类社会在文化生态上的“失衡”，文化生态学“进一步从自然—人类—社会之间的关系入手，从历史的、现实的、时间的、空间的综合维度展开文化的讨论，既重视有形的、自然的物质文化创造，又重视无形的、非物质文化的创造，并注意二者的结合，以及文化与自然环境、人类社会的关系及其相互影响”。[2]文化生态学的这种策略导向为海洋民俗的传承与保护提供了理论依据。基于此，笔者认为，对“和谐”的诉诸，是文化生态的一种生存智慧。“和谐是一种价值

[1] 王国维著，徐调孚校注《人间词话》，第16页，中华书局，2009年。

[2] 唐家路《民间艺术的文化生态论》，第39页，清华大学出版社，2006年。

追求，一种境界，一种美。和谐即文化生态各因素协调发展。和谐包括了各个方面的内容——人与自然、人与社会、人与人、人与自我四个层面。”[1]因此，文化生态的生存智慧就是将不和谐的因素转化为和谐的因素。在此视角下，保持大文化圈的整体和谐以及内部小文化圈之间的相对和谐是传承和保护海洋民俗一个十分重要的手段。关于“文化圈”现象，中国民俗学专家乌丙安先生是这样解读的：“文化圈是一个有机体的整个文化，它包括人类需求的各种文化范畴。它在各地区形成、发展并可能向其他地区移动，同时，在不同地带还可能有与其相关联的文化成分，形成文化圈的广阔地理分布表现。”[2]其实，关于“文化圈”的文化关联及地理分布特征最早可以追溯到传播学派先驱者地理学家拉策尔（F. Ratzel）。他认为，传播是文化发展的主要因素，文化采借多于发明，不同文化间的相同性是许多文化圈（区域）相交的结果。因此，文化彼此相同的方面愈多，发生过历史关联的机会就愈多。由此我们联想到海洋文化圈的生成，凡是有海洋存在的地方必然有海洋文化及海洋民俗的存在，像我国以东海、南海、黄海、渤海为主体的周边区域都应是海洋民俗文化圈的覆盖范围。大文化圈内的渔民既有着相似的海洋生活、生产、信仰习俗等，又有着由于地域文化差异而形成的各色各样的小文化圈。保持大小文化圈内部的和谐发展是海洋民俗关注的焦点。

---

[1] 黄正泉《社会和谐的文化生态学研究导言》，载《湖南社会科学》2009年第2期。

[2] 乌丙安《非物质文化遗产保护中文化圈理论的应用》，载《江西社会科学》2005年第1期。

地处东海海洋民俗文化圈内的浙江宁波象山县石浦渔港在“和谐”发展上做了一番文章，当地政府充分认识到自然和谐与人文和谐构建而成的系统文化生态是创设海洋民俗和谐基调的真正“主旋律”。石浦渔港身处东海海洋民俗文化圈，吴越文化的深厚积淀及浙东学派的人文精神对东海海洋民俗文化圈产生了巨大的影响。因此，在吴越文化与浙东学派精神的共同映照下，石浦渔港在发展自身海洋民俗文化的同时，也充分注重与以余姚江、奉化江、甬江为代表的江河文化以及与以四明山和天台山为代表的山川文化的共生和谐发展。如石浦渔港颇具地方特色的海商文化与海防文化就较好地体现了江、海、山文化的“和谐”。历史上明州（宁波）是我国海上丝绸之路的始发港之一，吴越大量的丝织品和越瓷通过明州港走向世界。象山从北到南的200里航道，是这条丝绸之路的黄金水道，而石浦就是桥头堡。此外，石浦古镇一头连着渔港、一头深藏在山间谷地，城墙随山势起伏而筑，居高控港，素有“城在港上，山在城中”之称。自元代起就被称为“浙洋中路重镇”，康熙二十三年（1684）仍设关防守，现在仍存有金鸡山炮台、二湾摩崖、古城墙、古城门、古炮台、摩崖石刻等海防遗迹。石浦古镇“背山面海”的独特地理及“海纳百川”的人文理念从地理上阐释了海洋与江河、山川的和谐共生关系。

“文化是人类精神的外化。由于人是以类的方式存在于大宇宙之中且具有超越祈向的社会动物，一个文化系统的文化生态必然涉及人与终极实在、人与自然宇宙、个人与社会、不同文化共同体之间以及人的身心之间等方面的关系，正是这些方面构成了特定文化系统的基本存在形态。”[1]可见，文化生态的和谐也十分注重内在的人文因素。石浦渔港在创建自然和谐的同时也将人文和谐作为重中之重去发展。石浦的渔民们相信妈祖、崇拜关公、敬畏龙王，“三月三踏海滩”“妈祖赛会”“六月六迎神赛会”“七月半放海灯”，都是流传于石浦一带渔村特殊的渔俗文化活动。还有古韵盎然的祭海活动，独具渔区民间文化特色的开船仪式等都为石浦古镇增添了浓厚的人文气息，特别是每年9月份的“中国开渔节”有着丰富的文化内涵和鲜明的渔乡特色，是一个真正集文化、旅游、经贸活动于一身的海洋民俗文化盛典，同时也较好地将各种人文、经济、自然因素和谐地统一在这个海洋民俗节庆之中。另外，石浦古镇现有四条保留完整、总长1670米的碗行街、福建街、中街、后街，这四条街组成了古朴的石浦老街。中街上的“源生钱庄”“宏生绸庄”“大皆春药店”等老字号也为古镇平添了几分特别的渔乡俗韵，是石浦海商文化的现代演绎。应该来说，石浦渔港在发展人文生态上迈出了较为成功的一步。当然，从文化的可持续发展和民俗的原真性传承的更高标准去看，笔者认为，石浦渔港在挖掘当地有特色、原生态的海洋民俗上还可再下功夫，要鉴别民俗的真伪，选择民俗的精华，这样才能在海洋民俗的可持续传承上做足文章。对于地方民俗旅游资源的开掘，有专家建议，“要发展以民俗为基础的文化旅游，在开发一地民俗旅游资源的同时，一定要倡导真民俗而摒

---

[1] 李翔海《论中国文化现代发展的三大阶段》，载《南开学报》（哲学社会科学版）2005年第6期。

除伪民俗”[1]。从长远发展的战略眼光看，石浦渔港若能围绕东海海洋民俗文化做系列文章，设立独具东海特色的海洋生活习俗馆、生产技艺馆、渔俗信仰馆及海洋歌谣语言馆等，多借鉴其他成功的人文和谐经验，就会在海洋民俗文化建设上走出一条新路。

石浦渔港在创建自然和谐与人文和谐的海洋民俗过程中所反映出来的成功与不足，给其他渔港小镇以新的启示和借鉴。其实，上文所提及的“休闲”理念对于各地现代渔业及海洋民俗的保护同样是具有切实可行的参考价值的。休闲与渔文化的完美结合就形成了现代意义上的“休闲渔业”，休闲渔业就是以人们参与渔业活动为基础，并将人们的休闲生活、休闲行为、休闲需求与渔业活动密切结合，从而达到身心放松的休闲境界的一种现代新型交叉产业。笔者认为，在对渔港古镇的海洋民俗进行和谐创建时不应忽视对其休闲渔业的开发。休闲渔业是借助于旅游观光、水族观赏、户外垂钓等休闲活动与现代渔业方式的有机结合来实现其经济价值和审美价值的，这些休闲活动是让参与者达到真正意义上的“休闲境界”的物质载体。由于“休闲”理念的落脚点在于个人与自然、个人与社会的和谐共生，这也就决定了休闲活动的范围性和适度性，要善待海洋，合理地开发和利用海洋资源，只有这样，才能在休闲活动中真正地体验到海洋民俗自然和谐与人文和谐的真谛。

---

[1] 陈勤建《文化旅游：摒除伪民俗，开掘真民俗》，载《民俗研究》2002年第2期。

三、重品格：海洋民俗传承与保护的生态内核

斯图尔德的文化生态学理论根据不同地区特殊的文化类型、文化模式的起源提出了“核心文化”的概念，美国的文化人类学者罗伯特·墨菲（Robert F. Murphy，1924—）在完善“核心文化”概念的基础上进一步指出文化生态理论的实质，即文化与环境之间存在一种动态的富有创造力的关系。无独有偶，我国文化社会学家司马云杰在解释文化生态系统结构模式图时，也以“自然环境—科学技术—经济体制—社会组织—价值观”层层推进，[1]揭示“价值观”在文化生态各种变量中的核心地位。在笔者看来，“核心文化”及“价值观”的论述，其实是强调文化品格在民俗传承中的重要作用。

就海洋民俗来说，生活在海洋民俗文化圈内的群体品格提炼是海洋心意民俗的重要表现方式，对海洋民俗的内在传承起着关键性的作用。受海洋民俗文化熏陶的人们，在性格上自然而然地印刻着海洋的品性。以生活在东海海洋民俗文化圈的“宁波帮”群体为例，他们的性格形成与特点对包括石浦渔港在内的东海海洋民俗文化圈内的群体性格的塑造起着巨大作用。无论从海洋文明历史还是从地理文化上看，宁波都是一个与海洋文化有着密切关系的城市，宁波商帮就是生长在这样一片土地上。与“海洋”有着不解之缘的他们，善于四海为家，敢于迎接潮头，从城市到乡镇，从沿海到内陆，从祖国到异

[1] 参见《文化生态系统结构模式图》，唐家路《民间艺术的文化生态论》，第33页，清华大学出版社，2006年。

乡，随处可见其经商的足迹。海洋文化对宁波商帮的影响和作用从某种意义上说树立了海洋文化圈内人们的一种群体品格，海纳百川的胸襟与气度、精卫填海的意志与顽强、八仙过海的神通与协作，以及百川归海的宏图与祈愿，这既是宁波商帮精神品格的概括与提炼，同时也是共处这个海洋文化圈内的人民的精神追求与理想。因为宁波帮精神是东海海洋文化圈内优秀人文资源的代表，是一种精神和品格的象征。

陈勤建教授指出，民俗是一种文化模式，归根到底是“人俗”。如果说我们一个人有生物的生命，那么我们也有文化的生命。人是生物生命和文化生命的双重复合体。如果生命的基因是DNA，那么文化的基因就是哲学理念上的民俗。[1]正是海洋文化圈内的这种特定的群体品格构成了海洋人民的心意民俗，世世相袭，代代相传。一些濒海城市、海岛城镇不妨可以考虑将这种独特的心意民俗作为主要内容加入海洋民俗的传承和保护队列中去。在笔者看来，上述提及的“宁波帮”海洋精神和品格，完全可以作为包括石浦人在内的东海海洋民俗文化圈内人们海洋品性的一种参照体系和理想诉求。宁波象山石浦渔港是第一个倡导“渔文化与教育”从娃娃抓起的古镇，而且象山某校已经将“海洋文化”作为沿海地区学校特色育人的优质资源。这种务实重教的良好开端为石浦海洋民俗文化品格的宣传与推广开启了智慧之门。从学校到社会，从渔民到游客，石浦人的海洋品格与海洋精神由此影响扩散到更大的文化生活

---

[1] 陈勤建《中国民俗学》，第29页，华东师范大学出版社，2007年。

圈，这是海洋民俗传承与保护中值得借鉴和学习的经验。

美国学者本尼迪克特指出，“特定的习俗、风俗和思想方式”就是一种“文化模式”，它对人的生活惯性与精神意识的“塑造力”极其巨大和令人无可逃脱。[1]世界上每个国家和民族都有自己的生活地域，自己的生活方式，自己的文化模式，从而构成了自己独特的文化风格，这就是我们通常所说的地域文化。地域文化是人文基因的一个重要方面，是一个地区、一个国家的民众在特定的生态环境中共同生活酿就的与其他地区有差异的文化，如中国文化、印度文化、古埃及文化等。一个大的文化区域内，又可分出较小地域的文化区，如中国江浙的吴越文化，山东的齐鲁文化。地域的民众和生态环境造就了地域文化，地域文化也会反馈于其身，主要表现在地域物质层面和非物质层面，以流行的独特行为模式、代代相传的行事方式以及对社会行为具有规范作用和道德感召力的文化力量等形式，制约着人们的价值判断、审美需求、人际交往和生活走向。同样是渔文化，中国和日本就有一定差异，不同国度民众的性格特征鲜明地反映在各自的渔文化上。这里暂且不论中日两国渔文化孰优孰劣，但可以肯定的是，日本的渔业产业化经营以及在渔文化倡导上所体现出来的合作制精神是值得国人学习和借鉴的。推而广之，同样是在中国，受齐鲁文化影响的黄海海洋民俗文化品格与受吴越文化熏陶的东海海洋民俗的文化品格也是各具特色的。齐鲁文化是齐文化和鲁文化的融合，齐

[1] ［美］露丝·本尼迪克特著，王炜等译《文化模式》，第5页，三联书店，1988年。

文化尚功利，鲁文化重伦理；齐文化讲求革新，鲁文化尊重传统。这两种文化在发展中逐渐有机地融合在一起，形成了具有丰富历史内涵的齐鲁文化。山东沿海居民面向大海，航行外出方便，跨海从事商业活动的传统形成了一种特定的海洋民俗，加上齐鲁文化的陶冶，独具特色的海洋民俗文化品格呼之即出，那便是淳朴厚道、豪爽大度、智慧务实，然而又不免带有些循规蹈矩、故步自封的倾向，与东海海洋民俗文化品格形成鲜明的对照并共同构成海洋民俗“大文化圈”的其中一环。

“一个民族的文化是由各种文化要素组成的相对稳固的自足系统，它本身有其运作的内部规律，就是传承机制，它既有使文化纵向传递的动因又有横向吐故纳新的适应外部环境变化的创新调适机制，它使文化在肯定与否定的双重价值标准中选择地发展，在基因复制式的社会强制作用和民族心理结构的规范中运转在特定的文化生态中。”[1]从这种意义上讲，石浦渔港由和谐、品格等内在因素作用下所形成的海洋民俗文化内在传承机制，在一定程度上为海洋文化均衡的生态系统提供了有力的保障。文化生态既是一种自然意识、人文关怀，更是一种系统综合、互动联系的思维方式，以文化生态为视角进行各种民俗文化的传承，对于保护一个地方乃至一个民族的民俗文化是极为有利的。

[1] 魏美仙《文化生态：民族文化传承研究的一个视角》，载《学术探索》2002年第4期。

海洋民俗文化的一朵奇葩

——海峡两岸如意信俗的传播与衍变

郦伟山*

人类生活的地球，最突出的特点就是海洋。海洋是地球上一切生命存在和发展的前提和基本条件。海洋民俗是海洋文化的重要组成部分，它有着悠久的历史，也因沿海居民的社会生活需要而产生，在海洋独特的自然与文化环境中发展演变、积淀。

独特的地理环境，独特的社会生活，独特的如意信俗在渔山岛应运而生，成为海峡两岸同胞情感的纽带，血脉相连的生动写照，是永远割不断的两岸文化情缘，是中国海洋民俗文化百花园中的一朵奇葩。

* 郦伟山，象山县渔文化研究会原副会长、兼秘书长。

一、浮木立庙　香火不绝

如意娘娘是渔山岛岛民的海上平安孝神，是渔山岛人特有的传统文化形态，始于清朝时期，庙宇建在北渔山岛上的庙岙，据称庙岙这一地名也是由于如意娘娘的存在而命名的。

追根溯源，如意娘娘的由来有两种说法，第一种是木板（木头）说：据徐七寿老人讲述，渔山岛几百年前就常有福建兴化人来捕鱼，也常有台州、黄岩人来岛铲淡菜（一种岩生海产贝壳类）。一日，有采贝人落崖身亡。后其女从家乡赶到，问旁人其爹在何处身亡，当得知确切地点之后，二话不说，纵身跃入海中殉葬。众人大惊，但见从该女投身处浮上一块木板，人们为该女的强烈孝道所感动，也为该神奇木板所震惊，遂以木板雕塑成一尊如意神像建庙于该岛，称之为如意娘娘庙。现任渔山岛村主任柯位楚同样听爷爷讲过这个传说，只不过他说：那浮上来的是一段木头，后来雕成如意塑身。如意是坐身的形象，双手搁在膝上，扶着一块约20厘米宽，100厘米长的木板，与徐七寿老人的说法相一致。

第二种是“绣花鞋”说：在渔山岛住了40余年的原庙管陈金杏女士，听她公爹也讲过本传说：很早以前如意娘娘的父亲在渔山岛劳动，帮鱼老大干活，做长工。他们本来不是渔山人，如意娘娘来渔山看望父亲，上岸后刚好他父亲铲淡菜跌落海中遇难了，如意娘娘就心急，从庙岙窜下海去救父，跳下后浮上来一只绣花鞋，有人说这是如意娘娘灵魂的化身，为此塑像立庙。

不管是“浮木说”和“绣花鞋”说，在如意塑像中均有体现。

渔山岛如意娘娘庙1956年遭“8.1特大台灾”倒废，1990年由台湾台东县富冈村、渔山村集资6万元，由渔山人徐七寿、周雪礼、汤全生（已故）等人，依据被搬到台湾的如意娘娘真身照片进行雕塑，从此，渔山岛上终于重现神灵、神像和庙宇，香火不绝。

二、小小插曲　填定基础

渔山地处东海前哨，临近公海。清《浙江沿海图说》记载：“……有居民者三岛，南、北、渔山各二十户，白礁五户，皆闽人之捕鱼为业者……”晚清时期曾为海防禁域，历来为兵家必争之地。

1949年，除了一些沿海岛屿，大陆基本上都解放了，而渔山岛仍处在国民党控制之下，与陆地的交流基本被隔绝。到了1955年，随着形势的变化，岛上的渔民被要求撤走。撤离总指挥是时任“国防会议副秘书长”的蒋经国，负责运输的是美国第七舰队。

当地渔民淳朴，听说战争即将来临，就很恐惧，都同意撤。渔民们开始收拾行李，准备登舰，就在这时，出现了一个小小的插曲，也为以后的交流打下了基础。因为渔山岛如意娘娘庙还有一百多尊神像，有的有五尺高，有强烈信仰的渔民要把神像带走，但被“官方”拒绝，他们说，连人都快站不下了，哪还有空间放菩萨像，渔民见此，都不愿意上船，纷纷表示，如意娘娘不走，我们也不走，宁可家当都不要了，也要带上如意娘娘。

当时渔山岛渔民柯位林（“亚洲飞人”柯受良的父亲）斗胆向上岛巡视的蒋经国求助。蒋经国当时讲了十个字：“可以，可以，搬上去，搬上去。”渔民一听很高兴，马上行动，把神像装到箱子里，当作行李，不会占空间。最大的“如意娘娘”很沉，手脚可以移动，于是大家一路轮流背着，跨越海峡到了台湾。

如意信仰是一代代渔山岛人用他们的情感、智慧和理念创造的一个传奇，反映了渔山岛人对人生的独特理解和美好生活的不懈追求。渔民如此执着，要带上“如意娘娘”，包含了很多复杂的原因：一是担心。担心渔山岛成为无人岛，冷落了如意娘娘；二是寄托。岛民去台湾，海上航行充满风险，祈求如意娘娘的庇佑；到了台湾一个完全陌生的环境，在情感上有一种寄托，心理就会感到踏实。

数百年来，如意信俗在偏远的小岛渔山代代相传，已发展成为一种成熟、完备的民间信俗系统。1960年，去台的渔山人，建设了富冈新村，村中建了如意娘娘为主神的“海神庙”。

随着时间的推移，两岸兵戎对峙的坚冰已融。2007年7月27日，在象山县台办的全力支持下，阔别了五十多年的如意娘娘，由台东富冈村村民柯位林率渔山岛的原居民与后代组团54人，第一次踏上故土渔山岛祈福祭祖，开创了两岸娘娘神明省亲迎亲习俗。

三、妈祖如意　迎亲习俗

妈祖又称天上圣母、天后、天后娘娘、天妃、天妃娘娘等，是我国沿海百姓崇祀的海神，始于北宋、源于福建。象山三面环海，一路穿陆，东临大洋，“皆蕃舶闽船之所经”。象山在海一隅，海上捕捞，海上航运，海上贸易十分活跃。尤以县南的石浦港，山环水抱，船路曲折，港内南北两岸，大小船只均可停泊，历来为浙洋中路重镇。石浦、东门、延昌原住户都为早年福建移民，虽与福建远隔千里，却有着血缘渊源，福建人奉妈祖为海上保护神的信仰，也随至传入，据《东门岛志》记载，妈祖曾来此岛，渔民每年选择三月二十三妈祖诞辰黄道吉日，扬帆北上岱衢洋捕鱼，举行妈祖寿辰庆典，欢送亲人出海，气氛之热烈，场面之壮观，在我国沿海实属罕见。

当地传说，如意娘娘升天后与妈祖娘娘、瑶池金母结成三姐妹，神灵相通，情感相通，融入妈祖信仰范畴。象山在举办开渔节期间，特邀台湾台东富冈新村如意娘娘进住东门岛妈祖庙，做客省亲，并参加开渔节祈福巡游。

迎亲的基本习俗：第一，起身祭。如意娘娘在富冈海神庙动身前一天，庙里要为她颂经祭拜。置八仙桌祭台，放鸡、鸭、鱼、肉、水果、饼干等祭品，祭祠告知娘娘，某年某月某日，因何要启身回大陆家乡省亲。

第二，落地祭。当如意娘娘队伍到达家乡目的地、目的庙的村口，必须举行落地祭，接待方要摆祭桌，一般是八仙桌1—2张，置祭品鸡、蛋、鱼、肉，备酒及老式酒杯，置香炉。请吹打乐队迎候。组织信徒持香接驾。对方省亲队伍，要在村外下车步行进村，有自己锣鼓队开道。当娘娘坐轿到接待方祭桌前，要停轿受拜，念经烧纸。然后同迎娘娘进村进庙。

如意娘娘到渔山娘娘庙，因为是到“家”了，可以居中停放。到东门妈祖庙，因为在姐姐家做客，妹妹如意只能停放于大殿中堂小位（即左侧）。以后出巡，也只能姐姐（妈祖）在前，妹妹（如意）在后，不能错位。

第三，守夜。如意娘娘省亲来访，一般要在客庙住上几天，夜间香火与陪客不断，双方都会各指派信徒4—6人，负责夜间通宵上香陪护。

第四，赠礼。也似人间主、客往来，神明往来赠礼也不可或缺，礼品重轻不计，2007年7月，富冈村海神庙赠渔山岛娘娘庙功德红包人民币6000元，功德铜香炉一尊（200市斤）价值2.5万元人民币。2007年9月，富冈村海神庙赠东门岛妈祖庙功德红包人民币1200元，《安澜赐福》旌旗一面。东门妈祖庙回赠红包人民币1888.88元，《百世蒙庥》旌旗一面。

第五，客祭。对于远道而来的客神如意娘娘，当地信徒更是虔诚有加，不断有人前来上香祭拜，男人们祈祷合境平安，女人们祈祷生活安康，姑娘们祈祷美丽快乐，孩子们祈祷学业有成。初到时，人们争相祝福。客祭一般只上香，个人不设祭品。

第六，送别祭。如意娘娘要回程了，启身之日，同样要在村口祭拜欢送，仪式与落地祭相同，只不过如意娘娘回程时，众信徒要护送她一程。

第七，回庙祭。如意娘娘返回台湾本庙后，同样要以香火祭拜仪式，告慰娘娘，一路辛苦，平安到家。

四、台东富冈　祭祀神秘

中国各地渔民都有“多神信仰”的习俗，台东富冈小石浦村的如意信俗也是一种典型的多神信仰。如意信俗是以如意娘娘为主神，并由中国民间广泛信奉的各神祇组成的信俗系统。渔民们在惊涛骇浪里讨生活，他们比一般人更渴望安全感。在小石浦村的海神庙里，以如意娘娘为中心，左右两旁供奉的大大小小几十尊神像，这些神祇都是如意娘娘的左臂右膀，有李府元帅、广泽尊王、保生大帝、池府王爷、泉州王爷、北极王爷、德福正神、关公、周仓、三太子等，也供奉着观世音菩萨。

当第一代小石浦人带着他们的神祇一起来到台湾这块陌生的土地时，如意信俗却被完整无缺地继承了下来。可以说，源于大陆石浦渔山岛的如意信俗，如今已在台湾台东的小石浦村生根开花，生机勃勃。每年农历的六月十八、七月初六和正月十四是如意信俗的三大节日，“六月十八”是池府王爷生日，“七月初六”是如意娘娘生日，“正月十四”则是石浦传统的元宵节，石浦人历来在正月十四闹元宵，俗称“十四夜”，也是祭神的重要日子。这三个日子里，小石浦村人都要举行盛大的祭祀活动，全村的男女老少都会聚在一起，就连在外地工作的村人也会回来，一起参与活动，像过年一样热闹。

根据象山县政协《祖脉》摄影组介绍：台东县富冈村的祭

祀活动有一套带有神秘色彩的程式，这套程式是祭祀者与神灵“沟通”的媒介，也叫“请五营”，是如意信俗中独特的请神仪式。通过这种仪式，使神灵“附身”，为大众指点迷津、消灾赐福。“五营”指的是“东、南、西、北、中”五位将军，分别由5面令旗表示，是神祇座下的开路先锋，只有通过这五位将军“操练兵马”，才能请出各位神祇。

“请五营”先要准备好各种法器，主要有：一口红色的“东南西北斗”，里面装着祛邪用的盐米；斗里还插着“东南西北中”五面将军令旗和各种法器；五块红色的“法旨”，形如惊堂木，是五将在念咒过程中用来敲击的；一条长长的麻质鞭子状的“法绳”；还有传统的法器“五宝”，分别是“七星剑”“鲨鱼剑”“月斧”“铜棍”“刺球”，那是五将的兵器。

仪式开始，五将分列两旁开始念“请神咒”和“本坛咒”，五将并非固定的五人，可以由八九个祭祀人员轮流担任。念咒是持续不断的，贯穿着请神仪式的全过程，咒语就像是曲谱，统领着仪式的进行。在浑厚粗犷的咒语声中，五将轮流出场“操练兵马”，他们首先手执法绳舞动起来，手舞足蹈，口中念念有词，仿佛进入一个迷幻状态。舞法绳好像是一个序曲，五将轮流上场舞毕法绳，开始进入实质性的“操练”。战鼓擂起，东南西北中五位将军赤裸上身，各自手执自己的兵器，轮番上场“操练兵马”。这时，祭祀现场是“刀光剑影”，笼罩在一片灵异的气氛之中。

五将轮番操练完毕，现场按照东西南北中五个方位排出5

个红色铁桶，在铁桶内焚烧金箔纸，一将舞动“法绳”，结束操练，开始正式请出神祇，登坛作法。如意信俗是多神信俗，请神仪式中请出的神祇不一定是如意娘娘，通常可能就是池府王爷，或者其他神祇，如意娘娘一般要在比较重大的活动中“现身”。这时，五将中的两将会请出一尊小型的池府王爷神像，两将各执一端，托举在手里，你来我往，看上去好像拉锯一样在“争夺”神像。一旁的三将都在不断地念着咒语，两将目光迷离，如梦如幻，仿佛进入一种催眠状态。据说，此时此刻，这两将已经“神灵附身”，他们梦幻般的“拉锯战”实际上是神灵通过他们的手在“写天书”，而一旁的三将则通过观察他们的“拉锯战”来解读“天书”。一般是有人碰到难事求告神灵，请神灵指点解难，神灵就是通过这样的方式来解答问题的。问题解答完毕，“请五营”仪式正式结束。村民们摆出鱼肉酒菜等供品，面向大海，祭海谢神。礼毕，在高高的“金炉”里焚烧金箔纸，炉膛里那熊熊的火焰，寄托着小石浦村人对美好生活的无限向往。

五、两岸共识　重归故里

台东县的富冈新村，一切风俗都是拷贝象山石浦的。过年的时候做鱼面、鱼丸、八宝饭、春卷，和石浦一模一样。出门在外，再远也要赶回来吃除夕夜团圆饭，36道菜层层叠叠摆在桌上，吃晚饭晚辈们跪着，长辈们给晚辈发红包——压岁钱，还要一起搓汤圆，大年初一早餐用，象征团团圆圆。

富冈新村村民虽然到了台湾，想家的念头年复一年，到了70年代小石浦村的第二代出国读书，尝试寄信给大陆亲戚，之后很快得到了回音，还附有照片，小石浦村的村民激动了，有的看了照片掉下了眼泪。

到了80年代，台湾开放大陆探亲，台湾同胞先后多次来到家乡，旅游、修坟、祭祖，象山共接待台胞10余万人次，渔家近亲按照老规矩，摆出36道菜招待台湾父老乡亲。

2008年，象山台东两县，经双方协商建立了“交流合作关系”，又陆续举行了海洋环境保护、旅游交流合作论坛。还在石浦皇城沙滩共同举行了“同盼团圆，共叙乡情”为主题的中秋晚会，台东蓝星文艺团、东大水浒宋江阵等文艺团体表演了台湾民俗特色节目。

象山县还以“中国开渔节”为平台，以文化为纽带，邀请台东小石浦村参加“妈祖如意省亲迎亲”仪式，祈福巡安活动，更进一步加深了两岸同胞的了解和友谊。

象山县与台湾台东县地理环境相似，人缘相通，文化相宜，两地有着特殊的历史渊源，在第十三届中国开渔节期间，台东小石浦村村民捐资60万元，与象山县石浦人民，合计投资300余万元，在东门岛兴建新的如意娘娘庙，与台湾台东县小石浦村遥相呼应，定名为“海神庙”。2011年9月16日开渔节期间，举行了隆重的“开门”典礼，100多位台湾同胞，见证了这一个庄严肃穆的时刻，噙着泪说：“回来了！回来了！娘娘落叶归根重回故里了！”并且虔诚地祈祷两岸风调雨顺，同胞生活安康。

六、信仰传承　生生不息

文化是人类的伟大创造，是人类价值观念与自我本质在客观世界中得以实现的象征。人类的文化在空间形态上一般是有地域性和流动性两种重要特征。所谓地域性，是指任何一种文化形式的创造与产生，在一定的地域环境中实现的，由于各种地域环境中不同的自然与社会条件，人类的文化形式会产生很大的差异，以致形成各种不同特点的文化类型与文化风格。妈祖、如意俗信，从现有资料查证始发地是象山渔山岛原住渔民，形成了一种独特的信仰习俗。所谓流动性，是指任何一种文化形式在某一特定的地域环境中产生以后，都有一个向其他地区流动，发散、位移、辐射的过程，这就是传播。妈祖、如意俗信，在特定的历史背景下，从大陆到台湾，从象山到台东，从渔山岛到富冈村，如今到了第三轮传承期。

代表性的传承人是（1）徐七寿，浙江象山渔山岛人，男，1926年出生，文盲，祖居渔山岛渔民。因1955年回石浦结婚而未去台湾，一直是渔山岛渔民。1990年接收台湾富冈村捐款，负责重修渔山娘娘庙。之后一直负责渔山岛娘娘的各项活动（包括迎接台湾娘娘省亲迎亲）。（2）柯受球，台湾台东县富冈村人，男，1947年出生，初中文化，祖居渔山岛，世代渔民，1955年去台湾，现在大陆创业，任台湾富冈村海神庙管理委员会主任委员。（3）韩素莲，浙江象山东门岛人，女，1952年1月17日出生，渔民家庭，初中文化，年轻时在婆婆颜妙福的耳濡目染下（其婆婆生前是东门天妃宫的护法），1995年始，继承主持东门岛妈祖庙庙务至今，无偿为岛上渔民群众服务（含迎接台湾娘娘省亲迎亲）。

象山妈祖如意省亲迎亲习俗，是在独特的海洋生存环境和历史文化背景下形成的，其主要特征是：（1）代代相传的民间性。如意娘娘的界定完全是由当地民众在传说中形成的，包括以后与妈祖的姐妹关系，那位渔家如意少女投海殉父的动人传说，在浙东沿海、象山一带根深蒂固，立庙祭祀，传承了数百年，善男信女众多，至今香火不绝。（2）特定的历史政治性。社会学认为：意识形成均为生产关系之反映。如意娘娘祭祀仪式能传承到台湾，而且形成了独特的两岸娘娘省亲迎亲习俗，完全是中国特定历史政治背景所致。（3）信仰内容的唯一性。尽管两岸娘娘天各一方，但对于以妈祖、如意娘娘信仰为红线，两岸民众的文化认同、孝慈理念、故里祭祖、祈福消灾，天下太平等背景都是唯一的，因为有这本质上的唯一性，才有了传承拓展这一民俗动力的一致性。

妈祖如意省亲迎亲习俗，其重要价值是：

（1）海洋民俗文化研究价值。每一种海洋民俗文化在其传播过程中，随着时间的推移和空间的改变，都会产生不同的变异。正是这种同质异形使每个民俗的海洋民俗文化表出纷呈繁杂，丰富多彩的局面。以妈祖信仰为特色的东方海洋民俗文化。反映的是和平、平等，共存共荣的精神，对任何国家的航海者或渔民来说，妈祖保佑他们一路平安，妈祖文化在世界各地与当地文化都能和平共处，并融入当地社会，共同发展。如意娘娘具有妈祖同样的精神，她的传说所构成的省亲迎亲习俗，虽然名不见经传，但在海洋民俗中独树一帜。娘娘省亲迎亲这一特殊的环节，为我国海洋民俗研究提供了一份鲜活的范例，并将会对丰富海洋文化宝库做出极为重要的贡献。

（2）社会和谐价值。如意信俗，其核心所在，也正是渔区民众在海洋生产劳动中对战胜灾难，保佑平安，增强奋斗信心的精神所求和历史形成的精神寄托，对社会成员特别是渔民群众，提升所信奉的精神品位是有益的，也是我们和谐社会建设的组成部分，是渔家人民认同的载体，社会团结和谐的纽带。

（3）海峡两岸人文交流价值。由于浙东及石浦的特殊地理条件，本地与台湾的人文交往根深意长。石浦渔山岛、东门岛的妈祖、如意信仰及迎亲习俗，是双方交往的难得的契机。目前，共有象山（石浦）籍在台人员9100余人，台湾台东富冈新村村民的上代几乎全是20世纪50年代石浦渔山岛的去台人员。亚洲飞人柯受良祖籍在石浦渔山岛，其父柯位林也是当年渔山去台人员。近年，数百名在台人员曾来象山来石浦寻亲、探亲。柯氏家族数次率台胞组团，敬奉当年带去台湾的渔山如意娘娘菩萨，重返故里渔山庙、石浦东门妈祖庙省亲，被传为两岸民俗文化交流佳话。石浦渔港历来为台湾渔轮避风补给基地，自1970年起，计有12680余艘（次）台轮来过石浦渔港停泊。石浦港接待台湾渔轮及渔民，在浙江省占70%，在全国占40%以上，累计已达10余万人次；对台湾劳务输出，占浙江省80%以上，累计达3000余人次。石浦镇各届代表曾于2007年赴台湾富冈村回访。同祖、同文、同脉、同根、同族、同俗、同地、同音，对深化两岸文化交流，增进民间亲善，促进祖国和平统一具有现实意义和深远的历史意义。

七、结 语

象山的如意娘娘信仰从渔山列岛起步，经历了信仰圈的迁徙、传播和重归，特别是衍生出全新的省亲迎亲仪式，这是传统与现代相融合交汇而形成的地方性、区域性、信仰习俗与寻根习俗，凸显了海峡两岸民间文化交流的和谐局面，宣扬了如意娘娘信仰本身所包含的孝慈仁爱精神，同时在经济上起到了引进台资，拉动象山旅游等产业的发展，以文化先行的方式率先打破了海峡坚冰的隔阂，成为横跨海峡两岸国家级的海洋民俗非物质文化遗产项目，随着时间的推移，如意信俗的历史价值和现实意义将更加凸显出来，这朵海洋民俗奇葩也必将更鲜更艳更有影响力。

从“讲好中国故事”的角度看象山开渔节祭海、开船仪式的传承发展*

毕旭玲**

我国先民早在先秦时期就已经意识到可持续发展的重要性，有意识地保护自然界的生物资源。《礼记·王制》就规定说：“獭祭鱼，然后虞人入泽梁；豺祭兽，然后田猎。鸠化为鹰，然后设罻罗。草木零落然后入山林。昆虫未蛰，不以火田。不麛，不卵，不杀胎，不殀夭，不覆巢。”这里显示了节制消费，维护自然界的可持续发展的宝贵思想，比如先让獭取了鱼，人再去捕鱼。先让豺获了猎物，人再去打猎。先让小鸟长成大鸟，人才去捕鸟。

为了保护自然资源，先民中早已形成了诸多经济民俗禁忌与禁令。商周时期的民众大都在秋冬季节捕鱼、捕猎和伐木，

---

* 基金项目：国家社科基金项目“吴越地区海神信仰的传播研究及其图谱化展示研究”（15BZJ042）。

** 毕旭玲，上海社会科学院文学研究所副研究员。

春夏季节则禁猎禁伐，正如《逸周书》所说：“春三月，山林不登斧，以成草木之长；夏三月，川泽不入网罟，以成鱼鳖之长。”很明显，这些禁令都是与时令相关的，也就是说要保护自然资源必须在经济生产中注意时序，由此产生了“顺时取物”的先进理念。首先提出顺时取物思想的是孟子：“不违农时，谷不可胜食也。数罟不入洿池，鱼鳖不可胜食也。斧斤以时入山林，材木不可胜用也。……鸡豚狗彘之畜，无失其时，七十者可以食肉矣。”（《孟子·梁惠王上》）

“顺时取物”的思想一直传承到现代，有很强时序感的象山开渔节，尤其是其中的祭海与开船仪式便体现了“顺时取物”在当代的传承，是讲述中国故事的好材料。本文拟从讲好中国故事的角度来探讨象山开渔节祭海与开船仪式的传承发展问题。

一

象山是著名的渔业产区，自古就有着祭祀海洋、海神的传统，比较重要的祭祀仪式与活动包括：爵溪渔村弥陀寺祭祀赵五娘庙会，大塘镇红庙祭祀九龙庙会，昌国卫的清明会与十月醮会，石浦镇的六月初六城隍庙会、东门岛开洋与谢洋仪式等。

东门岛及象山沿海各村镇的开洋仪式便是今日象山开渔节祭海、开船仪式的前身。相传，象山渔民的开洋、谢洋仪式已传承了1000多年。在传统社会，象山渔民的开洋、谢洋仪式以东门岛与爵溪的最为盛大，此外在铜钱礁、沙塘湾、檀头山乡等地的开洋与谢洋仪式也很热闹。传统开洋仪式的时间是在每年农历三月十五至三月二十三之间，适逢大黄鱼捕捞季。在举行过隆重的开洋仪式之后，各村镇渔民们就要驶入苍茫的大海开始新一季的捕捞作业了。传统开洋仪式一般持续5—10天，其中最隆重的部分为庙祭与请神。

庙祭的主要对象为渔民村镇中的海神，如东门岛的天后妈祖与渔山岛的如意娘娘等。祭神前一天渔船船主必须要剃头、沐浴、更衣。第二天一大早，船主便携众船员，带着丰盛的供品到庙中祭拜。供品包括猪、羊、鱼、蛋、面和豆腐等，供品除了陈设在神像之前外，还要在神庙天井东西两侧各置八仙桌一张，分别供猪、羊各一，以敬天地。祭祀的吉时一般选在每日的涨潮时分，寓意财源随着潮水滚滚而来。吉时一到，庙祭仪式就开始，船主先上香、献礼、跪拜，虔诚祝祷。之后，众船员进行上香、献礼等仪式。仪式结束就代表着庙祭礼成，转入请神仪式阶段。

请神的对象既包括神庙中的小型木雕或泥塑神像，也包括替代神像的令箭，令箭的形制一般为三角形的小红旗，固定时插在四角香袋上。船主首先在主神像前求得这些分身像和令箭，然后与两位主要船员一起组成迎神像护卫队。船主双手捧着放置着小神像或令箭的红漆大盘，一位船员撑黑伞护顶，另一位船员提灯笼前导，众船员持香随后，恭敬地把神像或令箭请上渔船，安放在船上的圣堂神龛中，然后再行跪拜礼。引路灯笼随后悬挂在船头，有驱邪保平安的象征意义。

庙祭请神仪式结束后，就开始了娱神娱人的文艺表演。各船主已经提前请来了包括戏班在内的表演团体，先在主要街道上进行行街表演，节目包括象山民众喜闻乐见的鱼灯、马灯、船鼓、抬阁、车灯、滑稽表演等。午后开始戏曲表演，一般日夜连台，持续多日。因为表演结束后各渔船就出洋捕捞了，所以这些戏被称为“出洋戏”，剧目主要包括传统的《桃园三结义》《薛仁贵东征》《赵子龙长坂救主》《杨文广樵山取宝》《穆桂英大战洪州》《岳飞枪挑小梁王》等。演戏是酬神的重要方式，所以开演前要先遣一小乐队到各庙中行请神观戏仪式。所请的对象往往为神的替身令箭。诸神莅临后，要放炮恭迎，然后戏曲表演才开始。开洋仪式期间，渔民及其家属往往会招亲呼朋共同赏戏，并大宴宾客，石浦、东门岛等地往往人头攒动，热闹非凡，各商贩也趁机云集于此。

传统开洋仪式的高潮是渔船出海仪式，时间多选在农历三月二十三的良辰吉时。当日的码头上不仅聚集着送行的家属朋友，还有锣鼓等文艺表演团队。在进行过锣鼓等表演后要鸣放鞭炮，渔船随之出海。这次远洋捕捞往往会持续三个月，待黄鱼汛结束，约在农历六月二十至六月二十三之间，各渔船满载而归，随后举行谢洋仪式。与开洋仪式相比，谢洋仪式少了请神的环节。

从上述仪式程序来看，传统开洋仪式中充满了对自然的感恩，有节制地使用渔业资源的内涵。首先，仪式中所祭之神，既包括被渔民认为直接管理海上捕捞生产活动，能在海上呼风唤雨、护佑平安的海神如妈祖、如意娘娘、渔师菩萨等，还包括天地之神。这些神祇其实是作为自然力的化身而存在，祭神、敬神代表着渔民对自然与自然资源的敬畏与感恩；其次，传统社会中的渔民捕捞作业并不日日进行，而是选择黄鱼等东海主要海产长成后的鱼汛期举行开洋仪式入洋捕捞，鱼汛结束后立即返航举行谢洋仪式。这种由开洋、谢洋仪式调节的生产节奏其实是渔民有意识地保护海洋资源可持续发展的观念与行为的体现，代代渔民以开洋、谢洋仪式将这种可持续捕捞的理念传承了下来。

二

在20世纪八九十年代，渔民们代代传承的以开洋、谢洋仪式为表征的可持续捕捞理念遭到了破坏，渔民自身也深受其害。20世纪80年代，象山石浦镇打破了渔业大锅饭的模式，砂塘湾村首先实施了对船股合作制，吸收民间资金购买大型、新型渔船，极大地提高了渔民们生产的积极性，增加了渔业生产的效率。当时的象山渔区盛行着“打大船、闯大海、赚大钱”的口号。为了赚大钱，渔民们打破了捕捞与休渔的节奏，延长了捕捞时间，增加了捕捞强度，甚至在七八月的东海鱼类产卵、幼鱼生长期也照常捕捞，但海洋渔业资源的明显衰退，所获带鱼细如丝带，鲳鱼小如扣子。一部分船老大认识到野蛮捕捞的危害性，联名上书要求实行伏季休渔，保护海洋资源的可持续开发。从1996年开始，东海渔区实施了从6月到9月的禁渔休渔制度。当代象山开渔节便诞生在东海休渔制度实施的背景下。

当代象山开渔节是现代节庆文化的一部分。20世纪八九十年代，以旅游促进地方经济发展逐渐成为各地共识，许多当代文化节庆由此应运而生。1998年举办的首次中国（象山）开渔节是中国以海洋、渔业为主题的第一个现代节庆活动，至今已成功举办了22届。开渔节的设置其实也是对当时野蛮捕捞的反思，开渔节的主题因此被定为“保护海洋、感恩海洋”，核心理念为“善待海洋就是善待人类自己”，充分表明了象山民众对可持续发展理念的认可。

起初，当代象山开渔节的仪式部分只有出海开船仪式，并无祭海仪式，后来增加了祭海仪式，以及相关的千人庆丰宴、海上妈祖巡安仪式，本文以近几年的仪式为例，简述如下：

（一）祭海仪式

祭海仪式有时为政府举办，地点一般在石浦港的沙滩上。但同时每年都有民办的祭海仪式，场地固定在东门岛门头山上的妈祖神像广场。2008年以后，政府举办的祭海仪式减少。祭海仪式的主要程序包括诵读祭文，敬献三牲五谷，敬献祭酒，放海生，敬献祭舞等。比如2019年第22届中国（宁波象山）开渔节祭海仪式的程序主要包括：（1）颂祭文；（2）主祭人、陪祭人敬献鲜花；（3）向大海和妈祖神像敬献三牲；（4）向大海和妈祖神像敬献五谷；（5）象山渔民代表上高香；（6）东南沿海渔民代表上高香；（7）向大海和妈祖神像敬酒；（8）主祭人颂祭海文；（9）渔姑渔嫂为渔民祈愿；（10）向大海和妈祖神像献祭舞。其中，祭文的内涵尤其丰富，鲜明地体现了保护海洋资源的理念，比如第九届象山开渔节祭海仪式的部分祭文如下：

洪荒初开，即存大海。万顷一碧，无边无际。
浮沉日月，辉映星汉。化承雨露，吸纳百川。
伟哉大海，生命之源。衍生万物，哺育人类。
半岛象山，古称蓬莱。先民居此，六千余载。
渔盐耕作，生息繁衍。缘海而邑，神龙立县。
依海创业，代有先贤。藉海行舟，围海造田。
美哉大海，朝夕相伴。风连浪起，月随潮归。
海山仙国，千崖叠翠。日浴鲸波，烟开鳌背。
恩我佑我，历历可鉴。不敢或忘，临风永怀。[1]

（二）千人庆丰宴与海上妈祖巡安仪式

祭海仪式的当天下午，在象山县石浦镇东门渔村举行“千人庆丰宴”。庆丰宴的源头其实是本文第一部分所述的传统开洋节期间渔民宴请亲朋好友的习俗，至今庆丰宴席的一部分席面依然是属于渔民及其亲朋的，还有一部分席面是为宣传推广当代象山开渔节而设立的。东门渔村是象山最知名的渔村之一，有“浙江渔业第一村”之称。庆丰宴上的菜肴都是东门渔村的渔姑、渔嫂们亲自动手准备的，包括很多当地特色菜，如

[1] 本书编委会《中国海洋渔文化研究与象山实践》，第186页，海洋出版社，2018年。

鱼滋面、雪菜黄鱼、葱油鲳鱼、手打鱼丸等。

在千人宴接近尾声的时候，东门渔村的海面上有渔船亮起彩灯，随后开始的是海上妈祖巡安仪式。海上妈祖巡安仪式的主角是妈祖与如意娘娘，而参加巡安的渔船是精心制作的主题彩船。每艘船载一个彩灯字幕主题，主要包括回避肃静、安澜赐福、台东如意、渔家旧俗、一帆风顺、年年有余、余下满仓、快乐海洋、吉祥渔港等。妈祖、如意两位女神神驾分别位于安澜赐福、台东如意两艘主题彩船上。大约晚上7时左右，巡安船队到达港区，所有渔船开灯，迎接妈祖、如意娘娘。巡安路线主要在石浦核心港区，时长大约为1小时，信众们在沿途虔诚祈祷，祈愿平安。巡安结束后，巡安彩船上会施放焰火。

（三）开船仪式

祭海仪式的后一日举行开船仪式，其地点在石浦港区，每年参加开船仪式的渔船都在2000艘以上。开船仪式之前，港区所有渔船都会装扮一新，悬挂大大小小的旗帜，按照顺序列阵待发。开船仪式比较盛大，在领导致辞、文艺表演之后，身着传统服饰的渔民举行升帆仪式与敬壮行酒仪式。敬壮行酒时，两位老渔民带领着渔娃、渔姑、渔嫂们向年轻渔民敬酒道：“后方的父老乡亲们希望你们柯[1]鱼柯得前舱满、后舱满。”相关仪式结束后，海上渔船的船老大代表通过广播向开船仪式指挥台报告：首发船队已准备完毕，请领导下达开船命令。指

[1] 柯：方言，即捕。

挥台上宣布：××年东海休渔结束，法定开船时间已到，准许开船起航。起航令发出后，出海锣鸣响三声，石浦港区停泊的渔船汽笛齐鸣，陆上角号、鞭炮、礼花震天，2000多艘渔船首尾相接，依次驶离港口，从铜瓦门出，入东海开始了捕捞季作业。

有意思的是，2019年象山开渔节开船仪式中不少渔船都悬挂着淘宝天猫平台黑猫标志旗。因为从2018年起，阿里公司参与了象山开渔节活动，采用阿里直播等形式，将象山开渔节与象山海鲜向超过6亿的用户进行了推介。

三

象山开渔节是讲好中国故事的好材料，其中有很多亮点值得重视，主要包括：

（一）当代象山开渔节的祭海、开船等仪式既是中国传统顺时取物思想的延续，又是可持续发展理念在当代觉醒的表现

正如前文所述，当代象山开渔节是在传统开洋、谢洋仪式的基础上发展而成的，其祭海、开船等仪式中蕴含了传统的顺时取物理念。而当代象山开渔节兴起之前，象山渔业生产经历了“涸泽而渔”的阶段，渔民们感受到了海洋资源枯竭所带来的危害，因此从心底里产生了保护海洋资源的想法，正如祭海仪式上的祭文里所表示的那样：“伟哉大海，生命之源。衍生万物，哺育人类……恩我佑我，历历可鉴。不敢或忘，临风永怀。”海洋资源哺育了人类，人类不能忘记大海的恩泽。这是

由实际的海洋生产促动可持续发展理念觉醒的案例。

（二）象山开渔节的兴起是古代以法律法规保证自然资源可持续发展的道路的延续

我们的先民不仅很早就提出了顺时取物的可持续发展观点，并且用法律手段将其推广实施。比如早在公元前1027年周文王就颁布了最早保护水源、森林与动物的法令。商朝末年，崇侯虎残暴无道，导致崇国民不聊生，周文王因而讨伐他。伐崇之前，文王颁布了《伐崇令》，规定：“毋坏室，毋填井，毋伐树木，毋动六畜，有不如令者，死无赦。”（《说苑·指武》）意思是不能毁坏房屋，不能填埋水井，不能砍伐树木，不能伤害牲畜，不听令者杀无赦。文王伐崇大约发生于公元前1027年，此令毫无疑问是世界上第一个保护水源、森林和动物的法令。此令也保护了崇人的生产生活环境，相传崇人得知此令后感怀文王的恩德，主动投降了；此后，秦朝在顺时取物理念指导下制定了我国最早的保护生物资源的法律——《田律》。《田律》明确规定：每年从春季二月起，不准进山砍伐林木，不准堵塞水道。不到夏季，不准烧草木灰作为肥料，不准采用刚刚发芽的植物，不准诱捕幼兽、幼鸟，不准毒杀鱼鳖等。至七月才能解除以上禁令；隋唐时期相关规定更详细，如《新唐书·百官志》记载说：“虞部……凡郊祠神坛、五岳名山，樵采、刍牧皆有禁，距壝三十步外得耕种，春夏不伐木。京兆、河南府三百里内，正月、五月、九月禁弋猎。”宋代皇帝可能是最热衷于保护自然资源的。《宋大诏令集》载，宋太祖曾下诏说："方春阳和之时，鸟兽孳育。民或捕取以食，甚伤生理而逆时令。自（今）宜禁民二月至九月，无得捕猎及持竿挟弹、探巢摘卵。"（《宋太平兴国三年四月丙辰禁捕猎诏》）他禁止春、夏捕鱼射鸟，而且要求此规定永远成为一种法令，每年有关官吏都要反复申明。后来宋太宗又仿效太祖下禁捕猎诏，要求各地广而告之，百姓严格遵守，官员严格督察。宋真宗也颁布过类似的法令。

到了现代社会，为了保证海洋资源的可持续发展，我国制定了《中华人民共和国渔业法》和《中国水生生物资源养护行动纲要》等法律法规，实施了海洋伏季休渔制度。制度规定了各渔区休渔的时长，而具体的休渔结束时间则由沿海渔业管理部门确定，报农业部备案。休渔期的结束标志着合法捕捞的开始，因此在象山开渔节的开船仪式上，指挥下令开船时有这样较为固定的语言："××年东海休渔结束，法定开船时间已到，准许开船起航。"开船仪式以法定的休渔期结束为根据，延续了古代以法律法规保证自然资源的可持续发展的道路，强化了渔民和其他民众对于休渔制度的法律认识。这种有法律依据的仪式可能更容易被西方民众所认可。

（三）象山开渔节中海上妈祖巡安仪式既是两岸民众同根同源的具体表现，又促进了两岸文化交流，有助于塑造中国的正面形象

如意娘娘是象山本地海神，其信仰后来传播到台湾，如意信俗属于象山石浦妈祖信俗的一部分。相传，如意娘娘生前

是象山县渔山岛小石浦村的渔家少女。他的父亲捕鱼时在海上遇难，少女也跃入海中殉葬。不久，少女投海的地方浮起来一段木头。民众相信，少女投海后化为海神，而这段木头即是其化身。于是，小石浦村民用这段木头雕塑了少女像，他们相信少女所化女神能护佑渔民海上平安如意，便将其称之为如意娘娘，并修筑了如意娘娘庙。据说，如意娘娘非常灵验，那些在海上遇险的渔民只要在心中向她祷告，就会逢凶化吉。而自从渔山岛上兴建了如意娘娘庙以后，远航的渔船都能在夜晚望见岛上大放奇光，指引着迷航的渔船。当地还流传着如意娘娘升天后与妈祖、瑶池金母结拜为姐妹的传说，妈祖为大姐，如意娘娘为二妹。数百年间，如意娘娘与供奉在东门岛天后宫中的妈祖一般，成为象山渔民心目中的海上保护神。如意娘娘是渔山岛旧时渔民举行开洋、谢洋仪式中崇奉的对象。

1955年，小石浦村全部渔民迁往台湾。渔民离开时也带走了他们供奉的如意娘娘神像，并在台东富冈新村立海神庙供奉，如意娘娘信仰由此传播到了台湾地区。2003年，台东富冈新村村民即原象山县渔山岛小石浦村村民十余人回渔山岛祭祖、祭庙。2007年，台东富冈新村村民50多人奉如意娘娘神像经马祖、福州回到故乡祈福祭祖，由此开创了两岸娘娘省亲迎亲的习俗。从2008年开始，如意娘娘神驾受邀参加象山开渔节活动。此后，每逢开渔节期间，台湾如意娘娘都要回家省亲。2008年，“石浦—富冈如意信俗”被国务院公布为第二批国家级非物质文化遗产代表性名录项目。2011年，在如意娘娘大姐妈祖的供奉地——东门岛，建起了供奉如意娘娘的东门海神庙。如意信俗由此更深入地融入石浦妈祖信俗中去了。

海上妈祖巡安仪式创立于2006年，它既是对传统开洋、谢洋仪式中祭祀活动的继承，又是对当时如意娘娘回乡省亲所代表的台湾同胞思乡情切的反映。这种基于两岸民众深情厚谊的仪式能很好地帮助塑造中国的正面形象。

虽然象山开渔节及其祭海、开洋等仪式是讲述中国故事的好材料，但从现有的节庆仪式与活动来看，象山开渔节还不足以成为“讲好中国故事”的经典案例，仍有不少可以提升和改进的空间，本文认为至少可以从如下两方面进行改进：

第一，深入发掘象山开渔节的深厚历史文化传统，塑造其海洋节庆先进性的形象。

根据考古发现，象山半岛在6000多年前就有人类活动的遗迹，这里的先民靠海吃海，一定早已有自己独特的对于人与海关系的思考，以及基于这些思考而产生的海洋信仰及其仪式。因为距离北方的政治文化中心较远，包括象山在内的沿海地区早期海洋信仰及其仪式状况缺乏记录。象山建县在唐代，因此至少在唐代，象山的经济文化已经比较发达，应该留下了不少文化遗迹。在对象山开渔节的考察过程中，本文发现了唐代平水大帝信仰。在东门岛门头山山腰，距离海神庙不远处有一座佛寺。寺内一间不起眼的厢房门额题为“唐东门庙”，内供平水大帝、平水夫人和关公神像。根据寺僧介绍，此庙在唐代已有，当时主供的就是平水大帝。石浦古城“耕海牧渔”展馆中复原了历史上象山渔民生活场景，其中就包括供奉平水大帝的平水庙。据当地文化干部介绍，象山各村镇中还保留着不少供奉平水大帝大禹的神庙。目前在象山受到广泛崇奉的妈祖并非本地原生神灵，而是在元明清时期随着福建渔民、军士迁居象山而带来的。早在供奉妈祖之前，象山居民已经将大禹奉为海神。大禹并不是一般的海神，他是中华民族的共祖，开创了九州一统的局面，带领着华夏各族迈入了文明时代。因此将大禹供奉为海神具有非同一般的文化认同意义，说明象山海神信仰的先进性。大禹不仅是早期具有象山特色的海神信仰，而且也应该是象山沿海居民早期举行开洋、谢洋祭祀的重要对象。平水大帝宫庙目前在浙江台州、丽水等地也得到了保存，历史上这些地方的渔民之间很可能有过深入的交往，交往促进了平水大帝信仰的传播，很可能形成了平水大帝信仰圈。本文认为对平水大帝及其他早期海神信仰历史与内涵的深入发掘，有助于建构象山开渔节的历史线索，有助于提升象山开渔节的文化品位，塑造其先进形象。

第二，在东海沿海地区进行仪式资源的整合，将象山开渔节发展为东海沿海渔民共享的大型开渔节品牌。

因为地理环境相似、文化背景相同，东海沿海各地的海洋文化具有很多相似性，也发展出不少相似的海洋文化节庆与仪式，比如很多地方的渔民都举行开洋、谢洋仪式。当代象山开渔节中民办的祭海仪式上有来自东海沿海其他地域的渔民代表参加，这说明东海沿海各地的渔民之间有着密切的海上协作关系，这是仪式资源整合的良好基础。目前我们在“讲好中国故事”中面临的一个问题是如何集中力量进行展示，而非各自为政，削弱对外宣传的力量。所以本文认为象山开渔节的未来发展的关键之一是走整合之路。

综上，象山开渔节中的祭海仪式、开船仪式等都体现了顺时取物的先进理念，是“讲好中国故事”的好材料。对象山开渔节的仪式历史与内涵的发掘，对其仪式资源的整合将有助于提升其文化格调，使其成为“讲好中国故事”的好案例。

祭·仪·戏

——中国（象山）开渔节考察的文化思索

李志远*

2019年9月11日至17日，受邀参加了中国民间文艺家协会和第二十二届中国（象山）开渔节组委会联合主办的第五届中国民间文艺家协会走进中国（象山）开渔节“渔村振兴与海丝文化建设研究”论坛，这次论坛给我留下了深刻的印象，特别是对渔业文化的深入考察，让我刷新了以前对渔业文化的认知，令我对渔民在生活实践中所展现的巧思妙想、聪明智慧、文化自觉深深折服，使我对渔业的艰苦、辛酸、危险有所体会。

对渔业文化的考察是从江苏南通的启东市开始的，这本身就有着一个很好的寓意。东方在中国文化中具有重要的意义，不仅中国人曾经人人会唱的“东方红太阳升”深入人心，且东方在五行中属木，代表着生发有活力，有生机，有希望，像树

* 李志远，中国艺术研究院研究员、中国傩戏研究会秘书长。

苗一样拥有钻破岩石之力，另中华大地具有擎天支柱性质的五岳，其首也是东岳。这次考察恰恰就是从启东开始的，看到了别有闲趣而兼具仙意的闲牛赶海，遇到了吕四渔港喜获丰收的渔船卸货，特别是陪同考察的启东市作协主席李新勇先生面对大海即兴朗诵“圆天盖着大海，黑水托着孤舟。远看不见山，那天边只有云头。也看不见树，那水上只有海鸥”，这一切都令考察伊始就别有趣味。

离开启东到浙江象山，又相继考察了宁海的前童古镇、十里红妆博物馆，象山的黄避岙乡高泥村和塔头旺村、涂茨镇旭拱岙村、茅洋乡花墙村、中国渔文化研究基地，参观了东门渔村的海神庙、天妃宫、城隍庙，可以说是对沿海文化的一次高强度集中巡礼与学习，特别是塔头旺村的考察，不仅见识了紫菜晾晒的场域、好玩的弹涂幼鱼，而且在塔头旺村文化礼堂的渔家风情馆陈列的一系列渔民赶海工具，讲解人员他们进行了详细解说，并亲自示范了海马的使用，让我们深入了解了每个赶海工具背后所蕴藏的知识与智慧，如那看似简陋的海马，竟然是滩涂上重要而轻便的生产工具。

当然，这次渔文化考察的重头戏是开渔节，它由15日上午的祭海仪式、晚上的千人庆丰宴和“妈祖巡安”仪式，16日上午的开渔节的开船仪式四个部分组成。可以看出，开渔节这三个仪式的设定是前后相连、融合为一的：祭海仪式表达的是对大海的敬重、敬畏、敬虔与祈祷，特别是这一活动放在妈祖神像前举行，并以向妈祖敬献祭礼——花篮、三牲、五谷、五果、献酒、祭舞等为主体，显现出渔民对海神妈祖的膜拜、信仰与尊崇。之后的“妈祖巡安”仪式，如果从心理学视角来解读的话，似乎是以具体的形式慰藉渔民对妈祖祈祷的愿望实现，通过妈祖神像在待出发渔船中的巡视，以证明妈祖已经接纳了祭海仪式中对她的献祭，将会确保他们出海平安、渔业丰收。正是这种心理需求得到暗示性满足，在第二天所有将要出海的渔船在礼炮声震天、汽笛鸣透霄的欢快气氛中开船出海。

如果说祭海、巡安、开船是一个当今相对完整的开渔节活动系列，其实还不是一个完整的渔业文化结构。中国向是以农业为主的产业结构，在古代文化体系中，春祈秋报占据着重要位置，下至地方长官，上至九五之尊，都对此祭礼非常重视。就渔业而言，这是有着祈—报文化链条的，如在象山民间留存的开洋节、谢洋节即是“春祈秋报”思想的同义表达。其是据每年传统捕大黄鱼时节而设的，每年在农历三月十五至二十三之间，选择一个涨潮的吉时举行祭海仪式，向海神行祭礼，礼成后，请“菩萨”上船，把引路灯笼挂在船头以驱邪保平安，随后隆重出海，完成了开洋节的所有仪式。在农历六月二十至二十三，渔船捕捞结束、满仓平安归来，渔民为了感谢大海的馈赠和海神的护佑，在海神庙举行隆重的谢洋节，以表达感恩、感激、感谢之情。开洋节、谢洋节一起组成了中国古代渔业文化的圆形结构——在向海神祷告、祈愿之后，令内心对即将面对的艰辛苦涩的捕捞生活和吉凶难测的大海有了一丝精神上的慰藉和依靠，认为海神会听到他们的祈愿而护佑他们平安、丰收。在捕捞结束后，为了感恩海神的护佑，他们举行隆重的仪式，不仅向海神奉献隆重的祭品，还请戏班表演大戏以娱神。如果以开洋节、谢洋节的渔业传统仪式文化来观照今天的开渔节文化，在具体环节上基本保留了开洋节的所有形式内核，但对其内在的文化内核却呈现出把开洋节与谢洋节、祈愿与谢恩合而为一的现象，如把主题设定为“感恩海洋、欢庆丰收，实现渔区振兴”，在祭词中称“获海之恩，敢不图报”，其实，无论是祭海仪式还是妈祖巡安、开船仪式，真正的文化意义是祈愿与预祝——祈愿大海能够让渔民平安、丰收，预祝渔民能够喜获丰收、平安归来，而绝不是在还没有出海时就庆祝丰收、感恩大海，也许祭词中“大海有灵，鉴我之诚，振我海业，襄我渔民”，才是真正恰切表达了祭海的文化内核与精神实质。

祭海仪式、妈祖巡安仪式和开船仪式的名称设定，都可以看出其内蕴的祭与仪一体的潜在意识，祭作为中华仪礼文化的重要组成，历史相当久远，主要是通过一定的环节表达对献祭对象的敬重，献祭活动的主要环节构成了相对固化的仪式，从而呈现为只有通过固化的仪式才能真正体现出献祭的威严、肃穆、庄重及内蕴献祭人的诚心敬服。通过开渔节的祭海、妈祖巡安和开船仪式三个相对固定的构成环节，可以看出它们基本构成了开渔节仪式的三个前后勾连的环节，而每一个又都可独自存在，成为独立的仪式，表达着对海神的膜拜与敬畏，彰显着献祭仪式的现实性文化功用，通过渔民、渔姑、渔嫂的诚心敬献和民众在礼炮、歌舞中所表现出来的集体狂欢情绪，削减了渔民开赴大海前的沉重或恐惧心理，鼓舞了渔民进行生产斗争的热情。

象山及周边地区应该是非常盛行戏曲文化的，或者说有着浓郁的戏曲艺术氛围，此种印象主要源自以下三个方面：一是庙内多有完好的戏台。如东门渔村城隍庙内建有二层飞檐戏楼，上层是演戏用的舞台，下层是通道，进出城隍庙的人都需经过此。戏楼朝向正殿，显然是专门用来为正殿内所祀之神演戏的；再如石浦古城内的关帝庙，面向正殿也有一个两层的戏楼，规制基本与城隍庙内的戏楼相同。并且，在神像前用来为供奉祭品的神案上，多绘饰有戏曲故事，如关帝庙内多是绘制关于关帝的故事，像千里走单骑、温酒斩华雄、群英战吕布等。二是爵溪老镇街心的戏亭。据会议发放材料介绍，此戏亭为乾隆三年（1738）建造，位于爵溪老镇区十字街口的交通要道，因爵溪老城原呈船形，而此戏亭位置恰在船桅杆处，又称作桅亭，由此可见当时人们对此戏亭的重视。此戏亭平常为行人通道，演戏时直接在四根石柱之间安上抬梁、铺上台板即可。三是较多的民俗活动都会安排戏曲演出或有戏曲装扮的形象出现，如前面提到的谢洋节，据载主要是以演戏的形式庆祝捕捞丰收，甚至有时选聘优良戏班连演七天七夜；再如昌国清明太平会，参加活动的队伍也多会是扮作戏曲人物造型。可以看出，这个地域曾和传统中国众多城乡一样非常盛行戏曲演出，并且作为一项重要的向祀神进行献祭的内容，以表达对祀神的感恩。正是因为有着这样的文化意识的潜在传承，在当今的祭海仪式中虽然没有戏曲表演，也吻合了开洋节较少戏曲表演的传统，不过祭海仪式的最后一个环节是向妈祖献祭舞，虽然只是舞蹈，但它与戏曲表演一样，都具有娱乐祀神的意味，且在主持人于祭舞结束后宣布祭礼成之后，马上进行了舞龙、跑竹马等群众性狂欢表演，特别是跑竹马的参与者都是孩童且以戏曲装扮的形式进行穿戴，这无疑使祭仪具有了戏曲元素。

日本学者在考察祭祀仪式是如何转化为戏曲时称，“一般来讲，这些祭祀活动所具有的宗教性、巫术性在村民的观念中逐渐淡化，村民们对祭祀活动的各个部分所抱有的宗教性的畏惧感情减弱，像观看感兴趣的演出那样客观审视祭礼仪式时，大致可以认为这些祭祀活动的祭礼开始转化为戏剧”[1]。如果以这样的学术结论来审视开渔节的祭海仪式、妈祖巡安仪式和开船仪式，特别是作为旁观者以欣赏的心态去观看这些仪式的进行，似乎与观看一场故事性并不强烈的表演没有太大区别。如开船仪式中，开始时的花样击鼓，即充分烘托出活动的强烈气势和欢快氛围，然后是颇具象征意味的水旗表演——喻示人们期望对海洋的控制，同时借助两个演员的角色表演又表达着与海洋的和谐相处，之后的双龙共舞、鱼虾蟹等海洋动物群舞，似乎也内在地暗含了期冀与大海的主宰之神及各种动物能够和平相处。当然，那穿着统一服饰的渔民唱着渔歌号子、拉着粗缆升起模拟的船帆，以及渔民豪迈地端起酒碗并大声说着祝酒词表达对即将出海的渔民的祝福，就更具有戏剧表演的性质。

以戏剧表演来观照开渔节的祭海仪式、妈祖巡安仪式和开船仪式，并不是要消解它们的仪式性特色，而是在从文化的视

---

[1]　［日］田仲一成著，布和译《中国祭祀戏剧研究》，第9页，北京大学出版社，2008年。

角来审视这些仪式内中所本应承载的文化内涵，以及如何能够更好地把这些活动办得更好，不仅仅让他们从表面上看成为了一张文化名片，而内在地却存在着文化承载与呈现的错位，这是需要审慎而认真思考的。比如在开船仪式的表演中，当双龙共舞结束之后，参与表演的人员因习惯性向贵宾席谢幕，致使所举着的双龙造型也俯首致意。当然，如果仅把其作为表演性行为看待，这样并没有什么不妥，但若虑及这是向大海进发的仪式，是向大海祈求护佑的献祭，而作为大海主宰的神龙在与民共舞同乐、和谐相处之后，似乎更应该接受人们对其的回敬与感恩。当然，也许人们多数会认为何必如此较真，此不过是表演而已。如若如此，那真的是实现了祭、仪、戏一体，且是以戏剧化的心态在进行着献祭仪式。只是如此一来，是否会泯灭或掩盖了渔民内心对献祭的虔诚与敬畏，让祭与仪缺少了真正的文化内涵呢？

中国（象山）开渔节如今俨然已经成为象山乃至中国渔业的一个文化名片，它既内在承续着中国传统的祭礼文化和渔民的民间传统，又表现出新时代所应有的新气象。其作为重要的文化名片，还需要在拓展思维的基础上再深入挖掘、精心创建，消除文化内蕴与文化呈现的错位，形成新时代独特的文化逻辑体系，在关照渔民内在精神世界、宣扬海洋生态科学的同时，令所有的观众能够从内心生发出对海洋的感恩与敬畏。相信这将不仅有助于提升渔村的文化建设，还将能够助推渔业整体文化品质的提升。

祭祀舞蹈与乡贤文化

——2019中国（象山）开渔节祭海仪式再思考*

李秋萍**

2019年9月15日，笔者前往浙江象山石浦镇，对在东门渔村妈祖神像广场举行的祭海仪式进行了实地调研。象山祭海仪式自古有之，至今已有上千年历史，据史料记载："唐贞观时期象山东门渔民建有祚圣庙，旧称东门庙，宋建炎四年高宗赵构赐'祚圣庙'匾，为象山唐代古庙之一，以供海神祭祀。"[1]这种祭祀文化是一种海神信仰，"是涉海人群在面对浩渺无垠变幻无常神秘莫测的海洋和人类的无助时，为充满了凶险和挑

---

* 项目：江苏省社会科学基金项目"新型城镇化进程中苏南傩舞现代样态及活态传承研究"（18YSB018）阶段性成果；国家社会科学基金项目"数字化技术与昆曲艺术创新发展研究"（18BB020）阶段性成果；东南大学高校科研扶持项目"昆曲艺术与数字化技术融合创新发展路径研究"（2242019S20050）阶段性成果。

** 李秋萍，南京晓庄学院讲师。

[1] 王梦梦、杜珍珍、吴丹丹、王腾飞《港湾利用与象山开洋节文化变迁》，载《改革与开发》2016年第19期。

战的涉海生活找到的精神护佑，它是人们在涉海生活中创造出来的，并随着涉海生活的深入而不断丰富和变化，实际是涉海民众海洋观念的外化表现”[1]。这种外化是人们受当时较为低下的生产力水平与认知水平所约束，面对不可抗拒而又无法捉摸的强大自然营力，自发形成的一种原始崇拜，并渗透于象山人民的生产和生活中，逐渐演化为一种经久不衰的民间信仰，形成流传千年的民间习俗。象山祭海习俗从唐沿袭至今，虽然历经了文化和功能的变迁，但“敬畏海洋，感恩海洋，善待海洋”的文化根基与信仰已经深深地根植于民众的思想意识当中，具有顽强的生命力。

一、祭祀舞蹈是“民间信仰”亦“迷信”之辩

祭祀舞蹈是远古时期人对客观环境一种主动的理解，也是主观意识对客观事物存在的能动反映。“人类对自然的敬畏情感，在许多民族国家的生活中都有迹可寻。人类为何对自然会产生敬重或敬畏的情感，一方面出自对自然威力的认识，另一方面则出自对自然世界的感恩。”[2]从而形成崇拜神灵的观念。这种观念是一种历史久远、内容复杂的民间信仰。“它深深地植根于中华本土文化的沃壤之中，广泛地影响或支配着民众日常生活的方方面面，占据着异常突出的位置。”[3]这种民

[1] 朱建君《从海神信仰看中国古代的海洋观念》，载《齐鲁学刊》2007年第3期。

[2] 李咏吟《自然的合目的性及其美学沉思》，载《浙江社会科学》2019年第3期。

[3] 纪兰慰《少数民族原始宗教祭祀舞蹈及其特征》，载《贵州民族研究》1999年第1期。

间信仰是各民族祖先生存的精神支柱，往往以氏族部落宗教、祭祀仪式和舞蹈的形式得以流传。祭祀舞蹈自远古时起，就是人与天地、神灵对话的形式，人们把对天地神灵的敬畏、膜拜、托付与亲近都以舞蹈的方式表现出来，如同散落在人类历史长空的星辰，历经千年仍熠熠生辉。纵观人类艺术史，舞蹈是艺术之母，几乎伴随着人类一起诞生。上古先民“‘击石拊石，百兽率舞’‘鸟兽跄跄’‘凤凰来仪’”[1]，夏商殷人为求雨起舞于“桑林”，周代创《六代舞》祭祀天地山川河流，汉代以《龙舞》求雨……如此种种，不一而足。恩格斯指出“舞蹈尤其是一切宗教祭典的主要组成部分”[2]，敬畏神明则是祭祀舞蹈之仪轨所依。然而，在象山开渔节上的祭海仪式中，祭祀舞蹈的选择和表演显得欢愉过剩，神圣不足，“娱人”多于“娱神”，缺少了庄严敬畏之心的祭祀舞蹈，阻隔了人与海洋、神灵对话的文化表达，从而使整个仪式少了凝重肃穆之感。

当代祭祀舞蹈的衰微与弱化，究其本源，与长期存在的质疑密切相关。即，祭祀舞蹈究竟是一种“民间信仰”还是封建“迷信”？“一种观点认为祭祀舞蹈是为了平衡现实世界与想象世界，祈求人们心理平安与精神慰藉，是民间信仰在当今社会的演化，在本质上属于文化层面，属于意识形态领域。能对社会成员进行心理调适，促进个体社会化，稳定协调社会或

---

[1] 王克芬《中国舞蹈发展史》，第4页，上海人民出版社，2004年。

[2] 李静生《祭熟龙仪式及其社会功能》，《东巴文化论》，第216页，云南人民出版社，1991年。

促进社会变革，从而对社会问题系统的存在和发展施加影响；而另一种观点则认为祭祀舞蹈具有封建残留的特征，宣扬各种神秘主义，与现代社会追求科学理性背道而驰，是一种彻头彻尾的迷信活动，有不良和消极的社会影响，应加以消除和取缔”[1]。民间信仰与迷信恰如一卵双生，共同的生成环境和共同的信仰基础赋予其相似的外表，所追求的目的也十分类似，因此，民间信仰与迷信的内容往往相互缠绕交织，在很多场合中实难厘清。想要辨析厘清两者之间的关系，二者的内涵与外延是首要探讨的方面。学者们对民间信仰和迷信的界定给出了不同的阐释。宋兆麟认为：“民间信仰是在长期的历史发展过程中，在民众产生的一套神灵崇拜观念、行为和相应的仪式制度。”[2]乌丙安认为中国的民间信仰是“多民族的‘万灵崇拜’与‘多神崇拜’”[3]。赵匡为认为：“民间信仰其含意十分宽泛，它是相对传统宗教和占有社会主导地位的宗教而言的一种群众性的信仰现象，表现为人们的一种较鲜明色彩的习俗，而被某一民族、某一群体或某一地区的相当多数群众所信仰和遵从。”[4]而“迷信”是一个内涵和外延都相对模糊的概念，迄今仍有不统一的声音。我国许多专家学者从不同角度对迷信进行定义。如乌丙安指出：“迷信是从许多原始活动中残留下来的意识和手段，它不仅是对事物因果的歪曲荒诞的认

[1] 徐俊六《乡土社会献车仪式的民俗学考察》，载《西北民族大学学报》2017年第4期。
[2] 钟敬文主编《民俗学概论》，第187页，上海文艺出版社，1999年。
[3] 乌丙安《中国民间信仰》，第4页，上海人民出版社，1996年。
[4] 赵匡为《新世纪中国的民间信仰问题探析》，载《福建宗教》2004年第3期。

识，而且也是反科学的歪曲并破坏社会生活的行为。”[1]胡乔木在《反迷信提纲》中写道：“迷信的根本特点就是相信神仙鬼怪命运灵魂等超自然物质的东西的存在，相信这些东西支配着天地日月、风雨雷电、水火木石、舟车门灶、生老病死、成败祸福，总之是支配着世界和人生的一切。”[2]从对“民间信仰”和“迷信”的概念辨析，不难发现祭祀舞蹈是一种民间信仰，虽然“具有强烈的功利性，但是它对个人和他人没有实际的危害，相反有一定的精神慰藉的作用，它能成为生活的调剂与补充”[3]。因此，我们不应说“民间信仰”便是“迷信”。承载民间信仰的祭祀舞蹈是普通民众生活的需要，作为一种意识形态，是一种“深层次的‘社会规范’，在身体即客观身体和心灵统一的层面上发挥着规训的作用，约束着我们的行为，管制着我们的身体”[4]，影响着人们的日常生活。祭祀舞蹈通过对社会进行价值整合，对社会成员进行心理层面的调适，其中蕴藏的乡贤文化更是值得人们正视与发掘。

二、祭祀舞蹈是乡贤文化的载体

近年来，乡贤文化成为多学科关注的热点问题，创新、弘扬乡贤文化，对于我国当代快速城市化进程下社会主义新农

---

[1] 乌丙安《中国民俗学》，第270页，辽宁大学出版社，1985年。
[2] 胡乔木《反迷信提纲》，载《中共党史研究》1999年第5期。
[3] 王瑞军《民间信仰的社会功能及作用机制研究》，南京航天航空大学，博士论文，2012年。
[4] 张青仁《身体性：民俗的基本特性》，载《民俗研究》2009年第2期。

村核心价值构建及其践行路径具有显著的现实意义。乡贤文化在本质上属于文化层面，属于意识形态领域，具有广泛的群众基础和顽强的生命力。现今人们开始回顾中国乡村社会自治历史，聚焦乡贤文化传统，将其纳入我国意识形态体系建设的范畴之内，希望于此发现一条能够黏合传统与现实的乡村建设新路，能使之更好地成为社会主义新农村建设的积极因素，为广大农村居民生产生活服务。

所谓乡贤，主要指传统乡绅阶层中有贤德，有文化，在乡村公共事务中有所担当的人，也常常被用来指称现当代乡村社会中的贤达人士。中国古代先民重视祭祀礼仪，通过祭祀海神、河神、山神、雨神等期盼风调雨顺、鱼虾满舱、五谷丰登，通过祭祀文王、孔子、先祖等期盼家族昌盛、家业兴旺。乡贤的祭祀活动最早出现于东汉末年，这种祭祀活动原本是地方官员对有崇高威望、为社会做出重大贡献的社会贤达人士而举行的祭祀活动，后来逐渐演变为一种祭祀乡贤的文化活动，于是乡贤文化应运而生。中国的先民除了对圣贤崇敬、效仿，亦对立德、立功、立言的乡里贤人见贤思齐，孕育传承了礼义仁智信、崇敬自然等道德规范，也蕴含了教化乡民、邻里互助、反哺故土、崇德向善等乡贤文化。乡贤文化既成为中国传统文化中散发着独特光芒的一种类型，又包含了现代乡村精英对传统乡贤精神的继承、践行与创新。因此，祭祀乡贤仪式中的重要组成——祭祀舞蹈，必然为乡贤文化的载体，继承着乡贤文化的强大基因。

三、祭祀舞蹈中乡贤文化的表达

习近平总书记强调，培育和弘扬社会主义核心价值观必须立足中华优秀传统文化，使中华优秀传统文化成为涵养社会主义核心价值观的重要源泉。传统文化中祭祀乡贤的舞蹈以明确的价值观和高超的技艺技能、丰富的地方文化知识，以地域化的形态来展现传达人们积累的文化理念与生活信仰，给予人们心理安慰，寄托希望，让人内心平静；娱乐身心，亦能强身健体，从而引导着人们形成向上向善的力量，成为涵养社会主义核心价值观的源泉。

（一）优秀的祭祀舞蹈传承人之责任担当与乡贤品格

祭祀舞蹈根植于民间，是中华民族传统文化之一。这一传统文化之所以延续至今，一个直接的原因是祭祀舞蹈传承人发挥了承上启下、继往开来的作用，他们以师承方式完成了技艺传承，在血缘、地缘、业缘的基础上，建立起复杂的社会关系。他们和他们所表演的祭祀舞蹈代表了某种乡土符号，是连接故土、维系乡情的一种精神纽带；是探寻传统文化血脉，弘扬地域文化传统的一种精神原动力。优秀的祭祀舞蹈传承人不是民间信仰文化传统中的一般民众，他需要积极参与祭祀舞蹈文化实践过程，去学习和实践祭祀舞蹈传统文化的表现形式，掌握较高水准的技能，以内在的认同情感去传播民间信仰文化，自觉承担起祭祀舞蹈传承者与传播者的文化责任。优秀的祭祀舞蹈传承者是祭祀文化的主要负载者，他们策划、组织、实施和带头展示祭祀文化的有关节目，他们请神为人们除病消灾、驱邪纳吉，一向受地方社会的信任，其在所属地域民众中的威望是其他人无法替代的。“社会主义新时代发展当下，杰出的祭祀舞蹈传承人就是中华文化传统的乡贤主体，他们以德、艺、业的卓越品格塑造乡风，发挥着地方传统文化的引领功能，维系乡情，凝聚人心，继承传统，建构本乡本土的知识体系和安居乐业的精神家园。”[1]

（二）祭祀舞蹈建立信仰和规则

祭祀仪式是中华人文精神的组成部分，是人们在长期的社会生活生产中不断创造出来的符合乡土特征的一整套礼仪传统与行为规范，一直在民间延续，并不断融合宗教、文艺与当地民俗，增强其娱乐成分，从驱疫逐鬼逐渐向迎神、祭神、祭祖、娱神，娱人方面演变，并衍生出多种形态的祭祀舞蹈，在我国广大农村地区流行。祭祀虽向生活化、社会化、政治化、宗教意识、更趋世俗化方向发展，但为了显示对神灵的敬畏，参与祭祀的人员仍须遵守仪式流程的规范性，舞蹈动作、衣着、面具、法器等方面体现出严肃和隆重。祭祀参与人员在舞蹈过程中，在神秘隆重的氛围感染下，表达乡民对大自然的敬畏，以及通过这种仪式获得美好生活的期盼，约定俗成内化为当地淳朴的人神关系、人祖关系、人与自然关系等精神观念，与近神远鬼、扶阳抑阴等精神信仰，形成涉及仁义礼智信等伦

[1] 孙正国、熊溇《乡贤文化视角下非遗传承人的多维谱系论》，载《湖北民族学院学报》2019年第2期。

理道德与消灾祛邪、扬善除恶等精神诉求。祭祀舞蹈通过舞祀天地、日月、山川、先祖、圣贤等各种神祇，集地缘、血缘村民齐心协力举行祭祀，形成大家内化的制度和行为习惯，对于凝聚宗族力量、维系社会秩序、规范邻里关系等方面发挥着重要作用。

（三）祭祀舞蹈祈福佑、颂功德

祭祀起源于远古时期，先民认为人有灵，则万物皆有灵。先民在无法用已有的认知解释某些自然现象时，就幻想各种神灵来掌管这个世界，认为神有很大的权威，能够决定人们的命运，所以他们崇神敬神，逐渐演变为民间的“神灵崇拜”，认为有神灵庇佑，生活则会吉祥如意，幸福美满。随着时间的推移，在历代的统治阶级和儒、释、道的造神运动中，人们也常常把英雄当成神来祭祀，祭祀对象包括天地祖宗、“社樱山川之神”“天之三辰”“地之五行”“前哲令德之人”等，各路神仙圣灵、英雄豪杰、功德贤人，济济一堂。如《周礼夏官·方相氏》中记载的方相氏为首创“铸金为刃”，骁勇善战之兵主蚩尤，江苏南京高淳祭祀舞蹈《跳五猖》和溧阳《跳幡神》是祭祀治水有功的祠山大帝张渤，江苏溧阳市社渚镇蒋塘一带的《跳马灯》则是祭祀抗辽英烈杨家将等民族英雄，等等。这些乡贤人物在祭祀舞蹈中虽然面目狰狞，但皆是心地善良，为民造福之辈，受到人们的喜爱和颂扬。地方民众根据所处地域的特点，祈求这些祭祀对象保佑以求风调雨顺，五谷丰登，人畜平安，同时也歌颂这些为百姓在某些方面做出贡献人物的功德。

（四）祭祀舞蹈强体魄、促向上

原始的祭祀舞蹈是艺术发生的源头之一，常常伴以有节奏的动作。祭祀舞蹈“参演人员通过舞蹈的学习和表演，其一可以避难消灾，健康成长，其二可以让人在活动中广泛参与和互动，玩得开心，不去赌博和干其他坏事”[1]。浙江宁波广为流传的“马灯舞”，根据《穆桂英大战洪州》、《杨家将》等不同剧情扮演各种角色，通过操兵摆阵，表现出古代军士的威武和机智勇敢的精神。“马灯舞的跑灯者都是十二岁左右的男女儿童。两名男儿童领舞，称为‘门枪’，四个男马童，四个女马童，共十人。八名马童各腰束假马一只，左手拎马头，右手握马鞭，在号角、锣鼓声中开始起舞，由一对门枪领头，跑马灯者一个紧跟一个，有时推直前进，有时蜿蜒曲折，一会儿交叉奔驰，一会儿昂首漫步。变换出‘龙门阵’‘梅花阵’‘蛇蜕壳阵’‘剪刀阵’‘链绞阵’等阵式。马灯在飞跑奔跳时以锣鼓声烘托，舞者步履轻快，腰膀稳健，上身端直，头臂屈伸，目光炯炯有神，假马当真马骑，人刚健勇敢，表现出一种振奋乐观的精神和勇往直前的英雄气概。”[2]参与人员在祭祀舞蹈表演过程中除了心理上得到福佑安慰，同时，其表演

[1] 中国民族民间舞蹈集成编辑部《中国民族民间舞蹈集成·江苏卷》，第897页，中国舞蹈出版社，1988年。

[2] 中国民族民间舞蹈集成编辑部《中国民族民间舞蹈集成·浙江卷》，第65页，中国舞蹈出版社，1988年。

的舞蹈动作也能起到锻炼意志、强健体魄，促使人积极向上的功能。

综上所述，祭祀舞蹈承载着先民祈福禳灾、驱邪纳福、颂扬忠义孝道、传递善良美好的朴素目的；塑造着特定地域人们的道德情感、社会心理、风俗习惯；也规定着是非标准、行为方式和理想追求；承载着乡村的精神灵魂和人们的乡愁，具有教化百姓，尊礼宣道，伸张大义的作用，是一个地域的精神文化标记，是乡贤文化的艺术载体。祭祀舞蹈中蕴含的“乡贤文化”深深地影响着人们的言行，给予人们心理慰藉，让人内心平静，寄托希望，充满力量。在娱乐身心的同时亦达到强身健体的作用，引导着人们向上向善。因此，祭祀舞蹈不是迷信之余毒，不是愚昧之糟粕，不会麻痹人们的信仰意识使之痴迷，不会刺激人们的信仰情绪使之狂躁，不会危及人们的生命和社会安宁。它传承、创新、发扬着中国传统文化中积极优秀的部分，并以舞蹈的形式教化乡民礼义仁智信，培养唯善、唯美、唯真的道德标准；塑造心怀家国、责任担当的崇高风尚。祭祀舞蹈礼赞乡贤既有国家之旌表，更有地方民间口碑之颂扬，受人敬重效仿，万世师表，不仅能促进社会安定和谐、维护乡村治理与发展稳定健康、建设美丽家园、兴盛传统文化，也是人们书写生命的审美表达。

村落共享性传统与全域旅游发展

——浙江象山县渔民开洋、谢洋节考察

张士闪　李海云*

在当下中国，旅游正在逐渐成为一种生活方式，而以渔村为目的地的民俗旅游活动也呈风起云涌之势。与近海渔业资源的日益枯竭形成鲜明对比的是，当今人们对渔村民俗旅游体验的兴趣日益强烈。当温饱基本解决甚或积有余钱，人们就渴望从千城一面的建筑形制、单调乏味的日常生活中出走，以“生活在别处”的方式缓解积郁的城市职业生活压力。到海边观赏海景之余，选择一处渔村深度体验渔业民俗，在当今城市化背景下就具有了历史的必然。

2019年9月中旬，在中国民协的组织下，我们来到浙江省象山县，在观摩石浦渔港开渔节祭海仪式的间隙，还专门前往东

---

* 张士闪，山东大学民俗研究所所长、教授；李海云，山东大学文化遗产研究院副研究员。

门渔村考察。因为此前已有两次到访，这次田野回访也就有了一种熟门熟路的亲切。与石浦渔港开渔节祭海节百船争渡的热闹不同，进入东门渔村，山岛古巷间一份特有的闲适渔村气息氤氲而来。在错落高低的民居之中，散布着天后宫、城隍庙、王将军庙等神圣空间。王将军庙里供奉的是这一带的地方神王刚甫，元朝人，科举未第，曾任东门巡检司事，位列九品。他为人耿直高洁，虽官位不高，却不甘沉寂下僚而时欲奋发有为。特别是在元至正十一年（1351），当地海盗猖獗，他散尽家财而组织治安平乱，力保一方平安。晚年受到诬陷，明洪武十二年（1379）正月三日于京师负冤而死，时年68岁。对于这样造福一方的英雄贤达，人们当然不会忘记，特意隆重建庙行祭于佛殿之前，并以土地神和财神陪祀，突出其显赫地位。在王将军庙对面，还建造了一座精致的戏台，以娱神之名行教化之实。我们注意到，在戏台下面有30多条长凳，摆放整齐且擦拭一新，说明日常使用之频繁与保管有序。有村民告知，现在村里的青壮年大都在外地打工，王将军庙是村里老人们经常聚堆的地方。在村落集体记忆中，王将军庙是最灵验的。诚然，没有了基本社会秩序的保障，“靠海吃海”生计传统也就难以为继了。

如果说，石浦渔港开渔节祭海仪式所表达的是对大自然的感恩敬畏之情，那么东门渔村的神圣空间格局及祭祀活动则代表了生于斯、长于斯的渔民的重要历史记忆。自古以来，人类与大自然之间始终处于一种互动的人地关系之中，这也构成了人类精神活动的基础。传统社会中的农民，“春种一粒粟，秋收万颗子”，虽也是靠天吃饭，但辛勤劳作中一般不会有生命危险。相形之下，渔民渔业风险更大，来自海洋的馈赠也更慷慨，从事渔业需要更强大的心灵与更紧密的合作精神，因而渔民的信仰也就更虔诚。具体到东门渔村而言，渔民祭海的仪式传统，既受到当地山海之间自然环境所限定的地理景观与传统生计的长期塑造，也与他们借助神圣建构而优化社区生活的设计有关。大海是浩瀚的，渔村是温馨的，正是大海的慷慨馈赠，才有了渔村富饶的生活，当然这需要渔民辛勤而充满艰辛的海上劳作。

石浦渔港的祭海仪式与东门渔村的神圣空间，恰好代表了当地信仰活动中的“非常”与“日常”，由此形成了当地信仰生活的不同节奏与丰富多元的文化表现方式。当渔民从渔村走向大海，就满含着对大自然的敬畏，也是对美好生活的一种预期。这一情感在祭海节的庄重肃穆的仪式中得以充分表达。当渔民从大海走向渔村，回归日常生活，就有了围绕传统伦理价值而衍生的种种生活智慧与运作机制，广泛表现于传统生计、衣食住行、婚丧嫁娶、节日庆典、手工制作、身体技艺、待人接物、邻里互助、礼尚往来等行为之中，还会在民间文学、名人佳话、乡贤美德、家风家教、口述历史等文化表达中被特别强调。其本质，都是借助仪式化的生活，与自然、神灵和社会形成良性互动，实现社会力量的有效调动，整饬社会秩序，强化社会传统，促进社会和谐。

众所周知，中国传统文化是以与日常生活密切结合的地方文化为支撑的，并以口头传承、文字传承、物质传承与身体传承为基本表达形式，以物质资源与文化资源的高度共享为特征。这一共享性传统，既是千百年来中国基层社会用以自治的一种文化政治智慧与公益运行机制，又是广泛意义上中国传统文化的生活根基。历经波澜起伏的中国近现代社会变迁，村落共享性传统的精髓仍在当代乡村社会中以多种形式有所延续，亟须通过价值创新转化，强化乡村社区的凝聚力，提升乡村社会整体活力，在国家乡村振兴战略中发挥重大作用。

2017年3月5日，李克强总理在政府工作报告中提出全域旅游；2018年3月，国务院办公厅印发《关于促进全域旅游发展的指导意见》，就加快推动旅游业转型升级、提质增效，全面优化旅游发展环境，走全域旅游发展的新路子做出部署。显然，“全域旅游”所表征的新一轮旅游热潮正澎湃而来。不言而喻，全域旅游是把一个行政区当作一个旅游景区，实现旅游产业的全景化、全覆盖，要求全社会所有人都参与旅游业。就此而言，象山县渔村民俗旅游是比风景旅游、文物旅游更接近“全域旅游”理念的。不过，渔村民俗旅游的开展，不应成为民间共享传统和乡村公共平台的终结，而应是其发生现代转型的契机。理想的渔村民俗旅游发展模式，应该在注重产业属性的同时，凸显旅游的社会效益，既满足游客的深层次的文化需求，又借助旅游激活村落社会的自组织活力与价值认同，致力于地方社会发展中的“文化共享，经济共益，价值共创，道德共育，社会共建”目标的实现。我们在东门渔村所看到的民俗活动，毕竟是渔村社会中的有机组成部分，背后是以各种神圣名义为依托而凝结的民间自治组织，长期以来服务一方水土，致力于地方公共平台的搭建及运作，并在加强村际关系、人际关系等方面发挥着重要作用。是否能充分地尊重民间神圣资源与自治组织传统，牵涉到乡村社会的长治久安。

渔村文化空间

讲好渔家故事

——象山渔文化与创意乡村旅游的发展路径

潘鲁生*

渔文化是一种生产文化、生活文化、生态文化。

在保护层面，要保护好渔文化的母本、载体，重视原生态，讲原汁原味，尽可能把相关的仪式、信仰、风俗、故事、工艺母本保护好，传承好。讲好渔家故事。

在发展层面，做好与当代生活的衔接，渔家生活与旅游体验、海洋故事传说与内容产业、海洋渔业工艺与设计衍生等都有广阔空间。

一、象山海洋渔文化特色资源及发展优势

象山有6000多年文明史、1300余年立县史，形成了渔文

* 潘鲁生，中国民间文艺家协会主席、山东工艺美术学院院长。

化、象（吉祥）文化、丹（不老）文化、塔山文化、海防文化、海商文化、革命传统文化和地方民俗文化等八大海洋特色文化，拥有徐福东渡传说、渔民开洋谢洋节、海盐晒制技艺、象山渔民号子等国家级非物质文化遗产6项，悠久的海洋渔文化历史、多样性的文化资源为象山旅游开发提供了极大的延展性空间。

（一）地理位置优越，海岛型旅游景观丰富

象山县三面环海，是典型的半岛县，北部象山港为著名深水良港，南部石浦港是国家中心渔港和对台重要贸易口岸。象山有大小岛屿656个，多数海岛渔村依然保持原有自然风光。海岛所独有的山林、溪流、岩石、海岸等多样化生态资源为观光、休闲、娱乐、健身等各类旅游产品开发提供支撑。象山港跨海大桥促使象山半岛成为浙江沿海大通道的纽带，良好的区位条件拓展了象山旅游市场辐射范围，为旅游开发提供了有利条件。

（二）海洋渔文化建筑遗存及文化遗迹

象山石浦镇境内常年有习俗活动的核心古庙总计有80多座，境内遗存有多条完整的明清古街道，并遗存有以大皆春、栽兴烟庄、宏章绸庄为代表的古店商号150多家以及清代金山书院以及渔家明清古宅；此外，作为历史上集渔港、商港、海防要塞的石浦古镇，还保留了众多的文化古迹，主要有：花坟山岩画、二湾摩崖石刻、江心寺摩崖石刻、北渔山国际灯塔等。通过古建筑、古街、古镇的保护与开发，传承“活态”渔文化，展现原汁原味的渔家生活。

（三）民间节庆及渔家风俗习惯

象山渔家风俗主要有造船习俗，开洋、谢洋习俗，拜船龙习俗、祭小海习俗，以及各种渔民禁忌等，民间节庆活动是渔区风俗的主要体现，象山渔文化节庆活动众多，其中连续举办十八届的“中国开渔节”被列为全国十大民俗节庆。充分发掘传统节庆及风俗，与旅游产业融合发展，既可以强化本土文化特色，又可以丰富产业内涵，拉长并深耕产业链。

（四）民间文艺资源丰富多元

象山有以渔家号子、渔家船鼓和《细什番》演奏为主的民间音乐；以鱼灯、龙灯、马灯、车灯、抬阁为特色的民间舞蹈，以及大量的渔歌、渔谚和民间传说故事。民间文学、音乐、舞蹈、美术等“传统文化资源”融入旅游产业体系，丰富旅游文化内涵。同时，借助现代互联网技术，可以创意研发包括数字出版、网络游戏、数字影音、多媒体产品、手机媒体、数字动漫等数字内容产品及衍生品，构筑和拓展数字内容产业链。

长期的海洋渔业劳作产生了许多传统制作技艺，主要有渔家服饰制作、船模制作技艺以及独具渔民特色的竹根雕、剪纸、麦秸贴画等。在现代旅游产业中振兴传统工艺，促进传统手艺融入现代时尚生活，关键在于创新转化手艺资源，其核心是用新思想、新技术设计符合当代精神和时代要求的新文化。

整合当代的制造技术、设计创意手段和传统文化元素，提高产品的设计附加值和文化标识度，进而塑造海洋渔文化产品的独特竞争力。

二、海洋渔文化旅游现存主要问题

（一）海洋渔文化内涵挖掘不足

文化资源是旅游可持续发展的驱动力，目前众多旅游区存在盲目模仿、产品同质化严重、旅游功能定位与发展主题不明确等问题，归根结底是文化内涵开发不足，对旅游目的地的项目缺乏专题研究，对有针对性的消费群体的需要研究不够。文化差异性是打造特色旅游品牌的关键，关于海洋的民间传说、海洋的名人逸事、滨海名胜古迹、渔家民间风俗、古军事海防遗址等，只有进行不断地挖掘、提炼、开发，凝聚成为独具区域特色的个性化精神，才能提升文化影响力和品牌竞争力。

（二）旅游产品结构单一，亟须品质提升

目前我国海洋渔文化旅游绝大部分仍处于观光游览阶段，渔文化旅游产品设计结构单一，游客停留时间较短，产品同质化严重，游客在各景区之间做出选择与分别的余地较小，在节庆或是活动中，游客的参与度较低，体验性不足。同时，海洋渔猎文化作为渔文化的原始组成部分，在旅游开发中被普遍忽视。部分渔家乐开发过度，渔村道路及建筑失去传统渔家村落

特色，古镇景区传统街道新旧建筑相杂，现代商业体系的融入缺乏规范化管理，这些均对文化生态造成一定程度的破坏，影响了渔家旅游品质。

（三）传统渔民生活和旅游开发存在矛盾

原生态的渔民生活是传统渔村保持浓郁的地方特色以及可持续发展的关键所在，但是在文化旅游开发中，诸多渔村原住民基础生活设施建设开发不足，传统渔民生活形态与现代文化旅游形成冲突，渔民基本生活需求与旅游形象维护产生了矛盾。

以民宿为例，当前民宿产品主要是日租型经营方式，这类民宿大多由一些有识之士进行投资建立，参与设计却未亲自参与管理和服务，主要聘请员工管理。但缺乏地方特色和人文关怀，很多时候客人只有在抵达民宿的时候才会和民宿主人有接触，缺乏民居之家的温暖关照。这就导致了主客之间的交流融合缺失，无法给客人一种融入当地生活的家的感觉。

三、象山海洋渔文化创意乡村旅游的思考

海洋渔文化资源旅游开发的核心是转化和创新。第一，要以文化内涵的深入挖掘为基础，强化自身文化价值，去粗取精，保护与开发并重。第二，应打破地区壁垒，统一规划，联合开发，避免海洋文化产品开发的同质化和恶性竞争。第三，要对接国际市场，提升旅游产品设计水准，确立“文化创新+设

计创新+服务创新”的开发原则。

良好的用户体验和服务是未来旅游消费的重要诉求。在体验经济时代，旅游开发的核心是主题体验设计。主题体验设计，不仅承载人们求新、求异、求奇、求美、求知的重要途径，更重要的是，要通过文化内容的创意，消费一种感觉，一种情绪上、体力上、智力上甚至精神上的深度体验。

创意生活产业是我国台湾地区提出的最富开创精神的文化创意产业类别。创意生活产业是一个与人们的日常生活密切相关，但又离不开人对精神价值和文化品位提升的产业，创意生活产业涉及衣、食、住、行、育、乐等与生活相关的产业，强调“传统文化的重要性”和“地方资源的依赖度”，重视“设计创意”与“日常生活”紧密对接所呈现出的“文化特色”和“品质生活”，据此彰显传统文化、地域资源对于现代人生活创新的重要意义。

例如在该理念下开发的七星柴鱼博物馆，利用原有废弃已久的柴鱼加工厂，采用“文化+创意+体验”的设计模式与“博物馆+餐饮+衍生品”相结合的体验营销模式进行旅游开发，游客在轻松愉悦的环境中感受传统渔民生活，体验怀旧的古老气氛。

创意生活产业与传统文化旅游业不同，注重挖掘文化旅游产业和产品的“美学内涵”，强调服务和活动所传达的“深度体验”，发挥“生活内容与心灵体验”高度一致的创意，倡导人人创意、交互交心的生活理念。象山海洋渔文化旅游资源的开发，可进一步探索创意生活产业发展的新思路。

（一）拓宽海洋自然风光的“生活态度体验”

依托海洋自然风光资源，创新观光、休闲、娱乐、健身、养生为一体的滨海旅游观念，以海洋风光为背景，满足人们主动融入自然山水，追求探索、挑战、浪漫、乐观、运动的生活态度体验。例如奥地利位于阿尔卑斯山谷的茵斯布鲁克乡村度假，近几年来国际口碑日益升温。该地区中世纪的人文景点和自然度假村相得益彰，并且利用其山地众多的自然优势，开发了多样的冬季和夏季运动和休闲项目，如：徒步远行、山地自行车越野、登山、滑雪、溜冰、多人雪橇滑雪等项目，成为全球重要的运动休闲目的地。

老龄化社会背景形成了巨大的老年旅游消费市场，美丽的海岛风光、独特的传统文化、休闲度假、温泉疗养满足了老年人健康养生的生活态度。例如，毛里求斯现在不仅是旅游城市，也是诸多老年人选择的“疗养胜地”，这里可提供一种融保健、疗养和休闲为一体的独特旅游。另外，法国海滨城市杜盖的海水治疗中心，以擅长海水海藻浴疗、海水按摩、泼水浴疗、海泥治疗等疗法而闻名。

（二）延展海洋历史文化的“生活故事体验”

历经6000年的海洋历史人文积淀，深埋着成千上万的生活故事，以故事化主导博物馆设计、引领消费者感受每一个让人怦然心动的主题，从而让人从浩瀚的历史人文中获得独特的文化体验，是未来象山旅游文化设施创意的重点。

（三）挖掘海洋渔业生产的“生活教育体验”

海洋生物资源种类繁多，生态环境资源较为丰富。围绕渔民造船、养殖、捕捞、制鱼过程，创建各种不同的以动态演示、现场实景勘察、静态展示、趣味活动、商品贩卖为衍生服务环节的多功能“渔业生活体验馆”，变“生计渔业”为“创意渔业”。台湾溪南春休闲度假渔村保留了早期渔民生活的景致，还有钓鱼区、浑水摸鱼区、海水健康步道等让游客体验，游客可以跟着主人上竹筏撒网捕鱼，体验传统渔民生活。

（四）提升海洋饮食文化的“生活艺术体验”

海洋饮食文化资源包括海洋特色风味、海洋烹饪工艺、海洋饮食风俗、深加工海产品四个方面。探索创新“石浦菜+手艺+表演”的主题餐厅商业运作模式，增强游客的体验感。例如，澳大利亚的葡萄酒旅游业允许游客参与制酒、品酒、赏酒的过程，匈牙利乡村旅游在开发民俗文化的同时也在乡村野店、乡间野味中感受民俗风情，体味民族文化。

（五）放大海洋民俗风情的“生活信仰体验”

海洋文化在悠久的历史进程中，逐渐形成了既丰富多彩又独具特色的海洋信仰习俗文化体系。信仰载体多集中在庙宇、祖屋、生产器具、岁时节令和庙会节庆上。生活不是仅为吃穿住行而运动的单一程序，它本身也需要一个内在的价值作为指引和督导，生活要在信仰内才能得到最大的体验和满足。例如，巴厘岛居民每年举行的宗教节日近200个，每逢节日，歌舞杂陈，塑造了巴厘岛的万种风情。象山的妈祖信仰、渔师信仰、如意信仰等民俗风情应得到更为系统的开发。

（六）聚焦海洋传统村落的“生活返朴体验”

去掉外在的浮华与装饰，恢复原来的质朴与童真。以村落社区生态文化、手工文化、乡村民俗文化为主线，深度挖掘诸如有机农业、手艺传习、乡村美食、垂钓捕捞、养生健康、乡村民宿等多种旅游业态，开发主题性手工艺衍生品。例如，台湾地区将民宿作为人文精神的展示窗口，在设计、建造、经营民宿时注重“灵魂”塑造——民宿主人或者经营者的“人情味”，充分体现“本土家庭文化特色”。同时，民宿产品注重主题性体验的开发，采用多元化模式，形成一村一品，一户一特。

海洋渔文化乡村旅游是现代渔业及海洋文化产业的重要组成部分，并在海洋渔业资源保护、促进渔民增收、调整传统产业结构等方面都有其不可忽视的作用。在实践过程中，既要立足地方实际，充分发挥地域优势，还要有前瞻视野，勇于创新，使丰厚的文化资源和特色化的旅游产业业态相整合，促进海洋文化资源的设计转化，创意海洋生活产业发展理念，深刻体现旅游产业的文化厚度、美学内涵、创意风尚与地方特色。

保护鱼皮制作技艺传承　促进鱼皮文化产业发展

王益章*

鱼皮工艺，是利用北方诸种冷水鱼类的鱼皮为主料制作的工艺品种。黑龙江、松花江和乌苏里江是冷水鱼大马哈鱼、鲟鳇鱼等特产鱼类的主产区，围绕鱼皮原料产地已经形成了三大产业集群：黑龙江沿岸产业集群、松花江沿岸产业集群、乌苏里江沿岸产业集群。黑龙江鱼皮工艺，是利用鱼皮革料的鳞纹、色泽、皮质而形成的特殊工艺技术，在衣、食、住、行、生产、信仰、艺术等方面均得以应用，有着悠久的历史连续性和民族属性，是具有知名度的地域特色文化艺术品。2006年6月，赫哲族鱼皮制作技艺被国务院确立为第一批国家级非物质文化遗产名录。建立赫哲族鱼皮文化传承基地，是为了进一步发展鱼皮文化产业。

* 王益章，黑龙江民间文艺家协会名誉主席。

一、鱼皮制作技艺是赫哲族传统渔家绝技

黑龙江鱼皮工艺，主要源于赫哲族鱼皮服饰工艺。赫哲族是主要居住在黑龙江省东北部的我国人口最少的少数民族之一。赫哲人的生活离不开鱼。在人类的历史长河中，赫哲族这个古老的民族充分利用自然渔业资源，创造了灿烂的鱼皮文化。赫哲人拥有的鱼皮服饰、鱼皮器物及其他鱼皮制品有着悠久的历史。汉文古籍中对赫哲人的先世使用鱼皮的习俗就有了记载。中原人知道鱼皮服装的历史很早，《山海经·海外东经》记述："玄股之国，在其（黑齿）北；其为人衣鱼食鸥。"晋朝郭璞在其注本《山海经注》中的诠释是："以鱼皮为衣也。鸥，水鸟也。""玄股之国"的地理位置在今天的俄罗斯萨哈林岛（库页岛）南端，居民是尼夫赫（费雅喀）人的一支。他们是迄今为止最早见于文字记载的穿用鱼皮服装的民族。凌纯声在《松花江下游的赫哲人》中便指出，以鲑鱼皮为衣的习俗，黑龙江及乌苏里江一带的民族皆有之，《山海经》所称玄股国恐不仅指费雅喀而言。也就是说，当时生活在库页岛上、与玄股国人相邻共处的赫哲、鄂伦春等民族的远祖，都极有可能具有相同的以鱼皮为衣的习俗。《山海经》是一部上古时期记载中国境内外历史、地理、方物土产、风土人情的丛书，其海外经部分大约成书于春秋战国之际，那么不言而喻，鱼皮服装至迟是在春秋时期（公元前770—前403年间）就已经问世。《隋书·契丹（室韦）传》记载，室韦人，这个中国古代东北民族，隋唐时期（公元6—10世纪）繁衍生息在"气候最

寒，雪深没马”的黑龙江中上游及嫩江流域，以“射猎为务，食肉衣皮。凿冰没水中而网射鱼鳖……俗皆捕貂为业，衣以鱼皮”。据张泰湘的《东北考古研究（三）》考证，在唐代的黑水靺鞨人那里，“最普及的是用鱼皮制作的夏装”。及至宋辽时期，当时生活在女真东北部的五国部屋惹等国每年唯向辽王朝进贡胶鱼皮等物，再东北的铁离国、靺鞨国唯以胶鱼皮等物与契丹交易。“胶鱼”鲛鱼，指今天的鲨鱼。鲛鱼皮可做铠甲。辽代的五国部女真人“贫者……秋冬衣牛、马、猪、犬、鱼、蛇之皮”。及至金之封疆“东及吉里迷、兀的改诸野人之境”。“吉里迷……居草舍，捕鱼为食，不栉沐，着直筒衣，暑用鱼皮，寒用狗皮。”兀的改是源于隋唐时期的黑水靺鞨之一部，后为辽时五国部之一部，曾称乌惹或兀惹，元代称兀的改（乌的改），明时称兀者或兀狄哈，清初始称黑斤，也就是现代赫哲人的先祖。因而鱼皮工艺技艺也就在他们世代居住的黑龙江、松花江、乌苏里江两岸传播。

赫哲人是全世界穿用鱼皮服装最长的民族之一，也是至今仍有鱼皮制作技艺传承下来的唯一一个民族。可以说在相当长的历史时期里，鱼皮工艺是赫哲人家喻户晓的生存本领，也是必须掌握的本领。这个时期的赫哲人，衣服以鱼皮染绘为之，自膝至踝，每剪鱼皮为花。

用鱼皮剪刻成各种花纹和图案，经染色等艺术加工后粘贴或缉缝到衣服、器物以及萨满神服、神具上，是赫哲先民的特色文化。虽然这些花纹和图案多数具有极高的艺术价值，但其并不是独立存在用于观赏的艺术品，只是附属于实用衣物的装饰品。如凌纯声所著的《松花江下游的赫哲族》一书中，保存了一些1930年代的赫哲族的图案纹饰。其“鱼皮衣背上的花纹”中，颈部的宽脸饕餮纹和背底部的长脸饕餮纹都是用鱼皮剪制的，再用鹿筋线缝在衣服上或用鳇鱼鳔胶粘在上面。这些鱼皮花纹图案，虽然还没有成为独立的美术作品，但是其中包含着赫哲人民对生活的热爱，反映出他们的审美情趣，为后来的鱼皮贴画创作开辟了先河。为顺应时代审美习惯的变化和旅游市场需求，赫哲族艺人不断推陈出新，在继承传统的基础上，研制出了彩色鱼皮革，开发鱼皮工艺新产品。如鱼皮革新产品，包括男士腰带、女士包、卡夹、钥匙扣、挂件等；如鱼皮缝制新产品，包括百神脸谱等；如鱼皮画新产品，包括粘积型、镂刻型、缝绣型等各类题材鱼皮画；如鱼皮剪纸新产品，包括民俗风情剪纸、萨满神灵剪纸、百神面具剪纸、装饰图案剪纸、器物微缩剪纸等；如鱼皮乐器，包括大马哈鱼皮二胡、大马哈鱼皮京胡等。

从鱼皮工艺品的技术性看，有缝纫，有粘贴，有剪刻，有刺绣，有润染……各色技巧，十分适合，相互融汇，形成视觉差异很大的多彩成品。从鱼皮工艺品的实用性看，创作题材几乎涵盖了赫哲人生产、生活、娱乐、信仰的方方面面。既可仿古，进入博展馆供人观瞻；又可走入家庭，扮饰现代生活。

（一）艺术题材广泛

鱼皮工艺涉及生产、生活以及宗教用品，这里仅以其纹饰作题材划分：

1.螺旋纹题材

考古资料表明，在新石器时代北起黑龙江、乌苏里江，南至日本海沿岸的岩画艺术中，就广泛地存有螺旋纹图案。北方许多古老的渔猎民族，在生产、生活中产生了对水、对风、对云等自然现象的恐惧，进而演化为对蛇、对龙等的崇拜，并将其抽象化为螺旋纹。经常出现在鱼皮器具上的各种旋涡纹、螺旋纹、回旋纹、云纹等纹样，既有具象的形式，又有抽象的美感，在进行图案创作的时候，常用装饰艺术的手法，运用线条的表现手段，强调装饰味，呈现强烈的视觉冲击力。

2.图腾题材

使用鱼皮的北方渔猎民族相信万物有灵，其所崇尚的图腾，以动物为多数。主要有鹿、鸟、蛇、龙、鱼、虎、青蛙、蜥蜴、熊等。从鱼皮工艺品的审美性看，常见的艺术手法是运用图腾，体现萨满教中的艺术精神，相信它们具有无比强大的威力，是萨满的辅助神，能协助人们除魔、祛病等。在图腾艺术表现中，其中有象征繁衍的鹿，象征勇敢的鹰，象征爱情的天鹅等。其图腾纹饰包含哺乳类、爬行类、鸟类、鱼类、昆虫类、植物类以及想象类生物达上百种之多，以形象思维塑造形象，图案样式运用拼贴、雕刻等形式手法呈现。

3.神话题材

鱼皮工艺品上还有神话传说、历史民俗等影像画面，体现了北方渔猎民族萨满教的生殖崇拜和神灵崇拜意识，是萨满教崇拜观念在社会生活中的具体而生动的体现。如鱼皮婚袍上的萨满树图案，用剪镂的鱼皮纹饰以补绣的方式呈现在背部。萨满树也称氏族树、生命树、世界树、宇宙树等。古老的神话传说认为，萨满树能“穿透”三个世界，与下界（地下世界、水下世界）相应的是树根、爬行动物、鱼类；与中界（地上）相应的是树干、山、陆上动物；与天界（天空）相应的是树冠、鸟、日月。因此，萨满树是联结宇宙三界的天柱和天梯。

（二）艺术风格独特

1.材质的独一性

流传至今，仅有赫哲族（包括跨境的俄罗斯的那乃族）独家继承了鱼皮工艺，这在全世界也是独一无二的，无法复制。在世界众多的渔捕民族中，以鱼肉为生的并不鲜见，但以鱼皮为衣的却只有少数的几个，更为珍罕的是保持数千年的鱼皮服饰文化的唯有生活在黑龙江流域的赫哲族。同时，由鱼皮服饰工艺拓展而成的鱼皮工艺丰富而典型，迄今仍在流传并传播。

2.坯料的本原性

各色北方鱼类的皮质的天然鳞纹、质感、色泽，浑然天成，制作出的工艺品与其他材质的工艺品有了本质区别，而且即使同种产品也没有同样者，不可模仿。

赫哲族等北方民族世代生活在松花江、黑龙江和乌苏里江流域，江河密布湖泊众多，鱼类资源相当丰富。据粗略统计，当地生长的鱼类有近90种。丰富的渔业资源拓宽了鱼皮工艺发展的途径，提升了鱼皮工艺的外观品质。

野生鱼皮具有自然之美，它特有的鱼鳞花纹，多种多样，凸凹不平，难得的自然肌理，在画面上显示出质地优雅，意境深远，古朴粗犷，具有立体感和动感。

3.纹饰的民族性

赫哲族等北方民族的先民信仰萨满教，流传在服饰等器物上的纹饰多样、美观、固定，是祖先讲述的历史和族群象征的徽志，成为显示一个民族的符号，不能替换。

鱼皮工艺图案非常发达，将审美感受和宗教信仰融会贯通起来，成为赫哲族等渔猎民族的图腾纹饰的代表。鱼皮制品中经常出现旋涡纹、菱形纹、螺旋纹、云纹、花鸟走兽，或者几何形图案。在鱼皮服饰中，以螺旋纹图案运用最多，经常用来装饰衣袍的前襟和后身的位置，具有图腾形象的韵律感、神秘感、节奏感和象征性。

4.技法的特殊性

因为鱼皮皮质材料的特殊性，随之产生了制作工艺技法的特殊性。如用木砧、木斧槌制坯料和木铡刀碾制坯料，用补绣、包绣方法缝制纹饰，用鹿筋线、鱼皮线缝制，用鳇鱼鳔胶粘贴等等，无法改变和效法。

（三）特种技法因材施艺

1.主要原材料的产地、种类与特性

赫哲等北方民族生活在黑龙江、松花江、乌苏里江流域，生产方式主要是渔猎，捕捞到的渔产特别丰富。在黑龙江鱼皮工艺中，能够制作鱼皮工艺品的鱼类有鲟鳇鱼、大马哈鱼、鲤鱼、草根鱼、怀头鱼、鲇鱼、鲢鱼等几十种。

鱼皮按照鳞纹划分有三种类型：

一种是无鳞鱼皮，如怀头鱼、鲇鱼等，比较硬挺，且颜色均匀；再一种是小鳞鱼皮，如鳇鱼、鲟鱼、鲢鱼、赶条、哲罗、细鳞、狗鱼、白鱼、大马哈鱼等，产量较大，色泽均匀，细致耐用；还有一种是大鳞鱼皮，如鲤鱼、草根、青根等，产量比较大，鳞窝明显，排列整齐，比较美观。

2.因材施艺的方法与案例

鱼皮工艺艺人选料，主要根据鱼皮的厚薄、软硬、鳞纹、色泽等特性，用不同鱼种的坯料制作不同的衣物和器具。制作衣袍的鱼皮大致有鳇鱼、大马哈鱼、鲤鱼、草根、赶条、白鱼、鲢鱼等。怀头、哲罗、狗鱼鱼皮多用来制作鱼皮套裤。熟好的怀头、哲罗、细鳞、狗鱼等鱼皮适合制作冬季乌拉鞋。而夏季穿用的乌拉鞋，则要用未经熟化的鳇鱼皮制作。

二、建立鱼皮文化传承基地，保护鱼皮制作技艺活态传承

黑龙江鱼皮制作技艺流传久远，是东北三江流域古代民族历史的“活化石”，是他们利用北方诸种冷水鱼类的鱼皮制作服装、饰物以及其他生活用品的技艺活动积淀的产物，它创造了人类在恶劣环境中顽强生存的奇特景观，一代代民间鱼皮工艺艺人薪火相传，通过建立赫哲族鱼皮文化传承基地，将这一世界文化遗产传承下来。它不仅有民族学、民间美术、民俗学的承续价值，还有历史学、人类学、宗教学、考古学、社会学等多学科的研究价值。

抚远有着厚重的历史渊源，是满族肃慎人的发祥地之一。原名“依力嘎”，赫哲语意为“金色的鱼滩”。地处祖国陆地最东端，是最早将太阳迎进祖国的地方。在黑龙江省抚远市建立赫哲族民间文化传承基地，保护赫哲族鱼皮制作技艺活态传承，促进鱼皮文化产业发展具有重大意义。

（一）顺应国家文化建设投资方向发展趋势

抚远市拥有独特的文化底蕴和丰富的自然、旅游、生态资源，而“赫哲族民间文化传承基地”作为城市重要文化标志，是抚远展示地域文化资源特色的必要载体。首先，抚远市地处黑龙江、乌苏里江交汇的三角地带，毗邻俄罗斯，是中国最东部的市级行政单位，拥有“华夏东极”的美称。其次，是大马哈鱼之乡、鲟鳇鱼之乡，拥有独特的鱼文化以及生态循环链。第三，抚远市是赫哲族、汉族、满族的大融合，拥有悠久的赫哲文化。为进一步保护和传承抚远地区文化和特色，提升区域经济软实力；推动抚远文化基地产业发展；增强全民的文化遗产保护意识，该文化基地的建设是必要的和可行的。

（二）文化资源与功能定位

随着人们对民间文化的感知和认识的加深，挖掘民间文化资源，追寻历史根基，探索古代文明越来越成为热点，文化基地也是社会主义文化和教育事业的重要组成部分，担负着征集保护文物和标本、开展科学研究、举办展览等重任，目的就是通过传播历史、科学和文化知识，对广大群众进行辩证唯物主义和历史唯物主义教育，进行爱国主义、社会主义和革命传统教育，为提高广大群众的科学文化和思想道德水平服务。抚远市具有悠长并底蕴深厚的鱼文化与赫哲族文化，抚远市渔业资源独一无二，境内河流众多，珍贵鱼种多，是黑龙江省重点产鱼区之一，也是全省唯一盛产大马哈鱼和鲟鳇鱼的产地。抚远市丰富的鱼文化历史遗存给文化旅游发展提供了有利条件，通过优化配置渔业资源、环境资源、文化资源与旅游资源，将旅游观光与赫哲族民间文化有机结合，打造赫哲族民间文化旅游，不仅可以创造经济效益，同时也可以提高社会整体效益。所以，充分发挥自身优势，加快赫哲族民间文化传承基地建设将大力推动本市的文化和教育事业的发展。

（三）旅游特色资源及优势

赫哲族民间文化传承基地所在地抚远市，距俄罗斯远东边区首府哈巴罗夫斯克直线距离仅20公里，距入海口930公里，是黑龙江省江海联运的始发港口。1992年被国务院批准为国家一类客货运输口岸，1999年国务院批准抚远乌苏镇至俄卡杂克维茨沃国际客货运输通道开通，使抚远口岸成为黑龙江省对俄口岸的重要支点。作为黑龙江省唯一的“一个口岸，两条通道”的边境口岸，抚远已成为我国东北地区和黑龙江省发展对俄贸易的重要“窗口”和“桥梁”。另外，抚远口岸作为规划中重点发展的潜力口岸，地处我国黑龙江段最下游的深水区，由抚远港出境经俄阿穆尔河横穿鞑靼海峡，可直抵日本、韩国等国家和地区，辐射东北亚地区及更大的范围。改造后的抚远口岸将打通黑龙江出海通道。黑瞎子岛回归后，抚远的区位优势更加明显。抚远市委市政府提出旅游发展新思路，充分利用抚远特有的旅游资源，加大力度，优先发展旅游产业。以打造国际休闲、度假、养生目的地为目标，进一步编制完善旅游规划，重点打好东极牌、跨境牌、生态牌、鱼乡牌、民族牌和“两国一岛”政治牌，加快实施“三带五区十大景点”建设，全力把旅游产业培育成支柱产业，深入挖掘抚远历史，搞好旅游文化创建。这里有最早将太阳迎进祖国的乌苏镇、神秘的湿地景观、珍奇的塞北野荷、极具魅力的冬季冰雪、独一无二的渔业资源等。如今，抚远拥有全国乃至世界独具吸引潜力的特优级旅游资源——黑瞎子岛，具备打造成抚远市旅游精品的潜力。其次，大力加湖、黑龙江、乌苏里江、乌苏镇、三江湿地等，也是具有全国和世界性吸引潜力的资源，综合开发价值较高。由此可见，抚远市旅游资源种类多样，数量丰富，且具有深厚的政治意义、历史意义、民族意义，赫哲族民间文化传承基地的建设则是为了更好地结合当地的旅游资源，更形象完整地展示旅游资源的背景意义。

三、建设赫哲族民间文化传承基地促进鱼皮文化产业发展

（一）赫哲族民间文化传承基地建设是保护和传承抚远地区文化和特色，提升区域经济软实力的重要手段

赫哲族民间文化传承基地作为现代城市文化功能区，不

仅保护和传承了城市历史文化，并且宣传了所在区域特色以及所属国家形象。作为一个地域范围内的文化传播单位和现代城市的公共基础设施，赫哲族民间文化传承基地不仅承担着保护历史文化的功能，而且通过艺术形式将所展示的区域特色文化进行陈列，使其内涵得到阐释和升华，转化为文化内涵丰富的旅游产品，推送给广大市民和游客，间接推动了区域经济的发展，进而提升区域文化软实力。赫哲族民间文化传承基地项目，是以传承抚远市地域特色文化为主的综合性工程，不仅有利于向外界推送抚远地区独具特色的文化，形成区域文化旅游的一枚名片，而且能够通过发展鱼文化、赫哲文化、特色景点等特色旅游，带动周边产业的发展，是提升抚远城市经济发展软实力的重要举措。

（二）赫哲族民间文化传承基地建设是完善抚远市旅游产业布局，丰富旅游产品体系，打造“华夏东极旅游”品牌的客观需要

现阶段，抚远市旅游业发展相对缓慢，旅游资源尚处发展期，项目所在地是抚远市区内沿边公园较为显著的地块。目前在市区内没有展示抚远特色赫哲族民间文化的场所，缺乏文化相关联的展陈、体验与商业配套项目，无法将抚远特色的文化进行有效传播与展现。赫哲族民间文化传承基地的建设，将与黑瞎子岛、东极广场等旅游资源形成文化旅游集群，同时填补了抚远文化深度游的市场空白，进一步丰富“华夏东极旅游”产品体系，极大地促进抚远文化旅游目的地的发展。

（三）赫哲族民间文化传承基地建设将积极推动抚远文化产业发展

联合国教科文组织将文化产业定义为“按照工业标准生产、再生产、储存以及分配文化产品和服务的一系列活动”。从全球产业发展的总量和趋势看，文化产业发展的规律和程度已经成为衡量一个国家或城市综合竞争力高低的重要标志。2004年，国家统计局发布了《国家统计局关于印发〈文化及相关产业分类〉的通知》，明确规定了“文化及相关产业是指为社会公众提供文化、娱乐产品和服务的活动，以及与这些活动有关联的活动的集合”。现阶段，文化产业已经上升为国家战略性支柱产业，国家软实力正在逐步增强。对文化基地建设的生存和发展提出了新的任务和要求，文化产业正处于整体推进、全面提升阶段。所以，赫哲族民间文化传承基地的建设符合我国文化产业的发展趋势，将推动抚远文化产业快速发展，成为提升抚远市文化软实力的必要手段。

（四）赫哲族民间文化传承基地建设可新增就业岗位，带动地区就业

赫哲族民间文化传承基地建设在设计施工、建成运营两个阶段将提供不同时期不同数量的就业岗位，建成运营时期可提供长期稳定的就业岗位若干，专业性就业岗位包括文物管理员、标本养护、会计等，非专业性就业岗位包括安保人员、保洁人员等，就业岗位主要面向当地大学毕业生和失业人员，从

而提高当地就业率，稳定社会治安。

（五）赫哲族民间文化传承基地建设是抚远市文化形象的一个展示窗口

从文化层面来说，赫哲族民间文化传承基地本身就是城市的文化名片，赫哲族民间文化传承基地建筑具有的经典性、纪念性和永久性特征，是作为一个地区、一个城市的文化标志和文明形象而存在，它们既是重要的人文景观，也是民族精神和优秀文化的代表。赫哲族民间文化传承基地的建成不仅承担着保护和传播抚远文化的功能，而且由于其特殊的区位因素——该项目地处抚远市沿江公园内，该区域是抚远旅游黄金线路上的一个重要“节点”——将成为抚远的地标性建筑。所以，赫哲族民间文化传承基地的发展水平和建筑特色，将直接代表着抚远地区的本土文化形象，成为展示和树立抚远形象的窗口。

仪式感

——乡村旅游文化的核心元素

张志春*

回顾当下，在我国，建构乡村旅游文化，有着麦作、稻作、林作、渔作模式的现代转型意味，引起了普遍的关注。林作模式有着退耕还林的具体政策，有建设秀美山川的目标追求，迅即实现或者基本上实现了整体转型。而麦作、稻作、渔作地区如何转型，还处于摸索试探阶段。互联网时代，人们的视野空前地拓展，旅游业成为世界性的朝阳产业。跨越温饱走向小康的国人，再也不愿将自己拘囿于井蛙的格局之中。一个青年教师潇洒辞职的句子——“世界很大，我想去看看”——似成引发整个社会共鸣的口号。因而可以说，乡村旅游问题，既是一个尚待开发的处女地，也是一个时代发展的重大命题。这里，有不少很好的思路和观点，也有不少可圈可点的实践。

* 张志春，陕西师范大学教授。

然而，是不是花钱造的势越大、来剪彩讲话的官员级别越高、前来参加的人群越庞大就越好呢？这些都重要，甚至不可或缺。但是否是核心元素呢？未必。在我看来，建构乡村旅游文化若要稳固恒久，重要的不是外在造势，而是内在练功。就渔作区的乡村旅游文化而言，其核心元素，便是建构仪式感。

为什么在这里要强调仪式感呢？因为我们遇到了困惑与挑战。发展乡村旅游的话题在渔乡落地，确是一种机遇与挑战。机遇在于渔乡生产模式、生活形态本身的独特性、地域性甚至因具有观赏性，便从文化资源进而可能成为拉动眼球经济的珍稀性文化资本。

但更大的问题是挑战。挑战在于，在发展乡村旅游的格局下，生产生活的传统目标固然在，但其形式观照的价值凸显出来，目的不再那么单一纯粹了。或者说，生产与生活的目的性不再是唯一的关注点。过程演化为目的之一，生产或生活过程表演性的重要性价值感显现出来了。它已由形式升格为内容，或者说是有意味的形式。先前观山是山，观海是海，渔乡的生产与生活在自足目的中循环展现。外在目光是无所谓的，它并不构成安排践行这一切活动中的必要条件。而现在吸引外在目光，期待着越来越多的外在目光、源源不断的外在目光进入了渔乡生产与生活的目的层面。仿佛进入观山不是山、观海不是海的第二境界。做得好，应是虽由人作，但宛自天开，进入看山还是山、看海还是海的自由境界。否则，便不自然，便作，便失望于有所期待的外来目光，便不能持久。

突破的路径在哪里？越走越宽的路径在哪里？

从本原意义层面，是确立渔民的主体性；从实际操作层面，是建构仪式性。事实上有不少珍贵的实践，如我们的开渔节等。问题在于有认知的自觉性，有理论的底气与自信。何谓仪式？仪式多指典礼的秩序形式。古代最常见的是对神明某种祈愿行为，即通过献祭与自然联通，来使神满足个人或某个群体的愿望。因而维基百科定义道："仪式，是对具有宗教或传统意义的活动的总称。"但它并非不接地气、一味玄虚或发思古之幽情，而是如人类学家格尔兹说："在仪式里面，世界是活生生的，同时世界又是想象的……然而它展演的却是同一个世界。"[1]也就是说，当我们最为普及的渔作民众将自己的生产、生活的操作程序最大限度地展现为仪式之际，便是渔乡文化旅游建构成功之时。

第一，仪式是民俗信仰的表现形式。它有着极具渗透力的敬畏心态与崇高意味。

在象山地区，民俗信仰内容应该不少。其典型表现为海神妈祖与其妹如意娘娘崇拜。她们不只是深入心灵的超自然意象，亦不只是海峡两岸沟通的神圣使者，更有着落地时刻供奉的庙宇。庙宇，作为神圣而神秘的一方净土，她的意义与价值在民众心目中是神圣而恒久的。自远古而今，她以巨大的神话思维将无处不在的偶然性纳入神秘的必然性框架之中，以神圣氛围的笼罩极为有效地推拒着生活的荒谬性与生命的虚无感；她总体上维护着人生价值的意义感和恒久性；她别有天地的思

---

[1] 彭兆荣《人类学仪式研究评述》，载《民族研究》2002年第2期。

维模式解读着人生与历史，在很大程度上消解着个体生命在深邃历史与无限宇宙映衬下内心深处的永恒困惑；她的道德标尺永远是惩恶扬善；她作为具有信仰意味的文化空间，成为民众逢年过节祈福的意象造型；丰收之际感恩天地的诉说对象；灾难困苦时宣泄悚惧净化心灵的有效途径；海神妈祖庙，我们风浪的奔波中有着温馨的依赖；如意娘娘庙，恰也是天地人神为两岸沟通的情感选择与具象化的联结……

从红山文化的遗存来看，生于斯、长于斯、歌于斯、哭于斯的先民们的庙宇建筑与超自然信仰至少已有8000年乃至万年的历史。留存在我们生活周围的庄严庙貌，乃是远古先民和历代先贤们的人生体验与智慧创造的结晶。如同人生之惑横亘在远古先民、历代祖先下，自然也横亘在我们以及后代的子孙面前，生命可以感知的无限性与自身存在的有限性，个体生命所能感知的生老病死，生命遭际的爱别离、求不得、怨憎会与五蕴盛等，都不是逻辑分明的理性工具所能梳理清楚的。生命感性存在的强大与感触，困惑与祈愿，使得庙宇的存在仍有着重要的现实意义。在文化意义上，我们尊重历史，就是要尊重几千年乃至万年的祖先的智慧，尊重他们的文化创造，尊重这种仪式创造和人生关怀的有效途径。这是一方具有信仰质的文化高地。这里的仪式即便偶有新建构的意味，那也是具有永恒质的，值得传承的。[1]

第二，仪式也是唤起当地民众敬重其事、神圣其事的有效形式。

[1] 参见拙文《多少楼台烟雨中》，《西安晚报》2010年7月4日。

作渔乡旅游，自是造福一方的共同事业，自是长久之计。它不是一台两台节目，也不是三天五天节日，而是要尽量保持一年三百六十五天，企望悠悠游客长流水。这种积水成渊、积土成山的事业，不是仅凭一两任领导的设计与引领便可一蹴而就，也不是仰仗几十上百精英的策划与宣传便条条大道通象山，而是需此地50余万民众沉浸其中、神圣其事之后才能显现轮廓焕发光彩的。

从动机、目标期待层面来看，渔乡从业者过去意在养家糊口，勤劳致富，希望安全，希望丰收，清早出海去撒网，晚上归来鱼满舱；而引发渔乡旅游的动机与目标增加了一项：眼球经济。这是以自身的生产生活精彩过程与形式“被看”而获取收益的。于是乎，渔业的出海与归来的过程与形式、自己衣食住行的样式与过程本身趋向外显化，可观性，有一定表演性，从而成为关注对象，甚至成为生产活动的重要目的之一。众所周知，传统渔乡风貌是生产、生活和心态民俗本来的样子，自本自为，年年如斯，世代如斯。而现在乡村旅游则增添了表演性，将着意他人目光提到议事日程上来。这就需要策划与设计。完全平淡无奇引不来游客。而渔民若是表演而表演，为形式而形式，久而久之则易滋生精神的松弛，意志的游移，同样会飘散了观赏的魅力。

怎么办呢？我想相应的仪式可以调动民众的主体性，化外在规范为内在欲求。从岁时年节的种种礼仪做起，春节、破五、人七、元宵、清明、端午、中秋、重阳、腊八、祭灶、除夕等等；从人生的诞生礼、成年礼、婚礼、寿礼、丧葬礼和祭祀礼仪做起；从衣食住行的礼仪做起……先后有序，上下有分，内外有别，大小有位，一切都有规矩，一切都有讲究，一切都来自传统水有源头田有路，一切都有选择都是自己生活的本能与技巧，一切又都是精神需求的表达与满足……这样，由于从业者始终保持专注与笃诚，从而使得渔村的观赏点从节日自然移向平常的日子，从演出博物展览走向千门万户，走向烟波浩渺的渔船而开始深度旅游……即由固定的焦点旅游转化为丰富多样也更为长久的散点旅游。尽量在仪式中展示。让置身其中者有沉浸感、自豪感与神圣感，这样的氛围似戏剧的演出，角色似旁若无人地推进情节，而艺术魅力自会吸引观者。唯有如此，乡村旅游才能真正展开，才能保持长远而不致半途而废。

第三，仪式是定格生活传统的结晶体，它成为积淀既往、沉浸当下、瞩望未来的活动模式，让仪式具有活态性。

我们下苦功所搜集整理的，所意识到的渔文化，不只是建个博物馆出几套丛书了事，不只是编撰说唱歌舞面向社会表演，而是尽可能择其优者编撰乡土教材，纳入现代教育与社会教育体系中去，使其一代代不脱腔走板地传承下去。应该充分认识到，这也是变小传统为大传统的升格仪式，是传统渔文化发扬光大的传承仪式。让传统的故事讲起来，让传统的渔歌唱起来，在一定的氛围下，在特殊的场合里，在有意义的日子里，让这些都因仪式而成为有意味的形式。

特别是在面向世界、面向全国的比较格局中，在岁时年节、人生礼仪以及衣食住行等文化传统中，淘洗出足以代表当地渔乡文化特色的仪式，千锤百炼，精致打磨，建构出令人耳目一新且余味悠长的一套渔乡模式来。

第四，仪式是积极召唤外来者参与的空筐结构。

对于远道而来的旅游者来说，仅仅观看——看大海，看岛屿，看帆船，看打鱼，看渔家表演等等——似乎难以尽兴难以满足。以其仪式的使用，尽量缓慢游客的脚步，使其介入深度旅游，饶有情味地介入到渔乡的生产、生活、展演以及娱乐活动中来。比如渔乡的餐饮如此有特色，为什么不再拓展一步呢？所谓新象山的汤四鲜、咸包蟹、石浦鱼糍面、海鲜面等，我们不只强调佳肴美味以满足游客的口腹之欲为能事，更要深究积淀其中的文化意蕴，提纯远古鱼崇拜的当代遗存，打起吉祥美餐的旗帜，为远道而来客人的人生礼仪环节带来光彩与祝福。比如这里有没有舟竞渡，倘带入此地历史悠久的海防文化，那么其程序自会与端午竞渡迥异显出个性，服饰可能也会灿然出新。而且会开启一种开放结构，吸引外来者兴致勃勃地来介入……

总而言之，仪式就像数学方程式，每个人都能在其中带入自己的数据而使之成立的方程式。是一种以公式化的行为来达成某种目的的行为。

众所周知，渔乡乡村旅游是一个涉及方方面面的系统工程。政府、学者和民众三位一体，确保民众的主体地位，多方合力才可形成规模，形成良性循环。这里，我仅从仪式层面提出几点思考，或许不一定有参考价值，但是仪式本身却不容忽视。我们知道，现代有一特别叫响的口号即“细节决定成败”，其实倘若细细琢磨一下便可悟出，这句话里所说的细节，就是仪式。

民间文化传承与乡村旅游发展

邹明华*

自中国加入联合国教科文组织的文化遗产保护公约以来，中国各地的传统文化和非物质文化遗产都逐渐得到有效的传承和保护，其中一些项目开始和旅游业相结合，不少文化遗产成为当地的旅游品牌和文化名片，传统文化和生态环境是目前旅游的最大亮点。

乡村旅游要解决的一个最重要的问题是总体规划的问题，粗放性经营方式只是对旅游资源的低层次开发，如果能进一步打造体验民俗生活空间就将乡村旅游提高一个层次了，它需要精心的构思和布局，既要保护民众生活的原生态，又要尽可能地体现民俗风情之浓。

在利用传统文化开发旅游方面，各地都进行了有益的探索，其中也有不少值得借鉴的经验。如湖北巴东的纤夫文化品牌和船工号子的新发展利用。船工号子由船工创作传唱并世代

* 邹明华，中国社会科学院副研究员。

自然承袭，船工号子将音乐与劳动相结合，创造了民间文化独特的表现形式，通常分为领唱与合唱，多是一领众和，旋律与内容融为一体。至20世纪70年代前，船工号子一直在江河上下广为流传。船工号子既有高昂的英雄气概，又体现出乐观豁达的胸襟，表现了船工与险滩恶浪做斗争的坚强意志、团结精神和乐观主义精神，是船工创造的人类宝贵的精神财富，具有很高的文化艺术价值以及合理开发的可利用价值。然而，由于生产工具和劳动方式改变等许多因素，木船运输已逐渐消亡，三峡工程蓄水后，船工号子赖以生存的自然生态环境发生了巨大改变，使文化生态和自然生态出现断裂。纤夫和船工号子因实用价值的消失而后继无人，其传承状况不容乐观。据调查，现在还能演唱船工号子的人逐渐减少，船工号子现已濒临危绝，亟须抢救、保护和有效利用。

2011年8月，我们中日韩船工号子比较研究课题组在湖北秭归和巴东进行了第一次调查研究，对船工号子的传承人进行了访谈，2011年11月，课题组成员杨万娟教授再次到巴东进行考察。其中，关于船工号子的传承和新发展利用颇具代表性和典型意义，有不少值得我们关注和探讨的，首先我们来看几段访谈中的对话。

一、秭归

调查日期：2011年8月3日

调查地点：湖北省宜昌市秭归县文化馆会议室

调查对象：秭归船工号子传承人董长华、王祖湘老人

调查组成员：邹明华（中国社会科学院文学研究所）、杨万娟（中南民族大学）、陈宇京（三峡大学）、方郢（武汉音乐学院）

（前略）

邹：您家里的祖辈他们也会喊号子？

王：都会喊。

邹：有没有固定的师傅啊？

王：没有。

邹：就跟这儿祖辈呀或年长的人？

王：跟兜年长的呀，我们都跟这学。

邹：那您在船上主要负责什么呀？是拉纤啊还是掌舵啊还是干什么？

王：我那就是学推船，当小伙计弄饭，推啊摇啊！

邹：有没有到岸上去拉纤啊？

王：拉纤，我先喊的那个就是拉纤的号子撒！

邹：您1965年回来就做船工，一直干到什么时候才没干了？

王：干了上十年！

邹：那就1975年，1975年以后您做什么去了？

王：还是跟着学，跟这演船工号子！

（略）

董：1985年，1978年、1979年机械化慢慢发展，1985年后木船基本就少了。

邹：那没有了船工号子在什么时候还会唱呢？除了演出啊？录

光盘啊？

董：我没事自己开下心就唱。

王：老嗒不唱不舒服，就哼一下啊。

邹：秭归的端午龙舟号子您会不会去参加？会不会去喊那些号子啊？

董：可以啊，跟我们小时候在船上一样嘛，拖梢啊打鼓啊都来。

邹：就实际上老的船工号子的这些传承人他们也会去参加端午的龙舟节的喊号子唱船歌。

董：他和的来啦！

邹：那您跟我们唱一个！

董：

领：三闾哟大夫哦，和：嘿嚯哦！

听我讲咯哦，嘿嚯哦！

年年哦一到哦，嘿嚯哦！

五月的五咯哦，嘿嚯哦！

故里哟相亲哟，嘿嚯哦！

怀念你哟哦，嘿嚯哦！

（曲调没两句歌词一循环，这就是《游江招魂曲》的主要旋律）

邹：刚唱的这一段词最早是谁编的？能找到那个源头吗？

董：那就蛮早了，我们做小孩的时候就听到唱了。

谭：这就是招魂曲。

邹：解放前也这样唱？

董：是的，也是这样搞的，曲调是一样的。

邹：唱招魂曲的时候船工会参加吗？

董：可以参加，就划龙舟都是船工搞的。

邹：有一个说法就说，纪念屈原赛龙舟，往江里扔粽子都是因为说认为屈原投江死了这些船工啊去打捞他，就说还是以船工为主体去做这个活动的，是吧？那现在退下来的一些老船工参加端午祭祀屈原和龙舟赛的多不多？

董：多！

王：去年我跟他都参加了的，今年端午节祭江我们在那。

邹：就说1985年机械化后虽然船工号子少了，但是跟纪念屈原有关的号子还是在唱的，这每年都唱的吗？

董：嗯，每年都唱。

邹：就说成了生活的一部分，高兴不高兴都唱一下，您会不会教别人呢？

董：会啊，我孙子我教他。

邹：你孙子现在多大了？

董：14岁。

邹：他会不会唱一点？

董：他不唱。

邹：您教他他唱吗？

董：教他他唱，在我的压迫下。

王：像我的那个孙子在上初中，我喊两声他也学他也喊。

邹：他现在十几岁啊？

王：14岁，在读初中。

邹：也是14岁啊，您有几个孩子啊？

王：两个儿子一个姑娘。

陈：像您从船上下来后生活靠什么呢？

董：原来的秭归县旅游局就把我请去了！

邹：唱号子吗？

董：对！

邹：也是在船上？

董：不是，搞演出。

陈：那时候搞演出您的收入怎么样？是按天还是按月还是按年？还是按一次演出算？

董：按月，那我们胡成浩老师适当地给我一点。

陈：能不能告诉我们当时给您多少？

董：七八百块钱，五六百也有，像我们在胡老师那搞，有时就喊我们，船上有想看船工号子的，胡老师就把我们喊去，有时候胡老师一个人唱几句就算了。

陈：既然是这种情况那就应该是按次给您啊？

董：搞一回拿一回。

邹：搞一回拿一回最初是多少钱？

董：8块钱。

邹：那是哪一年？

董：一九八几年。

谭：1990年、1991年。

陈：那个时候最低8块，最高拿得到好多咧搞一场？

王：最高8块钱。

陈：那个时候，那现在咧，您现在搞一场拿多少？

董：现在我们在他（谭局长）这搞，远处100块，近处50块。

谭：出县就是100、200，县内有时候就是50。

陈：最高拿得到200？

谭：200有时候也不得止，最初我们这有个胡老师在中央电视台蛮出名，是号子王，他当时是我们馆的一个副馆长，退了休的，前几年病逝了。他在那个旅游船上，当时是旅游局组建了一个旅游公司，旅游公司又有一个小型演出，胡成浩老师就在演出里做船工号子的表演，中外游客来的蛮多参观屈原祠的，他就在那表演，就在那船上唱，唱了好几十年，开始是他一个人唱，慢慢发展到他们一起合着表演，别人来了要看一起的表演胡老师就叫他们，别人看了把钱给胡成浩，胡成浩再给他们。

董：诶诶，胡成浩给我们。

王：一般的我们两个喊的最高是8块钱，不喊的是5块。

谭：这是最初的演出模式，然后就发展成立了旅游公司，成立旅游公司以后他们就定时演出，就天天有演出的这样一种模式了，就与旅游接轨了，那么进入旅游市场以后，他们组合搞的小型演出大概十几个人，旅游公司把他们请去，以胡成浩为首的，胡成浩工资高些，当时大概2000多块钱，他们就是800块钱，旅游公司慢慢破产了以后，他们就跟着一个个体老板又演了几年，后来个体老板也破产了，他们现在目前呢，我们在申报非物质文化遗产、申报传承人，国家就给他们一点补助，像我们现在的模式就是我们哪有公益活动、文化交流啊就演出。

邹：那我们县里船工号子的传承人你们其实是有一个摸底，那会唱的大约有多少人？就是唱的还不错的？

谭：现在不是很多，几十个，在传承这一块我们资料建的比较齐全，包括他们唱的部分啊词的部分、曲的部分啊，我们前一段时间在搞民歌培训。

邹：已经有培训专门教唱的了？

谭：诶诶，比他们年轻的也会唱，平时我们有重大活动就请他们教啊

董：他们都在学。

陈：现在除了团里的人社会上还有没有？

董：像我们的那些老伙计。

陈：老伙计有好大的规模啊？几十人啊？

董：二三十个。

陈：除了这些老伙计、歌舞团的年轻人以外，还有多少年轻人跟您学？

董：以前在胡成浩那时，那就不少了，我也说不清，你晓得好多人啊？

谭：只有是对这个东西有追求有爱好的。

邹：秭归现在的文化活动除了端午以外还有什么比较大型的吗？

卢：我们现在就是每年有个春节晚会，这是必须做的，在宜昌市每年坚持做春晚的县还是不多的。

邹：就是你们县里每年都会做春晚？

卢：诶对，然后我们三年一届有一个全县的民间文艺调研，这个三年一届的调研是县里面的调研，乡镇的基本上是两年一届，我们现在是十二个乡镇，每个乡镇每年都组织了调研。

二、巴东

湖北巴东的例子也很典型。15年前，全球著名的投资商沃伦·巴菲特先生在神农溪游玩时，正是老船工余拱让先生和其余9名纤夫光着膀子把巴菲特的船从溪水中拉上了岸。这一幕始终让巴菲特念念不忘，去年彼此在央视《对话》栏目意外重逢，两人欣喜拥抱。余先生是神农溪上的纤夫，做过“船队长”。1990年以后是在做旅游项目了。中南民族大学的杨万娟教授对他做过访谈。

余：从1990年搞旅游以后，这个船就属于个人所有。

杨：噢，是旅游以后。那我想问下，之前，您最早上船的时候（是归谁所有）？

余：最早上船的时候，那又是公司。

杨：噢，是船运公司。

余：对，船运公司。

杨：那个船运公司叫什么名字呢？

余：船运公司那时间（即：那时候）属于长风社，长风运输社。

杨：那是不是跟钟守德（一个公司）？

余：对对。

杨：你们是一个船运公司的吗?

余：他们属于船运公司，我们属于集体打的船，叫副业船，也是给他们运货。是这样两个部门。

杨：噢，一个公司两个部门。那（长风）是不是就是（当时）巴东最大的船运公司啊?

余：对对对，它（即：沿渡河、神农架一带）里面有一个区，一个区有十八个乡，全部靠这个船运，有几十号船。

杨：您最早上船是在什么时间?

余：我十八岁就上船了。

（略）

杨：噢，是移民安置过来的。其实祖祖辈辈都是在神农溪。

余：嗯，是的。

杨：您父辈也是从事船运吧?

余：嗯，对。

杨：哪一辈开始呢?祖祖辈辈?

余：那反正从老的（即：很早）就开始了。过去只有那种交通工具，只有驾船。在我们手里又是驾船。

杨：儿子那一代呢?

余：儿子也在驾船。

杨：噢，三代都是，祖祖辈辈都是驾船的人。

余：嗯，对。

杨：也就是说，从1990年之后，您就到了旅游公司。还是做“家长”吗?

余：还是做“家长”，就是船队长。

杨：下面有多少号人呢？

余：那就有四五百人噢。

杨：四五百人？那您就是大领导了啊？呵呵！

余：开始只有十六条船。

杨：是不是那个“豌豆角”（小木船，形似豌豆角）。

余：嗯，“豌豆角”，扁舟。开始只有16条船，后来慢慢发展，根据旅游的需要，逐渐发展到九十几条船。但是一条船6个人啊，就有540个人，这么大个队伍了。

杨：噢，现在您管的是五六百号人。在您的统一调度下，您这还真算是大领导。

余：呵呵，说不上，说不上。

杨：那我问一下，您最早的船（队），就是十几岁上船的时候，那时候的船运组织是什么样的情况呢？

余：那个时候的船运组织在农村的话就是搞集体，船是集体的。就是我们来走船，每个月给（村）组、小队交一部分钱，是这样的方式。

杨：噢，这个船是属于集体的。就是你们跑了一趟船以后，要上交多少钱给生产队。

余：嗯，对。那时候组就叫生产队。

杨：这就是您最早上船时候的方式。那有没有船队的帮会组织？

余：那个时候的话，如果你这个小队有两条船，（这两条船）就是一个帮；如果是一个村里搞几条船，那（这几条船）就是村里的一个组织。

杨：那这一个帮的头就不是“家长”担任了吧？

余：也是“家长”担任。比如说有三条船的，就（从这三条船的“家长”中）选一个人负责，（管理）这几个船。

杨：呵呵，您这就是历史悠久，很早就上船，一直搞到现在。

（略）

杨：您真是好福气，养儿养女。您儿子跟您一样也驾船吗？

余：我的大儿子在驾船，就在里面景区里。我小儿子在神农溪（旅游）公司里。

杨：那小儿子就不是跟船打交道？

余：他管景区八条游船的，是个搞管理的。

杨：噢，那您一家人都与船为伍，以前收入应该还可以吧？就是年轻的时候，家里的生活状态。

余：那时间根本就挣不到好多钱，只能说糊个口。现在呢还可以，我的大儿子一年光接游客就能挣一两万块钱。

杨：噢，真是可以。

余：是还可以，有时候我也会去帮忙装客。

杨：那您的收入呢。

余：我跟着大儿子（跑船），我也没要（工钱）。

杨：您不要工资？生活费都不要吗？

余：不要，只要他们做饭给我吃就行了。

杨：噢，您就是跟着大儿子一起住。

余：没有，我跟小儿子在一起（生活）。大儿子还在老家，神农溪（那边），小儿子、姑娘（即：女儿）都在外头（即：县城）。

杨：您现在没有固定的收入？

余：这个收入的话就是一年客人多，那就收入多；客人少啊，就收入少。加上自己还要种地。

杨：家里还有地？

余：嗯，有地。

杨：您这种收入就是根据旅游收入提成来拿的是吧？

余：这个旅游收入是固定的，装一趟客人的话，公司就给210元的工资。一天装两次、三次（的情况）也有，这样一次呢一个人要划（即：挣）30多块钱，装三次就得九十多块钱，一天的话。

杨：噢，这个收入相对于其他的人来说算是比较高的。

余：哎，这个收入没有其他的扣留了，那就是纯收入。

杨：不错不错，家里的情况是很好的。

余：嗯，还可以。

杨：那您作为"家长"，是如何获取（驾船）的知识呢？

余：原来装货的时候，就是要保证客人的货物不受损失，让老板相信你，他才会让你运货，你就获得一定的报酬；如果是现在搞旅游的话，你就要搞好服务，对游客搞好服务，也要保障安全，这就可以吸引客人，让客人觉得这些纤夫有素质，让客人满意，可以让纤夫传出去，吸引（更多的）客人来玩。

杨：您这个驾船的知识是师傅传给你的吗？

余：那是师傅，那是一发的师傅，又一发的（即：一代又一代）的师傅（传下来的）。

杨：噢，是一茬一茬的师傅传授的。然后您又把您的知识传授给徒弟，往下传。

余：嗯。

杨：呵呵，是不是啊。那你们是有偿提供呢，还是无偿提供？要收钱的吧？

余：那不收钱。那时好玩，一般的话船上靠头（即：靠在码头）哒，就是说今天拉了一天的纤，晚上就靠头哒，一般是靠在码头。吃饭哒（即：吃饭以后），把衣裳都穿起哒，那时都是裸体拉（纤）的。

杨：噢，裸体拉纤。

余：嗯，裸体拉的。冬天的时候（上面）穿袄子，下面短裤都不穿了的，腿子都扎（即：冻）的流血。

杨：冷不冷呢？

余：那怎么不冷啊。腿子都扎的流血啊，扎口子。

杨：那如果穿上裤子可能？

余：那穿上不行，要过河。这拉拢了以后（即：抵达目的地），就穿衣服。就像过去说的，饶夫子（即：纤夫）脱衣服，坡上的人就穿衣服，因为饶夫子早上（上船）蛮早，要拉船，他早上就需要脱（衣服），但住在（坡上）的人家他们早上起来是穿衣服，他（们）是相反的。

杨：噢，这也是你们的一个生活状态。

余：对。这像晚上（纤夫）靠头了吃饭以后，把衣裳穿上哒，这有的（纤夫）就在坡上伙计（即：朋友）之间板架（即：摔跤，当地一种游戏），还有的就是抵棍（也是一种游戏），就那两个人拿根棍互相抵着（即：比力气）。

杨：就是船上的伙计们（之间）这样玩。

余：嗯，伙计们的娱乐（活动）。

杨：噢，这就是（船员们的）娱乐活动。

余：是。再就是（船员间）可以闷地牯牛（即：游戏的一种），（两个人）用根绳子（分别）挎（在肩膀上）着，看哪个狠一些，就像拔河一样，两个人挎在肩膀上闷（即：拔）。

杨：喔，就像拔河一样，两个人来拔。

余：对对对，两头（即：两边）的闷（即：拔）到。

杨：噢，这些是娱乐活动。单调的生活中调剂一下。

（略）

杨：您在神农溪上驾船是要喊号子的是吧？

余：嗯。

杨：您作为“家长”是不是领号子的人啊？

余：那也不一定。因为船工号子它也是有来历的，它那个号子没得什么一定的（规律），反正你去驾船的话，不管是“家长”（还）是拉纤的，你都要昂。我们说的“昂”，就是大河长江里的喊号子。我们神农溪里面就是，不管你昂不昂的来（都可以昂），没有一定的规律，你就横直（即：一定）要昂。

杨：噢，没有一定的规矩。

余：没有一定的规矩。那为什么要昂呢，反正都是老一发（即：老一辈）的传说。神农溪的溪沟啊它有很狭窄，（曾经）山上很高的地方有个农夫（在）上面砍柴。如果他在上面砍柴碰到了石头，像我们搞船的人就不能说是石头，要说“渣子”，崖上掉“渣子”下来，实际上呢就是崖上掉石头。如果你不喊号子的话，他砍柴的人户就不知道。所以这样呢，就扯到县官、官府那里去，出了问题晒，山上滚了石头把船砸了。扯到县官那里去解决呢，山上农夫就说，你们在底下（即：山下）声音都没得，喊都不喊一声，我在高头（即：山上）怎么找得到（即：晓得）你们在底下呢。

杨：噢，所以下面就昂了。

余：哎，所以从那起，就一直都是昂。下水也在昂，上水那就不停地昂。

杨：噢，这个昂的号子是自己创造的啊，还是别人教的?

余：那不需要教的，都是（自己）随便昂的。

杨：随便喊？就是这个东西看到什么就可以唱什么？

余：那不是唱，就是自己昂。你跟到老一发搞啊，有的管子（即：嗓子）好的，他就昂的（在嗓子里）转几个拐啊，就听到好一点（即：好听一些）；也有的是直声拉齐地昂（即：声音很直，一个声调），反正你就是要昂。

杨：那您能不能（现场）昂几句啊？

余：那我现在（老了）昂不出来了。

杨：那您唱低一点，让我们听听是什么调调，哼几句看看。

余：那一般的比如船浅（即：搁浅）起了，那就喊“拖、拖、拖”，把船捉（即：抓）到啊往前拖，船上的包括“家长”都下水，坡上拉纤的就抵到（即：用力）拉，（边拉）就喊“拖、拖、拖，拖哦！”就是这样。如果是一般的扯纤的昂呢，就是“哦～哦～哦～”这样转拐（即：声音抑扬顿挫）地昂，那多大的声音，岔起（即：张得很大）嘴巴喊类，喊得声音越大越好。你架始（即：刚开始）上船喊不来的，也可以跟到喊。

杨：噢，（号子）没有词的？

余：那没有词，那算的是无字声音。

杨：噢，主要是要把声音传出去，告诉上下的人，我们这边有船队过来。或者是拉纤的时候喊号子是为了步调一致，还是什么？

余：那有时候拉纤喊得号子，就是“伙计们啊！我们来一脚罗”，就是一起使点力扯船，跟抬（东西）起叫号子一样。

杨：“伙计们，来一脚嘛”那还是有词的，自己加的词。

余：嗯，对对。

杨：这个词就是即兴加的。那有没有把情歌之类的加到号子里的？

余：那没有。我们原来那个神农溪，没有蓄水之前，峡谷很窄，有的地方只有10多米宽，旁边的悬崖笔直（竖立）有上百米高，你如果在这些地方一昂啊，那就听着蛮有意思，坐船的人感觉也很好。所以我说巴菲特15年前哪里都去了，他（为什么）还记得到神农溪呢？它就是（有）雄伟壮观的峡谷，再就是惊天动地的号子声，所以让他流连忘返，在哪儿都能记得到神农溪。

杨：噢，您这几句讲的真好，真不愧是见过大世面的。您喊的这些号子就只有这个调调，不带词儿的，是吧？

余：嗯，没得什么词。

杨：那除了号子之外，象山歌啊、情歌之类的唱不唱呢？

余：那些山歌一般唱的很少。现在就是搞旅游啊，也可以唱哈这些山歌。原来我们拉货的时候，那没得好多（人）在船上唱这个山歌。

杨：那您现在带的船队（上）的那些姑娘啊、导游啊，唱的是船工号子吗？

余：那有的唱的是号子，也有的唱的是情歌啊，都唱的这些子。

杨：对对，现在都跟旅游接轨了，当地的山歌、情歌都……

余：都把它收集起来了，整合了。

杨：那你们的纤夫号子，实际上词是很少的。主要是调调，高声地去喊、宣泄，是吧？

余：对对。词（之类）的没有什么。

杨：另外你们通过险滩的时候，喊号子有没有分工啊？就是上水和下水行船的时候，是不一样的吧？

余：那是一回事，一样的。

杨：噢，号子上没有什么区别。

余：那没有。

杨：喊号子的人也没有具体分工。

余：嗯，“家长”也可以喊啊，纤夫也可以喊。

杨：这个“家长”也就是头纤吧？就是拉（纤）的时候走在最前面的。

余：“家长”是在船上的。“家长”跟纤夫是分开了的，比如（船上）有五个人的话，就有一“家长”，二“家长”。上水的时候，二“家长”是在前头，一“家长”就是后面一个，掌舵的，有三个拉纤的在坡上，这样分工的。拉纤的也有扯头纤的，就是领头的，再就是扯二纤的，船老二、船老三。

杨：就是这些拉纤的（船工）是不上船的，平时就在岸上面。

余：对，他们一般上船是很少的。

杨：噢，船工只是船上行船的人，不是到了险滩以后你们下来拉纤，是这样的吗？

余：那不是的，那不是的。到了险滩，我们“家长”还是要在船上，只有拉纤的在水里。

杨：这种分工是不是后来才有的啊？

余：一直是这样分工的。

杨：噢，整个神农溪上面都是这样的分工，就是纤夫和船工是分开的。

余：对对，分开的。他（即：纤夫）是在坡上拉纤的。

杨：那唱这个号子是纤夫唱还是你们唱、船工唱呢？

余：纤夫也唱，我们“家长”也唱。

杨：那这个饶夫子是指纤夫还是船工？

余：统称都叫饶夫子。

杨：噢，都叫饶夫子，我现在才明白。

余：过去都是叫饶夫子，现在都叫船工。

杨：那你现在的生活还是发生了很大的变化。以前那种拉船还是属于温饱型的，现在家里的整个情况都已经改善了。

余：那是的嘛，这个搞旅游啊，也让我们生活啊、家庭啊、条件啊都还可以。

杨：嗯嗯，您说得很好。非常感谢您。

我们可以看出其中的发展演变。如秭归端午节最主要的部分就是龙舟赛，在龙舟赛之前会举行仪式，也就是当地俗称的“游江招魂”。游江招魂前先要祭龙舟，即“祭江”，然后各色龙舟在白龙舟（当地称“孝龙”）带领下唱“游江招魂曲”（“游江招魂曲”在当地很多人都会唱，船工也会，唱法与船工号子类似，都是一唱一和、边划边唱），最后则是竞渡，这就是端午仪式的三个重要组成部分。

我们在秭归做了几天调查，访谈了不少船工号子传承人，他们非常活跃，是非常有活力的船工号子的传承人，虽然说在机械化的船采用以后，传统的船夫拉纤已经不太适用了，还有就是三峡修了蓄水大坝以后，因水位升高以后行船已经不靠船工拉纤这样的方式了，我们看到船工号子它跟当地人的生活的方方面面是结合在一起的，不仅仅是在船上唱，也在其他的场合——包括现在与旅游的结合，还有当地的表演、文艺会演以及当地政府申报非物质文化遗产，像这样的一些活动都推动了当地船工号子的传承，传承人比我们想象的要好找得多，他们对船工号子本身就演唱是非常棒的，张口就来，表演了很多种类，连唱带跳的。我们也在当地的文化局查了很多相关的资料，可以看出当地的船工号子实际上与当地生活的方方面面是结合起来的，民歌也可以在号子里面体现出来，我们也比较关注的端午节中祭祀屈原的仪式，游江招魂中也唱船工号子，因为端午是当地最重要的民俗活动，包括端午的起源在中国传说是与屈原有关系的，所以我们去了当地的屈原祠，现在的屈原祠其实是第三次兴建的了，不仅是因为建三峡大坝移民了一次，在以前也是经过了移民的，每次的搬迁其实文化应该是有很大的冲击，但它还是很好地传承下来了。屈原祠的三次修建都是在原有的建筑格局基础上来进行的，在屈原祠里还有一批很珍贵的照片，据说是在民国时期由一位外国摄影师拍摄的当时这个地区的船工拉纤行船的场景。我们关注了在端午中间的船工号子的演唱，还有当地因为屈原祠以及屈原和端午的这种重大影响，民俗旅游活动非常的兴旺，在民俗旅游中间他们把船工号子作为一个非常重要的表演项目。秭归的端午节是中国的国家级非物质文化遗产，而且还是代表中国申报世界非物质文化遗产的一个代表作，在秭归祭祀屈原的活动是当地非常重要的，因为秭归是屈原的故乡，而且根据传说秭归这个地名也是与屈原有关的，传说屈原死后他的妹妹唱“我哥回”，呼唤屈原，因此在后来祭祀屈原的活动中就有了招魂这样的仪式，现在跟屈原有关的东西都与船工号子联系在了一起，当地的这种文化传承——如旅游还有文艺会演方面的传承。

传统文化遗产在当代产生商业价值并使其产业化，关键在于保证其“活力”的存续，而不是保证其永远原封不动。保护传统文化关键在于保护文化生态，文化生态是各地区各民族的人民在日常生活中自然而然的、原生态的、代代相传的文化生活。所以文化生态和非物质文化遗产保护联系在一起，最重要的就是要有一个整体的思路、整体的观念去保护自然遗产、物质的（有形）文化遗产和非物质的（无形）文化遗产，孤立地保护一个文化形态或者非物质文化遗产的项目是不可能的，只有在整体保护的观念下才能更好地保护。在当今社会文化和城乡建设日新月异的情况下保护性开发也是值得重视的思路和方法。

传统文化保护中的保护性开发要研究的是在保护和抢救的同时合理的利用和传承发展，既要与当地的民众的生活有密切的关联——包括习俗、仪式以及其文化生活都和老百姓的生活结合得更紧密，又要让当地的区域经济和地域文化得到发展——包括生产和生活水平以及旅游都能与时俱进。只有这样的保护，才能够得到有效的保护，也才能蓬勃发展和更有生命力。文化生态学源于现代西方的理论，其创始人是美国人类学家斯图尔德，他在1955年出版的《文化变迁的理论》一书为文化生态学建立起系统的理论和方法。文化生态学探讨环境、技术以及人类行为等因素的系统互动关系，以社会科学的方法分析特定社会在特定环境条件下的适应与变迁过程。文化生态学的最重要的贡献在于提出环境和文化并不是两个不同的方面，而是辩证式的相互作用。

现代转型视角下的渔文化　乡村旅游与渔村建设

良警宇*

发展乡村经济、传承乡村文化是建设社会主义美丽新农村的重要内容。已有的研究和实践显示，发展乡村旅游是推动乡村经济和传承乡村文化的现实途径，发展乡村旅游对提高农民收入、改善乡村环境、提升农民素质、保护乡村文化遗产，从而实现建设记得住乡愁的美丽乡村的目标发挥了重要作用。而乡村旅游发展的基础是乡村文化，美丽乡村建设的灵魂是乡村文化，乡村旅游的发展和乡村建设应与乡村文化的保护和发展相辅相成。

乡村文化是乡民与乡村自然长期相互作用所创造出来的综合性的文化形态，其依托于乡村环境，包含着特有的物质、精神、民俗和制度等要素，这也决定了其保护和传承的系统性和全面性的特点。因此，发展乡村旅游，实现社会主义美丽新农

* 良警宇，中央民族大学教授。

村建设的目标，必须加强对乡村文化内涵的认识和研究，以及对乡村文化进行系统性和全面性的保护与传承。在当前传统渔业、渔村和渔民面临现代转型的背景下，本文在此尝试对如何发展乡村旅游，保护和传承渔文化，达致美丽和谐乡村建设的目标的问题进行探讨。

一、传统渔业、渔村和渔民的现代转型

改革开放以来，随着海洋传统渔业的现代转型，沿海地区的快速城镇化，许多渔村和渔民也随之开始转型。以浙江为例，其转型的突出表现是渔村和渔民数量持续减少。根据统计，浙江渔村从1994年的843个下降到2014年的616个，渔村人口从940686人下降到687627人。[1]与此同时，许多海洋渔村中来自内陆的外来渔民数量已远超本地渔民，一些外来的个体和企业投资者也进入传统渔村进行旅游、养殖等产业的开发。但外来者的流动性大，往往缺乏对海洋渔业资源可持续发展保护和原有传统渔文化保护的动力，渔村旅游开发的所在地渔民参与不足，使原有传统渔村文化的保护面临前所未有的挑战。我们本次考察的A村就具体展现了转型渔村渔文化保护所面临的问题。

A渔村原本是一个典型的以捕鱼产业为主的村落。但随着传统渔业的现代转型和城镇化发展，该村的村民多已经离开了

[1] 数据来源于1995年、2015年《中国渔业统计年鉴》。

渔村，搬入城镇的商品房中居住，村里只有为数不多的老人还留居本村。村里的房屋或者被开发企业所收，或者租给外来投资者经营民宿，或者无偿以及租给外来渔民居住，外来人口和少数老人成了村里的主要人口构成。根据留守的老村民的介绍，村里的下一代除了少数已经移居城镇中从事与渔业相关的工作外，更多的人已经通过就学而转业。这种变化提出了一个关乎传统渔村文化记忆和传承的重要问题：即一个原有渔民已经衰落、房屋多被转租外包的村落怎样传承具有地方感的文化、民俗？在一个主要以“新村民”为主的渔村怎样建设记得住乡愁的新农村？象山县应该怎样打造以渔村文化为特色的东海特色乡村旅游，为渔村的文化多样性和多态性做出象山的贡献？

A村虽然仅仅是一个个案，但有一定的代表性，展现了现代转型背景下传统乡村渔文化资源如何传承保护的突出问题，而这也关乎能否实现以渔村文化为特色的东海特色乡村旅游可持续发展的问题。对于这一问题的深入探讨，笔者认为应当结合对渔文化内涵的认识，在对目前渔村的现代转型状况进行调查的基础上，区分不同类型渔村面临的突出问题，针对性地提出乡村渔文化的保护和发展策略，而这种策略的提出又应与美丽新农村建设及社会经济发展的总体目标相契合。

二、基于“渔文化”的特色渔村建设

渔文化是海洋文化的重要组成部分。关于“渔文化”的内涵，学者的观点不尽相同。一种较宽泛的定义认为：渔文化的研究包括了“鱼类捕捞、养殖、渔获物加工等渔业生产方式”，以及“渔民独特的生活、习俗、宗教信仰等内容”，同时这种观点强调，渔文化研究不仅仅局限于渔业生产和渔民生活的领域，“海防、环保、市场和公司制度、渔村建设以及水产教育科研等”也被相应地纳入到研究视野中。[1]另外，曲金良对渔文化的概念也进行了规范，提出“渔文化是中华民族以江河湖海为环境资源条件，以渔产和水陆贸易为生存发展手段，在漫长的历史中积淀形成的以水陆地域社会民俗文化为主要形态的独具特色的物质生活与精神生活方式”[2]。同时，在当前的表述中，一个常见的、操作性的海洋渔文化的定义则通常是指：“渔民在其生存的海洋自然环境中涉及生产、生活两大领域的一切社会实践活动的成果，包括以渔歌为代表的民间文化、以造船织网为代表的生产文化、以开渔节为代表的节庆文化、以民俗信仰为代表的观念文化、以渔村组织为代表的组织文化以及其他文化。”[3]这一定义强调了渔文化的系统性和综合性特征，强调了人——渔民在渔文化中的主体性，对于渔文化以及渔村建设的关系予以明确，凸显了渔村文化的活态性和建设性的内容，有利于对于渔文化和渔村建设进行系统性和全面性的认识。从这一意义上，可以说，渔文化不仅仅体现在

---

[1] 李勇《百年中国渔文化研究特点评述》，载《甘肃社会科学》2009年第6期。

[2] 曲金良《关于中国渔文化的基本理念与开发利用原则》，郦伟山主编（浙江象山渔文化研究会）《渔文化研究》（二），中国文史出版社，2009年。

[3] 王国安《海洋渔文化的保护与开发研究》，载《中共宁波市委党校学报》2014年第2期。

与渔民的生产、生活方式紧密交融，也体现在与渔村的特色民居、空间环境和生态相协调，是一种系统的海洋文化生态。也正是基于此资源，“十一五期间”文化部批复象山县设立了唯一的国家级海洋渔文化生态保护实验区，通过以对与民众生活关系密切的渔文化遗产的整体性保护的方式，构建人与人、人与社会、人与自然的和谐关系，实现海洋渔文化可持续发展。在这一背景下，基于渔文化的特色渔村建设也必然需相应地得到推进，而对于现代转型下的不同类别的渔村建设途径的比较研究值得深入探索。

从社会变迁的角度看，渔村可大致分为两类：传统渔村与现代渔村。如前所述，随着科技发展和社会变迁，传统渔业向现代渔业的转型带来了渔村、渔民的生产和生活方式的转型问题，也由此形成了如何保护、传承和发展渔村传统文化的问题。海洋渔业转型所带来的海洋渔民的现代转型包括了传统海洋渔民向现代海洋渔民的转型，即渔民以从事现代渔业和休闲渔业，以及渔民的转产转业等情形。[1]这种转型对于基于渔文化的渔村建设模式提出研究课题。

此外，从开发的形式上，基于渔文化的渔村建设也大致有两种基本形态，一种是常态的渔村建设，以开展美丽新农村建设的自然渔村为典型；一种则是主要基于旅游开发目的的渔村建设，如体现渔区民俗风情的大型渔文化休闲度假区——

---

[1] 耿爱生、同春芬《海洋渔业转型框架下的海洋渔民转型问题研究》，载《安徽农业科学》2012年第4期；陈晔《我国海洋渔村的历史演进及转型与发展》，载《浙江海洋学院学报》2016年第2期。

“中国渔村”。前者以村庄、村民为建设主体，围绕生产、生活、环境建设展开；后者以吸引游客为主要目的，是以“渔文化民俗游”及“海滨海洋休闲度假”为主题的原生态旅游景区建设。对于前者而言，基于渔文化的乡村旅游是乡村经济发展的组成部分，是乡村建设的手段；对于后者而言，基于渔文化的生态旅游开发是地区资源利用、业态提升并带动地区经济文化发展的主要手段，是对渔文化内涵和要素的一种全方位的景观性展示。两者都对渔文化的保护和发展发挥作用，但后者深受市场和经营活动的影响，因以吸引游客为目的而可能会造成对于原生态文化的再创造和娱乐性展演。但在良性运行下，则也可能有利于形成品牌，形成更广泛的影响力，从而推动渔文化的传播、发展和带动当地的社会经济发展。以渔民渔村为主体的常态的渔村文化建设和发展则是实现村民参与以及渔文化可持续发展的更为广泛和关键的基础，是渔文化活态传承的载体，也是社会主义美丽新农村的建设目的。因此，进一步考察基于渔文化的经营性的渔村与常态性的渔村这样两类“渔村”建设的关系和特点，也是一个需关注和探讨的课题。

从渔村的地理和资源特征角度看，渔村还可大致分为：城郊渔村、海边渔村（远离城镇）和海岛渔村。不同的海洋渔村在现代转型中所面临的建设问题有共性也有差异性，需要在系统调查研究的基础上进行分类讨论。

三、基于“渔文化”的乡村旅游发展

关于乡村旅游与乡村文化和乡村建设的关系及其影响与作用，许多研究已经进行了深入探讨，在此不再赘述。笔者将主要围绕基于“渔文化”的乡村旅游定位和品牌建设问题提出初步思考。

从以上关于渔文化与乡村建设的议题的讨论中可以看出，在当今社会变迁，以及渔业、渔民、渔村的现代转型的背景下，休闲渔业越来越成为地区经济发展的重要组成部分，由此，乡村旅游成为发展地方经济、解决渔民就业、提高渔民收入的重要途径。基于传统渔文化的乡村旅游也成为传承和保护传统文化的重要载体。

对于传统渔文化的开发利用，涉及了以服饰文化、饮食文化、建筑文化和船俗文化为内容的物质文化，以习俗文化、艺术文化、信仰文化和心态文化为内容的非物质文化，以及包括社会规范和社会组织在内的制度文化的内容。总之，传统渔文化为地方旅游的发展提供了丰富的可挖掘利用的资源，也是乡村旅游依托发展的主体。依托传统渔文化，也形成了许多超越地方的旅游品牌，如以象山的节庆品牌为例，形成了中国开渔节、中国海钓节、中国海鲜节等三大国字号海洋文化活动品牌，以及石浦元宵灯会、开洋谢洋文化节、三月三踏沙滩、昌国清明会、五月廿七大塘庙会、爵溪七月半等民俗活动品牌。但总体而言，这些品牌作为区域特色性的品牌，是广义意义上的乡村旅游品牌。在发达国家，已历经百年历史的乡村旅游在

20世纪已经形成了一定的服务规模、服务模式与经营标准。中国的乡村旅游近些年来也不断探索，并基于地区资源，形成了许多符合当地实际的旅游模式，促进了乡村文化和乡村旅游的可持续发展。但在市场和资本的主导下，富有特色的海洋自然渔村的乡村旅游品牌的培育还需要得到更多的关注和投入支持，而这则是直接关切到社会和乡村建设的目标和旅游发展的根本目的。并且乡村旅游的可持续发展必须重视乡村文化保护的基础，乡村旅游的本质是都市的乡愁，乡村承载了乡愁和都市人的想象。渔村旅游必须回归渔村的文化建设，建设基于各具差异性、特色性、地方感的渔文化乡村旅游，而非建设千村一面的旅游模式。由此，优秀的有特色的乡村文化的传承、保护和发展是乡村旅游可持续发展的关键。

四、乡村旅游与乡村建设中的渔文化传承与保护

针对A村这类现代转型问题比较突出的渔村，笔者的考察发现，当地在积极尝试一些新的保护和传承路径，但从村落层次上，还需要结合乡村旅游开发与乡村建设，重点在以下几个方面进一步推进：

第一，进行对现存传统海洋渔村现状和传统文化保护状况的调查研究。面对许多传统渔村快速转型的状况，对村史、民俗文化进行系统的梳理、挖掘，做好传统渔村的物质文化和非物质文化的信息采集、归档整理工作，确定其保护价值和开发的可行性研究。

第二，保留和利用乡村原有的祠堂、庙宇、活动中心，结合现代公共文化服务体系建设，建立乡村文化记录和传承的公共空间，讲好村落故事，提供乡村文化旅游和国民教育开展的空间载体，使乡村旅游的体验活动中不仅有现代元素，更有深厚的渔村传统文化元素的嵌入和体验。

第三，动员原村民参与对渔村历史、文化的研究、宣传和保护。许多原渔村有活力的村民都散居到城镇，所以亟须建立机制激励原村民以文化志愿者的身份加入到村落文化挖掘、整理和研究的活动中来，与地方、学校和科研机构的研究者、志愿者共同做好乡村文化的整理、保护、研究、宣传活动。

第四，对于村落原有的节日、民间信仰实践和地方知识进行挖掘和发展，以村落层次的民间节日和信仰活动会聚认同和乡愁，吸引原村民的定期回归，形成原居民对村落的归属认同。

第五，促进外来渔民对村落传统文化的了解和认知，鼓励他们集合渔村的地方传统文化、渔文化要素进行开发创意和艺术创作，共同促进传统渔文化的开发与保护。

发挥海洋渔文化优势　进一步推进象山乡村旅游发展

陆剑峰*

文化是旅游的灵魂，海洋渔文化是象山最具特色的地域文化，因此在象山大力推进全域旅游之时，如何在旅游中凸现渔文化特色，是摆在我们面前必须深入研究的重要课题。举办“海洋渔文化与乡村旅游发展”论坛，便是破题的重要举措，邀请中国民协和各大专院校科研院所的领导、专家、学者以及乡村旅游方面的行家里手，为象山的“海洋渔文化与乡村旅游发展”把脉、献策。下面我介绍一下象山海洋渔文化研究发展和乡村旅游开发现状，粗浅地谈谈如何发挥渔文化特色优势，进一步推进象山乡村旅游发展的初步设想，以抛砖引玉。

* 陆剑峰，象山县旅游集团建设管理部职员。

一、象山渔文化研究发展基本情况

象山地处长三角地区南缘，浙江沿海中部，三面环海，是典型的半岛县，有着悠久的耕海牧渔的历史，可以上溯到6000多年前的塔山文化，因此积淀了丰富的海洋渔文化。

（一）成立渔文化研究会

象山于2004年5月19日成立全国第一个渔文化研究会，系统有计划地挽救、挖掘、研究发展渔文化。2004年1月创办《渔文化》杂志，原来为季刊，2015年开始改为双月刊，迄今出版52期。投稿作者都为大专院校、科研院所的教授、研究员等专家学者及一些有丰富实践经验的渔业从业者。同时还编辑了《渔文化研究》（一、二）、《渔文化大观》、《渔文化美食》等著作，由中国文史出版社出版。编印《象山海鲜十六碗》《象山海鲜诗词100首》《象山妈祖文化》《象山东门岛》《象山渔民间故事》等许多书籍，对渔文化进行研究、宣传、传播。

（二）举办有深刻渔文化内涵的节庆

中国开渔节举办到今年已经第十九届了，主题是“善待海洋，就是善待人类自己”，节庆中的出洋祭海、妈祖寻亲、渔船出海开船仪式，都是整合了许多渔区的渔俗文化提升、提炼而成，使之成为既具有传统元素，又具有时代气息的新时期渔文化。象山海鲜美食节已举办10届，是集中展示象山海鲜餐饮文化的一个节庆。海鲜十六碗，一碗一诗一故事，让人们大快朵颐的同时也尽享渔文化大餐，广受国内外贵宾好评。

（三）渔文化展示形式不断丰富

象山的渔文化通过多种多样的形式展示出来，早在1935年我国第一次获国际奖，由蔡楚生执导、聂耳配乐，反映旧社会渔区生活的影片《渔光曲》，就在象山石浦拍摄。象山渔鼓获全国群星奖，在上海世博会，2008年北京奥运会广场表演，而且走出国门到土耳其表演。象山船鼓，每年开渔节开船仪式都要表演，渔家号子从石浦港拉到了中央电视台。鱼拓、船模等产品由来象的游客带向四面八方。东门渔文化艺术村为全国各地进行渔文化教育，竹根雕艺术着重以渔文化为主题进行创作。除了以上展示形式外，还表现出向影视动漫业、传媒产业发展势头。

（四）对外影响不断扩大

由于中国开渔节、海鲜美食节等节庆和大型民俗活动的举办，象山渔文化的影响越来越大，被中国文联和中国民间文艺家协会授予“中国渔文化之乡”“中国渔文化研究基地”，被国家文化部命名“国家渔文化生态保护区”，被中国渔业协会授予“中国梭子蟹之乡”“中国海鲜之都”。随着象山渔文化的影响力不断扩大，一些来自祖国各地、新加坡的大专院校、科研院所的专家学者都来象山考察渔文化。

二、象山乡村旅游开发现状

象山县乡村旅游立足山海资源优势，深挖地缘文化内涵，抓发展、创特色、促提升，走出了一条具有象山特色的乡村旅游发展之路。截至目前，全县拥有省级农家乐精品示范区1家，省级农家乐精品培育项目2家，省市级特色村和休闲旅游示范点17家，省三星级以上农家乐经营户12家；农家客栈特色村28个，近600户经营户，床位数突破9000张，客房平均出租率55%，直接从业人员3800人左右，人均收入增加超过8000元。从2010年开始，全县乡村旅游接待游客人数和营业收入每年均以30%递增，特别是2013年，全县乡村旅游接待游客223万人次，营业收入2.24亿元，同比增长68%和71%，占全县旅游接待总人数的20%左右。2015年全县乡村旅游接待游客368万人次，营业收入3.81亿元，分别同比增长24.7%和25.3%。乡村旅游已成为继海洋旅游、影视旅游之后拉动象山旅游经济发展的三驾马车之一。

（一）领导重视，扶持发展

2011年8月，县政府将象山县农家乐休闲旅游工作联席会议更名为象山县农家乐休闲旅游工作领导小组，由县委副书记担任组长，分管旅游副县长担任常务副组长的工作领导小组，办公室改设在县风景旅游管理局，成员由原来的13个相关单位扩大到18个，明确各镇乡（街道）将发展乡村旅游放在重要位置，成立旅游办，制定具体措施，指导乡村旅游发展。同时明确工商、卫生、消防、环保、规划、国土、林业等部门要主动加强合作，在大型农家乐培育扶持上要大力支持，特事特办，优先保障，合力营造支持农（渔）家乐发展氛围，推动我县农（渔）家乐快速发展。

（二）规划先行，有序发展

2007年委托规划编制单位编制了《象山县乡村旅游规划》，2015年又编制《象山县乡村旅游发展策划》。今年重新编制完成以农家客栈为核心的全县乡村旅游发展规划，按照“科学布局、注重特色、差异发展”的原则，充分挖掘整合人文历史、生态环境、地理条件、特色产业等资源，指导具体区域的乡村旅游发展方向，界定农家乐或农家客栈的上限，鼓励区域分工，杜绝重复建设，形成“一镇（乡）一特”“一村一品”的乡村旅游发展模式，比如石浦镇东门渔村的妈祖文化、泗洲头镇何婆岭村的园林式村庄、晓塘乡西边塘村的观光农业等。全县形成“海鲜石浦”“品果晓塘”“田园定塘”“影视新桥”“山水茅洋”等5大乡村旅游品牌。

（三）加大乡村旅游项目开发

首先是开发“民宿”项目。以农家客栈为代表的“民宿、民游、民食”项目通过近几年的大力推广，把原本普普通通的沙地、黄公岙、方家岙等村变成了远近闻名的旅游村、富裕村、文明村。其次是开发休闲渔船项目。成立了“石浦海岛休闲渔业有限公司”和“协顺海洋旅游发展公司”，以“渔民上岸，游客下海”为亮点，吸引众多外地游客前来“赏海上风景、看渔民捕鱼、品鲜活海味”。第三是开发乡村旅游特色项目。引进了一批投资5000万元以上的农家乐特色点项目，如三联农庄、大塘港现代农业科技园、宁波枫康生物科技等农业特色点建设，取得了较好的示范带头作用和旅游经济效益。

（四）打造特色，全力发展

第一，政策扶持力度加大。在《关于发展“农家客栈”的实施意见》（县委办〔2011〕93号）和《关于进一步推进“农家客栈”的实施办法》（象农旅办〔2014〕6号）文件的基础上，明确农户、村集体等各类发展农家客栈主体的县级补助标准，镇乡、街道按1∶0.5以上比例给予配套，并在组织结构、政策扶持、申报程序等方面予以规范和明确。2012年出台的《关于规范农家客栈审批的实施意见》为今后农家客栈的规范发展明确了方向。

第二，发展模式逐步多样。随着农家客栈建设的深入，各地发展热情高涨，以蓝家村为代表的景区依托型、沙地村为代表的休闲养生型、方家岙村为代表的生态风光型、西边塘村为代表的果蔬采摘型等复合型特色农家客栈逐步涌现。良好的发展势头和广阔的发展前景引起了不同的投资主体，由原先村集体和农户自投发展到目前的私营企业介入，农家客栈发展空间更加广阔。

第三，营销力度不断加强。策划编排乡村旅游精品线路。推出海涂体验一日游、果蔬采摘（枇杷、杨梅、葡萄等）一日游、海岛渔家乐二日游等特色线路。精心包装农（渔）产品，聘请当地村民当导游，吆喝自家“农（渔）家宝”。多层次深化乡村游宣传平台。通过新闻媒体、海洋论坛、互联网等手段大力宣传象山农家乐休闲旅游。利用每年旅游推介会等各类交易会平台，在各地分层次开展有针对性的乡村旅游联合促销，把农家乐的宣传促销融入象山整体旅游促销中。

三、发挥海洋渔文化优势，进一步推进乡村旅游发展的几点设想

象山县委、县政府提出“十三五”时期要实施“双突破双驱动”的总体战略，旅游便是其中的一大“突破”。旅游是象山的传统优势产业，在新时期作为县域经济发展的重大战略之一强力推进，争创全国全域旅游示范区。乡村旅游是象山旅游的重要组成部分，因此发挥地域特色文化——海洋渔文化在乡村旅游中的独特作用，对象山旅游实现突破至关重要，我们根据调查研究，结合象山乡村实际，提出以下几点关于海洋渔文化与乡村旅游有效结合，从而推进乡村旅游的几点初步设想。

（一）凸现海洋渔文化特色，进一步完善乡村旅游规划

在原有全县乡村旅游规划的基础上，在全域旅游科学理念指导下，乡村旅游要更加突出海洋渔文化元素，象山18个乡镇街道都临海及许多乡村临海而居，具有丰富的山海资源和优良的自然风光，且积淀了丰厚的海边渔家风俗。现在的乡村旅游

规划，涉及渔文化内容的不是很多，而且是零打碎敲，欠缺系统性、整体性，所以建议修订规划，对临海的特色乡村，加大海洋性渔文化规划内容，使其在具体项目中充分体现出来，凸现象山旅游的渔文化特色。

（二）突出重点区域，打造渔文化乡村旅游精品

石浦是全国有名的六大中心渔港之一，环石浦港区域无疑是渔文化乡村旅游的最重要的区域，可以把石浦打造成依石浦渔港古城，以旅游产业为核心，融渔文化展示、渔文化旅游生产及交易、渔文化非物质传承基地、渔文化体验等为一体的渔文化特色小镇。把石浦镇的河塘湾村、大王宫村和半边山村、茅洋乡的下山头村和花墙村、新桥镇的东旦村、涂茨镇的大坦村、晓塘乡的勃鸪头村等作为渔文化村的重点保存对象，同时着重建设好“浙江省渔业第一村”的东门渔村。恢复石浦镇的渔埠、渔街、渔店、渔铺、渔号。把石浦东至台胞码头、西至原海军码头的背山面海的渔港路规划好，将来按石浦老街等原形和海洋文化之精髓把它建成为国内独树一帜的“渔文化街”。港湾和岸线本身就是天然的海洋渔文化景观，可以将石浦港岸线、松兰山岸线、岳井洋岸线、象山港和西沪港等岸线分别打造成滨海观光大道。海洋观光平台、游船码头、海滨浴场、渔文化主题公园、滩涂乐园、摄影基地、垂钓平台、水上乐园等一系列以渔文化为特色的景观岸线工程。

（三）提升海洋餐饮业，树立海鲜餐饮文化形象

象山海洋餐饮闻名遐迩，品种繁多，味道鲜美，全县乡村农家乐、渔家乐众多，来到象山的游客在全县随意一个乡村，都可以吃到可口的海鲜，只是目前的海鲜餐饮尚停留在简单吃的阶段，我们应该在海鲜餐饮上做一些增加文化内容、色彩的元素，诸如海鲜十六碗，一碗海鲜一首诗一个故事，我们可以在农家乐、渔家乐饭店内上墙，让农家乐、渔家乐的从业人员给餐饮者讲有关海鲜的渔文化民间故事，餐间能够增加唱渔歌、渔号等一系列表演。让游客九品海鲜："一品渔人，人之美；二品渔歌，乐之美；三品渔器，器之美；四品渔诗，诗之美；五品故事，文之美；六品渔境，境之美；七品渔宴，味之美；八品典故，情之美；九品厨艺，艺之美。"所以我们这些农家乐、渔家乐餐饮不仅在环境清洁卫生等硬件设施上提升档次，更要在海洋渔文化的呈现上多下功夫，不仅让远方的游客品尝美味佳肴，更让他们享受到我们东海之滨独具风采渔文化精神大餐。

（四）发展渔文化产业，丰富乡村旅游商品

渔文化产业发展门类有二：渔文化物化产业、渔文化精神产业。在渔文化物化产业上，我们在渔文化根雕、渔文化剪纸、渔灯制作、渔具制作等都有一定的发展，但规模不大，档次不高，需要努力提升壮大，拥有象山大黄鱼、象山梭子蟹、象山紫菜和象山泥螺等6件国产地理标志商标，应该大加

利用、宣传，打开象山渔文化物质产品的生产、加工、文化包装、销售方面的局面。在渔文化精神产品上，要在渔拓、晒盐技艺、渔家号子、渔歌、渔舞、渔俗的原有基础上，推陈出新，嫁接互联网信息技术，发挥当代文艺家作用，以当代人喜闻乐见的艺术形式，如拍摄反映新时期渔港生活的影视，创作新时代渔歌。推出类似《印象丽江》这样的渔文化表演。挖掘象山传统农耕文化和渔业文化节日、二十四节气节日、农渔村传统娱乐方式、特色小吃和特色农渔产品丰收活动，继续发挥“石浦休闲捕鱼”“沙滩汽车露营”“石浦港夜游”“中国开渔节”“开洋谢洋节”“三月三踏沙滩节”“海鲜节”“垂钓节”“妈祖文化节”等一系列海洋文化和渔文化节庆活动作用，把渔文化节庆与农渔业产品的生产、销售结合在一起，通过渔文化节庆带动乡村旅游业和其他产业的发展。大力发展渔业产品加工产业区，研究渔产品的文化包装。重点发展渔拓、渔灯、渔具等渔文化工艺品。在渔文化旅游产品开发上，我县的脱脂黄鱼、阿进牌泥螺和带丝等渔产品，船模和竹根雕等渔工艺品都已经初具形态，要进一步巩固良好发展势头，壮大渔文化旅游产品的规模，提升渔文化旅游产品的档次和水平，推进乡村旅游经济的繁荣和发展。

非遗传统手工艺传承人的困境和出路

陈红雨*

全球化、现代化、城市化对非物质文化遗产的生存环境带来巨大的冲击，社会的转型、生活方式的改变与随之而来的人们审美、价值观的变化，造成传统手工艺或者面临消失，或者必须转型。

在此转型过程中，当下许多手工艺非遗传承人大多有这样一个困惑，就是为了把手工艺更好地传承下去，或者仅仅为了生存，是继续面向市场生产传统的手工生活用品好，还是转向艺术品创作卖高价好？是继续坚持做手艺人还是转向成为艺术家努力？传统手艺人将来的发展或出路在哪里？

一、传统手工艺的定义和分类

本文中的传统手工艺，指的是作为非物质文化遗产的以实用

* 陈红雨，南京艺术学院文化遗产保护系主任。

性为主、兼具审美的加工制作造物的技艺。拥有熟练技巧，从事这些传统手工艺的工作者就是传统手艺人，或称为“匠人”。作为非物质文化遗产的传统手工艺的成果——传统手工艺品，既是生活用品，也是文化产品；既是有形的物质财富，也是无形的传统文化的物质载体；既有实用价值，也有艺术价值。

近代传统手工艺孕育产生于以小农经济为主的自然经济社会，自然经济是它的文化背景和经济基础，传统手工艺既是当时生活方式的反映，也受到传统生活方式的制约。在“男耕女织”的自然经济环境中，手工艺承担了大部分的生活所需和社会所需的造物，从帝皇宫殿到民居小屋，从龙袍凤冕到民间的嫁衣、纸马，锅碗瓢盆、笔墨纸砚……可以说衣食住行都离不开手艺人。

传统手工艺大致可以分为三类：一类是满足特制需求的高级手工艺，如只为皇家专供的造办处，或为贵族和少数富裕阶层生产用于观赏和收藏的高档品的云锦、缂丝、玉雕、牙雕工艺等等，这类工艺因为材料珍贵、工艺繁复并价值较高，所以加工要求最大限度地利用和顺应材质本身的美感和属性，即“因材施艺”，慎之又慎，精益求精；艺术上也要求加以独运匠心的处理和安排，以求最充分地表现出人工与材质之间“巧夺天工”的综合美感，非一般手工艺人所能胜任。第二类是百姓生活实用品的制作，直接服务于大众生活，这类手工艺品种广泛，数量众多，是批量制作的手工艺，也是和平民大众生活结合最紧密、社会上最常见的手工艺。这类手工艺所用的材料普通，技术要求相对简单，实用性强，观赏性弱。第三类就是民族地区的民族手工艺，无论是材质、工艺特点还是审美，都具有明显的民族地方特色。

手工艺人也是有层次的，他们的差别是巨大的。既有“惟手熟尔”的卖油翁，也有“游刃必有余地”的庖丁，还有“一舞剑器动四方，观者如山色沮丧，天地为之久低昂”的公孙大娘。大部分的手艺人都是从事某项工作日久，技艺娴熟者，如卖油翁；其中的一小部分不仅有高妙绝伦的技能，在自己的专业领域做到了常人难以企及的位置，是当时当地该技艺的代表性人物，可以称之为“大匠”，如解牛的庖丁；更有极少数者把自己的感情与世界观融入了技艺，他们的技艺表现已经成为富有个人独特性的创作，而且在他们的创作背后形成了一整套完整的哲学体系和生命观念为思想支撑，如公孙大娘。能成为公孙大娘这样的技艺者少之又少，大部分手艺人都停留在“惟手熟尔”的境地。所以低端的手艺人可以叫作“技工”，高端的称为艺术家也不为过。

二、当前传统手工艺的发展困境

（一）生活方式的转变使一部分传统手工艺品失去生存空间

现代化、城市化的发展造成人们的生活方式改变，众多源于农耕社会的传统手工艺及其产品无论从实用还是审美，都已经不适应现代日常生活的需要。比如日常穿着服饰的改变，龙袍绣衣、顶戴花翎一朝被废，长袍马褂让位于更加轻便舒适的西装革履，这类传统手工艺立刻就失去了市场。再比如人们信仰的改变，经过五四运动、破四旧及“文化大革命”，以前很多民间信仰、宗教仪式和民俗活动被人们抛弃，像符纸、甲马、傩戏面具等与之相关的用具的制作技艺，也就失去了存在的根基。

（二）科技进步导致传统手工艺生活用品的市场日渐缩小

运用新技术、新材料、工厂化生产的现代生活用品物美价廉，挤压传统手工生活用品的市场。尽管某些传统手工生活用品依然美丽而且也能使用，但要么生产效率低下造成价格没有竞争优势，要么这些传统手工艺品没有使用新材料、新工艺、工厂机器加工的新产品好用且耐久，只能面临被淘汰的命运，比如过去厨房中的竹木陶土用具，渐渐被塑料和不锈钢制品替代。物竞天择、适者生存，这是自然的法则。从事这些传统生活用品加工制作的手艺人，即使技艺精湛，如果生产的手工艺品不能适应时代的变迁，就会被社会发展洪流所淹没，陷入谋生艰辛、难以为继的境地。这类传统手工艺的转型在所难免。

（三）对传统手工艺认识的偏差束缚传统手艺人的发展

进入工业社会以后，传统实用手工艺品受到工业化产品的冲击较大，而特制高档工艺品主要是贵族和富裕阶层等少数人敛财和收藏的对象，受到的冲击较小。特别是我国50年代为创外汇而大力发展生产高档工艺美术品的传统手工技艺，80年代后国际市场旺盛的需求使其发展达到巅峰。这些传统工艺美术品在一定时期内的兴旺发展导致人们对传统手工技艺的观赏、收藏及经济价值过分放大，对其使用价值严重低估，使得传统手工艺在思想上脱离人们的日常生活。比如刺绣作为一门手工艺在古代是以实用为主，明代露香园的"顾绣"开创了以绣仿画的工艺，并在富裕阶层流传。50年代在实用刺绣日趋衰退的时候，画绣因为能够出口创汇反而蒸蒸日上，结果就是刺绣的使用功能减少，审美成分增多，刺绣渐渐脱离日常生活，传统意义上的民间绣娘就没有了。受此影响很多生产生活用品的传统手艺人对坚守自己的传统手艺缺乏自信，传承和发展也没有动力。

因此社会上认为"民间传统手工艺在逐渐消失，或者正在从生活转变为艺术"的思想渐渐风行起来。传统手艺人是继续做"匠人"还是转行"艺术家"，就成为一个避免不了的问题。

三、手艺和艺术的区别

要解决这个问题，必须先厘清手艺和艺术的关系，明了它们各自的属性和特点；然后手艺人根据手工艺的自身规律去找出路，求发展。

本文探讨的艺术，是凭借技巧、意愿、想象力、经验等综合人为因素的融合与平衡，创作蕴含美学的器物、环境、影像、动作或声音的表现及其过程，是用形象来反映现实但比现实更有典型性的社会意识形态，包括文学、书法、绘画、雕塑、建筑、音乐、舞蹈、戏剧、电影、曲艺等的狭义的艺术。

艺术家则是指具有较高的审美能力和娴熟的创作技巧，从事以上一种艺术并以它为职业，其构思、创作和表现是由个人想象力和鉴赏力来指导的人。

尽管手艺与艺术都有一个“艺”字，手工艺品与艺术品的生产都是一个创作过程，但是它们的本质是不同的：创意在其中扮演的角色是不同的，艺术创作是个性的表现，手工艺却是现实生活的反映；艺术的呈现往往单纯地基于艺术家自身的直觉、审美和想象力，手工艺品的创作内容和实现过程却是基于外在因素的，不是纯粹“个人创造性表达”。手工艺与艺术在功能、价值、目的和内容来源等方面都有本质的区别。

（一）它们的功能不同

手工艺首先是门技术。从哲学来思考艺术与技术，可以说“艺术”是挑起争议的，“技术”是终止争议的；艺术让人思考，技术解决问题。艺术作品的功能是彰显艺术家的个性，并触发审美的或有意识的情感与思想，通过被观众赞赏或者蔑视而达到其创作目的，引起观众产生共鸣或争议，却不论结果是好是坏。所以艺术可以带有艺术家个人的倾向性，甚至是极端的。作为技术的手工艺的功能则是在生活中缓解矛盾，促使人们更简单更轻松更高效地解决问题。所以手工艺往往是社会性的，是谦逊的，精益求精是它的终极追求。

（二）它们的价值取向不同

艺术是一个人对自身精神与情感的抒发与表达，它的价值是内在的和独立的，而且必须通过精神和心理层面去考察，即艺术品的价值是完全包含在艺术品本身之内的。手工艺却不是这样，手工艺品的价值首先在于使用，它的价值取决于外部因素，即其解决问题的能力以及其产品的使用者的评价。也就是说手工艺是一种有外在现实目的的创作和实现，它的价值取决于手工艺品的受众。所以艺术是艺术家个人的，而手工艺是广大用户的。现在一些技艺精湛的传统手艺人，产品卖得很好，经济条件好了，有了更多的追求，萌发做艺术家的冲动，结果投入大量心血、成本创作的艺术品反而无人欣赏，卖得好的还是原来那些工艺品，最后转型不成功，还是回头做手工艺，归结原因为市场曲高和寡，或自身艺术天分不足。这其实不关曲高和寡或个人艺术天分，而是艺术与手工艺的价值取向不同的结果。艺术的本质就不是产品，做艺术家追求的是独创精神，而不是像生产工艺品一样的追求市场认同。就如面向市场追求销量的画家被人称为画匠一样，以销量衡量艺术的手艺人艺术家其实还只是个匠人。

（三）它们的目的不同

艺术的目的在于不断地创新，在艺术题材、风格或者理念上寻求突破，追求异想天开、出人意料、不可捉摸，其过程充满了冲突、突变和不可预测。而手工艺的目的是基于对现实生活变迁的观察与推敲，在与自然和历史的互动中不断地对技艺及其作品进行验证和改善。手艺的发展总是以技艺传承为基础进行选择性的创新和再创造。手工技艺是功能性的，它帮助人们针对具体的目标与任务，解决现实问题，具有很强的时代性。好的手工艺品来自于手艺人对现实生活深刻的观察与理解，反映使用者对现实生活的需求。所以说艺术为了创意而创意，手工艺通过创意解决实际问题。艺术家可以为了艺术理想几十年如一日坚持自我，甚至追求永恒，如梵高，死后才获得认可和成功。手艺人却必须因时而变，与时俱进，迎合时代需求，融入当代生活，解决现实问题。正如文化部副部长项兆伦先生所说："传统工艺从为当时的生活而作，到为当代的生活而作，从受当时的条件所限，到充分利用社会进步提供的条件。"

（四）它们的内容来源不同

艺术是艺术家自我表达的方式，一个好的艺术作品往往来自于艺术家内心深处，是艺术家的精神世界的反映。对艺术家而言，艺术的内容、形式以及灵感的来源完全是自己的，或者说内在的，所以艺术品完全取决于艺术家自身。而自从社会分工分化出匠人这个职业以后，匠人的产品就是为了交换，"遍身罗绮者，不是养蚕人"。手工艺作品是为他人使用，其创作活动必然受制于技术、工具、材料、经济、行业约定、大众或委托人个人审美等众多不同的条件约束，这些约束大多都是外在的，导致其内容必然来源于产品目标及其所服务的对象。虽然大部分时候我们看到的创作手工艺品的过程呈现出一种主观行为的状态，与艺术品的创作过程非常相似，但如果我们详细考察手工艺品的形成，对它的来源及实现方式做更加深入的了解，会发现越是好的手工艺品，它的创意和设计理念就越客观。这些创意和理念最终被手工艺人以产品的形式交到目标用户手中，通过一系列的客观指标得到成功与否的评判。

四、手艺人与艺术家

文化部副部长项兆伦先生在谈及非物质文化遗产保护时举过年画的例子，他说："要强调一个观点，让年画被人收藏，不是年画作为一个非遗项目的保护目的。年画重新回到春节才是目的。非遗市人民大众的非遗。年画是春节用的，过年贴的，如果能做到老百姓家家户户过年都想买年画、贴年画，这才是对年画最好的保护，才是真正的传承、发展和振兴。"这其实也为非遗传统技艺手艺人的发展指明了方向：作为非物质文化传承人的手艺人，他的发展出路不在于创作用于收藏的艺术品，而在于让手工技艺回归大众生活，一个掌握了某一门技艺的手艺人的属性和使命不是成为一个艺术家。

总而言之，手工艺是面向产品的，手艺人大多时候是为自身以外的目标服务的。手工艺品是客观体验，是关于用户的，而非手艺人本人的。手艺是一种解决问题的能力，而非展现内心的技法。艺术是主观的，手工艺是客观的；艺术是艺术家的，手工艺是用户的。无论多么高明的手艺人，自身都无法代表产品所面向的目标用户群体。手艺人必须面向市场。为了生产出能够有效服务于市场的产品，手艺人必须不断获取信息，了解用户、理解生活，因外部世界变化而改变，时刻验证并随之调整；手艺人的生产不同于艺术创作，盲目地突出自我，于内在挖掘解决方案，只会是闭门造车，终将南辕北辙。作为一个传统手工艺人要时刻意识到：手工艺只有融入当代生活之中，因时而变，应时而作，能够解决现实问题，才能发展，才有出路。

但是精确界定手工艺人和艺术家还是比较困难的。手艺人和艺术家有许多相通之处，有时界限模糊。有时画家能成为画匠，手艺人也可以是艺术家。一方面，艺术家常常表现的像一个手艺人。艺术家面临各种社会压力，要获得知名度和经济利益，特别是当公众通过该艺术家作品的价格获得对一个艺术家最直观的了解的时候，促使艺术家取悦艺术品的观赏者以获取认同。在定制作品或如“应酬画”之类的艺术创作中，表现得尤为突出，这时艺术创作和手工艺品制作就非常相似了。甚至于艺术家们有时会专门针对特定受众的体验需求进行创作，或者为迎合受众为艺术品设定一个预期，这时的创作就不再以艺术家本人为中心，而是以受众为中心，是在面向特定消费人群进行的生产活动。艺术家表现的就是一个手艺人。至于大芬油画村的“画工”甚至都不是一个合格的匠人，更不论艺术家了。

另一方面，手工艺品的创作也可以是个人的和艺术的。手艺人在自己的作品中会注入自己的审美经验和创造力，就像艺术家一样。手艺人有时也会创作一些非常自我的、实用性不强的作品，有些是为了提高能力，有些仅仅为了一种新的审美体验。美学无疑在其中扮演一个重要角色，这就跟艺术创作一样了。

五、破除中国传统文化的“重道轻器”思想，让传统手艺人在艺术家面前建立文化自觉与自信

《易传》云：“形而上者谓之道，形而下者谓之器。”仅从字面理解这句话，“道”与“器”本应是事物相互依存的两个方面，类似于矛盾的对立统一，没有高低贵贱之分。但由于中国传统文化尊上鄙下的观念，“道”“器”的上下之别，无形中就抬高了“道”的地位。到老子把“道”定义为先天地之生的万物本原，以及宇宙运行的总规律，“有物混成，先天地生，寂兮寥兮，独立而不改，周行而不殆，可以为天下母，吾不知其名，字之曰道，强为之名曰大”。作为“天下母”，“道生一，一生二，二生三，三生万物”的“道”，便脱离了与“器”的对立统一，“道”“器”有了尊鄙之别。到了管子说：“道也者，通乎无上，详乎无穷，运乎诸生”，“道生天地”，“闻一物以贯万物，谓之知道”；以及孔子把“道”和儒家伦理道德结合起来，主张“君子谋道不谋食”，讲究“安贫乐道”，道就成为生命的意义和价值所在，成为封建社会至高无上的精神理念和哲学思想。从此“道”“器”分流，“重道轻器”“道本器末”的思想逐渐形成，并衍生出“器以载道”的工艺造物思想，对中国传统文化有深远影响。古代中国的艺术归属于文学范畴，艺术家大多是文人，他们以求“道”为终极追求。在士农工商的社会分层结构中，文化人占据优势地位。因为“道”“器”之分，在“道本器末”的思想影响下，中国古代匠人地位低下，他们在作为艺术家的文人面前有天然

的自卑感。这种思想直到现在还颇有影响，而这正是当代许多传统手艺人尽管已经很成功，但是依然孜孜追求一个艺术家身份的原因所在。“重道轻器”“道本器末”的思想在明代已经让位于“器体道用”，被扔进哲学的故纸堆，但是直到现代传统手艺人缺失的文化自觉与自信仍然有待最终建立起来。其实技艺精湛的传统手艺人的终极追求，也可以是一颗“道心”。黄宗羲说：“功夫所致，即其本体”，在此说明技（功夫）与道（本体）的关系，也极为贴切，“技”发展的顶点就是成为“道”。故“技精而进，至于自然而然，不知其然，则不得以技名之，而名之曰道”，此时的技已经不仅仅是技艺本身，必然蕴含了审美意识、世界观等哲学思想。技已臻于化境，自然彰显道妙，应该是所谓“道技相融”。所以破除中国传统文化的“重道轻器”思想，让传统手艺人在艺术家面前建立文化自觉与自信，坚持以手上功夫立身，专注技艺，追求完美，追求精益求精的“匠人精神”，以对传统“匠心”的坚守为荣，而不以成为一个艺术家为荣，就显得非常必要。

最后，我们也要认识到，手工艺品始终是实用和审美融合于一体，带有物质和精神的双重属性。虽然在手工艺品中，审美依赖于功能而存在，但是毫无疑问，美学意义可以提升手工艺品的品格，提高手工艺品的价值，那些具有典型美学意义的作品甚至成为这类手工艺品的代表，或者蜕变为艺术品，成为一种象征，就如子冈玉、顾景舟壶那样。所以手艺人即使不成为艺术家，也要有“艺心”，要有审美素养和对美的不懈追求，在追求精益求精的同时，不要落入“奇技淫巧”的陷阱。

子曰："知之者不如好之者，好之者不如乐之者。"传统手艺人要不忘初心，要守住"匠心"，要追求"道心"，手艺的发展就是从"惟手熟尔"到"技近乎道"的过程，这个过程不只是技艺的突破和进取，更是人生的自我满足和实现。若到了"所好者道也，进乎技矣"的境界，达到"以技证道"，就"可以保身，可以全生，可以养亲，可以尽年"。做个这样的手艺人足以笑傲王侯，应该算是手工艺人最好的发展和出路吧!

象山海洋渔文化与旅游

郦伟山*

我国渔文化发轫于旧石器时期，这是中华民族的伟大创造，也是我国文化史上光彩夺目的一章。浙江省中部沿海的象山县是“中国渔文化之乡”，也是中国唯一的国家级海洋渔文化生态保护实验区。它三面环海，两港相拥，得海独厚，得港独优，得景独秀。陆域面积1382平方千米，海域面积6618平方千米、海岸线长925千米，岛、礁、滩、景、港等海洋地貌特性一应俱全。独特的环境，独特的生活习俗，孕育了独具特色、内涵丰富的海洋渔文化，为旅游业的发展注入了强大的生命力。

一、文化大典旅游盛会

联合国大会宣布1998年为“国际海洋年”，这昭示着回归

* 郦伟山，象山渔文化研究会原副会长、秘书长。

海洋，合理开发利用海洋成为国际经济社会发展的趋势。就在这一年，中国东海之滨的象山诞生了一个伟大的节日——中国开渔节。连续十六届的开渔节给象山的经济、文化、生活、环境、观念等方面带来巨大变化，并长期发挥着其独特的作用，成为促进象山经济社会和谐和文化发展的一个大平台。

金风送渔讯，碧海竞千帆。年年的“中国开渔节”，以感恩海洋为主题，渔文化为主线，服务象山经济建设目标，突显了民俗性、休闲性、群众性，成为名副其实的渔民的节日，海洋旅游的盛会。

每年9月15日上午举行庄严的祭海仪式：“伟哉大海！生命之源。衍生万物，哺育人类。斗转星移，历经宇宙变迁；潮起潮落，阅尽人间沧桑。恩我佑我，殷殷可鉴。不敢或忘，临风永怀！……”主祭人铿锵有力的祭文；渔家汉子：一敬酒——感恩海洋；二敬酒——波平浪静；三敬酒——鱼虾满舱，嘹亮而庄重的感恩海洋之声，久久回荡在大海上空；奏祭乐、献祭果、敬祭酒、放海生，更是气势不凡，震撼人心。

9月15日晚上，举行民俗传承的妈祖如意巡游。妈祖巡安祈福之夜以天然的石浦渔港为实景舞台，“石浦妈祖”“台东如意”等彩船各具特色，千余艘钢制大马力渔轮静候港区，彩船、渔火、光束、礼花将石浦港照亮得如同白昼，上万名群众和游客前来膜拜妈祖和如意，气氛肃穆。

9月16日上午，举行壮观的开船仪式。开船仪式的场景氛围、表演结构、彩船布置等都散发着浓浓的渔文化气息。整个仪式将渔港、码头和陆岸连成一片，马达声、锣鼓声、歌舞声、欢呼声交织在一起，石浦港人山人海，彩旗猎猎，两千余艘大马力渔轮整装待发。雄壮的渔家号子唱起来，欢庆的锣鼓擂起来，喜庆的红绸舞起来，远航的汽笛响起来……十里渔港成了欢乐的海洋。港面千帆竞发、气势恢宏、蔚为壮观，吉祥喜庆的气氛贯穿始终，充分表达了出海渔民的喜悦之情，使渔文化内涵得到很好的演绎，成了广大渔民的狂欢节。

“开渔节”演绎出渔民亘古不变的承诺——善待海洋就是善待人类自己。这是渔文化大典，是带领人们进行一次关于渔文化的时光之旅，更是人类向大海祈福的幸福之旅。

二、渔港古镇看点纷呈

“蜃雨腥风骇浪前，高低曲折一城圆。人家住在潮烟里，万里涛声到枕边。”这是清人陈秉元《石浦竹枝词》描绘的中国渔港古城——石浦，它位于长三角经济中心区南翼，我国中部沿海，依山面港，国家一级渔港、二类口岸，中国历史文化名镇，得天独厚的海防文化、海商文化、渔文化、名人文化及明清建筑、摩崖石刻、翠岛奇礁，使人目不暇接。

（一）海防文化令人赞叹

大凡有海的地方，就有海防，但是像石浦一样具有严密防御系统的，在国内屈指可数。

明洪武二十年（1387），因地处海防要冲，调昌国卫守御置前、后二千户所，筑堤捍守。石浦所城“东南面海，西北依山”，“高二丈，广六尺，周六百有七丈。辟西、南、北三门。辟水门于（西）北，南二门之侧。罗以月城，城上雉堞一千九百六十，警铺二十九，敌台十三”。东南开“濠一百十丈”。下辖石浦巡检司和大金山、后山、前山、下岙、松岙、土湾六烽堠。逢汛期，卫拨游哨兵船防守。清顺治，改置石浦陆、海二汛。康熙二十三年（1684），仍设官防守，重筑所城。东、北面相接，长约700米。它一头连着渔港、一头深藏在山间谷地，城墙随山势起伏而筑，居高控港，素有“城在港上，山在城中”之称。

金鸡山炮台，在石浦镇西南金鸡山上。南临石浦港，地扼三门口，地位重要。清道光五年（1825）增设金鸡山隘口，并筑该台，属石浦所汛。今保存完好，台基呈长方形，占地118平方米，台身呈梯形，四面用条石砌成，共19层，高3.8米，西北面墙有石板挑出，长40厘米，每层一块，自底至顶成45度，可拾级上下。

二湾摩崖，在石浦二湾头朝东岩壁上。石壁长20余米，高4米，峻峭陡立，上有摩崖10条，均楷书阴文题刻。最大者为“视卒当如婴儿”横条，长226厘米，高39厘米，字迹粗壮圆润，刚劲有力。上款“万历癸巳”（万历二十一年，1593），还有“季侯顾我”“德与石存”“恩同海永”“将苑羽仪”“严侯永瞻”“石存恩存”“如海恩波”“岘石恩同”等等，二湾摩崖石刻多为明代抗倭将领所镌，表达了将士上下同心同德、团结一致的战斗情怀。

古城墙、古城门、古炮台、摩崖石刻，仿佛为你打开封存的记忆。

自元代以来，特别是明洪武年间开始，在象山的石浦东门昌国等地山岙、山头设立了近60个卫、所、寨、堠、巡检司、台，数量居浙江省的三分之二。它们首尾相望，组成了环岛海岸线的一张巨大的防御网。这些军事设施是冷兵器时代国人的“钢铁长城”。

石浦的海防文化，还有一件使人刻骨铭心，那就是1942年执行“东京上空三十秒行动”的美国杜利特尔远程轰炸中队的三架飞机，15名飞行员在檀头山大沙、大王宫等地的遭遇，至今在中美友好关系上，产生积极的作用和影响。赵小宝，作为唯一营救飞行员的当事人，90年代和2002年先后两次被邀随国家领导人出访美国，被美国人誉为“英雄”，为中国人民在国际援助上添上了浓重的一笔，博得了世人的称赞和高度评价。

（二）海商文化源远流长

历史上明州（宁波）是我国海上丝绸之路的始发港之一，历史学家和考古工作者已证实，吴越大量的丝织品和越瓷通过明州港走向世界，而这支庞大的船队自唐朝以来即将货物源源不断地运向东南亚、西亚和非洲。象山从北至南的200里航道，是这条丝绸之路的黄金水道，而石浦就是海商文化的桥头堡。它的市场之开放，商业之繁荣，资本之集中，经营方式之世界性在县内是绝无仅有的。这是一个早已步入商业化社会和城市化走向的一个商埠。

目前，石浦镇保留完整的有碗行街、福建街、中街、后街，总长1670米，这4条街组成了古朴的石浦老街。

以木板筑墙为特色的街道铺面房，与小巷里砖瓦石库居民相映成趣，独具江南海滨小镇风韵，以中街最为典型。

中街，始建于明代，清代得以发展。街道由青石板铺就，每隔50米左右建一座月洞门式的封火墙。墙沿巷，高出居民屋脊，门跨街，月洞门小于街宽。现完整保留有五座，依次题为“固若金汤”“泽通瀛海”“带砺永存”“河山并寿”“庆隘康衢”等字样。

中街是一条保存极为完整、古老、奇特、繁华的商贸街。长不足250米的街道两侧，密布着100余家大小店铺商号，山珍海味、南北奇货、中药、西药、锦缎丝绸、钱庄、当铺、烟馆、妓院等应有尽有。而今，“源生钱庄”“宏章绸庄”“大皆春药店”“栽兴烟庄”等老字号依稀可辨。

（三）海滨花园名不虚传

石浦港城自北而南折东西走向，呈弯月形。为国家一级群众渔港、二类口岸。渔汛期盛时渔船6000余艘，港内渔船商舶交错，桅樯林立，千舟竞雄。夜晚渔火隐现，星星点点，随波闪烁，美不胜收。

石浦的民宅老屋保存完好。那精雕的石窗、花窗、斗拱、柱头等，无不呈现出石浦人对传统“福、禄、寿”民居文化的追求，以及渴望丰收、祈求平安的美好寓意。

渔港边延昌后岗山有阳明山庄，主建筑是戚继光纪念堂，还有含放院、晓云楼、群力坊、敬音亭、观音阁等，占地2500

余平方米，建筑面积950平方米。青瓦铺顶飞檐翘角，画梁雕栋；龙绕立柱，灯挂翘角；绿树隐映，鸟语花香。

渔港中路北侧辟有二湾山公园，为石浦港的背景山体公园，占地104亩。香樟、红枫、桂花、湿地松、黑松等，绿树成荫、四季常青，有林海松涛、曲径通幽等自然景观。山巅有观海石亭，凭栏俯瞰，渔港千舟竞雄，沿街车来人往，远眺海阔天空，云飞鸥追，令人心旷神怡。

从皇城沙滩沿海岸蜿蜒而北，半边山风景区跃然眼前，因其临海一面如同斧凿刀劈。相传猪八戒路经此地，嫌其碍脚，举起九齿钉耙劈去一半，摔至台湾基隆，因而得名为半边山。连陆一面，坡缓土厚，草木葱郁。山下渔村，一式砖混结构楼房，排列有序。朝海一面，峭壁百仞，悬崖欲坠，山花锦簇，虬松点缀。山麓礁石罗列，如布棋局，受潮冲袭，千姿百态。或如台阶层层，可坐观沧海；或如雨后春笋，参差错落；或如海狮雄踞，昂首望天；或如鳄鱼入海，长嘴欢欢。且礁岩中空多窍，与风水相吞吐。若遇阴风怒号，海浪排空，卷起千堆雪，势如千军万马。虽无假山喷泉、亭台榭阁之类的人工建筑，却有大自然赋予的壮丽风姿，游者身临其境，无不叹绝。

鱼师庙是石浦所独有的，她的存在是人类对自然崇敬的一个真实反映，“郎不耕田侬罢织，一年生计在渔船”。象山人民勤奋、善良，长年累月与大海为伴，以渔为生，常常潮潮满载、年年丰收，可东海龙王见了十分嫉妒，经常戏谑，欺凌渔民。时而兴风作浪，不让渔民出海，时而把鱼虾聚集到千里之外，不让渔民捕到鱼。无奈之下，众渔人跟鱼师商议。于是鱼师率渔民越南关桥，闯水门头，经九市曲来到茅杆湾，登上茅杆墩。设祭台，与渔民一起跪拜九九八十一天。龙王感其虔诚，禀明玉帝，玉帝颁诏：洋山金、立冬银，四时鲜，江猪（即海豚）为信使，鱼师统领八方海。从此以后，岁岁四时海鲜不绝。

渔民为感谢鱼师，建立鱼师庙，奉鱼师为鱼师大帝，香火不绝。每当出海或返航，渔民携带妻子儿女，到鱼师大帝前祈祷，求其保佑平安丰收。海江猪不辱使命，每年洋山来临之时，成群结队从铜瓦门入，至庙前，频频跃跃叩头，顿时搅得石浦港海浪飞溅，漩涡四起，蔚蔚壮观。

还有江心寺、关帝庙、天妃宫、王将军庙等别具一格，古街、古巷、古井、古坊、古碑，山、海、滩、崖、寺、庙、岛、礁，得天独厚，是一座名不虚传的海滨花园。

余秋雨在参观后说："这是一座活着的渔港古镇。"

三、岛上观光心情欢畅

（一）东门岛

这是一个闻名遐迩的神灵福地，它的地理位置独特，港湾优良，历史悠久，古迹古貌，人文景观众多。日本著名民俗学专家神奈川大学教授福田亚细男率团五次登岛考察，深深被东门岛的海岛文化所吸引，认为"东门岛是一份中国沿海渔村非常有代表性的宝贵的民间文化遗产”。香港凤凰台的记者们经过从深圳到大连的万里海疆渔村的寻觅，更觉得东门岛不仅是“浙江渔业第一村”（刘锡荣题），也完全称得上是“中国渔业第一村”。

东门是一个纯渔业的海岛，岛民靠海为生，以渔为业。独特的地理位置，别具一格的渔岛习俗仍沿袭至今。例如：正月十四晚上最风盛请簸箕姑娘祈祷平安、幸福、四季丰收。活动一般以家族、邻居聚会形式同欢。屋内外点上亮灯，堂前放着一桶水，桶边挂着一面镜，选四位姑娘盘腿坐地，每人右手竖一根筷，上顶一只圆簸箕，簸箕上放剪刀、烙铁、尺、花等物件，然后，姑娘们静下心来念念有词，邀请簸箕姑娘。圆簸箕自然会按顺时针方向不停地摇摆起来。此时，问年龄、问亲情、问年成等等。簸箕便会一声声准确敲响水桶。旁人里三层外三层围观，既好奇又开心。

夜幕降临，活动开始，四位小姑娘陆续从邻家走来。簸箕被倒扣过来，主人将早已准备好的剪刀、烙铁、尺子、镜子、润肤膏、水仙花和一碗水等小道具一一放在簸箕上。

一位中年妇女与四位姑娘一起轻声同诵：“簸箕神，圆灵灵，剪刀烙铁做媒人，花给你戴，粉给你揭（搽）请你簸箕姑娘来看灯。今年灯不比往年灯，四四方方角牌灯，两头尖尖橄榄灯，七手八脚稻蟹灯，柯鱼人喜爱是鱼灯。”反复念诵不停。当地人都说：看不见摸不着的簸箕姑娘可不一般，她有着能掐会算的能力，很是灵验，给“请簸箕姑娘”的习俗披上神秘色彩。

旧时渔村新郎出海遇风，不能如期赶上婚期，习惯由阿姑代拜堂，在洞房内笼养1只公鸡，鸡颈系红布条，新郎回来把鸡放出，俗称“阿姑代拜堂，公鸡陪洞房”。

（二）源远流长的妈祖文化，妈祖如意信仰

妈祖又称天上圣母、天后、天后娘娘、天妃、天妃娘娘，是我国沿海百姓崇祀的海神。

当地传说，如意娘娘升天后与妈祖、瑶池金母结成三姐妹，融入妈祖信仰范畴。象山在举办开渔节期间，特邀台湾台东富冈新村海神如意娘娘进住东门岛妈祖庙，做客省亲，并参加开渔节祈福巡游。

同祖、同文、同脉、同根、同族、同俗、同地、同音、同言、同语，对增进民间亲善，促进祖国和平统一具有现实意义和深远的历史意义。

（三）海洋邀来了名人英才

1933年9月19日，《渔光曲》摄制组30余人由编导蔡楚生率领来石浦登东门岛拍外景。其中有许多海上捕鱼镜头在东门岛海面拍摄，不但多数人目睹这一事情，而且不少人和他们的渔船参加过拍摄。其中渔民邵银才成为中国电影第一个替身演员。

（四）渔山岛

渔山岛独居东海深处，在无边无际蔚蓝大海里，渔山岛像

一颗“东海明珠”在阳光下闪闪发光，从石浦到渔山坐快艇也只需一个小时。当船至岛域，渔民们的舢板小船均在岛边四周浪里穿梭，不一会筐里就装满了活蹦乱跳的鱼、虾、蟹、鳗。人们在渔山岛上吃海鲜可以说你将终生难忘，我县每年在这里搞“国际海钓节”，邀请世界各地海钓俱乐部参加，根据众多海钓专家评说：渔山岛是远东地区最佳的海钓场所，海状原生貌至今保存完整无损，千古没变。

渔山岛上的“仙人桥”是海景珍品中的杰作，它是一块巨大无比岩体在高空横架在两边悬崖峭壁之上，岩体桥面陡峭狭窄，胆小者过桥只好爬行，海上渔民视之犹如蚂蚁行走，仙人桥下边海潮猛浪冲进桥内与通天窟窿洞体桥壁猛撞，发出如雷吼声，在洞内回响，然后冲向天际，在海洋上回荡。“五虎礁”是渔山海景另一块名牌，五座礁岩形似卧虎躺在岛边，朝霞时五虎苏醒，满身金色，是一幅碧海柔波色光斑斓的“五虎迎朝阳”图。

在渔山岛凌空绝壁的最高处，1895年光绪年代建有远东第一灯塔，塔的旁边有个瞭望台，如果你站在这里依栏向下边瞭望，千丈绝壁退入阴处，自己似乎悬在半空，只看见宽广辽阔的海洋上，天际送来层层排浪，起来越近，犹如古战场上的排兵马队进入阵地，一片刺杀混战，气势磅礴，场面十分壮观……在渔山观景台上看海景是一种难得的享受。

四、金色沙滩情意绵绵

（一）松兰山沙滩

象山有沙滩36处，总长度在13.2千米以上。离县城十几分钟车程的松兰山沙滩就有6个之多，且滩滩相连，穿成一线，是华东地区唯一最大片陆岸沙滩。沙滩不黏，车行自如。

金色沙滩、雪白浪花是松兰山主景。岬湾间，湾底多弯月形沙滩，间隔相边，面积0.65平方千米，大者白沙湾、太极湾、大鹏湾、东沙、南沙等，沙质优良，色黄坡缓，素有“潮来一排雪，潮去一片金”之誉。沙滩、沙坝连接山麓，清沥溪水入滩，冲出浅沟入海，潮水退去，呈现出条条美丽的波纹，犹似凝固的波浪，阳光下色彩斑斓。海湾水清。波光粼粼，缓时海浪轻吻着沙滩，情意绵绵，骤时碧浪排空，卷起千堆雪。潮起潮落永不停息，构成声、形、色的动感特色景观。

（二）石浦宋皇城沙滩

滩头平缓，沙质软硬适中，长1800多米，宽200多米。兴起时排浪滔天，酷如海面上急速涌动推进的一壁城墙，一壁紧逼着一壁，目空一切地扑上滩头，气势之浩大当数浙东岸线沙滩之冠。而气平之日则是涟漪接天，光照下泛出的柔情让人耐不住奔下去蹚了一趟又一趟。

“皇城”之名更有不凡的来历。史载南宋末年，石浦沙头附近海面上发现了许多浮尸。其中有一个少年男尸，身穿绣龙黄袍，面如玉色，人们认定是在崖山海战中，被丞相陆秀夫背着投海殉国的皇帝赵昺，“遂葬焉，外围似墙，因名皇城沙滩”。

宋皇城沙滩的三月三活动，是我国民间节日由来的一个极为典型的实例。沙滩的历史上本无三月三踏沙滩的民间文化活动，倒有红红火火的生产劳动。沿海一带历来广泛流传着这样两句俗语：“三月三辣螺爬沙滩”，“三月三螺子螺孙爬上滩”。依照农事在三月初三前后，地温、水温开始升高。每到这个季节，螺们便不顾死活地爬上滩头。农家便在这个季节相继去沙滩拾螺，也就有了三月三走沙滩的壮观场面。形成了一个全新意义的三月三踏沙滩的民间文化活动节日。

（三）檀头山岛姐妹沙滩

岛中部有姐妹沙滩，沙埕东面是海沙滩，叫外沙头；西面是卵石滩，称里沙头。里外沙头，一埕相连，形同姐妹。

外沙头浩大、开阔、气派，长约近两公里，坡面低平，沙质纯净，终日推波层叠，气势恢宏，潮涨白浪直扑滩头，浪涛轰鸣，若万钧雷霆，有华东第一滩之称。原始古朴，至今仍盛产沙蛤，全年产值不下十几万元。里沙头是卵石滩，面积不大，精巧的卵石滩外，是一片海生动物极其丰盛的泥涂，拾海珍，各种乐趣难以忘怀。

姐妹沙滩尚有景观一绝：沙埕龙井。龙井位于沙埕中心点靠卵石滩一侧。按理沙埕两侧均被大海包围，而涨潮时，海水与井水水位相差无几。可这龙井之水，无论何时，即使遇上大旱，也是甘甜如泉，醇清可口。更有奇者，以前岛上无水库，一遇旱，船用淡水就近的，就取于龙井。而井水取多，水位降低后，待井外海水上涨，井内淡水也同步上涨。有“海涨井高”“龙泉宝井”之称。岛上气候适宜，雨量充沛，光照充足，无霜期长，四季分明。

金色沙滩是露营的好去处，听听海浪，尝尝海鲜，看看船火，非常浪漫。

五、品味海鲜终生难忘

象山是“中国梭子蟹之乡”，是“中国海鲜之都”。辽阔的海域，漫长而曲折的海岸线，众多的港湾，星罗棋布的岛礁，为鱼类生长提供了优越的环境；水产资源丰饶，品种繁多，名闻遐迩；岩礁间各色海螺、海蛎丛生，采食之鲜美异常；加之海岸经海潮侵蚀，斑驳陆离、千姿百态、绚丽壮观，纺织出一幅幅瑰丽、奔放的海上奇景；若穿梭岛礁之间，大海浩瀚，雪涛卷起、海鸥低翔、平浪远叠、水天一色，使人心旷神怡，乐而忘返。

据不完全统计，全县约有鱼类440种，蟹虾80余种，贝类100余种，金色的大小黄鱼，鲜美的带鱼、鲳鱼、肥嫩的梭子蟹、晶莹的对虾、珍贵的石斑鱼，还有墨鱼、鲍鱼、贻贝等享誉省内外。

舌尖上的中国，传承中国文化，自然经手，文化过喉，舌品天下，胃知乡愁，象山海鲜极具代表性，它的色香味意形样样具备，尤其是它资源的丰富性、鲜食性、食疗性、民俗性、文化性，是一道独特的海洋文化风景。

如果你既想尝尽千般美味的海鲜，又想领略浓浓的海洋渔文化，那么就细细品味。

（一）一品渔人，人之美

费尔巴哈曾经说过："世界上没有什么比人更美、更伟大。"渔家汉子，古铜色的脸，阔肩膀，大嗓门，风里来，浪里去。渔嫂、渔家姑娘，热情好客，落落大方，是一道道亮丽的风景。再说：鱼由人捕，境由人造，水由人鉴，器由人选，诗由人作，文由人写，艺由人演，肴由人烹……因而，人是品海鲜中的第一品。

（二）二品渔歌，乐之美

海上作业，扯篷、拉网、起锚；渔民回到岸上，修补渔网，整理缆绳；渔货进入市场，搬运等等，都有号子，一人唱，众人和，使渔民精神集中，精力集中，心往一处想，劲往一处使，真正做到风雨同舟，同舟共济。渔家号子，耶罗号，长号，小号，节奏明快，气势磅礴，语言凝练，音韵和谐，风格清新。可分为劳动之歌、礼仪之歌、生活之歌、爱情之歌、儿童之歌。例如：起篷号子："一拉金嘞格，嗨唷！二拉银嘞格，嗨唷！三拉珠宝亮晶晶，大海不负掏鱼人！"

这种有着强烈的生活气息和独特的渔家歌谣，是民族优秀传统文化的重要组织部分，给人以优美的旋律感。领略渔家音乐，享受音乐之美，真是一大快事。

（三）三品意境，境之美

中国诗学主张："一切景语皆情语，融情于景，寓景于情，情境交融，自有境界。"品海鲜普遍认为："喝酒喝气氛，品鱼品鱼境。"美食要美味，但一定要配美景，象山拥有优越的生态环境和奇特的山海景观。金色的沙滩、秀丽的岛屿、五彩的岸礁、落日的余晖、闪烁的渔火，镶嵌在蓝天碧海之中，构成了一幅幅美若仙境的画卷。特别是象山的"渔家乐"，面对大海、背靠青山、渔民画装饰、窗明几净、简朴高雅、闲适、虚静、空灵，观海景、尝海鲜，喝美酒，独品得神，对品得趣，众品得慧。

（四）四品鱼诗，诗之美

随着社会实践，人们已经从捕鱼、养鱼、吃鱼发展到赏鱼、写鱼、咏鱼、说鱼、唱鱼。咏鱼诗是祖国古诗苑中的一朵奇葩，其中有不少是名人咏名鱼的诗句，读来诗品隽永，妙趣横生。宋人王安石《咏小鱼》云："绕岸车鸣水欲乾，鱼儿相逐尚相欢。无人挈入沧溟去，汝死哪知世界宽。"

诗人咏鱼赞鱼，鱼以诗扬名，留下千古佳话。鳜鱼肉嫩刺少，味鲜美，营养丰富，是宴席上的佳肴。在唐代，号称"烟波钓徒"的词人张志和留下千古绝唱《渔歌子》之后，江南鳜鱼便一直以其盎然诗意扬名。《渔歌子》云："西塞山前白鹭飞，桃花流水鳜鱼肥。青箬笠，绿蓑衣，斜风细雨不须归。"

情景交融，有声有色，宛如一幅情意浓浓的春钓图。

为此，我们特地从诗经开始，一直到唐宋元明清和直至民国，精选编辑了《咏鱼诗词三百首》，还有《象山海鲜十六碗》，一碗菜，一首诗，一个小故事，读来饶有风趣，切切实实是一种美的享受。

（五）五品典故，情之美

“纷纷青紫蟹爬沙，对对雌雄鲎入笆。净漂春糟糟白鳊，匀调伏酱酱黄花。”聪慧的象山渔民在挖掘民间菜肴的基础上，又辅以诗词典故，以其独特的韵致给海鲜增添了许多情韵，带来乐趣，也带来了美的享受。就拿鱼丸和鱼糍面来说吧，这背后还有一个动人的爱情故事呢。讲的是一个即将要结婚成家的渔家汉子，在一次出海中遇到了风暴，家人从死里逃生的渔人那里得知，儿子的船只沉没大海，那船上所有的渔民全部都葬身鱼腹。未过门媳妇听到这一噩耗，哭得死去活来，坚持要为死去的男人披麻戴孝，并发誓终身不嫁。想不到在半月后的一个夜晚，有人轻轻地敲门。女子开门一看，面前站着的正是自己梦中的夫君。原来他在船沉没时抱着一块船舱板，被浪涛逐到了岸边，便一路讨饭回到了家乡。渔家男子被妻子的真情所深深打动，想对妻子的忠贞有所表示。于是准备亲手做一碗没有鱼刺的鱼给妻子吃。他小心翼翼地把鱼去了刺、骨和皮后，用鱼肉精心做成了一只只鱼丸和条状的鱼糍面，用雪白的肉丸来代表妻子那颗纯洁的心，用鱼面代表两相相爱的长长情丝。

（六）六品故事，文之美

象山从6000多年前的塔山人中走来，与大海结下了不解的情缘。

象山本是吴越之地，民间流传着吴王阖闾与越王勾践均有食大黄鱼的嗜好。据《吴地志》记载：吴越先民最早捕获和食用大黄鱼的是吴王阖闾。据传，吴王阖闾在洋山汛捕捞大黄鱼后，不久率兵回到了姑苏。有一日，仆役说只剩少量晒干的鱼干。吴王命仆役蒸而食之，却异香扑鼻，另有风味。吴王阖闾惊喜地说："美鱼、美鱼也！"又问："此为何鱼？"仆役说："大王称为美鱼，鱼字头上加个美，鲞鱼也！"于是，吴王阖闾剔剔牙缝，得意地说；"鲞鱼，香鱼。哈哈哈！……"鲞之名就此流传。

还有，越王勾践在一次庆功宴上，就黄鱼的吃法询问众大臣，朝中大臣各有说辞。丞相说鱼头最好吃，吏部尚书说鱼尾最好吃，还有大臣说中段最好吃。各说各的，争得面红耳赤，可把勾践惹怒了。勾践说："光说吃条鱼，就各说各的。万一打起仗来怎么办？叫寡人听谁的话好！"一挥手，要把他们的官职撤了。

亏得范蠡在一旁说好话，提议请一位东海老渔夫来作裁判。想不到老渔夫上了金銮殿，说出一番话来，令越王勾践闻之一惊。

老渔夫说："吃鱼大有学问，并有季节之分。春季黄鱼，刚刚开春，腹内饥饿，游来游去，吃的东西最多，吃得肥头大脑，此时鱼头最好吃。夏季，天气热了，鱼在海底下已吃得肚腹滚圆，鱼的中段最好吃。秋季，黄鱼要过冬，到处觅食，尾巴活动量最大，此时鱼尾最好吃。到了冬季，鱼经过一年的游动，浑身胖鼓鼓的，整条鱼都好吃了！”勾践闻之悄然大悟。

范蠡趁机在一旁说道：“如此说来，这东海大黄鱼，春吃头，秋吃尾，夏吃中段，冬吃整，诸位大臣的话都不错。”越王闻之哈哈一笑，大臣们如释重负，这才转忧为喜。

鱼美食文化折射出一方人的坦诚，显露出一方人的豪放。海之风，鱼之韵，是大海的骄傲，也是象山的骄傲。

（七）七品厨艺，艺之美

俗话说：“外行看热闹，内行看门道。”品海鲜的核心在厨艺，讲究“顺鱼性，合口味，有文化”力求色香味意形俱美。

《象山海鲜菜谱》，第一是创新菜，分为精美冷菜类、创意新派类、飘香油炸类、蒸炖功夫类、汤汤水水类等五种；第二是：传统菜，又分为经典类、家常类、下饭类，上下共142道海鲜。例如“梅酒卤白虾”“阿拉小葱鱼球”“象山港海鲜大宝”“东海龙王翅”“菜干鳓鱼”等，承接传统烹饪的精髓又融入现代潮流的时尚，面向大众，实用性与艺术性相得益彰。主料、副料、调料、制作方法、特点特色、营养点评，一应俱全。

（八）八品鱼器，器之美

《易·系辞》中载：“形而上者为道，形而下者为器”，形而上是指无形的道理、法则、精神，形而下是指有形的物质。在品海鲜中，我们既要重视形而上的品鱼精神，又要重视形而下的鱼器。受“美食不如美器”思想领悟，品海鲜器皿注重质地与品质，主要是瓷器、陶土、玻璃、竹木为主，外形均衡、雅致、简洁、流畅，泥质温润、凝重、亲切、古雅，实用舒服适手，装饰内涵隽永、神韵精致。

2007年的海鲜节，开幕式上隆重推出象山海鲜“千鱼百螺宴”。以富有海洋文化色彩的图案为背景，由一条长5.2米、宽1.3米的木制帆船和15只60厘米长的小船为器皿组合而成。整桌宴席以正宗象山海鲜为原材料，选用了上百种海产品和近百种调料，造型呈现出美观大气、气势宏大的感觉，象征着象山的一艘艘出海的渔船在宏伟壮观的碧蓝的海面上满载而归。象山海鲜“千鱼百螺宴”因此荣获了上海大世界吉尼斯纪录。

（九）九品鱼宴，味之美

民以食为天，食以鲜为美。象山海鲜，个性显明，风味独具。例如象山的传统菜，长期流传，并被社会广泛接受，基本特征为：第一，重鲜度，力求保持原汁原味；第二，咸鲜合一，口味偏咸；第三，以海鲜为主，与其他辅料有机结合；第四，讲究加工，但不失海鲜本真。这些传统菜风格迥异，自成体系。这一方面来源于民间智慧的结晶，一方面来源历代厨师矢志不渝的努力提升。

在具体方法上，蒸、炖、白煮见长，煎、炸、烹、生、脍、糟、酱、醉俱会。讲究鲜、嫩、软、滑，保持原汁原味，做到咸、鲜、香统一。

象山的海鲜嫩漂、肥满、鲜美、色艳、口味独特，这样的鱼宴真的是不吃不知道，一吃终生忘不了。

六、结语

海洋渔文化是人类活动过程中有关渔而产生的精神的、行为的、社会的、物质的文明生活的总和。从国内旅游情况来看，海洋渔文化旅游是一个崭新的课题，本文从“海”和“渔”两个基点出发，介绍了渔港古城游、海岛游、沙滩游，同时提出了海鲜美食之旅，从象山实际出发，多角度、多层次介绍丰富的海洋旅游资源，对于促进现代海洋旅游事业的发展，满足人们求知求乐的休闲生活需求，具有重要意义。

面朝大海，春暖花开，海洋渔文化旅游必将开辟出一片崭新的天地。

象山渔业村落文化的保护与利用

张利民*

象山是全国海洋渔文化生态保护实验区，作为国家级海洋渔文化生态保护实验区，拥有非常丰富的海洋渔文化生态资源。象山渔村的村落文化是象山海洋渔文化的组成部分。渔业村落文化的保护对于建设象山国家级海洋渔文化生态实验区具有十分重要的意义。象山拥有众多的渔业村落，这些渔业村落是象山海洋渔文化生存的土壤。象山许多渔业村落是由渔文化聚集而成的村落，是渔文化历史发展的有形见证，它反映了渔业居民的文化、思想和审美价值历史演变过程的连贯性，它是一种历史遗产群落，是真正的活态的遗产。由于海洋的污染，大海里鱼群正在急剧地减少，许多渔民难以以捕鱼为业。海洋正在远离人类。渔业村落消亡正在逼近我们，保护渔业村落重要性也就更加凸显。

---

* 张利民，中学高级教师，《象山县志2008》副主编，象山渔文化研究会理事。

一、象山渔业村落文化特点

村落是社会的基本单位，它是由家族、亲族和其他家庭集团结合地缘关系凝聚而成的社会生活共同体。象山的渔业（半渔业）村落在象山村落中占有很大比重。象山渔业村落文化有其如下特点：

（一）历史的悠久性

象山渔业村落历史悠久。其形成有一个发展的过程，上推秦汉，甚至新石器时代。到宋元有一个较大发展。明洪武后，南田岛实行海禁，居民内迁，海岛渔业村落发展受到抑制。至清顺治十八年（1661），清政府为断绝海上抗清义军接济又实行海禁，尺板不准入海，不仅海岛渔村内迁，而且沿海15里村落也要迁界。但象山港内西沪港周边村落并没有受到影响。到了康熙九年（1670）展复，沿海渔村又得到急速发展。特别是光绪元年（1875），南田岛开禁，象山沿海村落发展速度更快，海岛渔村历史明清间虽有断续，但陆地渔村却是千年历史的延续。

（二）分布的广泛性

象山渔村分布十分广泛，这是由半岛和岛屿的地形决定的。环象山半岛海湾分布着大大小小的上百家渔村。象山共有18个街道乡镇，每个街道乡镇都有渔村，可见其分布之广。现在一般都认为象山共有9个渔业乡镇36个渔村，还不包括一些半农半渔的村落。但从现在来看，有些村庄虽存，但大都已不划入渔村，但许多村庄还保留了一定的渔业风貌。

（三）文化的多元性

象山渔村本土居民不多，大多是宁、台、温、闽的移民，尤其是象南渔村，大量的是清代开禁展复以后从台、温、闽移入的移民。因此，渔区文化既有宁绍文化，也有温台文化和闽南文化。这种文化交流融合使象山渔区文化呈现多元化特点。

以语言来说，爵溪渔村的语言，在爵溪城里使用的是爵溪话，城外农村使用的是丹城话。爵溪话兼具北方方言和吴方言相结合的特点，是南腔北调式特殊方言特点。其原因是明代爵溪千户所，戍守官兵都是北方中原人，后来这些官兵大都就在所里定居下来，所以爵溪人称自已为“所里人”。把所外的人，甚至包括丹城、石浦的人，也称“乡下人”。后来爵溪发展成浙东著名渔业大村（镇），但它的语言保留了北方方言某些特点。

又如石浦沙塘湾村，渔民使用语言皆是闽南话：这是因为道光年间村内陈、李两姓从福建泉州松岙迁此建村。村内居民内部用闽南话对话，对外用石浦话交流，成为县内著名方言岛。又如石浦延昌，清时都从福建移民；南田金七门渔村，清同治时多有福建、黄岩移民；南田后龙头颜姓光绪年间从黄岩太平庄迁入；高塘岛乡金高椅村王姓祖自临海大桥迁入；高塘岛港口，清同治年间李、陈二姓分别迁自临海、台州。以上例子不胜枚举，可见象山渔村文化多元现象的突出。

（四）渔村产业特色性

象山从自然村落而言，至少有上百个渔村，长期以来从事着渔业生产。由于自然环境各异，生产工具、方式的不同，渔捕的鱼类及传统制作不一样，渔村的产业并不是千篇一律，而是形成了各自特色，久而久之形成了渔村特色产业文化。如有的渔村侧重养蛏，有的渔村侧重产泥螺，有的渔村多产虾皮鳑头，有的渔村主捬大黄鱼、鲳鱼，有的侧重远洋捕捞，有的渔村产弹乌、望潮，这样就形成了不同渔村的产业品牌，象山多有民谣、诗文、渔谚、传闻等。

二、象山渔业村落文化的内涵

象山渔业村落文化内涵十分丰富。笔者认为，这些文化内涵有以下几个方面：

（一）村落建筑文化

象山渔业村落建筑一般选择在傍山临海近海湾，其考虑的是近水源，适渔捕，可避风，利进退，便交通；村落房屋建筑一般因山就势，错落有致，少整齐划一，利于土地使用和翻晒；村庄朝向根据地理环境决定，追求冬天阳光照射，夏天南风吹入，减少北风侵入和台风影响，不在风口处建村；住宅朝向原则地处高燥，坐北朝南，“有吃呒吃，三间朝南屋”，避免潮汛入侵。村落公共设施一般有庙宇祠堂、晒网场、鲞场、船埠（码头）、港湾、水井、石桥、石子路等。典型渔村有石浦、延昌、东门、铜钿礁、金七门等。

（二）渔村信仰文化

象山渔村几乎村村有寺庵或庙宇。渔民中信佛教的人为多，民间信仰丰富多彩。在信仰的神灵中，最突出的有：（1）观世音，渔民认为她是救苦救难的菩萨，在海上是无所不在，有求必应，有求必灵的救世主。（2）妈祖，天后娘娘是海洋渔民的守护神，明代传入象山，清代开始兴盛。象山建有天后宫30余座，遍布渔村。近年来，象山举行谢洋妈祖赛会、妈祖巡洋活动，妈祖信仰延续不衰。（3）海龙王，渔民认为海龙王统治着大海各种生物，主宰着大海万物生灵，龙是司雨、司海之神，不可冒犯，表现了渔民对大海的敬畏之心。

象山渔民的民间信仰丰富而又复杂，除上述之外，还有如意娘娘、关帝、助海侯、伍员（伍子胥）、冲应真人、陈元帅、天门都督、渔师、王爷、王将军、寇珠娘娘、杨靖义将军、刘晏等等，这种信仰各个渔村各有所不同，都传播很广，深入人心。

（三）渔民的习俗文化

民俗是象山渔业村落的灵魂。象山渔村的民俗文化是千百年来流传于渔村民间的生产和生活方式的总结，是渔业劳动者在长期生产生活实践中创造出来的精神产品，渗透在婚姻、信仰、服饰、居住、生产、庙会、探亲、议事、节日、禁忌、游艺、交往等各个方面，成为约定俗成的渔村中普遍传承的风尚和喜好、习惯，而且有一定节律性。到什么时候，就要举行什么样的活动，过什么样的节日，周而复始，年年如此。象山渔乡习俗最为纯粹、丰富、典型，形成了生产习俗（出洋行文书、酬游魂，谢洋敬福，新船出海供祭，遇险船头插扫帚，遇浮尸“拾元宝”，出海双脚不许荡船外，船上不许拍手等等）、生活习俗、四时习俗、造船习俗（择日、送礼、放鞭炮、散馒头、钉船眼、祭海神、桅杆挂“大将军八面威风”条幅，船舵书“万军主帅”，船尾书“顺风相送”等）、婚嫁习俗（定亲送日子书：迎亲，女方婚前一天送嫁妆，出嫁前夕修面，办开面酒，婚日中午办上轿酒等；男方婚日凌晨敬神，新郎一般不往女家迎亲，新娘出轿跨马鞍踏麻袋前行，称“传代”，麻袋五只喻“五世同堂”……旧时渔民出海因风浪不能如期赶上婚期，习惯由“阿姑代拜堂，公鸡陪洞房”等）、丧葬习俗、生育习俗。此外还有许多日常禁忌，如禁坐门槛，说坐了热天要生疮，坐船要触礁。这些都成了习俗文化的重要组成部分。

象山渔业村落蕴藏着丰富的渔家艺术文化，包括音乐、舞蹈、曲艺、工艺等。主要有：象山渔民号子、象山唱新闻、农（渔）民画、船模、渔鼓、石浦细十番、鱼灯舞、扎鱼灯技艺、龙舟舞、船饰、渔谣、渔谚、故事、传说、诗文、海鲜餐饮习俗、渔文化遗址、遗迹等。

三、象山渔业村落的保护与开发

象山渔业村落是象山海洋文化的宝库。渔业村落的保护是我们当前面临的一个十分巨大的课题和迫切的问题。现在，象山渔业村落正在面临着不断萎缩和消失。即使存在的渔业村落，也在不断地空壳化。这种空壳化不仅表现在渔村人口的流失，更令人担忧的是大量渔文化的消失。

对于渔业村落保护与开发，笔者提出以下建议：

（一）保护渔业村落的自然生态环境

保护渔业村落，首先要保护渔业村落的自然生态环境。一般的渔业村落都选择在濒海的海湾岬角、海岛、港口边。但是现在渔业村落周边环境由于无序、过度开发，而影响渔业村落的生存。象山是国家级海洋渔文化生态保护实验区。文化生态环境与自然生态环境密不可分。海港、海湾、滩涂、湿地、海岛、海洋、岬角不能随意地开发，破坏自然海洋生态。特别要做好核心保护区渔业村落自然生态环境保护及非核心保护区中如西沪港自然生态环境保护。

（二）对渔业村落实行整体保护

渔业村落包含了古建筑、村落民俗、村落民间文学、村落民间艺术、渔民语言、村落的历史文化、村落公共设施、村落的历史人物、村落地名等文化形态，它包含了许多非物质文化遗产，如一些古老的技艺。也许有些文化形态发育并不完全，但并不影响它的整体保护。这种保护是以保持原始生态性为特征的，以自然活动形态为本色的。渔业村落，特别是渔文化核心区渔业村落是作为渔文化发展史上活化石而成研究对象，要尽量减少外来因素对核心区内渔业村落的侵入和干扰，尽可能延缓渔业村落原生态文化群落的衰落和被外界同化的速度。

（三）渔业村落实行活态保护

人是渔业村落的生命，村落因人的生活而更生动，更具有生命活力，这是保护渔业村落的真正目的。渔业村落的居民，他们是渔业文化、海洋文化的创造者、传承者，正是他们保存了丰富的非物质文化和物质文化；也正是他们延续着丰富的非物质文化和物质文化，所以，作为全国文化生态保护区的象山必须认真研究渔业村落活态保护的办法，让保护核心区的渔业村落在人们的生活情景中展现出无穷魅力和价值。

（四）适度开发和利用渔业村落

在保护第一前提下，渔业村落可以进行适度的开发和利用。关键和难点就是“适度”二字的掌握。定一个标准，确定代表性、典型性渔业村落，包括像石浦渔港古城，哪些是不能改变的，因为他作为渔业历史发展的化石而存在的；哪些是可以改变的，是可以与时俱进的。但是改变的文化也是要有分寸的，不能破坏整体保护。渔镇、渔村可以发展旅游，但旅游不能冲击甚至破坏渔镇和渔村的文化保护。我们在渔业村落开发中，必须保证原汁原味的象山渔业风情、传统、文化、原生态的渔业，不要失去象山渔业传统本色。

（五）进一步搞好渔业村落文化建设的规划

象山县已经有了全国海洋渔文化生态保护区规划，但要细化在渔业村落保护上，要按照世界文化遗产保护的标准和要求，重点搞好几个渔村海洋文化建设，再现渔业文化遗产的物镜、情景乃至意境，再现象山渔民生活本相、情趣，恢复渔业村落活力。要调动渔村的力量，积极参与渔业村落文化保护、开发和利用。

（六）加强对象山渔业村落发展历史的研究。

挖掘、整理以渔业村落为中心的有关档案、史料、口碑、文献、实物、民俗，用文化来支撑和促进渔业村落建设和开发，使渔业村落文化建设上升到一个新的高度。

海丝遗产

浅谈传统海洋文化资源的挖掘与保护

解亚萍*

党的十八大报告提出扎实推进社会主义文化强国建设，其中，“建设优秀传统文化传承体系，弘扬中华优秀传统文化”，给我们的传统文化保护提出了明确的目标和要求。中华优秀传统文化是中华文化的基础，新时代的文化应该建立在中华优秀传统文化基础上，否则就会成为无源之水，无本之木，就会丧失广大的群众基础。在此大背景下，作为文化部门，在建设社会主义文化强国的进程中如何保护好传统文化的问题，是值得研究的重要课题。本文就传统海洋文化挖掘保护试作粗浅的探讨，以求行家指教。

沿海渔家人在长期与海洋相关的生产生活中，形成了独具海洋特色的丰富多彩的传统海洋文化。每逢节庆，各种海洋文化活动染上鱼腥，飘着海风，带着海韵，弥漫在渔村的土地上。目前，随着渔民生活的逐步小康化和城镇化，很多传统海

* 解亚萍，象山县石浦文化馆研究馆员。

洋文化正被现代渔村的新型文化所取代，许多被专家们推崇备至的渔村特有的海洋渔俗文化活动项目正日益消失。为此，挖掘保护传统海洋文化，十分紧迫，非常必要。

一、传统海洋渔文化挖掘保护的价值

将传统海洋文化开展深层次的挖掘，并通过对那些独具地方特色的传统海洋文化进行展现，这样不仅保留了渔区海洋文化的传统，而且丰富了渔区的文化内涵，也促进渔区的旅游业的发展，使沿海广大渔民认识到传统海洋文化在市场经济中的不可估量的价值，使当地渔民更加注重传统海洋文化的挖掘和保护，使在沿海渔区这片古老土地上所蕴含的传统海洋文化得以传承和发扬。为此，挖掘和保护传统海洋文化对于传承渔区传统文化，创造海洋文化品牌，显然具有十分重要的历史价值和现实意义。

（一）挖掘保护传统海洋文化，有利于渔区海洋文化历史的研究

传统海洋文化是沿海渔区海洋渔业发展的历史产物，是当地渔村民风民情的历史缩影。它就像一幅活的渔区“风情画”，承载着渔家人许多历史文化信息和原始记忆，记录下了不同时代渔村的民俗民风，包含着丰富的海洋文化历史信息，充分展现了沿海渔区海洋文化的悠久历史。同时，不同区域的渔家人在从事海洋活动或海洋性社会生活中产生的传统海洋文化是不

同的，其差异性是海洋文化研究最有价值的部分。千百年来，由特定地域和特定生产方式而形成的一种多元性海洋文化现象，包含了渔区丰富多彩的生活和民俗民风，是包罗万象的渔区海洋文化的百科全书。正确地解读它，有助于我们更好地了解沿海渔区海洋文化的发展历史，对于海洋文化历史的研究，具有极其重要的价值。

（二）挖掘保护传统海洋文化，有利于渔区民间艺术的传承

在传统海洋文化中，渔村的渔俗活动是沿海渔区民间艺术表演的大舞台，当地各种民间艺术表演团队在这个大舞台上竞相登台献艺，通过交流技艺、培育新人得以代代相传。如：在浙江省象山县东门岛每年举行的开洋、谢洋节活动中，参加的民间艺术队伍就有延昌马灯、延昌鱼灯、石浦百兽灯、大塘车灯、昌国抬阁、金架山龙灯、延昌龙灯、旦门龙灯、鹤浦龙舟、东门鱼灯、东门船鼓、石浦民乐队等十几支队伍。通过一次次参加活动，不断培养着民间艺术传承人，象山渔民开洋、谢洋节的文化传承价值由此显得更为突出。因此，传统海洋渔俗文化是促进民间艺术发展的重要载体，也是许多民间艺术赖以生存的文化生态环境，我们保护了传统海洋文化，也就使它所承载的丰富民间艺术得到了延续，对维系民间优秀文化传统具有重要作用。

（三）挖掘保护传统海洋文化，有利于渔区社会的和谐

人类是群居的社会化动物，个体都有一个适应集体、融入社会的过程；而社会或群体也要求每一个成员都变成它合格的个体，标准和方法就是使所有社会成员都掌握这个社会或群体的文化。丰富多样的传统海洋文化活动，是需要广大渔家人世代传承的，文化的传承就是个体学习群体传统文化，接受、适应并在这种文化中成长发展的过程。这些文化将生存在他们记忆中，影响和制约着渔家人的正义感、审美感、是非感等一系列思想道德观念和行为，成为渔家人精神世界的重要组成部分。现代社会的发展虽然使渔区传统海洋文化的内容有所改变，但渔区优秀的传统海洋文化仍然起着十分重要的调控作用。在我国沿海众多的渔区中，优秀传统海洋文化作为渔区文化的核心，对渔家人的社会心理起到重要的调节和支配作用，能将渔区不同阶层、不同人群凝聚起来，在尊重差异中扩大社会认同，在包容中形成思想共识，塑造强大的精神力量。长期以来，传统海洋文化已然成为渔家人民族认同的载体、社会团结和谐的纽带，从而促进渔区社会的和谐发展。

（四）挖掘保护传统海洋文化，有利于渔区独特文化的突现

每个渔区是一个由血缘、亲缘、宗缘、地缘等社会关系网络构成的人类生活共同体，是自然、社会与文化的结合体，都传承着自己特有的传统海洋文化，正是这些传统海洋文化使其

具有了相互区别的标识和特征。在全球一体化、信息化的大背景下，文化的同质化现象日趋严重。对沿海渔区来说，丰富的海洋文化是自己所长，应以挖掘展现海洋文化作为自己的文化优势，从而突出当地的地方文化特色。例如，象山渔民开洋、谢洋节这一海洋渔俗文化项目，在漫长的历史长河中，祖祖辈辈渔民将原始的海洋渔俗活动过程完好地保留至今。近几年，当地政府和文化部门在挖掘、整理、申报的同时，深挖渔民开洋、谢洋节活动文化内涵，并对该项海洋渔俗文化活动项目进行保护性展现，使其成为当地独具特色的渔俗文化品牌项目，2008年6月被列入第二批国家级非物质文化遗产名录。再如，象山传统的“石浦三月三”，象山县政府和文化部门在继承民间传统文化的基础上，再进行引导和保护性开发，使活动主题更加明确，活动内容更加丰富，活动形式更加多样，从而使原来的自发性、无序性、松散型的活动变成有组织、有领导、有计划的海洋文化活动。充分展示了海洋文化特色和渔区文化风情，体现了群众性、参与性、游乐观光性的特点，成为石浦一张亮丽的名片。

（五）挖掘保护传统海洋文化，有利于渔区民俗教育的体现

传统海洋文化中有很多教化人心、匡正风气的内容，是通过各种海洋文化活动起到一种寓教于乐，潜移默化的教育，它是正统教育之外的社会民俗教育。在传统社会里，沿海渔区的渔民很少有读书受教育的机会，渔民们的国家意识及对历史的

领悟，民族的认同，家庭的伦理道德，靠的大多不是官方的教育，而是渔家人长年累月在传统海洋文化活动的欢娱中，所受到启蒙和教育。

（六）挖掘保护传统海洋文化，有利于渔区相关产业的开发

挖掘保护并开展传统海洋文化活动，不但可以带动渔区道路交通、水电通讯等基础设施的建设，而且可以促进渔副产品和手工艺品的销售、餐饮业的发展，更重要的是通过活动，促进渔区旅游业的发展，这样也可以带来人流、物流、资金流、信息流，为当地相关产业的发展创造更多的机会。例如，象山的“中国开渔节”和“石浦三月三”，通过这些活动的开展，带动了当地旅游业的飞速发展，促进了象山交通等基础设施的建设，据统计，近几年来，象山累计投入40余亿元用于旅游基础设施建设。此外，在“中国开渔节”“石浦三月三”渔俗活动期间，石浦车如潮人如海，参与群众数以万计。丹城、石浦及周边的餐饮业、宾馆服务业火爆，供不应求，商业排档同样红火，诸多商家的参与和营销及商业广告等等都在活动中带来了丰厚的经济回报。

（七）挖掘保护传统海洋文化，有利于渔区公共文化建设

渔区传统海洋文化是渔家人独特的精神创造和审美创造，是一种潜移默化植根于每一个渔家人的血液和神经细胞当中自发追求而形成的地域文化现象，凝聚着村落集体的认同。尽管

渔区的主体间存在着年龄、文化素养、兴趣爱好等方面的差异，但他们对渔区传统海洋文化有着极大的兴趣，有着一种特殊的认同感，在渔区文化中居于举足轻重的特殊地位，具有极强的亲和力和向心力。渔区公共文化建设只有从渔民群众熟悉的传统海洋文化着手，用渔区传统海洋文化凝聚广大渔民群众，重振渔区精神，增强渔民群众的自豪感，重树渔民群众的文化信仰，以调动广大渔民群众的积极性、主动性，从而激发渔区公共文化建设的内在动力。促进渔区公共文化建设顺利、健康发展。正如美国著名社会学家帕森斯在他的行动体系理论中强调，当某种文化传播到另一文化圈时，它必须适应这一文化圈的文化特色和接受能力，否则传播便不能正常进行。渔区公共文化建设应努力与本地的传统海洋文化相结合，才能受到当地渔民群众的欢迎，也更容易推行，更容易见效。

二、传统海洋文化的挖掘保护的几点建议

在对传统海洋文化挖掘保护的过程中，我们应该根据传统海洋文化的特性，遵循非物质文化保护的运作规律。将传统海洋文化的保护与渔区文化建设有机结合。笔者认为主要可以从以下几个方面着手：

（一）抓住传统海洋文化的特点进行挖掘保护

传统海洋文化受渔区自然环境和文化生态环境独特性的影响，融汇了渔区的历史文化底蕴和人文精神，这些是吸引人

们关注的焦点，也是挖掘保护价值之所在。我们应在准确把握传统海洋文化特点的基础上，对特点内涵和表现形式进行一定的保护和创新设计，强化特点，放大内涵，突出特色。在设计上应反映渔区人群的群创性倾向和集体智慧，凸现渔区人群刚毅不屈的人文精神，让人们能感受到渔区所特有的地域文化色彩，并充分看到其典型性价值。如：开渔节的祭海仪式，原为渔民下海捕鱼前的祈福形式，祭祀规模一般不大。我们围绕其核心内容进行创新，扩大规模，让更多的人参与、观赏和传承，从而扩大其文化影响力。由于这种挖掘保护始终遵循渔区非物质文化遗产的特性来展开，没有损害该传统海洋文化遗产的原真性，仍然充满鲜活野性的生命风采。

（二）迎合渔区群众心理进行挖掘保护

宽阔的海洋背景、丰富的海洋经历、多彩的涉渔经验，都会在渔区人群中刻下深深的心灵印记，有着难以抹去的海洋情结、渔文化情结。尽管社会发展的现代进程会使传统海洋文化的亲和性渐趋淡化，但一旦获得诱发的机遇就会勃发。同时，渔区至今仍保有着一定的传统海洋文化氛围，也有着较大的熟悉海洋渔业生产群体。这些因素决定了渔区仍留存着传承传统海洋文化的生活现实和心理基础，这需要传统海洋文化研究者对某些文化样式进行必要的提炼，使之适合进行大规模的传承。如，东门岛的渔民开洋、谢洋节活动就是迎合了渔民的文化需求心理进行挖掘保护的，现在已成为石浦一项传统海洋文化品牌活动，有了一定的知名度。

（三）结合渔区特色旅游进行挖掘保护

传统海洋文化是海洋特色旅游的灵魂，海洋特色旅游是传统海洋文化传承保护的载体。传统海洋文化保护可以利用当地海洋特色旅游这一平台进行多种形式的保护。对那些已完全失去生存土壤的部分传统海洋文化项目，可以结合旅游，采用博物馆化复原性再现的方式进行保护。对那些仍处于小范围留存但渐趋消亡的传统海洋文化项目，可以根据不同旅游项目选择性地给予支持，使其能以原状态的样式在小范围内得以保存，起到传承和传播的功能。对那些在渔区还有较大影响并特色鲜明的传统海洋文化，可以作为海洋特色旅游项目进行复原性再现，让游客们具体感受其独特的传统海洋文化样式，咀嚼其深刻内涵。

（四）吸引民间资金进行挖掘保护

渔区在进行传统海洋文化保护的过程中，必然涉及硬件、软件方面等方面的资金投入。由于政府“埋单”的能力有限，因而必须走市场化运作道路，吸纳民间资本投入。于是必须借助于一定的宣传手段和传播媒体，使之具备相当的知名度，这样才能产生足够的吸引力，吸引投资者前来开发性保护。因此，要保护渔区的海洋文化，必须加强这方面的工作。诸如，举办渔区民俗节、庙会等民俗活动，举办与渔区海洋文化有关的全国性专题研讨会，举办海洋文化专题新闻发布会，加大媒体宣传，借助现代化多媒体传播手段，采取“上星、上网、上报”等手段，进行有深度，有广度的宣传促销，吸引民间资金进行保护。

总而言之，我们只有根据渔区传统海洋文化的实际，抓住其基本特点，并进行整体化的相互渗透、有机结合，才能实现传统海洋文化的优化保护，使渔区文化建设更加充实，更加丰富多彩。

象山小白礁一号探析

刘恒武　王力军*

宁波渔山列岛海域小白礁一号沉船的考古调查与发掘，对于推动江浙沿海地区水下考古实践的意义不言而喻，一方面，通过此次考古发掘，水下考古人员积累了应对浙东沿海海域环境和水下状况的经验，而水下考古技术与设备对于浙东海域特殊条件的适应性也得到了更为全面的检验；[1]另一方面，小白礁一号沉船是一艘清代外海木帆船，船舶年代虽晚，但就出水遗物丰富度和船体原状保存度而言，堪称江浙海域水下考古难得一见的重大收获，考古发掘所获信息可以深化我们有关清代江浙海上交通和贸易状况的认识。

* 刘恒武，宁波大学人文与传媒学院教授；王力军，宁波大学讲师。

[1] 宁波市文物考古研究所、国家文物局水下文化遗产保护中心《我国水下考古的又一创新之作——浙江宁波象山“小白礁Ⅰ号”2014年度发掘》，《中国文物报》2014年8月29日5版。

一、关于小白礁一号沉船的舶载货品

根据考古调查与发掘结果，小白礁一号沉船的船上遗物包括：石板、瓷器、砖块、铜器、锡器、印章、石材、铜钱、银币和木质品。[1]这些遗物可以分为两种，一种是随船物件和船上人员的携带物，这种遗物单类物品数量很少，砖块、铜器、锡器、印章、铜钱、银币和零星木质品均属此种遗物；另一种是舶货，即舶载货品、舶载交易物，这种遗物的单类物品数量较大，沉船遗址发掘出水的5列石板和500多件瓷器应属该船运送的舶载货品。当然，小白礁一号沉船最初的舶货不应仅有石板和瓷器两个品类，可以推测，船上可能还装载着易腐有机类货品，而这些易腐物经过长期的海水浸泡早已化为乌有，生丝、棉布、米麦、砂糖、食用油、蔬果、字画、书籍之类均属有机类货品。小白礁一号沉船所载易腐有机类货品已无踪迹可觅，其品目不得而知。我们只能对石板和瓷器这些残存舶载货品做一考察。

据2011年简报介绍，小白礁一号沉船上发现的石板位于沉船中心偏南，南北向叠置为5列，东西边侧的两列长约8.5米，中间三列长约5米。从叠放的状况来看，东西边侧两列石板实际上各含不接续的两组，可以将石板的摆放状况看作5列7组。

---

[1] 中国国家博物馆水下考古研究中心、宁波市文物考古研究所《浙江宁波渔山小白礁一号沉船遗址调查与试掘》，载《中国国家博物馆馆刊》2011年第11期；张进中、刘雨锟《象山小白礁Ⅰ号沉船新发现145件文物》，《光明日报》2014年7月16日9版。

根据简报，试掘过程中采集到的一块石板为“薄长方形，近方形，系梅园石，质地均匀细密，色泽微红，粗加工，器表凹凸不平”，尺寸为长85厘米、宽65厘米、厚8厘米。[1]2014年7月，沉船考古人员统计出水宁波石板数量合计约300件。[2]

从石材的发色和质地来看，应如简报所言，这批石板产自宁波鄞西。不过，宁波鄞州西部鄞江桥镇一带所产石材分为梅园石和小溪石两类，梅园石为凝灰岩，小溪石为砂岩质地。[3]小白礁一号沉船的这批石板究竟是梅园石，还是小溪石，抑或两者兼有？还有待进一步的石材鉴定结果。梅园石和小溪石是宁波最为常见的本地石材，其开采和使用的历史至少可以上溯至唐代，前者常用于碑刻和石雕制作，后者常用于道路铺装、住宅和桥梁建设。这两种石材的产地和堆积层位非常接近，而且两种石材的一些加工品的表面性状比较相似，仅凭肉眼观察不易区分，故而笔者建议，在石材鉴定之前相关遗物可以概称为“宁波鄞西石材”。

就流通区域而言，首先应该指出，以鄞西梅园石、小溪石为代表的鄞西石材基本上属于宁波地方性普通石材。宁波古

---

[1] 中国国家博物馆水下考古研究中心、宁波市文物考古研究所《浙江宁波渔山小白礁一号沉船遗址调查与试掘》，载《中国国家博物馆馆刊》2011年第11期；张进中、刘雨锟《象山小白礁Ⅰ号沉船新发现145件文物》，《光明日报》2014年7月16日9版。

[2] 中国国家博物馆水下考古研究中心、宁波市文物考古研究所《浙江宁波渔山小白礁一号沉船遗址调查与试掘》，载《中国国家博物馆馆刊》2011年第11期；张进中、刘雨锟《象山小白礁Ⅰ号沉船新发现145件文物》，《光明日报》2014年7月16日9版。

[3] 浙江省鄞县地方志编纂委员会《鄞县志》上册，第111页，中华书局，1996年。

代史志文献中，鲜见有关鄞西石材的记载，其原因大概在于，鄞西梅园石和小溪石与江南其他地区石材相比在材质上并无优势，很难称得上是宁波特产。明末清初黄宗羲的《四明山志》和清晚期徐兆昺的《四明谈助》记载的鄞西石材产地有两处，其一为“梅园山”，《四明山志》曰：“东浙碑材不能得太湖石，次之梅园，质颇近腻。今石孔久闭，佳者亦不易求矣。”[1]《四明谈助》卷三十五《西副脉》转引《四明山志》原文之外，补云：“有梅园石。”[2]其二为“西石山”，《四明山志》仅提到此山“以产石名”[3]。《四明谈助》曰：“（西石）山以产石名。石宕甲于一郡，凡造作大石俱此出。”[4]梅园山应位于今宁波鄞州区鄞江桥镇东北的梅园村和梅锡村一带，西石山作为山名已不存在，因《四明谈助》将其与冷水庵列为同一条目，故推测其方位应在今鄞江桥镇西北的冷水庵路附近。以上两书中的《四明谈助》，起稿于嘉庆十八年（1813），成书于道光三年（1823），与小白礁一号沉船大致属于同一时代，据此可以推知，小白礁一号沉船所载宁波石材应该来自清季的梅园山或西石山。从上述文献相关记载来看，鄞西石材的需求范围为“东浙”，以“宁波一郡”为主。以前西石山很少被人提及，文献上说“（宁波）凡造作大石俱

[1] 黄宗羲《四明山志》，沈善洪主编《黄宗羲全集》第二册，第323、321页，浙江古籍出版社，2005年。

[2] 徐兆昺《四明谈助》，第1153、1150页，宁波出版社，2003年。

[3] 黄宗羲《四明山志》，沈善洪主编《黄宗羲全集》第二册，第323、321页，浙江古籍出版社，2005年。

[4] 徐兆昺《四明谈助》，第1153、1150页，宁波出版社，2003年。

此出”，清代西石山的石材产量很可能大过梅园山。另外，多年来的文物考古调查结果也反映出，梅园石和小溪石的国内遗物基本上分布于宁波及其邻近地区。

其次，需要注意的是，历史上，梅园石和小溪石的原石和石刻制品曾舶载输出到日本。据研究者推定，奈良东大寺南门两尊石狮即是以梅园石制成的[1]。近年来，日本九州确认了一批以宁波梅园石制成的供养石塔（即日本学界所称的“萨摩塔”）、宋风石狮，以及用宁波梅园石和小溪石制成的碇石[2]，其中，以屋檐式顶、壶形塔身、须弥台座为形制特征的供养石塔均系宁波梅园石质地[3]。萨摩塔、宋风石狮等遗物在年代上属于南宋至元初。那么，作为浙东地区局域性流通物的梅园石石材及石刻制品，为何能够越洋跨海远渡日本呢？这无疑与宁波在东亚海洋交通圈中的区位有关，宋元时期的宁波是对日、对韩往来的枢纽港，一方面，作为一座城市的宁波，处在中华帝国行政体系的边缘末梢；另一方面，作为一座港埠的宁波，却位于东亚海域交流网络的前沿枢纽。因此，相比于内陆城市，港城宁波的地方性产品更易获得远距离的海外流通空间。

---

[1] 刘恒武《宁波古代对外文化交流——以历史文化遗存为中心》，第139—141页，海洋出版社，2009年。

[2] 大木公彦、古泽明、高津孝、桥口亘《薩摩塔石材と中国寧波産の梅園石との岩石学的分析による对比》，《鹿儿岛大学理学部纪要》第42号，2009年；大木公彦、古泽明、高津孝、桥口亘、内村公大《日本における薩摩塔·碇石の石材と中国寧波産石材の岩石学的特徴に関する一考察》，《鹿儿岛大学理学部纪要》第43号，2010年；井形进《薩摩塔の時空》，花乱社，2012年。

[3] 刘恒武《日本九州现存的宋风石塔——萨摩塔》，中国社会科学院历史研究所文化史研究室编《形象史学研究（2013）》，第166—173页，人民出版社，2014年。

事实上，中日文献史料上均无有关宁波石材及其雕刻制品外输日本的明确记载，萨摩塔和石狮等遗物的石材确认也是近年日本矿物学专家和文物学者联合鉴定得来的结果，关于明清时期宁波石材是否仍被输出到日本，目前尚无业已确认的该时代遗物资料加以探讨。不过，我们推测，宋元宁波石材和石刻制品输出日本的传统一直保留至明清的可能性，不仅存在，而且极高，其理由有二：第一，明清时期宁波仍然保持着对日枢纽港的地位，浙东沿海与日本九州西北沿海及西南沿海的通航活动长盛未衰；第二，宁波鄞西石材虽属地方石材，但石材质地细腻，易于加工、雕刻，与日本九州西部和北部的肌理粗疏的石材相比具有明显的品质优势。

小白礁一号沉船上发现的舶载货品，除了宁波鄞西石板之外，还有大批瓷器。2009年试掘出水瓷器444件，其中，青花瓷423件，五彩瓷器15件，酱釉瓷器6件。2014年又新出水青花瓷碗78件、五彩瓷碗4件。[1]出水酱釉瓷器有缸、罐、壶，器型大、胎粗釉糙，应是随船日用容器；发掘出水的五彩瓷器数量也不多，应是用于交易的小宗商品，器种分为罐、碗两类，胎和釉较细，由于五彩是釉上彩，受海水腐蚀比较严重；关于小白礁一号沉船的青花瓷，尽管2014年新出水青花器物的详细资料尚未发表，但这批遗物数量不多，因此，通过对于2009年试

[1] 中国国家博物馆水下考古研究中心、宁波市文物考古研究所《浙江宁波渔山小白礁一号沉船遗址调查与试掘》，载《中国国家博物馆馆刊》2011年第11期；张进中、刘雨锟《象山小白礁Ⅰ号沉船新发现145件文物》，《光明日报》2014年7月16日9版。

掘出水的400多件青花瓷的考察，我们已能够大致了解小白礁一号沉船青花瓷器的基本状况：

2009年试掘发现的青花瓷占出水瓷器总量的95%，器种包括碗、盘、高足盘、碟、杯、灯盏、器盖，其中，碗的个体数最多，有391件，而391件中的380件都是B型碗，B型碗数量占到2009年试掘出水瓷器总量的大约86%。这批青花瓷器分为细瓷和粗瓷两类，A型和B型碗、高足盘、碟、杯、灯盏、器盖属于细瓷，胎质细白，釉面莹润，而且青花图案规整，色彩明艳。青花细瓷器物底心多带款识，以“道光年制”篆字款居多，少部分写有“嘉庆年制”篆款；C型碗、D型碗、A型盘、B型盘属于胎粗釉劣、图案草率的粗瓷，试掘出水粗瓷合计只有10件，在瓷器中所占比例很小。可以推测，数量少的粗瓷无法用来交易盈利，应是船员的餐饮用具。而优质的细瓷才是舶载贸易陶瓷，其中，深腹、小尺寸的B型碗应系此艘沉船舶载贸易陶瓷的核心品目。

可以肯定，这批出水瓷器中的青花细瓷和五彩瓷，是景德镇民窑烧制的产品。瓷器款识有“嘉庆”和“道光”两个年号，其中“道光”款最多，将之结合出水铜钱中年代最晚的“道光通宝”可知，这艘海船的出航及沉没时间即清晚期道光年间。

二、关于小白礁一号沉船的起航地、目的地及航线

小白礁一号沉船的舶载货品，为我们探讨这艘海船沉没之前的起航地、目的地和航线提供了线索。

首先，小白礁一号沉船上发现了宁波鄞西石板，而沉船的沉没地点属于宁波象山海域，这表明沉船的始发港或沉没前的出航地就在清代宁波府所辖的港埠。接下来，难以确定的是小白礁一号沉船的航行目的地，是我国沿海？还是海外某地？我们先来看一下这艘沉船驶往国内沿海某个口岸的可能性。[1]

清代宁波是我国国内南北沿海贸易的枢纽港，清代晚期宁波帆船在国内沿海贸易中扮演着重要角色。根据松浦章的研究，清晚期与宁波往来密切的国内沿海港口有宁波以北的江苏镇江、山东芝罘、天津和辽宁牛庄，还有宁波以南的浙江温州、福建福州。往来于宁波—镇江之间的木帆船，从宁波往镇江运去纸等物资，从镇江运回黑米、小麦、豚、牛骨、瓷器、虾皮和大蒜；前往北方芝罘、天津和牛庄等港口的宁波船，从宁波运去纸、酒和竹材等货品，再将豆类、豆粕、面等货物运回宁波；前往温州的宁波船，舶去贸易品为豆类和棉花，舶回宁波的贸易品主要为明矾；活跃于宁波—福州之间的宁波贸易帆船，将棉花、大豆、大豆粕、油等货品运往福州，从福州将瓷器、橄榄、橘子、纸、砂糖等商品运至宁波。此外，晚清宁波船还从福州将木材运送至镇江、乍浦、奉化和象山。[2]从松

---

[1]　宁波大学龚缨晏教授在2014年10月首届“水下考古·宁波论坛”上撰文阐述了自己有关小白礁一号沉船航行目的地的观点，他认为，根据沉船沉没地点——渔山列岛来看，小白礁一号原应向南航行，“第一种可能是前往广东、福建沿海，第二种可能是前往台湾、琉球或海外其他地区”，鉴于该船所载瓷器质量不高，在福建或广东难有销路，故而第二种可能性更大。参见龚缨晏《渔山岛与“小白礁1号”》，《首届“水下考古·宁波论坛”论文汇编》，第261—269页，2014年。

[2]　松浦章《清代帆船沿海航運史の研究》，第369—372、401—404页，关西大学出版部，2010年。

浦章梳理出的清代晚期宁波与中国国内沿海各地之间的航运货品名录之中，我们可以注意到两点：第一，石材并不属于出入宁波的国内贸易船的一般性舶货；第二，与宁波通航的国内各港中，福建福州、江苏镇江分别与宁波之间存在陶瓷货品往来，但宁波只是商品瓷器的接纳地，并非发出地。从福州发往宁波的瓷器应以德化等地所产的福建本地瓷器为主，清代福建出产的瓷器向北销售到国内的天津，向南出口到东南亚的新加坡和越南等地。[1]镇江运往宁波的瓷器应以景德镇瓷器为主，清代景德镇瓷器向我国华东沿海地区的东输主要借助长江航道，出长江口后再沿海岸线北上和南下，镇江是这条东输路线的重要节点。

基本可以推断，在我国国内的沿海瓷器内贸网络中，宁波主要发挥“纳”和“集”的功能，而不是扮演“出”和“散”的角色。那么，在此会出现一个问题：自宁波府下辖口岸驶出的小白礁一号沉船的舶载景德镇瓷器原本运往何处？我们或可假设，小白礁一号沉船景德镇瓷器原本要转售到乍浦、台州等邻近港口，然而，这一假设很难成立，其原因在于，浙江诸港均可直接输入经长江航道运出的景德镇瓷器，没有必要从宁波转口购得，另外，也没有证据表明，乍浦和台州等地对于宁波鄞西石材有特别的需求。否定了小白礁一号沉船景德镇瓷器内销的可能性，也就等于论证了这批瓷器外销的可能性。进一步讲，以景德镇瓷器为大宗贸易品的小白礁一号沉船并非驶往国

[1] 松浦章《近世東アジア海域の文化交涉》，第356—370页，思文阁，2010年。

内沿海某个口岸，而是驶向外洋的。接下来，需要探讨这艘沉船可能的海外目的地。笔者认为，小白礁一号沉船的航行目的地应是日本，而非东南亚地区，理由如下：

第一，舶载大批景德镇瓷器驶往外洋的小白礁一号沉船，其沉没前的启碇地点在宁波府辖域，而清代宁波的对外贸易对象区域主要是日本。康熙二十三年（1684），清政府宣布取消海禁之后，宁波成为浙海关总口所在地，管辖浙江沿海由乍浦到平阳、瑞安的10余所海关分口。清代前期，宁波出港的对外贸易船——“宁波船”主要前往日本长崎进行商品交易，“宁波船”在清朝赴日贸易船中占有很大比例，在松浦章制作的《1688年长崎来航中国船出港地别表》中，31艘“宁波船”占长崎到港中国船的16%，这虽是1688年单年度数据，但大致能够反映出清早期宁波出港赴日贸易船所扮演的重要角色。[1]清代中晚期，虽然清朝对日贸易船的基地转为浙江乍浦，但在实际的对日贸易活动中，乍浦与宁波府辖各港结成密不可分的协作关系。清晚期赴日贸易船大多仍以“宁波船”与“南京船”为名义前往长崎，根据松浦章制作的《1826—1827年长崎来航中国帆船》一表，1826年旧历四月至1827年旧历十二月之间长崎入港的中国帆船之中，名义上的“宁波船”有7艘，名义上的“南京船”有12艘，而“厦门船”仅1艘。[2]“宁波船”通常以

[1] 松浦章《中国帆船による東アジア海域交流》，冈本弘道编《船の文化からみた東アジア諸国の位相》，第13页，关西大学文化交涉学教育研究据点，2012年。

[2] 松浦章《中国帆船による東アジア海域交流》，冈本弘道编《船の文化からみた東アジア諸国の位相》，第14页，关西大学文化交涉学教育研究据点，2012年。

乍浦为最初出帆地，不过，其船主多宁波籍，例如：嘉庆十二年（1807，日本文化四年）正月漂流至千叶海滨的宁波船（金源盛船），从乍浦出帆前往长崎途中遭风漂流，其船执宁波船主郑伯朗信牌。再如：道光六年（1826，日本文政九年）正月漂流至静冈海滨的宁波船（得泰船），自乍浦出航，原定前往长崎贸易，掌理船务者为宁波船主杨敬堂，[1]而且从乍浦出帆的赴日贸易船往往要经宁波府辖的宁波海滨及舟山的港口放洋驶往外海。总之，即便到了清代中晚期，宁波船和宁波府辖诸港在对日贸易活动中的角色仍然不可小视。

第二，根据迄今为止的文物资料来看，作为一种地方性石材的宁波鄞西梅园石和小溪石，其原材和石刻制品传统上的外销地局限于日本。关于鄞西石材及其石刻制品与日本之间的联系，本文上节已经进行了阐述。

第三，清代景德镇瓷器的出洋路线主要有两条，其中一条由景德镇溯赣江南行，过五岭至广州，再由广州舶往闽广沿海或远销海外；另一条由景德镇北上进入长江航道，再出长江口舶往江浙沿海、华北沿海或销往海外。欧洲、东南亚各地和日本列岛都是景德镇陶瓷制品的行销地，但销往南洋、西洋的景德镇瓷器大多从闽广口岸发货，而输出到日本的景德镇瓷器则主要从长江口及杭州湾沿岸的港口舶出，小白礁一号沉船沉没前的启碇地在宁波府辖境，故而发往日本的可能性更大。

小白礁一号沉船发掘出水数量最多的B型碗的形制、尺寸

---

[1]　松浦章《清代海外貿易史の研究》，第65—66、241页，朋友书店，2002年。

和纹饰也值得注意，这种碗更为迎合江户日本的饮食习惯。B型碗的标准尺寸为：口径11.7厘米、足径5.2厘米、高5.4厘米，器高接近口径的1/2，属于一种深腹小型碗，系个人用食器。日人习惯分餐进食，餐饮用具皆盛纳于托盘之内，故餐饮器皿的尺寸宜深小，不宜浅大。沉船出水的A型碗是一种大型碗，标准口径17.3厘米、足径7.5厘米、器高6.8厘米，这种碗应属于共用盛食器，但2009年试掘出水仅3件，所占比例很小。输出到南洋的景德镇瓷器之中，相当一部分要销往欧洲，对应西式餐饮习惯的共用盛食器所占比例应该更大。另外，景德镇输往南洋的外销瓷通常绘有迎合西方殖民者审美情趣的纹饰和图案，而小白礁一号沉船出水瓷器的纹饰均为中国传统的缠枝花卉之属。

最后，就船体尺寸而论，小白礁一号沉船“现存船体长20.35米、宽7.85米”，如简报所言，“在当时属规模中等的外海商贸运输船”[1]。这种中等体量的外海船在续航性上受到较大局限，其安全航行范围应限定于东亚海域。

如果我们推断小白礁一号沉船驶往日本，那么它的原定入港地必然是长崎，因为江户幕府仅开放长崎一港，所有清朝赴日贸易船舶均需入港长崎进行交易。关于小白礁一号沉船最后一次海航的始发港，我们尚无法从现有材料中进行推定，宁波

---

[1] 中国国家博物馆水下考古研究中心、宁波市文物考古研究所《浙江宁波渔山小白礁一号沉船遗址调查与试掘》，载《中国国家博物馆馆刊》2011年第11期；张进中、刘雨锟《象山小白礁Ⅰ号沉船新发现145件文物》，《光明日报》2014年7月16日9版。

和乍浦都是可能的出帆地。不过，可以肯定地说，小白礁一号沉船在沉没之前曾寄泊宁波府下辖港埠，并装载了宁波本地出产的鄞西石材。需要一提的是，在清代，包括乍浦、宁波鄞县（今鄞州区）、宁波镇海在内的浙江各口岸舶商大多取道普陀前往日本长崎，普陀作为渡日放洋港的角色令人注目，清代普陀不仅是赴日商舶休整待航之所，也是舶货调集之地。[1]由乍浦前往普陀，一般也要经过宁波镇海港附近的金塘水道入崎头洋。言及小白礁一号的航行路线，暂且将始发港搁置不论，可以推测，小白礁一号沉船在沉没之前的航线中很可能包含了镇海→普陀一段，之所以考虑到镇海，是因为鄞西石材的出洋必然联系到镇海[2]，普陀接近舟山群岛东缘，又是清朝赴日贸易船的重要放洋地，故而普陀山附近海域很可能是小白礁一号遭风偏离航向之所，而渔山列岛则应是该船向南漂流之后的最终沉没地，并非该船既定的航行途经地。事实上，清代海船遭风漂流而远离既定航线的情况并不鲜见，上文言及的两艘19世纪初赴日本长崎的宁波船——金源盛船和得泰船均遭风偏离浙江乍浦→九州长崎航路，分别漂流至日本本州关东地区的千叶和静冈。

[1] 刘恒武《杭州湾北岸与舟山之间海上交通变迁考略》，郭万平、张捷编《舟山普陀与东亚海域文化交流》，第162—169页，浙江大学出版社，2009年。

[2] 鄞西石材一般先由鄞江河道运入奉化江河道，再顺奉化江舶往沿江各地直至三江口宁波城内，若向海外输出则必由三江口经镇海口出海。

结语

综上所述，小白礁一号沉船出水遗物之中，仅有宁波鄞西石板和景德镇民窑瓷器属于舶载贸易品。鄞西石材及其制品的国内流通范围基本上限于宁波及其周边地区，但借助宁波港城海航之便，鄞西石材和石刻在历史上也曾被输出到日本，小白礁一号沉船上鄞西石板的发现为我们探讨沉船的航行目的地提供了线索，但仅凭这一考古材料尚不能提出任何论断。故此，本文还对清代宁波府下辖口岸在景德镇瓷器流通圈中的角色进行了考察，根据文献史料可知，在清代晚期国内沿海陶瓷贸易网络中，宁波是一个景德镇陶瓷商品的舶入地，而非舶出地，因此，从宁波府下辖口岸出洋的小白礁一号沉船所载景德镇瓷器应该是用来外销的，而不是用于内销的。清代宁波辖域离岸的对外贸易船主要前往日本长崎，而小白礁一号沉船上2009年试掘出水多达380件、占到该次试掘出水瓷器总量大约86%的B型碗，其形制、尺寸和纹饰更适合日本民间社会的需要，将此结合沉船上鄞西石板进行考虑，基本可以推断小白礁一号沉船系一艘赴日本长崎贸易船。此外，本文还推测，沉船在沉没之前很可能经过了镇海口和普陀。当然，上述推测性的结论最终还有待于更多的考古和文献资料加以论证。

筷子的海外流布及其影响

徐华龙*

筷子是中国文化的一部分，是中国文明的重要表现，是中国独一无二的创举，也对周边的国家产生了巨大影响。

其传播途径除了陆路，还通过海洋之水路，向国外流布，并且产生巨大深远的历史影响。

一、筷子的日本传播

筷子既然作为一种文化，就不可能完全局限在一个地域，会随着人口、社会的变化而不断流动，给其他地方带来影响与发展；而这种变化与发展不是行政式的命令性的，而是水到渠成，自然地接受中国的筷箸文化。

中国与日本一衣带水，筷子的传播就是通过海洋之间来回穿梭而逐渐形成的。日本的筷子是中国传播过去的，学界有基

* 徐华龙，上海筷箸文化促进会会长。

本一致的看法。

日本最早出现筷箸的记载是《古事记》（712）中“须佐之男命杀八歧大蛇”的传说部分，须佐之男命被众神驱逐后，降到出云国肥河上游的鸟发地方。在这里，须佐之男命忽然看见有箸顺流而下，断定此河上游必定有人居住，便向上游寻找。

《古事记》是日本古代官修史书。太安万侣奉命据稗田阿礼背诵之帝记、旧辞笔录。日本和铜四年（711）9月18日，日本元明天皇命太安万侣编纂日本古代史。和铜五年（712）1月28日完成，共三卷。本书记载了日本开天辟地至推古天皇（约592—628年在位）间的传说与史事。

而公元711年正是唐睿宗时代，也是唐朝强盛、兴旺时期。而在这个时期，筷箸早已成为家家户户日常饮食的工具，并且有了各种各样的高档材质的筷箸，如金筷等。

考古工作者发现了不少隋唐时代的银质的筷箸。银箸，如隋代长安李静训墓中发现的最早的银箸，长29厘米；陕西蓝田杨家沟出土唐代银箸长33厘米，直径半厘米，是少见的粗长箸。唐代银箸形状多为首粗足细，箸首开始出现了一些装饰，有的镂刻为螺旋莲花形，有的打制成葫芦形，还有的錾刻有文字。

而早在三国时期，日本还没有筷箸，只是用手来抓食物来吃。《三国志》卷三十《魏书》三十《乌丸鲜卑东夷传》第三十：“倭地温暖，冬夏食生菜，皆徒跣。有屋室，父母兄弟卧息异处，以朱丹涂其身体，如中国用粉也。食饮用笾豆，手食。”

跣足、文身，很明显带有原始文化的特征。日本“男子无大小皆黥面文身。自古以来，其使诣中国，皆自称大夫。夏后少康之子封于会稽，断发文身以避蛟龙之害。今倭水人好沈没捕鱼蛤，文身亦以厌大鱼水禽，后稍以为饰”。这里可知，文身是夏代文化的特征之一，而“夏王朝是我国历史上第一个奴隶制的国家政权。它的建立标志着我国若干万年的原始社会至此结束，数千年的阶级社会至此开始”。而在夏文化里，由于去古未远，还存在着明显的原始社会的文化痕迹，这是毫无疑义的。

根据明代文献记载，当时在日本民间尚未有筷子的普遍使用，在宴会上都还是就地取材，削成筷状，来进行使用。

沈德潜《万历野获编》卷十七记载：“惟敬渡海时，余家有一旧仆随之。及还，云日本国多风，四时皆然，四面皆至，所谓飓风也。俗好楼居，至十余层，而又不善陶埴，即王居亦以茅覆，故易败，亦易成。土俗与旧传略似，唯所谈用箸最奇。其俗侈于味，强半海错，中国所未名者，每宴会，虽黄白杂陈，不设匕箸，临食则侍奴取小材长尺许者，对客削成札，人置一双；既餕，便对客折之，不复再用。每堂庑间，必设箸材半楹，以备朝夕供具。”

虽然，宴会上“不设匕箸”，但为了礼貌，要给客人临时做一双筷子，用完之后，就将之折断，或许这就是最早的一次性筷子的原型。

尽管有史料的证明，还是有人对日本筷子的产生有各种不同的看法与见解。

中国筷箸文化传入日本的时间，有人推断是在日本古坟时代。

公元720年《日本书纪》中有三轮山大物主神之妻倭迹迹日百袭姬知道自己丈夫的正体为一条蛇后，用筷箸戳入阴部自殉的记载。因此可以推断，日本的古坟时代（3世纪—7世纪）筷箸已极有可能传入日本。

古坟时代（Era of Great Tombs），又称大和时代，日本继弥生时代之后的时代，从公元300年开始，迄于公元600年，因当时统治者大量营建“古坟”而得名。古坟的分布基本上遍及除北海道以外的日本全境。年代从4世纪开始，迄于7世纪。一般分为前期、中期、后期，分别相当于4世纪、5世纪、6世纪，7世纪或归入后期，或另称晚期或终末期。

还有一种观点，认为箕子到了日本后，就将筷箸文化带到了日本。

张华《博物志》：“箕子居朝鲜，其后燕伐之，朝鲜亡，入海为鲜国师。”这段记载清楚地表明了朝鲜的变迁。箕子朝鲜灭亡的原因是“燕伐之”。近人以为“鲜”字是日本人蔑称，据《博物志》知道“鲜”自很早为国名，与“朝”“韩”同为古老的称号。

如果此判断正确的话，箕子到日本也是真实的事情。既然这样，筷子传入日本就存在很大的可能性。同时，从这段文字里，也可以发现，筷子文化的进入途径：是先入朝鲜，然后再从朝鲜传入日本的。

也有人持有筷箸直接传入日本的观点。其最根本的论据，就是秦始皇派五百童男童女前往东海采集仙药，中途迷失方向，而留在了日本列岛。这里，暂且不论秦始皇派徐福采药故事的真伪，即使徐福等人登上日本的岛屿，其文化影响力也是相当有限的，而且还无史料加以实证。

而日本受到中国筷箸文化的影响，从隋唐开始就显得非常清楚而清晰了。

筷子东渡日本后，日本也成为用筷子吃饭的民族。筷子在日语中写为“箸”（はし），与古汉语相同，反映了中日古代用品与文字的交流。据传，筷子是公元4世纪至6世纪之间从中国经朝鲜半岛传到日本的。

不过，日本古时的筷子不是两根细棍，而是把两端削细后的一根竹棍弯在一起夹食物，如鸟嘴一般，故释为其音来源于“端”（はし）一词。中国古代的“箸”传入日本之后，日本人只借用了汉字，而未改其原来的读音，形成了与古汉语同字同义不同音的语言特点。

日本历史上最早在朝廷的宴会上使用“箸”的是圣德太子（574—622）。推古天皇十五年（607），日本的第一次遣隋使小野妹子等被派往中国（隋朝），遣隋使一行受到隋朝廷的盛大款待，宴会上用了“箸”以及调羹等配套餐具，令日本遣隋使大开眼界。第二年，小野妹子和其他12名遣隋使回国，隋朝国使裴世清随同前往，成为中国政府最早的访日使臣。当时的摄政圣德太子听了小野妹子对中国“箸”的描述，当即决定用中国礼仪款待隋朝使者，于是在宫廷欢迎隋朝国使裴世清的宴会上使用“箸”进食。由此开启了日本使用“箸”的先河。

到了唐代，筷子文化对于日本官方还是民间影响力越来越大，特别是日本上层社会在很多方面还保留了唐代用箸的风俗。

例如，在日本，筷箸横放在碗盆之前，而不是像现在的中国人竖放着，正对着对面的人，这种做法，原本是中国文化的一大忌讳。这样的忌讳，在唐代敦煌473窟的壁画《宴饮图》中就可以清晰地看到。

唐代当年常举行盛大饮宴，凉亭中长桌两边，男左女右，坐着四男五女，仅从女方一面来看，人人面前皆放有箸和匙，都是横放着。还有一幅西安出土的唐代墓室壁画《野宴图》，赴宴者人更多，坐立者十九人还有侍女两名，餐桌上放满了耳杯盘盏之类，同样也可明显地看到一双双横放的筷箸。由此可见，筷箸横放是唐代的传统。

二、国外的筷子文化

在西方人笔下，往往也记载了中国人使用筷子的习俗，也属于海外筷子文化的一部分。

明代，在宴会上有一定的规矩，其中也包括使用筷子的程序。

传教士利玛窦来到中国，很自然地看到中国人喜欢宴请的习俗，并且有一套宴请的规矩。他在著作里这样介绍："现在简单谈谈中国人的宴会，这种宴会十分频繁，而且很讲究礼仪。事实上有些人几乎每天都有宴会，因为中国人在每次社交或宗教活动之后都伴有筵席，并且认为宴会是表示友谊的最高形式。和希腊人的风尚一样，他们不说宴会而说酒会，这不是没有道理的，因为虽然他们的杯子并不比硬果壳盛的酒更多，但他们斟酒很频繁，足以弥补容量的不大。”[1]

邀请参加宴会的程序，一是发出邀请函。

当一个人被邀请去参加一次隆重的宴会，那么在预定日期的前一天或几天，他就会收到一本我们已经讲过的那种小折子。那里面署有主人的姓名，还有一种简短的套语，很客气而又文雅地说明他已将银餐具擦拭干净，并在一个预定的日子和钟点准备下菲薄的便餐。通常宴会在晚间举行。请帖上还说主人很乐于听他的客人发表自己的想法，使参加宴会的人都能从中得到一些智慧的珠玑，并且要求他不可拒绝赏光。在我们讲过的请帖封面上贴着的红竖条上写着客人最为尊贵的名字，还顺序有他的各种头衔。我们说他最为尊贵的名字，因为前面已经提到，中国人有许多不同的名字；同样的请帖送给每个被邀请的人。在该定举行宴会的那天早上，又给每人送一份请帖，格式简短一些，请他务必准时到来。就在规定的宴会开始不久前，又送出第三份请帖，照他们的说法，是为了在半路上迎接客人。[2]

二是互相问候。

到达之后先照常互相行礼致意，然后客人被请到前厅

[1] 《利玛窦中国札记》（上册），第68—69页，中华书局，1983年。
[2] 《利玛窦中国札记》（上册），第69页，中华书局，1983年。

就座喝茶，以后再进入餐厅。这间房屋装饰得十分考究，但不用地毯，他们根本不用地毯，而是饰有字画、花瓶和古玩。[1]

三是座位布置。

每个人都有一张单独的桌子，有时在单独一个客人面前把两张桌子并在一起。这些桌子有好几英尺长，宽也差不多，铺着很贵重的桌布拖到地面，有如我们神坛的样子。椅子涂上厚厚一层沥青色，而且装饰着各种图画，有时是金色的。[2]

四是主人举行仪式。

在全体就座用餐之前，主人拿起一只金或银或大理石或别的贵重材料制成的碗，斟上酒，放在一个托盘上，用双手端着，同时姿势优美地向主客深深鞠一个躬。然后，他从餐厅走到院子里，朝南把酒洒在地上，作为对天帝的祭品。[3]

五是主客就座。

---

[1] 《利玛窦中国札记》（上册），第69—70页，中华书局，1983年。
[2] 《利玛窦中国札记》（上册），第70页，中华书局，1983年。
[3] 《利玛窦中国札记》（上册），第70页，中华书局，1983年。

> 再次鞠躬之后，他回到餐厅，在盘子上再放另一只碗，在习惯的位置上向主客致敬，然后两人一起走到房间中间的桌前，第一号客人将在这张桌子就座，中国人的上座是在案子长边的中间或一列排开的几张桌子的中间一张；而不是像我们那样在桌子的一端。[1]

在安排客人就座之后，主人才将筷箸很小心地放置在主客面前，表示一种对所有客人的尊重。“在这里主人把碗放在一个碟子里，双手捧着，并且从仆人那里取过一双筷子，把它们小心翼翼地为他的主客摆好。”[2]

除此之外，利玛窦还专门说及中国人吃东西使用筷箸与外国人刀叉的区别：“他们吃东西不用刀、叉或匙，而是用很光滑的筷子，长约一个半手掌，他们用它很容易把任何种类的食物放入口内，而不必借助于手指。食物在送到桌上时已切成小块，除非是很软的东西，例如煮鸡蛋或鱼等等，那些是用筷子很容易夹开的。”[3]

关于筷箸的材质，利玛窦也有如下叙述：“筷子是用乌木或象牙或其他耐久材料制成，不容易弄脏，接触食物的一头通常用金或银包头。”[4]

就座前，主客人之间要互相行礼，按当时的习俗入座。“主人为客人安排好在桌前就座之后，就给他摆一把椅子，用

[1] 《利玛窦中国札记》（上册），第70页，中华书局，1983年。
[2] 《利玛窦中国札记》（上册），第70页，中华书局，1983年。
[3] 《利玛窦中国札记》（上册），第69页，中华书局，1983年。
[4] 《利玛窦中国札记》（上册），第70页，中华书局，1983年。

袖子掸一掸土，走回到房间中间再次鞠躬行礼。他对每个客人都要重复一遍这个礼节，并把第二位安置在最重要的客人的右边，第三位在他左。所有的椅子都放好之后，主客就从仆人的托盘里接受一个杯。这是给主人的；主客叫仆人斟满了酒，然后和所有的客起行通常的鞠躬礼，并把放着酒杯的托盘摆在主人的桌上，这张桌放在房间的下首，因此主人背向房门和南方，面对着主客席位。”[1]

在此中间，筷箸的摆放是很重要的环节：“这位荣誉的客人也替主人摆好椅子和筷子，和主人为客人安排时的方式一样。最后，所有的人都在左右就座，大家都摆好椅子和筷子之后，二主客就站在主人旁边，很文雅地重复缩着手的动作，并推辞在首位入席的荣誉，同时在入席时还很文雅地表示感谢。”[2]

在明代，使用筷子有一套简短的仪式：

> 开始就餐时还有一套用筷子的简短仪式，这时所有的人都跟着主人的样子做。每人手上都拿着筷子，稍稍举起又慢慢放下，从而每个人都同时用筷子夹到菜肴。接着他们就挑选一箸菜，用筷子夹进嘴里。吃的时候，他们很当心不把筷子放回桌上，要等到主客第一个这样做，主客这样做就是给仆人一个信号，叫他们重新给他和大家斟酒，吃喝的仪式就这样一次又一次地重复，但是喝要比吃的时间多。在进餐的全部时间内，他们或是谈论一些轻松和诙

---

[1]　《利玛窦中国札记》（上册），第71页，中华书局，1983年。

[2]　《利玛窦中国札记》（上册），第71页，中华书局，1983年。

谐的话题，或是观看喜剧的演出。有时他们还听歌人或乐人表演，这些表演者常常在宴会上出现，虽然没被邀请，但他们希望照他们往常一样得到客人的赏钱。[1]

这种筷子仪式，至今几乎荡然无存，依稀保留的只是宴请主人的劝酒劝吃的声音，而无礼仪可言了。

中国人对筷子的礼仪，外国人感到很新奇，就连吃饭使用筷箸也觉得十分奇怪。难怪西方人到中国看见筷子，却不知道如何使用：

在喝过茶的那个村庄，蒙迪还被邀往一座“宝塔”或庙宇，在那儿目睹了一场算命仪式之后，有人给了蒙迪食物和一双筷子。“然后他们给我们拿来切成小块的母鸡和类似方法做的新鲜的猪肉。给我们筷子吃肉，但我们不知道怎样用筷子，手指头都忙不过来。”之后还用“一只很怪的瓶子里的热酒”洗手指头。[2]

这里所说的蒙迪，全名为彼得·蒙迪，是个英国商人。他在1637年写了一本关于中国南方的早期游记，这些游记是日记体的散文，记录了澳门的风俗习惯，后来以《彼得·蒙迪游记》出版。

---

[1] 《利玛窦中国札记》（上册），第71页，中华书局，1983年。

[2] ［英］金斯利·博尔顿著，欧阳昱译《中国式英语——一部社会语言学史》，第161页，上海文艺出版社，2011年。

1637年，农历丙子年，是明崇祯十年，也是西方人试图打开中国大门的时期，对于中国人的生活习惯一无所知，因此不知道如何使用筷子就是理所当然的。

尽管如此，他们对筷子的好奇心依旧浓厚，所以在其日记中记录这样一段刻骨铭心的经历就在所难免。

中国人介绍国外筷子文化的，也有不少，当推清末一些最早旅欧旅美的人士。张德彝《航海述奇》就记载了当时他到安南时候的所见：民食用杯、盘、匙、箸。[1]

综上所述，筷子随着国际交往的增加而不断向海外传播，同时，伴随着国力加强，筷子文化也不断起到涟漪效应。

[1] 张德彝《航海述奇》，第18页，湖南人民出版社，1981年。

从徐福文化看象山海丝文化建设研究

郑 辉*

象山县历史文化底蕴深厚、海洋文化璀璨夺目，海丝文化源远流长。徐福文化是象山历史文化的重要组成部分，它和象山其他文化一样，是象山珍贵的文化遗产，而包括海丝文化在内的海洋文化又是象山最具特色的地域文化。因此在象山大力推进乡村振兴之时，如何在发展中凸现海洋文化特色，加快海丝文化建设研究，进一步助力象山渔村振兴是摆在我们面前必须深入研究的重要课题。下面我从象山的徐福文化方面着重介绍一下象山海丝文化建设研究现状，请各位与会领导、专家、学者批评指正。

一、象山徐福文化研究综述

象山地处长三角地区南缘，浙江沿海中部，三面环海，

---

* 郑辉，象山县文学艺术界联合会主席。

是典型的半岛县，有着悠久的耕海牧渔的历史，根据塔山遗址考古发现，象山县人类活动的历史可以追溯到6000多年前的塔山文化，在漫长的历史文化传承中积淀了丰富的海洋和海丝文化。公元前219年，徐福受秦始皇之命，入海寻找“长生不老之药”，后因求仙不遇而“隐迹”象山两年，筑庐、凿井、炼丹，之后从象山蓬莱山出发，再次出海。

早在2005年，时任浙江省委书记的习近平同志到象山视察工作，发现徐福与象山的历史渊源，指示象山县应当好好保护利用。2007年，象山县成立了“象山县徐福研究会”，并于2010年成为中国徐福会理事单位。研究会成立后，潜心研究和挖掘徐福文化史料和遗存，在历史遗迹地采访老年人、知情者，召开“徐福东渡”座谈会，搜集整理有关徐福东渡日本的民间文学资料，对徐福在象山炼丹求仙的有关遗址进行考察和论证等，证实了徐福曾在象山“隐迹”两年的史实，这一成果引起了国内外徐福研究者的关注和重视。而后，象山县政府则投入资金、物力和人力，建设徐福文化场馆、设施，为徐福文化的传播和弘扬提供物质载体。在拢船境、船倒山、墙头古渡、秦始皇庙遗址、徐福古道等徐福曾在象山隐居之地及传说流传地立碑修亭；重建徐福炼丹的“丹井亭”、重刻唐“蓬莱观碑”，并勒石立碑；在“徐福东渡传说”的重要流传地，依据民国前遗留的照片，重修石屋山、新砌石壁浮雕“彭祖养生地徐福隐迹处”，并撰碑文详细介绍了彭祖、彭姥、徐福、陶弘景在此隐迹养生炼丹的故事。

2011年，以民办公助形式兴建的徐福文化园工程竣工，由此，象山徐福文化的保护、传承、展示、交流、研究有了重要的阵地。象山还注重运用“口耳相传”的方式保护传承这一文化遗产。“徐福东渡传说”传承人，走进乡村、社区、机关、学校，乐此不疲地讲述徐福东渡传说，传播徐福文化。利用“非遗文化进校园”的契机，象山不仅组织学生参观徐福在象山遗留的古迹，还鼓励学生编排有关徐福的课本剧，参与相关影视剧的拍摄。2011年6月，由宁波渔文化公司影视部筹拍，由文峰学校、实验小学、丹城四小的学生担当演员的象山县首部少年版古装戏《徐福东渡记》在象山电视台首映，随后在宁波电视台少儿频道播出。2012年，《徐福与象山》电视专题片拍摄完成并在象山电视台播映。与此同时，象山徐福文化研究不断结撰成册，可谓硕果累累。《象山蓬莱山诗文》《象山蓬莱山与徐福东渡》《从隐迹蓬莱到远航东渡——秦徐福象山行藏初探》《蓑衣岩与徐福隐居象山蓬莱山传说》等论文得到汇编。2009年1月，《徐福与象山》出版；2012年9月，王庆祥撰写的《唐明州象山蓬莱观碑文考释》、盛鑫夫编著的《徐福东渡研究概述》，同时由宁波出版社出版；2014年1月，《徐福东渡传说》由浙江摄影出版社出版。

2016年，象山成功举办了“徐福东渡与东亚文化”为主题的中日韩徐福文化研讨会，各级领导以及中、日、韩80余名徐福文化研究专家学者参加会议。中日韩三国徐福文化研究专家与学者提交了40多篇论文，以“徐福东渡与东亚文化”为主题，围绕“徐福精神与东亚价值”“徐福东渡及文化资源的当代价值”“徐福文化与象山海洋文化建设”等专题展开研究和探讨，研究范围涉及外交史、航海史、造船史、科学技术史和考古发现、民间传说、民俗活动，以及徐福文化对于当代和未来在拓展国际交流、发展旅游经济方面的作用与价值等。会上发布了《象山倡议》，设立和颁发徐福文化研究象山奖，有效加深了中日韩三国徐福文化研究和民间友好往来。此次研讨会站在国际视角深刻挖掘徐福文化内涵，不仅是象山徐福文化研究不断走向国际化、实现当代价值的一次有益尝试，更是推动象山得天独厚的徐福东渡遗迹等文化景点为世人瞩目的一个有力举措，徐福文化研究也成为象山继“渔文化”之后的又一张推动象山旅游业发展、扩大对外文化交流、提升城市形象的新的“文化旅游名片”。

中日韩三国学者从考古学、历史学、航海学、民俗学等多学科对徐福船队的航海路线及去向进行了全面的探索，许多学者认为徐福东渡日本的最后一次起航地在象山的可能性比较大。历史上最久远的海上丝绸之路莫过于徐福东渡日本的壮举。“徐福东渡比张骞出使西域早70年，比郑和下西洋早1600多年，他当之无愧地成为中国对外交流的开拓者。”“徐福不怕艰险、勇于探索、敢于开拓、追求和平、开放包容等精神，具有当代文化价值。象山致力于保护传承徐福文化，促进了全社会共同关注徐福文化研究，这对中国构建‘一带一路’倡议也有着非常积极的推动作用。”所以，徐福不仅是中国有文字记载以来最早的航海家和探险家，而且是东方海上丝绸之路的开拓者，他在东亚文化交流史上具有极其重要的影响，不但开创了中国文化对外传播、对外交流的先河，而且也为东亚文明的共同发展与繁荣奠定了良好的基础。

二、象山在宁波海上丝绸之路史上的地位

象山是宁波南部沿海重要港口，有着优良的天然条件和悠久的舟船、港口历史，象山从北至南的200里航道，是宁波海上丝绸之路的黄金水道，必经之中转站。

象山海洋文化特色鲜明。象山海洋文化发展一脉相承，以海洋文化为主线的象山文脉发展延绵不断，并在长期的发展中形成了现今以海洋文化为主的多样的文化形态。象山的渔民开洋谢洋节、石浦—富冈如意信俗、徐福东渡传说、海盐晒制技艺、渔民号子、唱新闻等6个项目被列入国家级非物质文化遗产名录；并有省遗15项，市遗33项，县级项目144项；类型涵盖了民间文学、传统音乐、传统舞蹈、曲艺、传统美术、传统技艺、民俗等非遗门类，共同构成象山独特而又完备的非物质文化形态。象山县石浦镇被列入国家级历史文化名镇，石浦镇东门渔村被列入全国首批传统村落，黄埠村、儒雅洋村、溪里方村、东陈村被列入省级历史文化名村。

象山海洋文化品牌凸显。随着中国开渔节、海鲜美食节等节庆和大型民俗活动的举办，象山渔村文化的影响越来越大，先后被中国文联和中国民间文艺家协会授予“中国渔文化之乡”“中国渔文化研究基地”，被文化部命名“国家渔文化生态保护区”，被中国渔业协会授予“中国梭子蟹之乡”“中国海鲜之都”。随着象山渔村文化的影响力不断扩大，一些来自

中国、新加坡的大专院校、科研院所的专家学者都来象考察海洋渔村文化。

三、加快海丝文化建设研究助力渔村振兴的初步设想

（一）加大力度保护和传承海丝文化遗存

对竹根雕、船模、剪纸等传统美术和技艺类项目的小微企业加大扶持，帮助他们度过危机，走出县外参加各类展示展演活动及比赛。依托县文化创意园和县非遗传习中心建设，探索手艺人和设计师合作，对非遗进行再设计，研发适合当下生活的衍生产品，焕发传统工艺在现代社会的新生命。对象山竹根雕、船模、鱼灯、米馒头等加以保护和传承，让其成为代表当地乃至象山的文化符号，培育其逐渐形成市场规模，发展出一方产业。2011年，德和根艺美术馆被评为浙江省首批非物质文化遗产生产性保护基地。2016年，象山杨氏古船文化有限公司因承接了产值600余万元的国家海洋博物馆宋元古船复原项目，被评为浙江省第二批非物质文化遗产生产性保护基地。不断增强民众参与保护和传承海丝文化的意识。积极引导广大民众参与到非遗保护和传承海丝文化中来，使民众成为海丝文化遗产的持有者，更让他们成为保护者和传承者。

（二）推行文化助力滨海渔村振兴工程

象山县文联通过“向上”引智与中国民间文艺家协会持续

开展合作，已经连续成功举办了四届中国民间文艺家协会走进中国（象山）开渔节的发展论坛，从象山渔区民俗文化、海洋渔文化与乡村旅游发展、海洋渔文化开发保护与象山文化产业发展、“一带一路”倡议背景下的滨海渔村文化建设等议题的研讨，深入挖掘其理论价值，不断为乡村发展凝聚动能。今年举办“渔村振兴与海丝文化建设研究”论坛，为象山的“渔村振兴与海丝文化建设研究”把脉、献策，便是破题的之举。我们邀请中国民协理论专家、大学教授、学者、精品民宿业主等开展广泛研讨交流，搭建起“文艺界”联合体，建立了政府、高校、乡村之间的长效互动机制，将产学研用一体化全方位深入到我们“渔村振兴”及“艺术村”打造的各个环节中去，不断做好路径与规划的“顶层设计”。我们将深入挖掘象山海丝文化特色，举文艺界之力，聚乡村振兴之智，把县内外一切能够借助的资源都利用起来，继续打造“一镇一品”或“一村一品”，共促文旅融合发展，助推“艺术村”建设，助力乡村振兴。

浙东旅游文化圈的开发建构与可持续发展

万建中*

这个题目有些大，张开的是宏观的视野，似乎要上升到策略的层面，却可以做得很具体、很实在。文化圈的构建旨在发展模式，力求给予一种实践性的旅游开发途径。但旅游毕竟离不开旅游资源的实际把握和厘清，必须面对岛屿文化的历史与现实，尤其是可供选择的旅游资源。只有在象山具有标志性的旅游现象的阐释的基础上，才能承担起旅游圈构建的学术责任，提供富有建设性的切实可行的发展思路和范式。东海之滨是舟山、台州、温州共享的，其基本的生存条件和文化要素都是相通的，各自用于支撑旅游事业的传统资本大体一致，故而才生发出旅游圈的开发建构这一命题。

* 万建中，中国民间文艺家协会副主席、北京师范大学文学院教授。

一、“文化丛”认知的旅游资源基础

区域旅游是我国旅游业开发的显著特点，与区域相对应的一个核心概念是“文化圈”。1911年，德国民族学家R.F.格雷布纳在《民族学方法论》一书中率先提出了文化圈概念。文化圈属于一个空间领域，在这个区域内，呈现彼此相关联的文化现象。将这一概念置换为浙东文化旅游圈，是对其具体化地运用和学术实践。倡导浙东文化旅游圈的建构有着深厚的历史与现实基础。浙东旅游资源尽管分属不同县市，但由于相互毗邻，处于同一文化生态，旅游资源的类型、风格和品质有着高度的一致性和类似的文化向度。

“圈”是借助于“文化丛”即相类似的文化聚合而形成的，某种类型的文化形态跨地区分布，构成了特质突出的文化空间或场域。在旅游的维度中审视浙东文化，可以归纳为若干形态的文化丛。

对于象山而言，处于基础层面的是渔业和农业文化丛。渔业和农业依旧是象山最基本的经济模式，已然覆盖了象山族群社会生活的所有侧面，也是象山文化传统中的基本要素。可以说，象山人的精神品格以及价值追求都是植根于传统渔业和农业生产沃土之中的。这两大生产直接衍生出“合时、适宜、守则、和谐”的文化素质。

渔业、农业生产及其生活方式是维持象山旅游资源原生态的根本保障，也是构成浙东文化旅游圈的基础。因为这种经济基础奠定了浙东文化生态发展的共同走向，规定了浙东旅游资源的风格特质。在象山，伴随两大基本生产的文化丛至少还有山区田园景观文化丛、宗族村野风习文化丛、岛屿风光文化丛、节庆表演文化丛、渔村家庭文化丛以及农业渔业生产文化丛。这些文化丛既有物质的，也有非物质的，是打造共同旅游文化圈的核心要素。每一种文化丛都有着丰富而又生动的文化表征和深厚的历史内涵。

针对旅游资源的结构差异，美国社会人类学家马康纳（Dean MacCannell）提出了“前台”（the front stage）和“后台”（the back stage）的分析范式，[1]前台是对旅游资源商品化的处理，以满足短频快的旅游节奏；后台并非直接诉之于游客视角，属于象山农民及渔民日常生活的场所。若以前台和后台的立场审视象山旅游文化丛，山区田园景观文化丛、节庆表演文化丛和岛屿风光文化丛属于前台景观，即富有展示性的文化形态。这是经过精心设计的象山旅游文化快餐，提供给游客直观的视角冲击，并可获得表象化的文化认知，游客无须住下来就能得到异文化观光的满足。宗族村野风习文化丛和渔村家庭文化丛则属于象山人的生活场域，并不向游客刻意展示，游客只有在经历、体验、感悟和理解的过程中分享象山人的习俗观念、情趣和家庭生活方式。在旅游的维度中，这类文化丛是体验式的。如果说前台的文化丛表现为抓住游客眼球的“凝视”（gaze），后台的文化丛则引导游客不断地融入，只有参与到

[1] MacCannell, D.Staged Authenticity: Arrangements of Social SpaceinVisitor Settings, *American Journal of Sociology*, 1973（79）: 589—603; Mac Cannell, *The tourist: A New Theory of the Leisure Class*, New York, Schocken Books, 1976。

当地人的生产生活实践当中，才能把握象山人之所以为象山人的思想和观念的真谛。农业渔业生产文化丛介于前台和后台之间，生产方式以前台的面目出现，生产过程中的内部知识、思想观念、仪式活动及交往行为等都是隐性的生存模式，属于后台的文化范畴。

这些不同类型的旅游文化丛为浙东各地所共享，奠定了构建浙东文化旅游圈的坚实基础和现实可能性。浙东原始农业和渔业的聚居区域，似乎文化旅游圈是现成的、既定的，无须打造和建构，其实并非如此。如何整合相对分散的浙东旅游资源就是一个亟待解决的问题。文化丛的共享只是形成文化圈的前提，打造浙东文化旅游圈是一项跨地域多部门共同参与的文化工程。

二、以“主题”为核心的旅游结构布局

浙东旅游文化圈并非一个地域概念，不是大而无当的，漫无边际的，而是有着明确的构筑立意和方向的，是一个“主题”概念。浙东人居住区仅仅是一个空间概念，绝非等同于文化圈，或者视为文化圈的同义语。主题意义上的文化圈皆有着特定内涵的凝练。以上所涉及的文化丛都有固定的关键词，诸如农耕、渔业、田园、海洋、风习、民居、表演和家庭等。这些都是基于浙东经验主义的旅游主题。依循主题，每一种文化丛都可以建立一个旅游文化圈。

当前，资源整合理论被大肆运用于区域旅游业领域，强

调与旅游有关的各种要素的利用和协调。象山旅游资源形态众多，将之捆绑起来整体打包，进行综合性的统一规划，试图一劳永逸地打造出涵盖一切旅游资源的文化圈或文化走廊，这是不现实的。这种主题指向不明确的整合面面俱到，只能导致区域旅游资源利用的更加杂乱无章。立足于单一主题旅游文化圈的建立是一条必由之路。就单个旅游文化圈而言，主题突出可以形成一条旅游发展的主线，围绕这一主线，才有可能将相关的各种要素进行协调和配合的处理。就“家庭”主题而言，至少可以沿着三个方面展开：一是贯彻宁波人诚信、务实、开拓、创新的精神。山洪漫流，海潮侵袭，造成浙东先民生存条件的艰难性，而产生的精神动力是极其强大的，由家族血缘为纽带的凝聚力和向心力可以达到极致的强劲。这种精神通过互敬互爱、团结协作和共同抵御外侵等行为方式体现了出来。二是风土习俗。曹聚仁在《我与我的世界》中历陈浙东、浙西的不同：“浙西属于资产阶级的天地，浙东呢，大体上都是自耕农的社会。”在浙东，一些古老仪式保留相对完整，譬如，婚礼依旧沿袭了先秦“六礼”步骤和程序，即议婚、纳吉、纳征、请期、亲迎等，十里红妆，尽显地域特色。三是日常生活的方式和表现。何为“俗”，按字面上的解释，人吃五谷杂粮谓之“俗”，也就是人们最基本的生活状况——日常生活。这是传承惯性最强的部分。象山人的生活器具、衣食住行、生活琐事、生活情感和态度均是传统的延续。这三个方面构筑起象山家庭旅游主题的内涵与外延，对游客而言，充溢着异域族群文化的魅力。以家庭文化为主题的文化圈委实可以成为象山旅游的一张耀眼的名片。

旅游圈不是整合起来的，而是一个建构的过程。整合大都滞留于合并同类项的层次，而主题则是在全面掌握旅游环境基础上的意识升华。主题是凝练出来的。凝练主题，就伴随着旅游圈目标、实施方案、相关资源等的确立。构建旅游圈是瞄向未来的发展向度，是开拓浙东包括象山文化旅游崭新前景的必由之道。

主题文化旅游圈的建构富有可操作性，然而为何在一片浙东文化协同发展的呼唤声中，收效甚微呢？症结在于以主题为核心的文化旅游圈的打造，仅仅依赖旅游业和政府难以为之。主题既是文化的、地域和浙东的，也是学术的、凝练的和提升的。譬如，在浙东家谱文化旅游圈就颇有针对性和能够满足浙东人寻根问祖的现实意义。这一旅游圈工作的重点既在于景观及宗祠建造、编排修谱仪式、续写相关传说等，也在于通过实证研究，获得家族迁徙和发展的充分依据，并使这种依据转化为生动形象并有说服力的展示。

旅游文化圈的建构主要不在于要把浙东连成一片，打破自我保护主义的壁垒，相关部门共同管理和协调开发，以及避免重复建设，而在于在纷繁复杂的浙东文化中提炼出富有吸引力的象山旅游主题，凸显旅游的文化个性，在更高的层面铸就超越地理界线的具有学术品位和族群文化含量的旅游圈，促进象山旅游开发向内涵延伸。

三、游客需求指向的旅游模式建构

目前，象山文化旅游以四种类型为主：以节庆方式展示的游赏旅游，以海洋文化为主的观光旅游开发，以乡村和渔村为对象的民俗风情体验旅游，以人造主题园区的形式开发的综合旅游区。由于未能在浙东旅游圈的视阈中统筹兼顾，合理布局，尤其是没有依据现实状况深化文化丛主题及凸显其差异性，导致这些文化旅游项目，主题大同小异，内容基本一致，重复建设甚至近距离重复率很高。这四种类型实际皆为旅游路线，属于同类旅游资源的组合和线路的规划，或说旅游资源的合并同类项。这种简单的资源相加并不能将浙东以及象山旅游提升至一个理想的状态。

旅游圈的打造是一个重构的过程，需要顶层设计和精心谋划。鉴于前台和后台的旅游开发和经营理念，在构建旅游圈的进程中需要模式化的考量。前台的模式化应定位于文化观光型，后台的模式化应归结为文化体验型。在浙东文化丛中，山区田园景观、港湾风情和传统表演属于文化观光型的旅游形态。就目前而言，港湾风情尤其是开渔节是极为强势的文化符号，已跻身于中国传统节日中不可或缺的类型。这是因为开渔节、海钓节是独一无二的，其规模恢宏，气氛热烈，观赏性强，本身就是游客凝视的对象。而山区田园景观和传统表演则远远没达到应有的闻名程度，这是因为对其还没有系统地进行前台化的处理。就中国游客的现状来看，绝大多数都是利用假期的时间，他们无暇顾及后台，倘若数码相机中存满了风光和表演的图片，他们便心满意足。因此，前台旅游文化圈的构建不要求深刻和自然，而是强调集中、突出和显耀。

文化观光型模式以展示和表演为主。就象山而言，最值得展示的莫过于山区田园风光和海上仪式活动。半渔半农、亦渔亦农为其特色，完全可以展示两种不同的生产形态。渔业和农业交相辉映，是最基本的生活要素和最通常的景观形态，也是最便于建设旅游文化圈的文化丛。两大生产保持了原生态的资源风貌，自然而然地进入到观光模式之中，处于最为“前台”旅游品牌。

还有一种列入观光型模式之中的文化丛是刻意打造出来的，即以渔业和农业民俗设施、历史文化陈列为主要形式的博物馆。博物馆文化丛是经过精心设计的全方位的展示平台，可以将分布于各地的零散的象山文化遗存按照门类集中起来进行布展，使游客在短时间内全面了解象山的历史和演进脉络。这些博物馆坐落在中心地带，又充分抒发了象山人寻根谒祖的情感和意识。除了实物和文字以外，利用录像、录音、摄像，甚至三维数码系统等方式记录下来的象山民间歌舞、婚俗、庙会、节庆等都能成为博物馆的展示资料。还有诸多专题性的博物馆，诸如服饰、饮食、手工艺品、农产品、家具、农具、游艺，甚至更具体的瓦当、碑刻、旧式门窗等的展示。在文化圈建构方针的指引下把这些博物馆连接起来，使之成为观光型的旅游品牌。每个博物馆展示的重点各有所侧重，以避免重复建设和展示的雷同。

传统表演本身就是一个相对独立的文化丛，围绕歌舞主题打造起来的文化圈可以和其他观光型旅游资源融为一体，形成动静结合的立体的交叉旅游前台模式。

旅游的后台对应于体验型模式，这是指游客进入象山家庭和参与生产活动，经历、体验和感悟渔业和农业生产生活方式，或亲自动手制作手工艺品、下厨房、担任仪式中的角色等。游客成为临时的“象山人”，入住当地人家，品味地道的象山风味。跟着主人日出而作，日落而息；打着赤脚，行走于田间和滩头，或松土或耕田或插秧或收割或舂米，在山里或平原，经历完整一天的象山人的生产生活。对于来自都市的游客，这种旅游模式并非浪漫，而是艰苦的，需要克服诸多困难，尤其是城里人难以适应当地的卫生环境和卫生观念。能够坚持下来就是收获，就是体验型旅游模式的先行者和实践者。

这种模式的实践与观光型迥然有别，文化丛的主题不能明确起来，因为游客体验的不可能只是生活的某一方面，而是方方面面。对象山人而言，一天的生产和生活活动是琐细的，不能对其分类或归结为某种主题。旅游感受到的不仅是田园风光、生活的内部知识以及深厚的历史文化传统，更为重要的是在相处过程中，与象山人建立起的情感关系。象山人的淳朴、善良与热情好客是最值得游客真心加以体验的。“人情味”是体验型旅游的珍贵所在，这是观光型旅游所感受不到的。

长期以来，对象山旅游资源的开发有一误区，即认为物质的和非物质的文化遗存及文化现象才是游客感兴趣的。其实，旅游资源的核心是“象山人”，象山人是浙东历史文化的主体和传承者，尤其是当地的特有情感、态度和世界观都内化在象山人的身体里面，表现为区别于其他族群的身体记忆和身体经验。只有在与象山人亲密交往和相处过程中才能真正领略象山人之所以为象山人的精髓。从目前象山旅游开发状况看，主要注意力放在了观光型的资源开发方面，注重打造文化景观，建设文化基地，迫使游客“走马观花”，而体验型的旅游发展则相对滞后。这恰恰是最值得潜心投入的发展模式。

生产生活形态的旅游资源同样可以构建为旅游圈。在家庭文化丛中有意识地为游客提供“民宿”，建立家庭客栈或旅舍，让游客在村落中住下来。由于年轻人外出打工或已迁移到水泥楼房住居，现在很多旧民居被空置。这些旧民居完全可以整理出来，赋予其民宿的身份，让游客生活于其中，深刻感受象山人的创世精神、聪明才智和生活情趣。如此，便构筑起遍布象山各地的家庭文化旅游圈。

家庭内部的生活习惯、起居、饮食、家务乃至生活观念都尽可纳入游客的视阈。家庭主题文化丛的确立，颠覆了以往关于旅游资源的认知，旅游资源不只是指仪式、表演、景观以及传统作坊，也包括当地人习以为常的日常生活和日常行为。后者无须专门投入和精心布置，如果要追求原生态和本真性的话，没有比土楼里老百姓的“日常”更原汁原味的了。游客入住旧民居易于操作，切实可行，在构建旅游圈中开辟潜能巨大，产生难以估量的经济效益、社会效益和文化效益，并极大地提升象山乃至浙东旅游的文化品位。这种体验型的旅游模式代表了象山旅游的发展方向，具有无限广阔的开发空间和可能性，必将促进象山旅游业向纵深发展。

关于打造环石浦港渔文化休闲旅游区的思考

包春成*

近年来，我县旅游业进入快速发展时期，成为长三角地区重要滨海旅游度假目的地。2015年，全县接待游客1782万人次，旅游综合收入162.8亿元，门船票收入2.05亿元，分别同比增长16.8%、12.3%和20%。在旅游市场竞争日趋激烈的今天，如何进一步挖掘海洋旅游资源，提炼地域文化，高品质打造具有核心竞争力的环石浦港渔文化休闲旅游区，使之成为著名的渔文化休闲旅游目的地，是值得研究的一项重要课题。

一、环石浦港旅游发展现状分析

（一）旅游资源丰富

环石浦港区域是我县海洋休闲旅游资源的富集区，是国

* 包春成，象山县旅游发展中心副主任。

内不可多得的融渔港、渔镇、渔乡、渔村、渔民、渔俗与海、山、岛、礁、岩、崖、滩、洞、林、名胜古迹为一体的旅游资源地。主要旅游资源有：中国渔村、渔港古城、白玉湾生态农业休闲观光园；国家5A级旅游资源花岙石林、象山海鲜，三四级旅游资源27个；国家文保单位张苍水兵营遗址、浙东灯塔群；国家非物质文化遗产渔家号子、渔民开洋谢洋、石浦—富冈（台湾）如意信俗、晒盐技艺等。

（二）发展短板明显

我县旅游产业虽然每年保持15%以上的增长速度，但除影视文化旅游这块获得一定程度的差异化发展外，其他区块发展均难取得竞争性优势。环石浦港区域旅游资源开发主要存在三大问题：一是资源开发缺乏统一性和协调性，现有景区景点建设及沿港的海洋休闲项目都是各自开发，资源利用度底，无法形成核心竞争力。二是渔文化旅游区开发缺少高起点、高质量、能落地的总体规划，许多项目定位不明确，开发度底，形不成规模，建设档次不高。三是旅游差异性发展研究不够，无法摆脱季节性短板，以一日游、短途游居多，住夜客人比例较低，去年住夜客人仅有57万人每天，住宿业收入2.2亿元。

二、打造环石浦港渔文化休闲旅游区提升发展档次

（一）突出目标定位

以“渔文化”为主题，以石浦港为核心，以海鲜美食为亮

点，以渔家（开渔节）节庆为平台，以休闲渔事活动为特色、渔家风俗为基础，高品质打造全国唯一、规模最大、海洋元素最全，渔文化最浓的国家5A级渔文化休闲旅游区，使之具有强大的核心竞争力，成为中国“渔文化之旅”目的地的顶级品牌。

（二）明确功能布局

在渔文化主题统揽下，突出海洋文化、渔文化内涵，将环石浦港区域规划成若干空间区块，每块赋予一个主题，由各主题烘托出鲜明的渔文化主题，着力打造一核二翼三区块。以石浦港依托石浦城区为核心，沿港南北区域为二翼，东门岛、花岙岛、中国渔村为三大区块，总面积460.1平方千米，其中海域面积179平方千米。推出渔文化展示体验、渔文化信仰、渔商文化、海鲜美食、耕海牧渔、海洋休闲观光体验、海岛休闲、海防军事文化与遗址等8大类旅游产品。

（三）创新开发模式

高起点策划规划，站在参与长三角乃至国内外旅游核心竞争力高度，塑造旗舰品牌产品。高品质打造，要着眼于文化的融合，提炼海洋文化、渔文化、如意文化、海神文化、海洋养殖文化、海洋围垦文化、海鲜美食文化、海洋军事文化与渔家风情、渔家民俗节庆中的精髓，开发真正具有文化特色的旅游精品。全方位合作开发，集聚区域内生动力和凝聚政企民力量，促进区域间互动发展。新模式共享机制，就是在区域联动发展，合作互动的基础上，构建利益共享协调机制，开创区域旅游合作发展新模式。重点分期推进，根据区域重点、发展主次、项目难易程度和开发成熟度，合理计划安排，分期分批推进实施。

三、打造环石浦港渔文化旅游区重点突破口

（一）推进三项开发

一是推进两岸灯光亮丽工程。对渔港路与东门岛、对面山岛两侧和大小铜钱礁、汰网屿等港中岛屿，打造出音乐喷泉、海水瀑布、光影交辉的“千年渔港、十里画廊”，发展渔港夜游等月光经济，有效改变旅游季节性短板，留住客人，提升住夜游客比例。二是推进渔港古城景区开发。确立景区经营理念，推进老街二期开发，形成古城船模、中国扣、绣花鞋、鱼拓画、剪纸、海螺、贝壳等工艺品一条街，酒吧娱乐、民宿休闲一条街。三是推进东门岛区块开发。全力打造渔文化展示区，建造渔博馆，展示历代渔船、渔具、网具；充分发挥东门渔文化艺术村文化引力，利用“鱼拓画制作”“鱼雕工艺制作”“鱼贴画制作”“鱼类标本学习”等资源，提升为长三角区域中小学生渔文化社会实践大课堂；打造如意（妈祖）文化园，建设集妈祖、海防、祭海、灯塔等为一体的综合性文化园；发展一批渔村民宿客栈、海鲜排档，提升沿港海鲜排档、船上酒家等品质。

（二）做好三篇文章

一是，做好海鲜美食文章。加强海鲜美食开发，做大做强“海鲜石浦，美食石浦”品牌，规范海鲜街、海鲜排档管理，提升海鲜餐饮档次和品质，形成规模，让游客吃得开心、吃得放心，成为一道亮丽的风景线。二是，做足渔人码头文章。使之成为有各式食肆、酒吧、娱乐、特色商店、海鲜市场等，让游客体验传统的渔家风情色彩旅游景点。三是，做活渔工贸旅游文章。在中国水产城开辟一个集游客观光游览、小额交易、定制包装、快递运输为一体的渔商旅游景点，选择1—2家有特色的水产品深加工企业和船舶制造基地，让游客参观游览。

（三）启动三大项目

一是策划水光电音乐艺术剧项目。借鉴“印象丽江”等成功经验，聘请国内外高手策划体现中国渔文化主题，展示渔区民俗文化特色的“千年渔乡、梦幻渔港”大型水光电音乐艺术剧，与“千年渔港、十里画廊”相配合，吸引国内外广大游客，提升旅游核心竞争力。二是策划建设中国渔精馆项目。在渔港路鱼师庙基础上，运用高科技手段塑造出“虾兵蟹将”等各种鱼类形象，将传统文化和民间传说中的大海里的故事，通过动漫和声光电方式展示给游客，使之成为我县海洋旅游的一个新亮点。三是策划建设台风体验馆。台风体验馆项目建设虽然工程技术要求相对较高，但建成后可吸引国内其他地区一大批游客来参观体验，这又是我县海洋旅游的一个独特的点。

四、打造环石浦港渔文化休闲旅游区的保障措施

（一）理顺开发管理机制体制

结合旅游管理体制改革，理顺环石浦港渔文化休闲旅游区管理领导体制，建立跨乡镇、跨部门、跨行业的旅游协调联动工作机制，并强化科技作用，用数据化、智能化、信息化等现代化手段，提高管理效率和水平。明确环石浦港旅游开发建设的投融资主体，积极拓展投融资渠道，多方引进金融、国资、民营资本注入，以提升开发水平。

（二）加快旅游基础设施建设

合理规划建设环石浦港区域的大型旅游集散中心，切实解决旅游发展的瓶颈性问题。合理划定部分港口海域岸线作为旅游专用区域，为环港游、海上休闲项目提供发展空间。整治石浦港海域环境和岸线环境，修缮、整合现有码头资源，建设专业的旅游码头，方便游客出行。

（三）引进人才创新营销手段

大力引进旅游管理人才，创新旅游开发和管理理念，打造国际一流的旅游管理团队。大力推进以渔文化旅游为品牌的宣传推介，积极开展媒体互联网推介、城市营销、节庆活动推介和民间交流推介等促销方式，扩大渔文化旅游的知名度和美誉度。探索网络互动营销和城市间合作互动营销模式，加强对外

合作对接，形成多样化、多渠道、全方位的营销网络，积极开拓国内外市场。

（四）强化管理提升整体形象

优化配置城市服务业各类资源，使城市道路、环港道路、景区的路牌和标识、公共信息图形符号达到国际标准。加强导游、餐饮、酒店等涉旅人员培训，强化形象、服务等意识，提升象山渔文化休闲旅游区整体形象。